Colección Educación y Enseñanza
Serie Universitaria

COLECCION
EDUCACION Y ENSEÑANZA

Dirección de Jaume Sarramona

Catedrático de Pedagogía
de la Universidad Autónoma de Barcelona

Colección Educación y Enseñanza
Serie Universitaria

Orientación e intervención psicopedagógica

M.ª Luisa Rodríguez

Catedrática de Orientación Vocacional
y Formación Profesional
de la Universidad de Barcelona

ediciones
ceac

Diseño de cubierta: Víctor Viano

Ediciones Ceac es marca registrada por Grupo Editorial Ceac, S.A.
ISBN: 84-329-9237-2
Depósito legal: B. 19.217-1995
Gersa, Industria Gráfica
Impreso en España - *Printed in Spain*
Grupo Editorial Ceac, S.A. Perú, 164 - 08020 Barcelona

Indice

13. La orientación comparada desde la perspectiva internacional

14. Los servicios de orientación escolar y profesional en España

Anexos

1
Conceptualización de la orientación educativa

Bases conceptuales de la orientación educativa

Muchas son las definiciones que a lo largo de casi un siglo se han dado de la orientación y, ya sea estudiando la orientación como concepto (ayuda), ya sea analizándola como constructo educativo (proporcionar experiencias que ayuden a las personas a conocerse a sí mismas), casi todos los autores coinciden, a grandes rasgos, en caracterizar la orientación como un *proceso de ayuda profesionalizada hacia la consecución de promoción personal y de madurez social.* (Pérez, 1985.) La raíz de la palabra orientación (*guidance*) evoca los conceptos de guía, gestión, gobierno, de tal modo que para aquel que solicita ayuda, orientador sería aquella persona que dirige o gobierna a los alumnos (o a los adultos no escolarizados) hacia ciertas finalidades o intenciones educativas y vocacionales. Orientar sería, en esencia, guiar, conducir, indicar de manera procesual para ayudar a las personas a conocerse a sí mismas y al mundo que las rodea; es auxiliar a un individuo a clarificar la esencia de su vida, a comprender que él es una unidad con significado capaz de y con derecho a usar de su libertad, de su dignidad personal, dentro de un clima de igualdad de oportunidades y actuando en calidad de ciudadano responsable, tanto en su actividad laboral como en su tiempo libre.

Los distintos puntos de vista desde los que se podría enfocar la orientación abarcan una amplia gama de perspectivas. Por ejemplo, la orientación tratada desde la ideología por la que tiene siempre presente un determinado punto de vista al intentar ayudar a una persona; la orientación como un servicio integral que abarca sistemas organizados y procedimientos útiles que ayuden al escolar a conocerse a sí mismo[1]. La orientación como un proceso, denotando su identidad

1. A este respecto consúltese H.J. Peters y G.F. Farwell, en *Guidance: A Developmental Approach,* Rand McNally, Chicago; 1967, entre las páginas 33-55, donde indican cómo enfocar la ayuda orientadora en función de la naturaleza del alumno, estudiando aspectos tales como autoconocimiento y autoaceptación, aptitudes, intereses, reflexiones acerca de su futuro como adulto, etc., centrando dicha ayuda en áreas fundamentales como: área del aprendizaje, área de la conducta, procesos de desarrollo personal (ver, oír, escuchar, pensar, sentir, buscar los significados, evaluar, centrar, escoger, llegar a ser) y, finalmente, abriendo perspectivas para conseguir aislar los factores que convergen en el examen y reflexión de la propia estructura del yo. El enfoque de los autores tiende a considerar la orientación como una educación para el desarrollo evolutivo.

de fenómeno en continuo cambio, de tal modo que las intervenciones orientadoras no sean hechos aislados, sino que impliquen conjuntos y series de pasos progresivos hacia la consecución de un objetivo. La orientación como ayuda con el propósito fundamental de prevenir, mejorar o solucionar los problemas y obstáculos ante los que el hombre se enfrenta; la orientación como ayuda personalizada o altamente individualizada a estudiantes o personas que se ven invadidos por las preocupaciones en su vida normal. Esta orientación recibe el nombre de consejo (*counseling*) y se sintetiza en la relación dual orientador-orientado[2]; y, por fin, la orientación como el llegar a conocerse a sí mismo y al mundo, consiguiendo ciertas cotas de consciencia de la identidad personal y de experiencia de los contenidos del entorno y del medio donde la persona vive enmarcada para llegar a la madurez en la comunicación interpersonal[3].

A pesar de que se han construido más teorías sobre el consejo que sobre la orientación y de que la situación actual de la teoría de la orientación se basa más en las funciones que se espera desarrolle el orientador y en la experiencia que en unos principios teoréticos fundamentantes, no obstante se han podido extraer diez conceptos identificadores de entre la literatura que habla de las profesiones de ayuda. Estos son:

1. La orientación podría ser una estafa, un engaño.
2. La orientación es el análisis de sí mismo y el gobierno de sí mismo.
3. La orientación está restringida a los aspectos vocacionales.
4. La orientación es idéntica a la educación.
5. La orientación es una agencia mediatizadora y un conjunto de servicios suplementarios.
6. La orientación se centra en las funciones distributiva y adaptativa.
7. La orientación es ayuda para tomar decisiones.
8. La orientación es un proceso clínico.
9. La orientación es un sistema ecléctico.
10. La orientación es un trabajo de asesoría con los alumnos y las personas.

Cualesquiera que sean los rasgos característicos de un enfoque de la orientación, lo que sí que hay que tener en cuenta para estudiarlos y/o adscribirse a ellos son los objetivos peculiares que presiden la creación de los servicios de ayuda. Objetivos que serán planteados en términos de efectiva influencia en el cambio de la disposición primera del orientado. De entre los textos actuales dedicados a la orientación se pueden extraer siete tipos de objetivos perseguidos por los profesionales de la misma. Serían:

1. Desarrollar al máximo la personalidad.
2. Conseguir la orientación de sí mismo.
3. Comprenderse y aceptarse a uno mismo.

2. Para un estudio más detallado de las nuevas tendencias del consejo *vid.* la obra de H.M. Burks y B. Stefflre, *Theories of Counseling,* McGraw-Hill Book Company, New York; 1979, y la de J.R. Engelkes y D. Vandergoot, *Introduction to Counseling,* Houghton Mifflin Company, Boston; 1982.

3. En este sentido son clave las obras de C.R. Rogers, quien creó una teoría del consejo basándose en esta perspectiva. Véase, fundamentalmente, su obra: *El proceso de convertirse en persona,* Paidós, Buenos Aires; 1961.

4. Alcanzar una madurez para la toma de decisiones educativas y vocacionales.
5. Lograr la adaptación y el ajuste.
6. Conseguir un aprendizaje óptimo en los años de la escolaridad.
7. Combinaciones de cualquiera de los seis anteriores.

Por otra parte, también la mayoría de las aproximaciones teóricas coinciden en admitir que la labor orientadora abarca, como mínimo, una gama de funciones específicas; por ejemplo: ayudar a los educandos a valorar y conocer sus propias habilidades, aptitudes, intereses y necesidades educativas; aumentar su conocimiento de los requisitos y oportunidades tanto educativas como profesionales; ayudar a que los jóvenes hagan el mejor uso posible de estas oportunidades mediante la formulación y logro de objetivos realistas; ayudar al alumno a conseguir adaptaciones y ajustes más o menos satisfactorios en los ámbitos personal y social; proporcionar información útil, tanto a los adolescentes como a sus profesores y padres, para planificar los programas educativos y escolares como proyectos integrales, etc. Así, la función orientadora deviene una parte del proceso educativo total y da continuidad —completándolas— a las facetas instructivas y organizativas de los currículos educativos. En principio, la actividad orientadora va dirigida a todos los sujetos y los ha de respetar como unidades integrales, únicas, singulares y altamente personalizadas.

Influencias históricas y factores determinantes de la orientación

Una de las contribuciones más importantes a la moderna orientación ha sido el movimiento de la orientación profesional. Cuando a principios del siglo XX se originaron los espectaculares cambios desde una sociedad rural a una sociedad industrial, o la caída de los viejos moldes económicos y sociales para favorecer el desarrollo de la industrialización, pasando por las variaciones en el papel de las responsabilidades familiares o en la ampliación de los períodos obligatorios de la escolaridad, se inició una revolución en el ámbito del mundo laboral. Este devino progresivamente más complejo, exigiendo por una parte la reconstrucción de los currículos escolares para acercar más al adolescente al mundo del adulto y, por otra, la reelaboración de la normativa legal que protegiera al joven trabajador en su posterior marco laboral. El ingeniero norteamericano Frank Parsons, ya en 1908, presentó al mundo de los psicólogos y de los orientadores un sistema actuarial, de rasgos y factores, con el que se erigía en creador de lo que actualmente se entiende por orientación vocacional. De estos trabajos de Parsons, muy rayanos ya en lo científico, surgieron los ámbitos de la estadística aplicada a las ciencias humanas y sociales y a la psicometría (iniciados por C. Spearman y F. Galton y desarrollados más adelante por C. Burt, J.P. Guilford, L.L. Thurstone, R. Cattell y H. Kaiser) que iban a ser indispensables en el progreso de la orientación.

Otros movimientos determinantes del desarrollo de la orientación fueron la psicología dinámica, representada por S. Freud, A. Adler, C. Jung, O. Rank y K. Horney; la teoría y práctica no directivas de C.R. Rogers; la psicología clínica, los movimientos de higiene mental cuyo inicio se ha atribuido a C. Beers, el movimiento en pro del trabajo de la psiquiatría social y toda una serie de influencias sociales y económicas que hicieron necesario el desarrollo de los servicios de orientación y guía tanto para los ciudadanos en general como para la población escolar.

Los factores que, desde principios de siglo, han influido en el desarrollo de la orientación educativa y vocacional son variados y podrían, de alguna manera, sintetizarse en los siguientes:

a) *Factores de tipo socieconómico, técnicos y económicos,* que abarcan tanto el desarrollo hacia la industrialización y el maquinismo como la preocupación por la inteligencia y la creatividad del hombre. La progresiva diferenciación de las estructuras sociales, de las instituciones y de los individuos ha contribuido a cambiar y revolucionar los sistemas de valores, las estructuras sociales, las culturas y las psicologías de los pueblos.
Asímismo, tuvieron lugar toda una serie de descubrimientos tecnológicos, teóricos y prácticos que favorecieron el conocimiento de nuevas fuentes de energía y la explotación de insospechados recursos, a lo que se puede añadir la influencia negativa de la concentración de la población en las ciudades, la centralización de la producción en las fábricas y la utilización de mano de obra con fines excesivamente cualificados.
b) *Factores socioculturales y sociopolíticos,* consecuencia de los anteriores, que obligaron a buscar el equilibrio entre el capital y el obrero para estabilizar el desarrollo y los conflictos de grupo y de clase, además de para aliviar los problemas del individuo y de la sociedad. El progreso sociopolítico y sociocultural se reflejó en la política educativa, exigiendo de los gobiernos un replanteamiento en las formas, metodología y graduación de las enseñanzas que facilitaran al alumnado el avance social, la ocupación de los puestos de trabajo y la promoción socioprofesional.
c) *Factores de progreso científico,* que unidos a los del progreso social desarrollaron las ciencias naturales, las antropológicas, las sociales y las aplicadas, aportando instrumentos para analizar su expansión y para comprender los fenómenos explicativos del individuo y de la sociedad. El conocimiento científico de los hechos se impuso porque los intereses individuales exigían la verificación de las hipótesis y la crítica de las prácticas científicas.[4]
d) *Factores propios del desarrollo de las profesiones de ayuda,* surgidos de los factores circunstanciales antes apuntados. En efecto, se precisaba ayudar a las personas a ajustarse a su propio mundo y al laboral en todos los aspectos (desde su toma de decisiones y elección de un trabajo hasta la jubilación) para solucionar los problemas de selección educativa y profesional en función del ajuste y correspondencia de sus capacidades con respecto a las exigencias y requisitos socioprofesionales. De este panorama de urgencias orientadoras surgirían disciplinas como la psicología y la pedagogía, que iban a complementar los objetivos y los métodos de la actividad de ayuda, que se erigió como una rama independiente.

En la actualidad aún están muy poco desarrollados los objetivos y funciones de la orientación (*guidance*) y se encuentran dificultades en diferenciarla del con-

4. Para ampliar estos conceptos, estúdiense las aportaciones de M. Reuchlin, en *La orientación escolar y profesional* (Oikos-Tau, Barcelona: 1981); de J. Drévillon, *La orientación escolar*, Laia, Barcelona: 1978, y de P. Naville, *Teoría de la orientación profesional,* Madrid, Alianza Editorial, 1978, y de M. L. Rodríguez, *El mundo del trabajo y las funciones del orientador*, Barcanova, Barcelona: 1992.

sejo (*counseling*), además de que es realmente complicado delimitar los aspectos educativos de los vocacionales, por su propia esencia formativa. La maduración del concepto de orientación está íntimamente ligada a lo que se entienda por desarrollo evolutivo de la persona. Todas estas circunstancias, unidas a los movimientos filantrópicos, humanistas y religiosos de principios de siglo, detectores de una auténtica crisis social, provocaron la necesidad de solicitar ayuda de personas especializadas y preparadas al efecto (profesionales de la ayuda) y, a la vez, que nacieran instituciones nacionales e internacionales que iban a planificar sistemáticamente cómo y con qué medios divulgar esta ayuda.

Principios generales, funciones y servicios de la orientación

Principios de la orientación

Actualmente estamos observando un auténtico interés por fundamentar científica y filosóficamente las diversas teorías de la orientación; no obstante —y en espera de que este movimiento procientifista recoja resultados concretos— , de esta diversidad de enfoques se pueden sintetizar unos principios generales de todo proceso orientador sin los cuales éste no sería del todo ortodoxo. Así:

1. La orientación se preocupa sistemáticamente del desarrollo de las personas, intentando conseguir el funcionamiento al máximo de las potencialidades (lo que está en potencia) del estudiante o del adulto.
2. Los procedimientos de la orientación descansan en procesos de la conducta individual; enseñan a la persona a conocerse a sí misma, a desarrollarse direccionalmente más que a ubicarse en un final previsto; se centra en las posibilidades, tratando de resolver carencias, flaquezas y debilidades.
3. La orientación se centra en un proceso continuo de encuentro y confrontación consigo mismo, con la propia responsabilidad y con la toma de decisiones personal, en un ensayo hacia la acción progresiva, hacia adelante, hacia la reintegración y el futuro.
4. La orientación es, primordialmente, estimulante, alentadora, animadora e incentivadora, centrada en el objeto o propósito e incidente en la toma de decisiones responsable, enseñando a usar y procesar la información y a clarificar las propias experiencias.
5. Es cooperativa, nunca aislada ni obligatoria. El orientador es otro colaborador del sistema educativo, un especialista e incluso un consultor —asesor— de la plantilla docente. El maestro, por ejemplo, se beneficia de los hallazgos del orientador y le proporciona los resultados de la observación del proceso de aprendizaje o de otras situaciones discentes. Tarea docente y orientación se complementan.
6. La orientación es un proceso de ayuda en estadios críticos y momentos clave del desarrollo, pero también continua y progresiva, tratando de asesorar periódica e intermitentemente.
7. Reconoce la dignidad y la valía de las personas y su derecho a elegir. Incluye a todos los niños y adultos con su problemática específica y que tengan deseos de acrecentar su desarrollo escolar y/o laboral.

Estos principios reflejan la necesidad de la labor orientadora desde un punto de vista socioeconómico y desde la perspectiva del mismo sujeto de la orientación. La igualdad de oportunidades para todos los ciudadanos se impone en las sociedades democráticas, y los sistemas sociológicos y políticos deben velar por facilitar los procesos de aprendizaje, por enseñar a las personas a enfrentarse a los problemas de la vida y por proteger al individuo ante cualquier problemática externa a él. El paso del mundo escolar al laboral, la movilidad y transformación de empleos, la interdependencia de sociedades rurales y urbanas exigen del ciudadano una revisión de su papel en la comunidad, la familia o la escuela y una consciencia del valor de sus aportaciones a la comunidad. Por lo que respecta a la preocupación por la auténtica individualidad del sujeto orientado, se originan toda una serie de acciones que necesitan de los profesionales de la ayuda. Y así, el tratar de identificar los problemas en ciertas áreas del aprendizaje exige una orientación preventiva; el conocer mejor los modelos de desarrollo de las personas requiere una orientación evolutiva (*developmental guidance*); el prever y conocer los cambios y las movilizaciones en ciertos sectores de la población requiere una orientación sociológica; los problemas escolares y educativos y el aumento de personas en edad de escolarización o escolarizados requieren una orientación escolar; y la atención primaria a la población adulta, con todas sus cargas como población activa o pasiva, hace surgir la orientación para adultos de características tan propias.

En síntesis, la orientación se rige por tres principios fundamentales: el de *prevención*, que anticipa circunstancias obstaculizadoras y problemáticas; el de *desarrollo*, que promueve la educación integral de la persona; y el de *intervención social*, que implica actuar conscientemente hacia la consecución de cambios.

Funciones de la orientación

En general, y dada la escasez de medios de muchos gobiernos, se ha ido centrando el esfuerzo en la creación e implemento de los servicios de la orientación escolar. Muchos teóricos proponen listados amplios de funciones de la orientación, que han pasado desde centrarse preferentemente en los aspectos correctivos —procurando ante todo por el niño problema— hasta el énfasis de la orientación para un desarrollo óptimo de los niños con problemáticas normales, con lo cual han ido surgiendo distintos servicios al alcance de la población en edad de formación básica. Estudiando las aportaciones de psicopedagogos y técnicos de la orientación, todas las opiniones variadísimas, y a veces exhaustivas en demasía[5], pueden converger en un grupo de funciones básicas:

1. *Función de ayuda* para que el orientado *consiga su adaptación,* en cualquier momento o etapa de su vida y en cualquier contexto, para prevenir desajustes y adoptar medidas correctivas, en su caso. Esta compleja función intenta reforzar las aptitudes del propio orientado para que alcance el dominio de resolución de sus propios problemas y obliga, por lo tanto,

5. Al respecto se pueden consultar las siguientes opiniones y sugerencias: A. Caballero y otros, «El equipo orientador», *Revista de Educación,* 1982, *30,* 270-, 67-82; A.J. Jones, *Principios de orientación y asistencia personal al alumno,* Eudeba, Buenos Aires: 1964, capítulos III y IV; D.G. Mortensen y A.M. Schmuller, *Guidance in Today's Schools,* John Wiley and Sons, New York: 1966, 7-18; y C.G. Wrenn, *The Counselor in a changing world,* APGA, Washington: 1967, III-134.

a ir creando en los centros educativos todo un programa curricular de orientación educativa y vocacional con servicios especializados para casos de desajuste extremo. El conocimiento cabal de sí mismo y el esfuerzo para querer mejorar y modificar la conducta representan, a la postre, un ahorro de recursos humanos y comunitarios que hacen de la orientación un procedimiento altamente útil.

2. *Función educativa y evolutiva* para reforzar en los orientados todas las técnicas de resolución de problemas y adquisición de confianza en las propias fuerzas y debilidades. Es una función que integra esfuerzos de profesores, padres, orientadores y administradores por la combinación de estrategias y procedimientos que implica. La adecuación al progreso evolutivo normal es una pieza clave, y el profesor es fundamental protagonista del intercambio dinámico en este proceso que muchos asocian o asimilan a una verdadera instrucción.
3. *Función asesora y diagnosticadora,* por la que se intenta recoger todo tipo de datos de la personalidad del orientado, cómo opera y estructura, cómo integra los conocimientos y actitudes y cómo desarrolla sus posibilidades. Los datos recogidos no deben provenir únicamente de la aplicación de un programa congruente de pruebas estandarizadas, sino que es preciso proceder a análisis individualizados de las distintas personalidades.
4. *Función informativa* sobre la situación personal y del entorno; sobre aquellas posibilidades que la sociedad ofrece al educando —programas educativos, instituciones a su servicio, carrera y profesiones que debe conocer, fuerzas personales y sociales que pueden influirle, etc.— y que también deben hacerse extensibles tanto a la familia del orientado como a sus profesores.

Es realmente muy difícil expresar todas las funciones susceptibles de ser comprendidas en un programa orientador. Partiendo del supuesto de que la orientación es una tarea de equipo de profesionales y adjudicándoles a cada uno una función previamente determinada y programada, podría asegurarse que las funciones generales serían conocer a la persona, ayudarla para que por sí misma y de modo gradual consiga un ajuste personal y social, e informar exhaustivamente en los ámbitos educativo, profesional y personal. Para lograr esos objetivos, genéricamente expuestos, se requiere, pues: crear servicios de diagnóstico —que permitan el estudio individualizado de los problemas personales—; proporcionar experiencias que faciliten el aprendizaje correcto; saber informar, guiar y aconsejar; saber escuchar; saber dónde derivar a las personas que precisen ayuda específica o tratamiento paraescolar; y, por último, conocer las técnicas de información escolar y profesional, aprovechando al máximo los recursos comunitarios. Para orientar a alumnos, profesores, tutores, administradores y directivos, a padres y a miembros de la comunidad, se precisan, como es obvio, unos verdaderos profesionales de la ayuda, que dominen una serie de conocimientos básicos y sepan emplear eficazmente unas técnicas adecuadas.

Servicios de la orientación

Algunos estudios teóricos dan más importancia al relato de los servicios del programa orientador que a los principios e idearios, y a través de su delimitación es cierto que pueden deducirse las respectivas funciones. Pueden ser innumerables, pero la comunidad educativa y psicoeducativa ha ido sintetizándolos en unos cuantos, según las necesidades y tipos de destinatarios. Y así había servicios dirigidos al profesorado, a los administradores y directivos, a los padres de familia, a la comunidad y al propio alumno. Los servicios más comunes serían:

a) Servicio de guía en el momento de ingreso en la institución escolar, para informar sobre planes de estudio, organización escolar e ideario educativo.
b) Servicio de evaluación, que estudiaría el desarrollo individual bajo las premisas de la psicología evolutiva y las diferencias individuales, con la aportación de los conceptos de la pedagogía diferencial. Estudian el proceso evolutivo del alumno a lo largo de su escolaridad y se basan en el estudio de casos y de los registros acumulativos, enmarcados en los hallazgos del diagnóstico psicopedagógico.
c) Servicio de consejo que, a través de una relación personalizada con un consejero debidamente cualificado, trata de ayudar al orientado a conocerse mejor a sí mismo, a hacer buenas elecciones, a tomar decisiones responsables y a resolver conflictos menos graves.
d) Servicio de información, que intenta distribuir y divulgar todo tipo de información útil para el alumno, preferentemente sobre el mundo laboral, y con el fin de facilitar el crítico paso del mundo escolar al mundo del trabajo.
e) Servicio de investigación y seguimiento, para ayudar a aquel que abandona la escolaridad a ajustarse al mundo ocupacional y para evaluar la calidad y oportunidad de las ofertas curriculares de la institución escolar.

Es evidente que en este abanico de servicios están forzosamente integrados tanto los consejos escolares como las asociaciones de padres, aparte de una serie de profesionales —enfermeras, médicos, asistentes sociales, etc.— que forman parte del equipo orientador.[6] (En la mayoría de los países, el orientador es un equipo.)

Modelos de intervención en orientación educativa y profesional

En la actualidad se aceptan varios modelos de trabajo desde los que intervenir en orientación, clasificados de modos diferentes según países y culturas: directos *versus* indirectos; individuales *versus* grupales; modelos de servicios *versus* modelos por programas, etc., según el alcance de sus acciones y según los planteamientos macro o micropolíticos. Aceptando la definición de modelo de Van Dalen (1981) como «una estructura simplificada usada para investigar la esencia y naturaleza de los fenómenos científicos», podríamos afirmar que el investigador se puede adscribir actualmente, como mínimo, a cuatro modelos distintos de acción orientadora (Alvarez, 1992): a) El modelo de *consejo* o de *intervención directa y personalizada,* basado en la relación personal del orientador cara a cara con el orientado, con finalidades reactivas y terapéuticas; b) El modelo de *intervención directa grupal,* sobre conjuntos reducidos de personas con dificultades, llamado también

6. M. Forns y M.L. Rodríguez, en *Reflexiones en torno a la orientación educativa*, Oikos-Tau, Barcelona: 1977, opinan, al igual que otros teóricos, que el equipo es pieza clave en la creación de los servicios orientadores.

modelo de servicios, generalmente vinculado a políticas institucionales de carácter público, con ofertas de carácter coyuntural y de resolución de problemas socioeconómicos; una variante sería el modelo de orientación a través de programas que, partiendo de exhaustivos análisis de necesidades y mediante la interactuación de un conjunto de profesionales debidamente cualificados, se plantean servicios con objetivos finales y metodología procesual mucho más amplia (a lo largo de la escolaridad, a lo largo de la vida, por niveles, por ciclos completos, etc.); c) El modelo de *consulta,* que implica el asesoramiento interprofesional dentro de amplios marcos de referencia, como son el preventivo, el evolutivo, el terapéutico, y en el que el orientador interviene aconsejando, planificando, supervisando o evaluando; y d) El modelo *tecnologizado,* con procedimientos informatizadores, técnicos y de aprovechamiento de los recursos multimedia, que motiva hacia la autoorientación, el autodidactismo y la simplificación de las relaciones tutor/alumno, orientador/orientado, empresa/obrero, institución/sociedad. Todos estos modelos y las teorías de las que emanan se irán exponiendo en los sucesivos capítulos de esta obra.

Referencias y bibliografía

Actas de las II Jornadas de Orientación Escolar y profesional: *Orientación para la Educación y el Empleo,* ICE de la Universidad de Valencia, Universidad de Valencia, 1983.

Actas del I Congreso de Orientación Escolar y Profesional: *La Orientación Escolar ante la Reforma de las Enseñanzas Medias y el Empleo Juvenil,* MEC/INEM, Madrid, 1985.

ALVAREZ, M., *Proyecto docente e investigador,* Departamento MIDE, Universidad de Barcelona, Barcelona, 1992.

BOY, A.V., PINE, G.J:, *El consejero escolar, un nuevo concepto,* Narcea S.A. de Ediciones, Madrid, 1976.

CAILLY, P., *Orientación escolar y profesional de los niños,* Oikos-Tau, Barcelona, 1977.

JONES, A.J., *Principios de orientación y asistencia personal al alumno,* Eudeba, Buenos Aires, 1964.

LAZARO, A., ASENSI, J., *Manual de orientación escolar y tutoría,* Narcea, Madrid, 1987.

NAVILLE, P., *Teoría de la Orientación Profesional,* Alianza Editorial, Madrid, 1977.

NEWSOME, A., y otros, *La práctica de la orientación escolar,* Oikos-Tau, Barcelona, 1978.

PEREZ, A., *La orientación educativa. Un análisis factorial para delimitar su campo conceptual,* Universidad de Valencia, 1985.

RODRIGUEZ, M.ª L., «Orientación escolar, personal y profesional», en A. Sanvisens (Ed.) *Pedagogía General,* Barcanova, Barcelona, 1987.

RODRIGUEZ, S. y otros., *Teoría y práctica de la Orientación Educativa,* PPU, Barcelona, 1993.

VAN DALEN, D.B., MYERS, W.J., *Manual de técnica de la investigación educativa,* Paidós, Buenos Aires, 1981.

2
Modelos de orientación educativa y profesional en el siglo XX

Modelos históricos

Comprender la orientación corriente hoy día implica tanto el estudio de los hechos acontecidos históricamente, debidos a las diferentes perspectivas de los defensores que la introdujeron y desarrollaron desde el principio, como de la incidencia en las instituciones y programas que han ido variando gracias a la intervención del enfoque orientador, sin olvidar nunca el adjuntar la aportación crítica del estudioso y orientador en formación. Conviene repasar, uno a uno, los distintos modelos que desde principios de siglo han ido estrellando el prometedor firmamento de las profesiones de ayuda, aprehendiéndolos en sus aspectos positivos como en sus dimensiones negativas u obstaculizadoras. De esa panorámica general puede establecerse el edificio orientador que más convenga a los requisitos sociales y programáticos de un futuro programa en un contexto específico.

El modelo de Frank Parsons

En 1908, el economista Parsons acuñó el concepto de orientación profesional como algo necesariamente centrado en una labor humanitaria que pretendía ayudar a la población obrera, víctima del caos organizativo y de la vorágine preindustrial de la época. Coincidente con esa desorientación profesional y ocupacional, se indicaba en todo el mundo un interés específico por la infancia con problemas de desarrollo mental y retraso escolar, además de la necesidad del estudio y profundización del psicoanálisis, la psicología diferencial y la pedagogía adaptada a esas diferencias.

El proceso orientador propuesto por Parsons se fundamenta en comparar, contrastándolas, las características de la persona que aspiraba a una profesión con los requisitos y demandas de ésta. Individuo y sociedad se verían favorecidos si la acomodación de uno a otra era perfecta o se acercaba mucho a la correlación positiva de rasgos. De las investigaciones llevadas a cabo en la Oficina Vocacional, Parsons concluyó que los jóvenes, a la hora de escoger una ocupación, precisaban la ayuda de personas experimentadas y profesionalizadas que trabajan con tres factores operativos como mínimo: 1) *Análisis de la persona* para conocer las capacidades, intereses y temperamento; 2) *Análisis de la tarea,* para que el orientado conozca los requisitos, oportunidades de varios tipos de trabajo; y 3) *Comparación conjunta* de estos dos tipos de análisis, para razonar las relaciones entre esos dos tipos de datos. El esfuerzo del orientador se centraba preferentemente en desarrollar el potencial analítico del individuo para ayudarle en su tarea de toma de decisiones. Se aconsejaba a los jóvenes que visitasen industrias y charlaran con los trabajadores y con los directivos. Parsons urgía a los orientadores recoger información biográfica de las características de las personas que sobresalían en un campo laboral determinado, particularmente durante su juventud. De esta manera se estaba llevando a cabo una aportación importante para determinar la relación entre las características juveniles y el desarrollo vocacional.

A pesar de que las ventajas son muchas (es un sistema lógico; de sentido común; el inmaduro y con problemas puede recibir ayuda del más maduro; podría programarse esa ayuda en las escuelas, etc.), Ruth Barry y B. Wolf (1961) criticaron su modelo y resumieron las desventajas en el hecho de que: la teoría pasó a ser práctica antes de evaluarla; se sacaron conclusiones de muestras excesivamente pequeñas; se podría llegar a creer que era suficiente que la información ocupacional se presentase en folletos, minimizando así la labor del orientador y convirtiéndola en un simple informador; la información pocas veces era totalmente auténtica y realista; hasta después de 1920 no aparecen las investigaciones antropológicas y sociológicas acerca de las clases sociales, el estatus económico, etc. Hasta esa fecha, pues, los estudios de orientación se centraban muy poco en el valor de las motivaciones, el origen social, la cultura y el conjunto integral de la personalidad humana.

La consecuencia más importante es que se pone el énfasis en el análisis de la persona antes de seleccionarla para una tarea, es decir, en la creación de una técnica psicológica para la diagnosis de las características personales. De ahí surgió toda la creación de tests que analizarán a las personas, tratando de objetivar al máximo la observación.

Otro efecto subsiguiente iba a ser que la orientación era puntual y sólo tenía lugar antes de decidirse por un trabajo. Esta idea imperó durante mucho tiempo. Era precisa la teoría posterior de los estadios de la vida de Buehler, adoptada por D.E. Super para el campo de la orientación vocacional, para dejar claro que la orientación debe usarse repetidas veces a lo largo de la vida. Parsons, de hecho, sólo trató el aspecto vocacional de la orientación.

El modelo que asimila la orientación y la educación

Se atribuye a J.M. Brewer el concepto de que orientar es idéntico a educar cuando dice que «la orientación no es ni adaptar, ni sugerir, ni condicionar, ni controlar, ni dirigir, ni exigir responsabilidades a nadie [...] la labor que debemos hacer en la escuela puede ser descrita como ayuda a los niños para comprender, organizar, extender y conseguir actividades cooperativas e individuales. Esto significa «orientar».

El término orientación educativa fue usado por primera vez por T.L. Kelley en 1914 para describir la ayuda que se daba a aquellos estudiantes que preguntaban sobre la elección de estudios y sobre la adaptación escolar. En 1915, Meyer Bloomfield afirmaba que toda educación era reconocida entonces como orientación. H.E. Hawkes añadía que «la educación es orientación y la orientación es educación», mientras otros educadores sostenían que no podía hacerse ninguna distinción entre educación y orientación desde el punto de vista del método, los fines o los resultados.

Preocupado Brewer por la falta de actividad práctica y concreta de la enseñanza, trazó varios principios de total interés que debían tender a un objetivo: preparar a los alumnos a comprometerse con actividades significativas de la vida. La educación y la orientación son conceptos intercambiables, pues ambas tienen la misión de guiar al niño en su proceso vital. Sus criterios orientadores pueden resumirse en éstos: el orientado puede ser ayudado en la resolución de problemas, realización de tareas, dirección hacia un objetivo; generalmente, la persona guiada toma la iniciativa y pide orientación —que debe ser empática (simpática), amistosa y comprensiva—; el orientador debería ser persona experimentada, con conocimientos y sentido común para poder ofrecer oportunidades de vivir nuevas experiencias y esclarecimientos. En cuanto una persona está siendo orientada, progresivamente consentirá en recibir más orientación y podrá reservarse el derecho a pedir dicha orientación y a tomar decisiones personales. Por último, Brewer sostiene que la orientación ofrecida ayuda a los individuos a ser cada vez más capaces de orientarse a sí mismos.

Orientación tomada como idéntica a educación puede tener un sentido muy limitado debido a que existe también la orientación vocacional y a que se centra en el niño más que en la persona, y más en el escolar que en el adulto. Por otro lado, admitirá infinidad de adjetivos: educativa, ética, personal, moral, etc. Aunque actualmente se separan, dentro del proceso educativo, tres aspectos claramente definidos: la instrucción, la organización escolar y la orientación y el alumno[1], una de las consecuencias de entender la orientación como propiamente educación es la idea —obsesiva para el didacta español— de que la orientación puede ser aprendida como cualquier otra disciplina académica. Ejemplos de ello pueden encontrarse en cursos organizados sobre prospección ocupacional, higiene y salud mental, educación humana y cívica, mediante las técnicas de orientación grupal en los niveles secundarios.

Modelos más modernos de orientación educativa y profesional

La orientación entendida como clasificación y ayuda al ajuste o adaptación

A mediados de siglo, el concepto parsoniano de orientación profesional fue complementándose con el de orientación educativa, que se aceptó, de modo general, como fuerza mediadora preocupada por distribuir y adaptar a los alumnos —sobre todo de los niveles secundarios— a su medio escolar. Koos y Kefauver (1932), pragmáticos e instrumentalistas, en su completísima y exhaustiva obra conjunta, definían el concepto de distribución, como aquella ayuda que el orientador proporciona al alumno para que éste pueda formular sus objetivos vocacionales, sociales, cívicos de ocio y recreativos y cualquier otro, facilitándole el conocimiento de sí mismo y el del medio. Esta función distributiva favorecerá, finalmente, el encuentro con adecuadas oportunidades educativas y vocacionales (Fig. 1).

1. D. Paterson, *The genesis of modern guidance*, en H. Farwell y G.F. Peters, *Guidance reading for counselors*, Rand McNally, Co., Chicago, 1960, 103-105.

Figura 1. Función distributiva de la orientación.

Por lo que respecta al ajuste o adaptación, el orientador ayuda a los alumnos cuando éstos demuestran cierta incapacidad para conocerse a sí mismos o al medio, o no saben encontrar la concordancia con sus objetivos (Fig. 2).

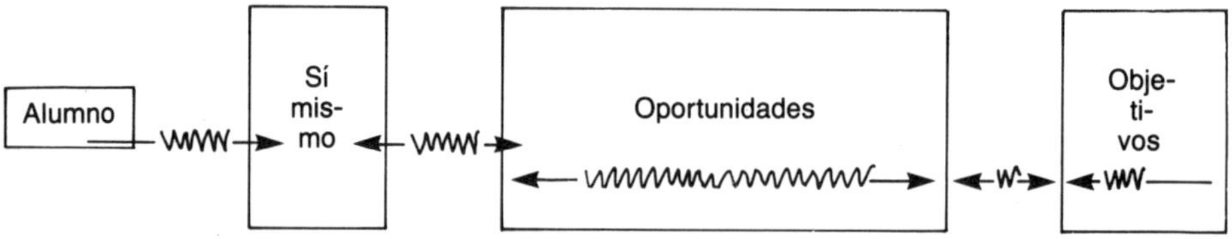

Figura 2. Función adaptativa de la orientación.

Este plan exigía que el principio orientador se enfrentara al proceso electivo en función de sus aptitudes, intereses y propósitos característicos. De esta forma, enfocando la orientación como distribución y adaptación, los objetivos fundamentales son: ayuda al alumno para que consiga elevados niveles de satisfacción y eficacia en todas aquellas actividades a las que se compromete, tanto escolares como extraescolares, para alcanzar satisfacción individual y bienestar social; ayuda para que él mismo sepa formular objetivos que le permitan participación en la vida activa y en los planes y currículos educativos armónicos con esos objetivos; asegurarse de que sepa proveerse de todo tipo de información tanto acerca 1) del desarrollo de los planes educativos y probabilidades de conseguir éxito en la escuela y fuera de ella, 2) como acerca de sus intereses y aptitudes, 3) de las oportunidades no escolares que le brinda la sociedad, 4) de la buena o mala orientación, 5) de las actividades de la vida de entre las cuales tendrá que escoger y 6) de los programas escolares que estudia actualmente o a los que deberá acceder.

Una ventaja de este enfoque sería el hecho de que se incide fundamentalmente en que sea el propio alumno quien trate de conocerse a sí mismo y a los demás, procurando, de esa forma, que tenga la oportunidad de hacer elecciones que sean compatibles con el concepto que tiene él de su propio yo y de su entorno. Otra, el que se trata de ayudar a los estudiantes a encontrar oportunidades vocacionales y, a la vez, a aprender a ajustarse a situaciones profesionales nuevas.

No obstante, a menudo esta teoría no iba acompañada de unos planes de estudio adecuados a los propósitos y capacidades del alumnado. Por otro lado, la orientación —más institucional que centrada en la persona— se ofrece únicamente en aquellos momentos o circunstancias que se consideran críticos. A medida que se iba poniendo en marcha la orientación desde el punto de vista distributivo y de adaptación, las autoridades educativas, padres y educadores iban concienciando la importancia de las aptitudes, intereses y necesidades de los alumnos, de tal manera que, imperceptiblemente, los programas iban cambiando a tenor de la significación de los modelos motivacionales y de la programación previsora en las actividades escolares.

La orientación como proceso clínico

La orientación como proceso clínico debe ser estudiada como incluida en una parte de los servicios de la orientación, a saber, el consejo (*counseling*) y no debe ser, por lo tanto, considerada estrictamente orientación (*guidance*).

Los orígenes conocidos por todos de la psicología como ciencia y el uso de los tests y medidas mentales para calibrar las diferencias individuales dieron lugar al planteamiento de la orientación como proceso clínico a partir de los trabajos de D.G. Paterson, E.G. Williamson y otros, quienes echaron mano de los primeros esfuerzos de ciertos psicólogos preocupados por la investigación de aspectos de medición y evaluación, aunque no por la orientación propiamente dicha. Así, una vez evaluados los rasgos mentales significativos para la orientación vocacional y los intelectuales —a raíz de las necesidades de la I Guerra Mundial—, se convino en la necesidad de dar un enfoque científico a la orientación globalmente considerada, ampliándose su campo de aplicación a lo escolar.

Las características fundamentales de la orientación como aproximación a un modelo clínico son: 1) que surgió como protesta contra métodos falseados que trataban de enmascarar el verdadero significado de la orientación; 2) que trataba de encontrar técnicas para abarcar un estudio comprensivo del análisis de la individualidad tanto en el plano teórico como en el práctico (educación personalizada) del trabajo dentro del aula; 3) que introducía el orden y la jerarquía en las tareas educativas, delimitando y clarificando los límites entre problemas propios de la enseñanza y problemas en que los grupos que precisaban ayuda especial; 4) que todos, trabajando cooperativamente, beneficiarían al alumnado manteniéndose independientes en su propia esfera de acción; y 5) que ponía el acento en la tarea del consejero como un profesional expresamente entrenado en la ayuda de aquellos estudiantes con problemas graves de adaptación a través de métodos de análisis, síntesis, diagnosis, prognosis, consejo y seguimiento.

El proceso de orientación clínica utiliza en profundidad tests psicológicos, técnicas clínicas y diagnosis analíticas de tal forma que, con ellos, el orientador pueda determinar y eliminar los problemas de sus clientes lo mejor y lo más rápidamente posible, tratando, por una parte, de descubrir los problemas internos de la persona con técnicas objetivas (que, aunque no tratan de influir sobre el proceso de toma de decisión del orientador, sí que tratan de organizar las situaciones de aprendizaje) y, por otra, de hacer sabedor al cliente de las causas relacionadas con su problema, para que, con ese conocimiento, pueda inclinarse por las alternativas de conducta más idóneas a sus intereses o deseos. Al ser un proceso directivista en su enfoque, permite que se pueda trabajar con mayor número de sujetos, haciendo así más efectiva y económica la orientación. Es un proceso científico cuando se relaciona con las situaciones de resolución de problemas y usa tests objetivos para complementar los datos personales. A pesar de su facilidad de aplicación, es un método que carga toda la responsabilidad en el orientado a la vez que disecciona al sujeto en partes, a veces excesivamente pequeñas, que hacen peligrar la visión global del problema. Como este proceso exige muchas y extensas investigaciones sobre datos científicos, exige que sean datos más objetivos que los que se precisan en aquellos métodos que no se centran tanto en el individuo. Por otra parte se ha impuesto en él la hoja de recogida de datos o registro acumulativo como una de las más interesantes técnicas de calificación personalizada. Ambos aspectos han obligado al orientador a profesionalizarse en psicología, en investigación y en procedimientos clínicos y estadísticos.

La orientación como proceso de toma de decisiones

Arthur J. Jones fue uno de los primeros en centrar la orientación en el sentido de proporcionar ayuda para tomar decisiones. Así dice en su obra[2]: «En la vida se dan muchas situaciones críticas, en las cuales deben adoptarse decisiones importantes y de largo alcance. En tales circunstancias es verdaderamente necesario que se nos proporcione, en cierta medida, ayuda adecuada para decidir atinadamente» (p. 4).

A pesar de que en los primeros momentos la orientación se centraba en ayudar a elegir vocacional o profesionalmente, ese hecho dio lugar a la necesidad de dar ayuda también en las áreas concernientes a la salud, higiene mental, ocio y necesidades educativas. De tal manera que, gradualmente, se comprendió que la orientación no era un hecho aislado en un momento concreto de la vida. La orientación sólo puede darse cuando alguien precisa tomar una decisión, de tal manera que sólo es necesaria en momentos cruciales y en aquellas circunstancias en las que se precisa desarrollar la aptitud para autoorientarse. A esta consciente autoorientación se llegará a través de una asistencia personalizada (consejo) adecuada a los niveles y circunstancias que exija, en aquel momento, el orientado, ya sea en su mundo escolar ya sea en el paso de éste al mundo laboral, afirmación ésta que limita la orientación al área educativa y al área vocacional. Martin Katz, en 1963, definió la orientación como «una intervención profesionalizada en el proceso de toma de decisiones que una persona hace ante las diversas opciones educativas y ocupacionales que la sociedad le ofrece». Factores sociales y culturales determinan la sucesión temporal de las elecciones y el instante en que la decisión se va a iniciar. Para Katz, el sistema de valores es el principal catalizador de la toma de decisiones y, por lo tanto, es el aspecto más decisivo a tener en cuenta por el orientador. El proceso genuino de necesidad de tomar una decisión se dará cuando: 1) no se sabe qué información se necesita; 2) no se conoce qué información se está buscando; 3) no se puede usar la información que se posee. La función orientadora, pues, sería motivar a los alumnos hacia el deseo de conocer su jerarquía de valores y, partiendo de ella, hacer su propia elección consciente. Otras tareas propias de la orientación serían la de proporcionar a los estudiantes toda la información útil acerca de las oportunidades que concuerdan con sus opciones y recoger datos para poder predecir en orientación.

Los orientadores que se adscriben a este enfoque son conscientes de que las diferencias individuales en aptitudes e intereses son altamente significativas, y que es en la escuela donde se puede proporcionar una ayuda muy clara en los

2. Pueden consultarse las opiniones de Arthur J. Jones al delimitar los conceptos de educación y orientación en su obra *Principios de orientación y asistencia personal al alumno*, Eudeba, Buenos Aires, 1964, 50-57.

momentos de crisis no dirigiendo o prescribiendo, sino auxiliando en el desarrollo progresivo de la aptitud para autodirigirse.

La orientación organizada como proceso decisorio incluye al individuo en un proceso de interés por las sociedades democráticas, ya que la elección enfrenta a las personas y en ella se basa el desarrollo personal. Favorece los sistemas de participación directa del orientado y le da bases para las necesidades de su futuro. Así pues, este modelo de orientación es tanto más consistente cuanto más democráticos son los valores, creencias y objetivos de la sociedad en que se desarrolla. No obstante, a veces se obliga demasiado a tomar una decisión y las personas se resisten a ello; y obliga en momentos puntuales, lo cual podría dar la imagen de que las técnicas de orientación sólo se usan en momentos de crisis. La orientación juega un importante papel en el desarrollo de las destrezas decisorias (Rodríguez, 1992).

La orientación como sistema ecléctico

A mediados de siglo se daba mayor énfasis a lo pragmático y a lo técnico que a la teoría de la orientación. Los profesionales recogían variadas informaciones sobre los modos de implementar la orientación y las escogían de entre multiformes enfoques. Todo ello se combinaba con un proceso irreversible que llevaba el interés por la orientación vocacional al campo educativo y puramente personal. De tal modo que la orientación ecléctica echó mano tanto de la sociología y la psicología como de las teorías de la personalidad.

Recopilando la literatura al respecto entre 1950 y 1960 se puede inferir que las publicaciones adolecían de estructura y carecían de fundamento filosófico o ideológico[3]. De hecho, a pesar de que metodológicamente el área de la orientación era cada vez más completa, seguía adoleciendo de un aspecto filosófico congruente. Entre 1950 y 1960 Mac Ennis, G. Wrenn, R. May, W. Wilkins y B. Perlmutter, entre otros, describían la pobreza de un contexto filosófico que sirviera de norte a cualquier orientador o consejero. Así pues, el deseo de eclecticismo sería imposible imputarlo a un solo autor. Más bien fue una tendencia generalizada en la que han ido destacando nombres como Ruth Strang (1971), quien defiende una filosofía funcional de la orientación y dice: «El proceso... [de orientación...] abarca todas nuestras técnicas: observación, tests, entrevistas, registro acumulativo, estudio de casos y profundización del autoconocimiento», afirmación que comparten con ella A.E. Traxler[4], C. Erikson, T. Thorne y J.L. Tyler, entre otros.

Partiendo de la base de que las experiencias escolares deberían ser trasladadas a las vitales, Ruth Strang propone como núcleo de la labor orientadora conocer al individuo y sus oportunidades educativas, y ayudarle a realizar elecciones acertadas tanto a través del consejo como de la orientación grupal. Todas las técnicas son apropiadas para lograr el principal objetivo del proceso de orientación, que es el de evaluación y de adaptación o ajuste. Así pues, las principales afirmaciones del eclecticismo consisten en admitir que el individuo requiere una espe-

3. Una revisión de la obrita de C.E. Beck, *Orientación educacional. Sus fundamentos filosóficos*, El Ateneo, Buenos Aires, 1973 (principalmente los capítulos 1 y 2), abre amplias perspectivas para esta interpretación.

4. Muy simpática, completa e interesante su obra *La escuela y las técnicas de conducción*, Troquel, Buenos Aires, 1965, jamás reeditada.

cial ayuda (profesionalizada) a un ritmo periódico, tanto para conocerse a sí mismo como para comprender sus propias circunstancias, llegando a resolver con éxito los problemas. La información acerca de su personalidad y de la realidad entorno podrá ser utilizada de un modo racional evitando el aprenderlos por ensayo y error (cosa que la orientación trata de evitar para ahorrar esfuerzos inútiles), contando, desde luego, con la voluntad y con los propósitos de colaboración del orientado. La utilización de un solo método es algo realmente limitado para el ecléctico, quien opina que deben ser utilizados muchos recursos para mejor conocer al sujeto y sus necesidades. De hecho, el orientador cuenta con un amplio y variado repertorio de técnicas y procedimientos, y de ellos entresaca los que en un momento dado precisa para conocer la percepción, el sistema de aprendizaje, la personalidad, etc.

El sistema ecléctico tiene algunas ventajas, tales como permitir cierto margen de libertad al orientador en su metodología, el defender como punto clave los procesos de diagnóstico psicológico y pedagógico, el conocer las indicaciones y contraindicaciones del resto de los modelos orientadores y el poder adaptarse con más flexibilidad a cada sujeto y a sus necesidades propias. Por otro lado, son bastantes los que critican este modelo ecléctico aduciendo una falta de consistencia ideológica (C. Rogers, D. Snygg y A.W. Combs, etc., lo hacen acremente[5]), ya que se adscriben a un tal inmenso espectro de pensamientos que no les queda otra solución que adoptar aportaciones muy parciales de cada conjunto, cayendo, la mayoría de las veces, en contradicciones.

Además, el argumento más sólido contra el eclecticismo es el que se usa contra los consejeros, pues es realmente muy poco común que un *counselor* sepa utilizar varias técnicas de psicoterapia o de orientación personal exhaustivamente. El enfoque ecléctico suele interpretarse como una necesidad de reducir la tensión entre los dos polos del *continuum* directivismo/no directivismo (representados en el mundo de la orientación por E.G. Williamson y C.R. Rogers, respectivamente). Un hallazgo actual lo representa la aportación de Gilmore (1980) con su teoría comprehensiva para la intervención ecléctica.

Modelos contemporáneos de orientación: Centrados en la institución escolar y en las organizaciones educativas

La orientación como un conjunto o constelación de servicios

Hacia los años sesenta, un movimiento a favor de eliminar la orientación de los planteamientos de la enseñanza primaria y secundaria motivó a K.B. Hoyt (1962) a describir un modelo integral de orientación amparándose en la idea del trabajo en equipo y multidisciplinar, arguyendo que aquella no era exclusiva del profesional, sino de una amalgama racional compuesta por los psicólogos, los médicos y los asistentes sociales, con funciones específicas pero coordinadas, y distinguiendo pormenorizadamente entre orientación y consejo. Hoyt, en su revolucionario artículo, defendió que la orientación formaba parte de todo un conjunto de servicios que la escuela debía rendir al alumno y que debían estar integrados en

5. Véase C.H. Patterson, *Theories of Counseling and Psychotherapy*, Harper and Row, Nueva York, 1973, 463-464; en castellano en Desclée de Brouwer, Bilbao, 1978.

el conjunto de los objetivos educativos. Por ende, los orientadores sí debían de estar impuestos en los fundamentos de la enseñanza, la instrucción y la educación. Para Hoyt y sus seguidores posteriores, el orientador debía trabajar principalmente en las áreas de relación directa con el alumnado, de relación con el resto de *staff* que se ocupaba de los datos recogidos a lo largo de esas dos relaciones profesionales, tratando de desarrollar al máximo las taxonomías de objetivos. Por ello, en general, el orientador debe conocer los procedimientos, la dinámica de la evaluación y conocimiento de la conducta del alumno; debe conocer toda la información educativa y ocupacional intra y extraescolar; los procedimientos y técnicas del consejo; instituciones donde enviar a los orientados; y técnicas de orientación grupal e investigación aplicada a la orientación.

La función del orientador asume la doble responsabilidad de consultor y de receptor de los servicios de consulta con respecto a los profesionales de la escuela. Así pues, colaborará con el profesorado en la devolución e interpretación de los datos al alumno, en la oferta de datos del medio sobre la problemática del conjunto del alumnado, en asumir el papel de fuente de recursos y de envío complementario para los profesores que lo soliciten y en coordinar a las personas con otros servicios multidisciplinarios o de envío. Además podrá motivar y animar a los profesores al trabajo directo con los alumnos (labor tutorial). Arguye Hoyt que el orientador «se ve a sí mismo como un miembro más de la plantilla escolar donde él desempeña sus servicios», que podrá ir determinando, metódicamente, los procedimientos y medios con los que alcanzar los objetivos programados. De este modo, del orientador lo que se puede esperar —diferentemente de cualquier otro miembro del equipo escolar— sería, fundamentalmente:

a) Un conocimiento más profundo de los procedimientos estimativos y evaluadores precisos para comprender la conducta de los alumnos.
b) Una amplia consciencia de la información educativa y ocupacional que aporte una oferta de las oportunidades académicas y no académicas que tiene a su alcance la juventud.
c) El dominio de las estrategias y procedimientos de la orientación personalizada.
d) El dominio de las técnicas de envío y la habilidad para seleccionarlas.
e) La facilidad para aplicar técnicas de orientación en grupo; y, finalmente,
f) Habilidad para coordinar y dirigir estudios e investigaciones locales acerca de las necesidades y oportunidades de los orientados.

Este modelo, que se viene utilizando desde 1968, tiene indudables ventajas; por ejemplo, deja bien claro que la orientación es algo más que el consejo y que éste tiene un significado más técnico; que la salud e higiene mental del alumnado no tienen por qué depender exclusivamente del orientador, sino que se hallan ligadas a todo un trabajo en equipo de todos aquellos que prestan sus servicios en la escuela; es un método fácil de comprender por profesores y directivos. No obstante, a veces es posible caer, imperceptiblemente, en la directividad, ya que la evaluación de los objetivos del programa es dificultosa, sobre todo si se integran los objetivos de la orientación con los educativos; asimismo, el trabajo en equipo, conjuntando los esfuerzos de psicólogos y otros profesionales, desvía muchas veces los primigenios propósitos del orientador, pasando a conceder mayor importancia a aspectos como la psicometría, el testing, los servicios de información, etc., que a la propia orientación; y, por fin, la orientación como conjunto de servicios puede desembocar en la falta de una base teórica que los aúne.

Sus defensores arguyen que los servicios integrados de orientación son necesarios porque hay que prever las dificultades del aprendizaje que eviten caer en el fracaso escolar a los alumnos. De ahí que la pieza clave de las enseñanzas obligatorias sean los profesores (y los tutores en el sistema educativo español), considerándose la orientación como auxiliar o subsidiaria desde el instante en que los objetivos educativos se ciñen en la búsqueda y logro de objetivos de la dinámica enseñanza/aprendizaje.

La orientación como reconstrucción social

Edward J. Shoben (1962) afirmaba que, a despecho de su enorme expansión, la corriente orientadora hasta esta época podría mostrar escasos hallazgos en la investigación que demostrara sus méritos y los logros, y que incluso las técnicas de que hacía uso evocaban cierta frialdad y desconfianza, de tal modo que se abría un considerable abismo entre sus logros y sus pretensiones. Estas afirmaciones —apoyadas también en las de Wrenn (1958) y en las de los autores Barry y Wolf antes citados (1962)— acerca del desprestigio y el asalto a la orientación la indujeron a proponer su propio modelo.

La orientación, sin desear proponérselo, es un portador oculto de ciertos valores. Y así como el profesor puede ser, un poco, la figura que trata de mantener la tradición social incluyendo al alumnado en ella, el orientador «proporciona información, recomienda y motiva para mover a *determinados* jóvenes en *diferentes* direcciones sobre el supuesto de sus características y potencialidades *especiales*», justificando (ante padres de familia y equipos educativos) su cientificidad a partir del corpus psicométrico, el desarrollo psicológico y la predicción. Shoben critica esta postura cientifista y cree que lo que en realidad está ocurriendo es que se impele a la juventud a un estatus social medio que tiende a reducir la autonomía personal y la individualidad, más que a aumentarlas. Este fenómeno, unido al de la acumulación de la información y al de la forzada especialización y —por ende— a un estrechamiento del conocimiento, es incompatible con el objetivo básico de la educación de formar a un ciudadano «informado y participante responsable en una comunidad democrática» (p. 436). Y sin embargo —añade—, la orientación surgió justamente para combatir los efectos menos deseables de la educación de masas y para acentuar el desarrollo individual que permita a los jóvenes encontrar caminos socialmente apropiados para expresar su esencia distinta.

Algunas instituciones educativas, calificadas de más «potentes», procuran facilitar a su población estudiantil los caminos para la reformulación y la reflexión de los valores originarios, para que aquella tenga oportunidad de identificarse con variadas personalidades y desarrollar características personales distintivas, sin llegar a los extremos sajones del liderazgo y la competitividad brutales. La confianza en sí mismo, el pensamiento crítico y la iniciativa pueden ser auténticos objetivos en este contexto.

El punto central de la teoría de Shoben reside en afirmar que el proceso de exploración de uno mismo y del cultivo de una *vida reflexionada* son facilitados precisamente exponiendo al alumno a una amplia gama de modelos humanos, ofreciéndole la posibilidad de identificarse con personas relativamente diferentes o con algunas personalidades complejas que pueden «crearse» partiendo de la propia diversidad del alumno, etc., que tiene mucho que ver con el desarrollo flexible de un estilo de vida diferenciador. Flexibilidad que sólo se conseguirá partiendo del supuesto de que la institución escolar alberga un carácter comunitario del cual el orientado se sienta auténtico protagonista y miembro.

Las funciones tradicionales de la orientación deberían ser reemplazadas por otras dos, más necesarias e importantes, a las que deberían subordinarse: 1) Hay un mecanismo humano de retroalimentación por el cual el impacto de la escuela puede evaluarse y, de ahí, convertirse en material útil para la consideración de sus protagonistas oficiales: los orientadores tienen ocasión de oír de los mismos estudiantes cuán lejanas están las escuelas de sus intereses y necesidades. De este tipo de respuestas implícitas, un orientador bien preparado puede conocer cómo explicitar e interpretar ese «material» para construir hipótesis relevantes e, incluso, evaluarlas y probarlas. Lo que es más interesante es que esas hipótesis se centren sobre todo en la realidad funcional de las escuelas más que en los problemas personales de los alumnos, para que la tarea del orientador sea menos un recurso correctivo que un agente prioritario en la *continua reconstrucción de la cultura escolar;* 2)La orientación debe actuar como un catalizador que clarifique el carácter de la escuela como una comunidad y una fuente de modelos idóneos al servicio del desarrollo evolutivo de los más jóvenes. El orientador está ahí para ayudar a las personas a reevaluar constantemente cada segmento de sus vidas y para auxiliarlas en la reformulación de sus objetivos.

Probablemente hay pocos orientadores preparados para conseguir de sus alumnos ese grado de autonomía, ya que un prerrequisito sería una reformulación de los programas de formación y una radical reconstrucción de la escuela, haciendo derivar los valores de ésta hacia la individualidad a ultranza de los futuros ciudadanos. Por otra parte, la orientación enfocada *hacia la reconstrucción social* requeriría unos programas creativos y el conocimiento de las leyes de agrupamiento del alumnado, de la diversificación de la labor profesoral, y de cómo organizar y modificar los currículos para que, desde ellos, se fomentara la reflexión sobre la propia dinámica vital. Y esto plantearía un entrecruzamiento entre los administradores de la escuela y los propios orientadores.

La orientación como una acción intencional

Los profesores D.V. Tiedeman y Frank L. Field, aplicando la experiencia de su época (1962), hicieron notar que la orientación estaba deviniendo una auxiliar, yuxtapuesta, de la instrucción, de manera que su función se catalogaba como una técnica más dentro de un marco tecnológico o metodológico, cuando lo necesario era devolverle su puesto dentro de la educación. Esta dejación de la función orientadora tenía lugar porque los orientadores carecían de identidad profesional y no se esperaba de ellos que aportasen ninguna solución creativa al despliegue de las ciencias de la educación desde el momento que habían sido contratados para aplicar principios prestados de otras ciencias de la conducta y ya previamente establecidos; esta carencia evitaba que los profesionales de la orientación fuesen contratados para perfeccionar la práctica de los docentes o para actuar bajo la dirección de personas representativas de otras ramas ocupacionales. A pesar de los esfuerzos en las décadas de los cincuenta y sesenta, los orientadores no habían aún conseguido un estatus profesional o una teoría que unificase las bases, los objetivos y las técnicas.

En 1962, pues, el tándem Tiedeman-Field proponía a la opinión pública la inserción de los programas orientadores en el marco general educativo y la urgente necesidad de que la política administrativa respecto a la orientación cambiara. Examinando simultáneamente el marco de referencia —las finalidades, las teorías y las técnicas— y partiendo de una educación *liberadora* (ajena a cualquier condicionamiento o manipulación adoctrinadora), creían que debía establecerse una intención, un propósito planificado que redujera la diferencia entre los objetivos deseados y el estado de cosas actual. Este proceso dinámico o intencionadamente activo debería contemplar: a) la motivación por parte del propio alumnado; b) las conductas más útiles para los profesionales del consejo; y c) un estilo más operativo —planificado, no azaroso— en la formación de los orientadores para definir la orientación como el uso profesional *de una ciencia de la planificación intencionada dentro de la estructura específica de la educación.* De ahí que un factor crucial sea que los alumnos asuman la responsabilidad de sus vidas, que podrá ser facilitada por su visión realista de que «no pueden perder el tren del proceso de cambio» y porque se les ayuda a enfrentarse a las discontinuidades y obstáculos, planificando lo que han de escoger o sabiendo cómo han de elegir o seleccionar.

Los partidarios de este modelo afirman que para practicarlo se ha de aceptar el concepto del «estudiante ideal progresando idealmente en un sistema ideal»; que se debe prever dónde ese proceso puede fallar o dónde puede quedarse corto el orientado; y que hay que dominar de tal modo la dinámica, que permita aplicar las tareas específicas y la información más relevante a la hora de solucionar un problema concreto. Más tarde, Tiedeman y su esposa Anna han ampliado el concepto al mundo del aprendizaje y del autodidactismo, en el cual el proceso tutorial deviene imprescindible. Es más, la entrada en la educación del control comunitario, de la instrucción individualizada, del aprendizaje por descubrimiento, de la simulación, de los recursos para el aprendizaje y de la educación vocacional significa que «los profesores acabarán siendo orientadores y que éstos acabarán siendo tutores».

Actualmente no existe una teoría relevante que fundamente la simultaneidad del cambio de conducta y la independencia progresiva de una persona, ni programas de formación de consejeros al respecto. No obstante, pueden considerarse como ventajas el que la orientación pasaría a ser una parte operativa de la educación, que alcanzaría el estatus normativo de una auténtica profesión (Wrenn, 1962) y que se equiparía la enseñanza y la organización escolar.

La orientación facilitadora del desarrollo personal

En 1960, Chris D. Kehas denunciaba que hasta entonces la escuela sólo se preocupaba de los logros intelectuales y que los componentes afectivos, personales y emotivos sólo recibían atención cuando interferían en los procesos cognitivos. Esta no institucionalización de la educación para el desarrollo personal ha hecho que profesionales distintos del profesor sean muy pocas veces aceptados en la dinámica escolar: psicólogo, orientador, psicómetra, asistente social y otros no participan integradamente en la escuela. Así las cosas, Kehas resumía las características de esa situación en:

1. La educación es simplemente enseñanza.
2. La principal preocupación, en educación, parece que sigue siendo la polaridad enseñanza/aprendizaje.
3. La relación más acusada es la de profesor y alumno.
4) Parece que sólo hay un tipo de educador: el profesor.

Estas premisas, obviamente, concentran el papel y las funciones primordiales en el profesor y en el hecho de que el aprendizaje sólo tenga lugar cuando se da la relación entre docente y discente, haciendo que el resto de la plantilla profesional realice únicamente tareas subsidiarias, subordinadas a hacer más eficaces las funciones de la instrucción.

Kehas proponía que habría una solución si se redefinía la educación combinándola o subsumiéndola en el aprendizaje. Podrían crearse varias modalidades de educadores comprometidos con distintos aspectos del desarrollo aprendiz, que debieran utilizar diferentes estilos comunicativos. Así no existirían subordinaciones, sino labores complementarias para el orientador, cuya responsabilidad reposaría en el desarrollo personal, igual que la del profesor sería la de desarrollar el intelecto, etc. Este desarrollo personal abarcaría los siguientes conceptos:

- Desarrollar la comprensión del propio yo.
- Desarrollar el conocimiento de uno mismo mediante un examen individual, íntimo y personal.
- Considerar metódica y ordenadamente los sistemas personales con significación.
- Considerar la propia idiosincrasia.
- Considerar los sistemas del concepto de sí mismo.
- Profundizar el sistema de los constructos personales.
- Autoevaluarse.
- Identificar el propio yo.
- Reflexionar y criticar las actitudes hacia uno mismo.

El objetivo previo a este proceso evolutivo y formativo sería el desarrollo y establecimiento de un proyecto vital.

La principal objeción a este modelo es que no está demasiado clara la división de los alumnos en dos áreas (la intelectual y la personal) que deberían ser desarrolladas por dos profesionales diferentes: por otra parte, aún se ha estudiado poco la relación que debería existir entre profesor y orientador. Este debe tener un conocimiento muy profundo de la relación de ayuda y de entrevista para poder conseguir centrarse hábilmente en los procesos de conducta altamente individualizados.

Referencias y bibliografía

BARRY, R., WOLF, B., *Epitaph for Vocational Guidance*, Bureau of Publications, Teachers College, Columbia University, Nueva York, 1961, 8-24.

GILMORE, S.K. «A comprehensive theory for electric intervention», *International Journal for the Advancement of Counseling*, 1980, *3*, 185-210.

HOYT, K.B., «Guidance: A Constellation of Services», *Personnel and Guidance Journal*, 1962, *40*, abril, 690-697.

KATZ, M., *Decisions and values: A Rationale for Secondary School Guidance*, College Entrance Examination Board, Nueva York, 1963.

KOOS, L.V., KEFAUVER, G.N., *Guidance in Secondary Schools*, The MacMillan Company, Nueva York, 1932 (principalmente prefacio y partes II y III).

PARSONS, F., *Choosing a Vocation*, Gay y Hancock, Ltd., Londres, 1909, Copyright de Meyer Bloomfield. (Sólo se encuentra en la Biblioteca de Cataluña, Barcelona.)

RODRIGUEZ, M.L., *et al.*, *Programa para aprender a tomar decisiones: Cuaderno del alumno y Guía didáctica para la tutoría*, Laertes, Barcelona, 1994.

SHOBEN, E.J. Jr., «Guidance: Remedial Function or Social Reconstruction?», *Harvard Educational Review*, 32, otoño 1962, 430-443.

STRANG, R., MORRIS, G., *La orientación escolar*, Paidós, Buenos Aires, 1971. (Esta es una obra que no hace justicia a la impresionante capacidad de trabajo de esta pionera de la orientación. De hecho publicó voluminosas obras generales, manuales y compendios que no han sido nunca traducidos y/o distribuidos en España. Por ejemplo, son valiosísimas: *Counseling Technics in College and Secondary School*, Harper and Brothers, Nueva York, 1949 y *The Role of the Teacher in Personnel Work*, Teachers College, Columbia University, Nueva York, 1953. Las dos citadas constantemente por sus seguidores y epígonos y vigentes hoy día.)

TIEDEMAN, D.V., FIELD, F.L., «Guidance: The Science of Purposeful Action Applied through Education», *Harvard Educational Review*, 1962, otoño, *32*, 483-501.

WRENN, C.G., «Editorial Comment», *Journal of Counseling Psychology*, 1958, *5*, 242.

WRENN, C.G., *The counselor in a changing world*. Informe de la Commission on Guidance in American Schools, APGA, Washington, D.C., 1962.

3
Modelos de orientación educativa y profesional en el siglo XX

(Continuación)

Modelos centrados en las necesidades sociales contemporáneas

La orientación como técnica consultiva o intervención indirecta

Definición

De todo un conjunto de carencias propias de las intervenciones directas de ayuda a los orientados (insuficiencia del número de profesionales, prevalencia de la instrucción sobre el interés en la higiene mental y personal, descoordinación entre las plantillas docentes y los políticos de la educación, falta de confidencialidad, tendencia a aislar al alumno problemático de su propio entorno, familia y medio social, etc.) nace la función consultiva como método de intervención indirecta que promueva la salud mental y asegure la participación de varios sujetos responsables en ella. La consulta consiste en la intervención en una serie de ámbitos: consulta centrada en los programas, en el cliente, en la escuela, en la salud mental, en los negocios, o en psiquiatría, que funcionan relativamente aislados unos de otros. Desde 1966, el término consulta se introdujo en la literatura educativa y se desarrolló y conceptualizó por Dinkmeyer (1968) como una de las funciones primarias del orientador. Entendía como consulta «el proceso por el que padres, profesores, autoridades académicas y otros adultos significativos en la vida de un niño comunican entre sí acerca de él». Está claro que la consulta exige coordinación, intercambio de información, planificación conjunta y metodologías colaboradoras y participativas que aumenten la efectividad de aquel grupo de adultos que trabajan con y para los orientados.

Los papeles de la consulta o consultoría se podrían jerarquizar en niveles de complejidad según el cuadro de la página siguiente (Fig. 1).

Aparte de la consultoría en el medio escolar, se aplica a los programas de salud mental (Caplan, 1970; Beisser, 1972, y otros) determinando dos áreas de intervención: la consulta en programas que tratan de problemas centrados en la planificación, dirección, evaluación y coordinación de los servicios que afectan a la salud mental comunitaria, y en las relaciones humanas y estudio de casos. Se está divulgando, asimismo, en medicina, enfermería, negocios, industria, religión, etc., en una gran multiplicidad de formas: consultoría psquiátrica, psicológica, organizativa, administrativa, educativa, etc.

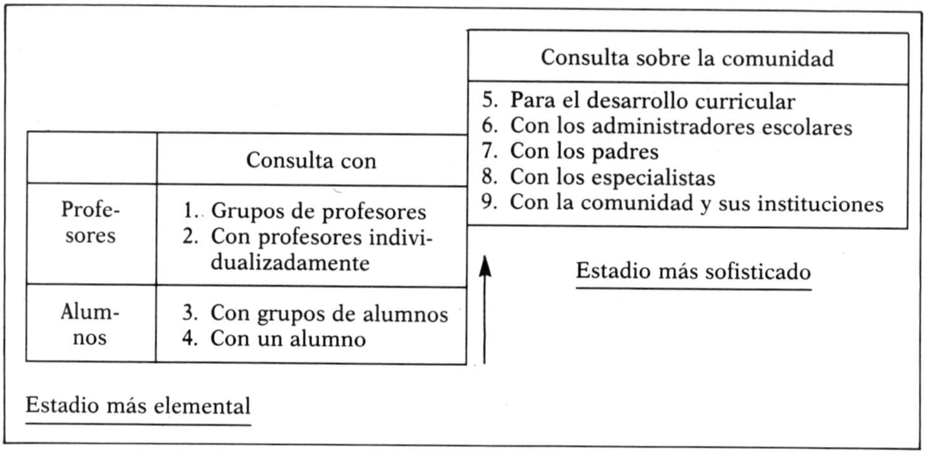

Figura 1. Jerarquía de los papeles del consultor (adaptada de V. Faust, 1968).

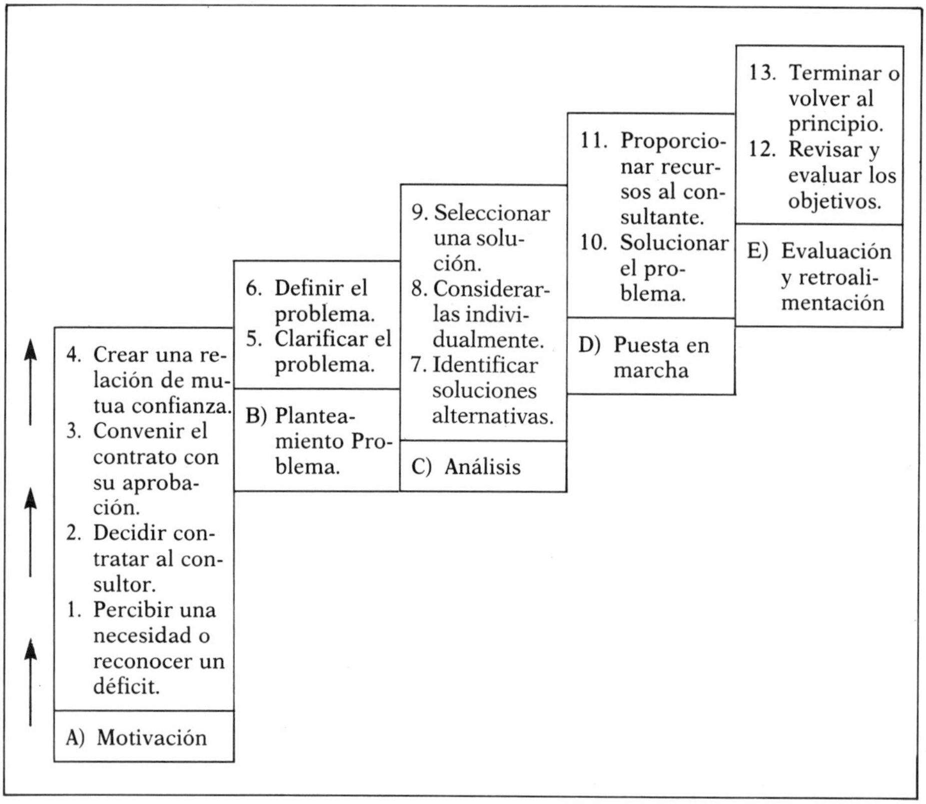

Figura 2. Fases de un proceso elemental de consultoría. Nótese la similitud con los procesos en espiral, de K. Lewin y la metodología de investigación-acción (action research).

El orientador-consultor, desde una posición de consejo, no autoritario ni supervisor, trabaja indirectamente con los clientes proporcionando asistencia directa al consultado, que es quien trabaja directamente con aquéllos. Su función, genéricamente, comprende el ofrecer consejo como experto, el proporcionar información especializada, el ayudar a planificar, el determinar la frecuencia, intensidad y duración de los problemas y el ayudar en la consideración de caminos alternativos para la acción. Generalmente, esa tarea se suele centrar en las casuísticas, las políticas y los programas. Reforzar, corroborar, clasificar, validar, interpretar, aconsejar, evaluar, motivar, facilitar o cambiar serían verbos descriptores de esas funciones puestas al servicio de una sola persona, de un grupo o equipo, de una organización, de una institución o incluso de un vasto sistema comunitario.

Cualquier política de organización de la consultoría puede adherirse a las varias que, desde 1975, han ido saliendo a la luz pública, pero en concreto las fases del proceso en que todos los autores están de acuerdo podrían sinoptizarse como señala la figura 2 en la página anterior.

Estrategias

Entre las estrategias consultivas pueden destacarse cinco:

1. Consultoría a través de la colaboración.
2. Consultoría resolutoria de conflictos.
3. Consultoría procesual.
4. Consultoría conductista.
5. Consultoría orientadora.

La consultoría *cooperativa* se ocupa de la resolución de problemas en grupo echando mano de las técnicas de comunicación interpersonal y adaptación mutua consultor-consultante, en las que el consenso debe ir engranándose en un sistema altamente estructurado de toma de decisiones.

El orientador no ha de dar las *soluciones,* sino los marcos de referencia dentro de los que los consultantes deberán generar y desarrollar planes y soluciones.

Los *conflictos* son comunes en el medio escolar. El enfoque resolutorio de consulta interviene para intentar fomentar el desarrollo y puesta en marcha de caminos ideales y aceptables de resolver los conflictos, tensiones o desacuerdos. Exige un cierto compromiso, negociación o pacto como procedimientos reductores de las tensiones (relaciones profesor-alumnos, interprofesorales, autoridades-profesores, etc.).

La estrategia *procesual* o continua examina con más detenimiento la manera de enfrentarse a los problemas, en vez de explicar las habilidades específicas para hacerlo; la manera de atacar, definir o resolver un problema, auxiliando al orientado a reconocer estos componentes procesuales y llegar a ser más autodirectivo y, eso sí, capacitándole para que sea capaz por sí mismo de determinar sus propios objetivos y las alternativas a ellos anexas de decidir o planificar la acción, de poner en la práctica esos planes y de evaluar el resultado final.

La consultoría *conductista* trata de eliminar o reducir resultados disfuncionales de pautas conductuales concretas o de dinámicas del medio, fundamentándose en los principios del condicionamiento operante y del aprendizaje social, y usando las clásicas técnicas de la instrucción didáctica y de la modificación de la conducta (modelado, desempeño de papeles, demostraciones y cualquier otra).

La estrategia considerada más tradicional y con mayor arraigo es la conducida por un orientador o consejero *ecléticamente distribuida entre consejo y consulta* o, lo que es lo mismo, usando ya sea de la intervención directa ya sea de la indirecta.

De este modo, el orientador deviene un dinamizador del cambio en el centro mismo del sistema que envuelve al consultante. Estos, frecuentemente, son los padres de familia, los profesores y los administradores escolares. Las actividades que rodean el ejercicio de esta estrategia consultiva se diseminan en un contexto un tanto complejo según muestra la figura. 3.

	TIPOS DE CONSULTA	ACTIVIDADES MAS ADECUADAS Y PROPIAS DE CADA TIPO CONSULTIVO
LABOR CONSULTADA	*Consulta de casos*	• Se trabaja con el consultante sobre un caso problemático, en el que se está incidiendo. El caso puede comprender: a) una persona (profesor, alumno) b) varias personas de un mismo grupo (familia) c) varias personas procedentes de distintos ámbitos. • Se debe centrar en el modo como el consultante debe organizarse para resolver el caso o trabajar con sus clientes.
	Desarrollo de programas	• Se trabaja con el personal administrativo para encontrar ciertos objetivos. • Se centra en ayudar al consultante a mejorar y revisar un programa dado o a planificar e implementar un nuevo programa.
	Evaluación de programas	• Se trabaja con el objeto de medir, evaluar y estimar la eficacia de un programa. • Programas más frecuentes que requieren revisión serían, entre otros: a) evaluación escolar b) orientación escolar y profesional c) marcos curriculares d) programas motivadores a la lectura e) actividades extracurriculares
	Formación, entrenamiento y educación permanente.	• Se trata de mejorar el nivel de profesionalidad del consultante. • Aprendizaje de nuevas teorías. Técnicas autodidácticas. Nuevas corrientes en educación e investigación, etc.
	Desarrollo de recursos humanos.	• Desarrollo del consultante como ser humano. Dimensiones intrapsíquicas e interpersonales. • Desarrollar aspectos más personales. Clarificar valores. Educación del ocio. Autoconsciencia. Comunicación no verbal. Etc.

Figura 3. Actividades propias de las estrategias consultivas.

Remitiéndonos a la completísima y útil obra de los autores Brown y Brown (1981), el modelo de consultoría por ellos defendido abarca la consulta: 1) centrada en el cliente; 2) la centrada en el consultante; 3) la centrada en el programa; y 4) la centrada en la estructura administrativa o en la organización. Son ellos quienes se han esforzado en producir un modelo de consulta, exhaustivo pero muy válido, con las oportunas adaptaciones a cada caso en los siguientes términos (Fig. 4) y siempre desde el punto de vista del orientador consultor.

En este modelo queda suficientemente aclarada la relación entre consultor y consultado; relación que fácilmente podría admitirse que es propia de un orientador pedagogo o psicólogo por sus características y aptitudes profesionales. Ejemplos de consultoría típica de un orientador podrían ser encuadrados en tres ámbitos: a profesores, a padres y a las instituciones y comunidad.

Tipos de consulta

La consultoría a profesores ofrece un inmenso abanico de posibilidades: las relaciones personales en el grupo clase, deficiencias y lagunas en los procesos de aprendizaje, motivación al profesor, renovación del clima escolar, desarrollo cognitivo y sus distorsiones, educación emotiva del alumnado y personalidad de los profesores, renovación curricular y dificultades que comporta, cambios en las políticas educativas, influencia del medio sobre la institución escolar, estudio y atención a los grupos marginales o menos favorecidos, formación continua del profesor como tutor, dinámicas innovadoras en los estilos de aprendizaje y metodologías didácticas.

La consultoría a padres, partiendo de una premisa de cooperación entre la familia y la escuela (para que ambos protagonistas de la educación no se desconozcan y actúen sin conexión), interviene en: la información profesional y académica en función de sus hijos; programas de divulgación acerca de la psicología evolutiva de los muchachos; el conocimiento de los idearios educativos de sus escuelas; la formación para las habilidades de la vida, del ocio, de los valores vitales y ocupacionales, etc. También suelen tratarse las aptitudes y habilidades para ser padres responsables, con quienes se pueda comunicar y confiar —habilidades de escucha, comprensión, empatía—, consultorías de orientación familiar y programas de cambios actitudinales.

Las intervenciones primarias y secundarias: la teoría de la orientación activadora

Enmarque conceptual

Cualquier postura de inclusión de las tareas orientadoras en el contexto social —además del escolar— viene a completar necesariamente la dimensión comunitaria y social de la persona humana, y sería ingenuo e inoperante olvidar su estudio. La teoría sociológica, los conceptos de la ciencia política y ciertos principios económicos inducen al profesional de la orientación a programar y crear actividades para la intervención primaria que se centren en la dimensión social de sus orientados. El previo estudio del contexto es el que debería presidir cualquier tendencia hacia la creación de una teoría general de la orientación, ya que el medio es un determinante muy poderoso de la conducta humana.

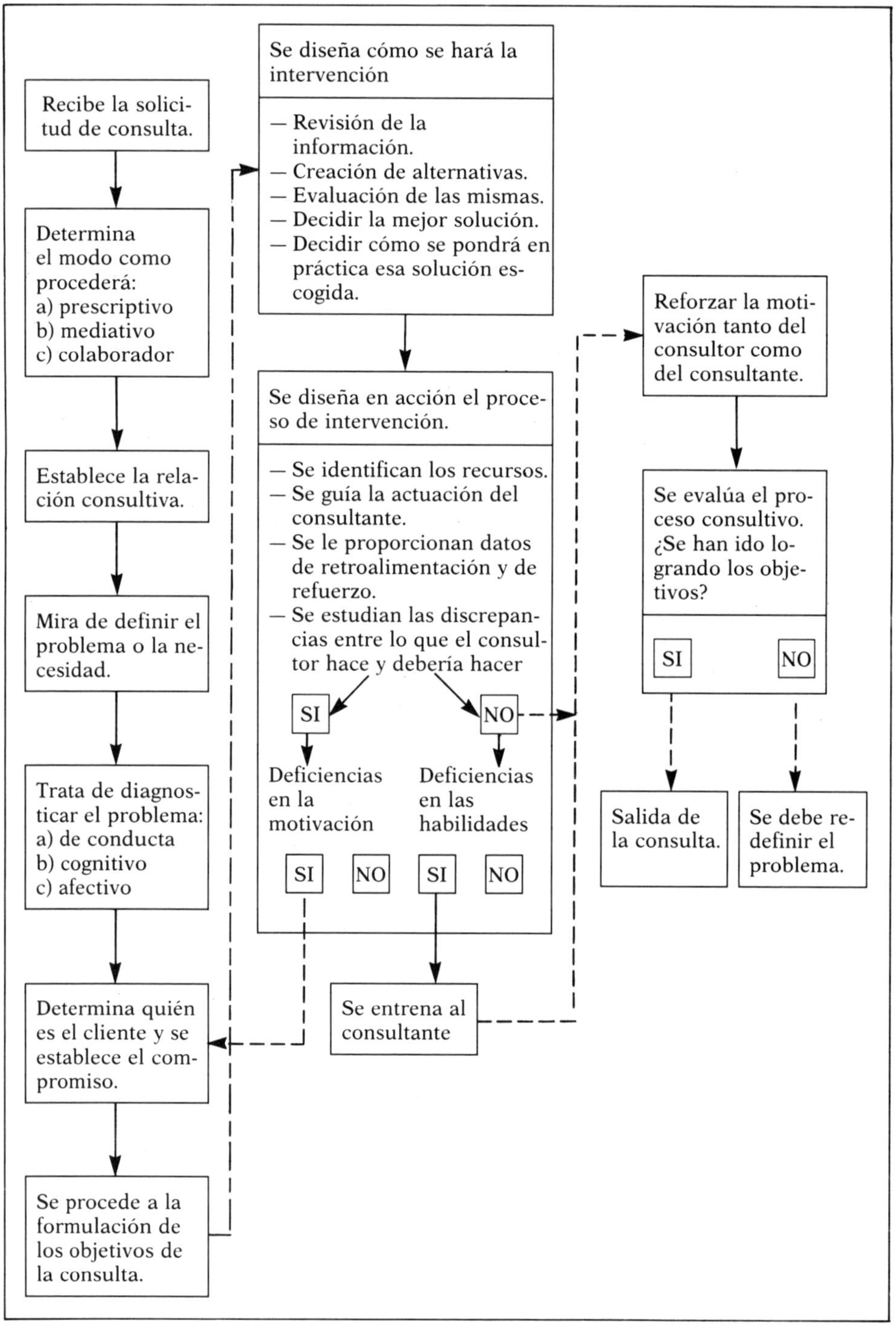

Figura 4. El modelo de consulta (adaptado de Brown y Brown, 1981).

Menacker (1976), pasando revista a las distintas teorías de la orientación —conductista, psicológica, evolutiva, de desarrollo personal, dirigida a la acción intencional, etc.—, ofrece un modelo de orientación activadora que, abogando por el alumno, pone el acento en los *conceptos de intervención y manipulación del medio, adoptando un papel activo no tan centrado en lo verbal como en lo factual.*

Los principios de esta orientación activa y activadora, en la que el orientador y el orientado se ven continuamente comprometidos en una manipulación de la conducta y del medio, son:

1. La actividad del orientador ha de ser directa y centrada en aquella actividad concreta que ayude, objetivamente, a sus alumnos. Actividades no verbales sino de actuación, de ayuda concisa y directa, que promuevan al cambio. (Ejemplos: organizar servicios, remover a personas y estructuras, sancionar, cambiar estilos de dirección y administración, etc.)
2. Identificar qué condiciones medio-ambientales podrían facilitar o retrasar los objetivos del cliente y el autodesenvolvimiento personal.
3. Reconocer la diferencia entre los valores y objetivos del alumno y los de la institución escolar. (A través del conocimiento mutuo y con las armas de la habilidad psicológicas aprendidas, el orientador puede abogar y defender los objetivos del orientado frente a los de la institución.)

Este modelo exige interactuar con los clientes, trabajar *in situ*, además de salir de la escuela y compartir momentos extraescolares y de ocio; para defender los derechos de los alumnos, comprometiendo a los compañeros, empleadores, familias y sociedad.

Las dimensiones intervencionistas para el desarrollo de los jóvenes pueden darse en muchos de sus ámbitos: en el campus universitario, en el hogar, a la entrada de la escolaridad, en los sindicatos y asociaciones; o en su proceso de aprendizaje: disciplina personal, programas de técnicas y hábitos de estudio, toma de decisiones profesionales, etc. (Morrill y otros, 1980). El modelo conceptual clásico fue propuesto ya en 1970 por Morrill, Hurst y Oetting en un cubo que intenta agotar las ricas posibilidades que se entrecruzan entre población intervenida, propósito y metodología de las intervenciones (Fig. 5).

Tradicionalmente se ha admitido que la población a la que debía dirigirse un programa de orientación interventiva era la persona, individualmente considerada, sobre la cual era preciso producir unos cambios positivos. Pero de hecho es importante crear actividades de impacto sobre instituciones, organismos y comunidades que, a su vez, influyan y condicionen a aquellas personas: en su autoestima, su carácter, su temperamento y sus niveles de satisfacción.

La intervención al nivel correctivo se admite generalmente cuando algo ha ido mal y el daño está hecho (discrepancias entre las aptitudes de un alumno y las exigencias del medio, depresiones, soledad, fracasos, falta de información, deficiencias varias); todas o cada una de estas disfunciones incitan al orientador a intervenir terapéuticamente o retroactivamente. La prevención, por otra parte, trata de predecir y prever un esfuerzo de anticipación a futuros problemas (es fundamental el estudio de los períodos de transición de un nivel a otro, un medio a otro, una edad a otra, etc.). La atención al desarrollo evolutivo intensifica el potencial y la salud de las personas y de los grupos. Son programas proactivos que no van a tener únicamente en cuenta las circunstancias generadoras de problemas, sino cualquier experiencia vital de la persona.

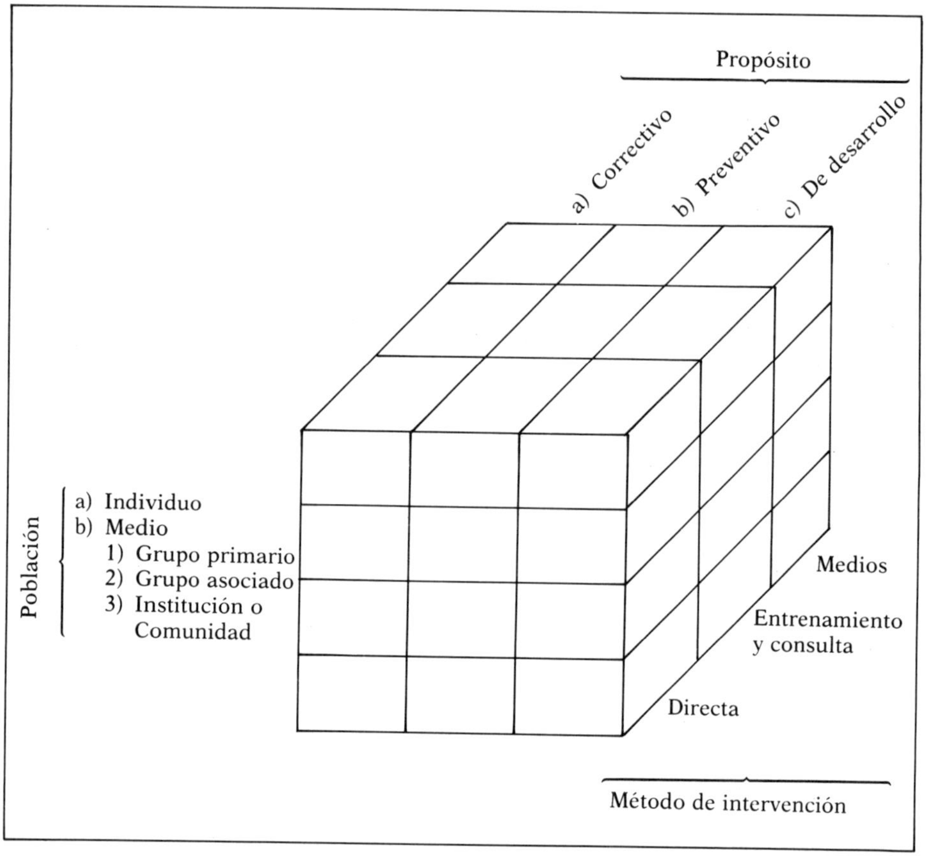

Figura 5. Dimensiones de la intervención para el desarrollo del estudiante (de Morrill, Oetting y Hurst, 1974).

Tipos de intervenciones directas, o primarias, e indirectas

Aunque son muchos y altamente variados los programas de orientación, la mayor parte de ellos se fundamentan en procedimientos cuyo núcleo es la intervención primaria. Se denominan primarias las actividades que ocupan un lugar central en el proyecto dinámico; y secundarias o adjuntas las que tienen aplicaciones mucho más limitadas. Entre los procedimientos que usan las orientaciones calificadas como intervenciones primarias se pueden incluir los más conocidos, porque, a la vez, son los más importantes y prevalentes:

1. Trabajo de orientación individual.
2. Orientación de los alumnos en grupo.
3. Evaluación educativa y psicológica.
4. Educación y orientación vocacional: información ocupacional, consejo vocacional, medida y evaluación por tests, etc.
5. Selección de cursos orientadores apropiados.
6. Registro y análisis de datos y creación de registros.

Las intervenciones suplementarias o indirectas pueden ser infinitas:

1. La terapia defensora de personas, o que aboga por su dignidad, libertad e integridad.
2. La modificación y evaluación de ambientes.
3. La terapia asistida por multimedia.
4. La terapia hecha por colegas o compañeros voluntaristas.
5. La dinámica de grupo.
6. La biblioterapia.
7. La terapia por muñecos o marionetas.
8. Los filmes y rodaje de películas.
9. Los centros de aprendizaje para la orientación.
10. La música.
11. El entrenamiento a padres de familia.
12. El consejo entre padres o condiscípulos.
13. Los ejercicios para la resolución de problemas.
14. El uso de técnicas lúdicas y juegos.
15. La educación para la paz (Judson, 1986).
16. La no discriminación racial.
17. La educación afectiva.
18. El estudio de casos.
19. El análisis transaccional.
20. El psicodrama y sociodrama.
21. Los clubs de orientación y muchos otros.

Los Programas Integrales de Orientación Preventiva

Desde los años sesenta se asiste al resurgimiento del concepto de prevención primaria en ámbitos no relacionados con la medicina definida como aquella intervención que trata de *evitar que suceda algo negativo en la vida de una población determinada*. Dudas sobre que pueda ser ese algo negativo o cuál es el momento mejor para la prevención hicieron que expertos en psicopedagogía y orientación enmarcaran la prevención primaria en la afirmación de que prevenir exigiría intervenir más en grandes grupos que con individualidades y trabajar con poblaciones que aún no hayan experimentado los desajustes previsibles. Además de apoyarse en una sólida base de conocimientos sobre higiene mental, debe haber una cierta intencionalidad previsora de la inadaptación que, en ciertos ámbitos escolares, podría residir en el conjunto de los problemas del aprendizaje.

La controversia sobre las estrategias de orientación preventiva fluctúa entre si deberían constituirse en servicios directos o en indirectos. Los primeros, interviniendo en el grupo sobre el que se intenta prevenir (los alumnos mismos de las escuelas); los segundos, modificando los aspectos del medio que, a su vez, son influyentes (profesores, tutores, administradores, padres de esos alumnos). Hasta ahora se ha hecho más hincapié en los servicios humanos terapéuticos o curativos que en los preventivos, porque las personas con problemas llaman más nuestra atención y porque los profesionales de la ayuda están más motivados a tratar con personas problemáticas.

Sin embargo, previniendo los problemas escolares, personales y profesionales que puedan tener lugar, el orientador dispondrá de armas eficaces a medio plazo por reducción de los obstáculos, aunque bien es verdad que los programas preventivos ocupan un tiempo ahora destinado a otras actividades. Por otra parte, el orientador puede desempeñar un papel de consultor y asesor de los programas preventivos en los años de la escolaridad primaria enfocando la orientación preventiva como una estrategia comprehensiva de intervención diseñada para la población escolar en su totalidad. Este enfoque asumiría la reducción de los problemas propios del desarrollo evolutivo inspirados en los principios de la psicología adleriana (Muro-Dinkmeyer, 1977, p. 75), y que sólo sería efectiva si los adultos del entorno del alumno cooperasen y se comprometiesen. Estos principios, en síntesis, son: 1) la personalidad del hombre se comprende mejor si se la ubica en una unidad; 2) la conducta se dirige hacia un objetivo y es intencional; 3) la motivación se basa en la significación; 4) toda conducta tiene un sentido social; 5) toda persona puede hacer interpretaciones sesgadas; 6) el sentido de pertenencia es una fuerza básica; 7) los adlerianos hacen hincapié más en las leyes ideográficas que en las nomotéticas; 8) la psicología del uso es más importante que la de la posesión; 9) siempre lo holístico sale más favorecido que lo reduccionista; 10) comprender a la persona exige comprender su estilo de vida; 11) el valor más significativo para los adlerianos es el interés social; 12) la vida presenta retos en forma de tres tareas vitales originales: las sociales, las laborales y las sexuales.

El orientador preventivo se centra, en principio, en el alumno; pero, progresivamente, debe ampliar sus servicios trabajando con los adultos —sobre todo con los profesores y las fuerzas comunitarias—, sugiriéndoles procedimientos metodológicos para usar con los alumnos problemáticos. Su tarea asesora vendrá dada sobre la formación del profesorado, la consulta con los padres, con los administradores de la educación y sobre el sistema.

Los programas más relevantes se han desarrollado fundamentalmente en países anglosajones. Así, el programa dirigido por Carol Morgan en el Salem School District de Oregón y publicado en 1984 se puso en marcha en coordinación con el Marion County Community Mental Health Program. Parte de las siguientes premisas: a) la orientación ha de ser un proceso secuencial integrado en el currículum; b) con metas, objetivos, metodología y recursos específicos; c) y dirigido a la orientación *afectiva* del conjunto del alumnado para que éstos sean capaces de conocerse a sí mismos, sus relaciones con los demás, adquirir habilidades para tomar decisiones y poder vivir una vida productiva y enriquecedora. El equipo de Morgan ha creado unas guías muy detalladas de objetivos progresivos o unidades didácticas que cubren los siguientes tópicos: 1) ser consciente de los propios sentimientos; 2) analizar los propios valores; 3) saber tomar decisiones; 4) analizar la conducta; 5) saber escuchar; 6) cooperar con los otros y saber resolver los conflictos; 7) tomar decisiones ocupacionales y académica; y 8) organizarse en el aula. Por ejemplo, el objetivo orientador general n.º 3 es *que el alumno se responsabilice de guiar su propia vida*. Dentro del objetivo hay tres sesiones de trabajo; la primera: que el alumno se vea a sí mismo como persona capaz de (Toma de decisiones I); la segunda: que el alumno conozca la naturaleza específica de las preocupaciones y problemas (Toma de decisiones II); y la tercera: que sea consciente de las alternativas distintas que se le pueden presentar (Toma de decisiones III). Cada unidad didáctica viene diseñada con: título de la unidad; métodos didácticos sugeridos; procedimientos para la evaluación; materiales para la enseñanza de la unidad escritos y otros; bibliografía aconsejada al orientador y créditos o datos sobre los profesionales que la crearon.

Otro programa, el de C. Sheldon y C.D. Morgan, está diseñado para reconocer, definir, preservar y promover las potencialidades del alumno en los aspectos tanto cognitivo como afectivo, de modo interdependiente. Define las modalidades del aprendizaje infantil para proveer al niño de experiencias positivas, preserva su período discente con estrategias de enriquecimiento curricular en diferentes habilidades y promueve el crecimiento social y personal y la reducción de prejuicios. El programa, amplísimo y con immensas sugerencias didácticas, se basa en las directrices propuestas en el modelo del Oregon State Department of Education (Duncan, 1978, 1983). Este departamento ofrece una *matriz* de datos, desarrollada por objetivos, describiendo el programa y los servicios centrados en cinco tareas o ámbitos de orientación preventiva: a alumnos, a profesores, a padres, a la comunidad y a la organización de la enseñanza, incluyendo tanto los objetivos obligatorios como los optativos. Cada matriz desarrolla el componente u objetivo, los criterios de logros, los procedimientos para el *assessment* (evaluación continua) y la evaluación específica. Cada población tratada recibe una guía detalladísima de las actividades a realizar. Por ejemplo, el Programa para la Orientación Familiar en la prevención contiene estos apartados, siempre desde una perspectiva evolutiva:

1. Cómo observar a sus hijos. Ejemplos.
2. El lenguaje: pensamiento y comunicación.
3. La inteligencia y sus relaciones con la educación. Niños dotados y menos dotados.
4. Aptitudes motrices: el cuerpo en continua actividad.
5. La madurez socioemocional: en paz con el mundo.

La asesoría a profesores es un punto clave en este tipo de programas. Los Child Development Specialist Programs (CDSP) exigen un fuerte compromiso por parte de los maestros, que deberán crear una atmósfera conductora hacia las relaciones sociales positivas y el desarrollo integral de las personas. Se acerca al profesorado a la Didáctica y se le ofrece la posibilidad de entrenarse hacia una metodología más eficaz y a formarse en las técnicas de la comunicación interpersonal, coloquios con las familias, relación profesor/alumnos, identificación de las principales dificultades del aprendizaje, uso de las estrategias para la dirección y modificación de la conducta, etc., entre otras muchas cosas exhaustivamente detalladas (Brown, Mc Cubbin, 1983).

Según estos modelos-marco, la labor del Orientador Preventivo sería:

Sujeto de la orientación: alumnos *Objetivos* 1. Ayudar a los alumnos a funcionar entre la variedad de sistemas que les rodean (compañeros, familia, aula, comunidad, vecindario, etc.).	*Servicios que se ofrecen en el programa* a) Estudio de las necesidades en las áreas de salud, académica, social, crecimiento emocional, etc. b) Sesiones individuales o en grupos para ayudar en las relaciones interpersonales, progreso académico, cambios de conducta, resolución de problemas, toma de decisiones, responsabilidad, etc. c) Coordinación de los recursos comunitarios.
Sujeto de la orientación: profesores *Objetivos* 2. Ayudar al *equipo de profesores* a enseñar de modo que se procuren actitudes positivas hacia uno mismo y hacia los demás, y a identificar desde muy pronto las dificultades y lagunas del aprendizaje y/o del desarrollo.	*Servicios que ofrece el programa* a) Talleres de trabajo sobre los conceptos del enfoque preventivo y cómo aplicarlos individualizadamente. b) Servicios de *consulting* en áreas como recursos, planificación de programas, organización del aula, procesos de desarrollo, enseñanza individualizada, etc. c) Demostraciones sobre diferentes técnicas preventivas. d) Técnicas de observación, charlas con padres y con profesores y tutores.
Sujeto de la orientación: padres *Objetivos* 3. Ayudar a los padres a comprender las aptitudes y necesidades específicas de sus hijos, para colaborar con ellos en el hogar y en la escuela a resolver sus necesidades.	*Servicios que ofrece el programa* a) Mesas redondas y grupos de trabajo sobre desarrollo evolutivo, salud, recursos comunitarios, conocimientos que deben tener los padres, etc. b) Conferencias y charlas. c) Responsabilidades de la familia en el ámbito académico. d) Coordinación entre expectativas de la familia y de la escuela.
Sujeto de la orientación: comunidad *Objetivos* 4. Coordinar los recursos al alcance de la escuela con los de la comunidad.	*Servicios que ofrece el programa* a) Información sobre los programas de orientación preventiva o primaria. b) Creación de comisiones de ayuda. c) Charlas del equipo orientador sobre los problemas específicos de niños y adolescentes. d) Desarrollo de varios sistemas de envío a otros especialistas.

Por su parte, Reba M. Clark, de las Vestavia Hills City Schools (1981), ve la orientación como una parte orgánica del programa educativo, que se inicia en el nivel preescolar y termina con las enseñanzas secundarias. Como los anteriores, trata de promover una pronta identificación de las características emotivas, físicas, sociales e intelectuales de los alumnos y de eliminar obstáculos del aprendizaje con experiencias escolares dirigidas hacia el éxito, a la vez que desarrollar la conciencia de lo vocacional para formular por sí mismos sus planes escolares-profesionales. Cada nivel de enseñanza hasta los 18 años presenta una matriz de desarrollo de los objetivos del alumno, con generosidad de detalles y que va desplegándose progresivamente a lo largo del documento divulgado por la autora.

Sobre parecidos presupuestos dinkmeyerianos está construido el modelo del West Virginia Department of Education (Wilson, 1984): Se proporcionan a los maestros las fichas didácticas que cubren cuatro grandes objetivos dirigidos a las ya clásicas poblaciones —alumnos, padres, profesores y comunidad— que son: I) Desarrollar en el alumno de los grados primarios su propio conocimiento y un *self-concept* positivo (21 fichas didácticas); II) Desarrollar relaciones interpersonales eficaces (33 fichas); III) Adquirir la conciencia del propio medio en cuanto relacionado con el desarrollo personal-social, vocacional y académico (20 fichas); y IV) Desarrollar las habilidades necesarias para la toma de decisiones (16 fichas).

Orientación para la adquisición de habilidades de vida (*lifeskills*)

Como consecuencia de los cambios y características en la nueva sociedad industrial, los educadores se han planteado la cuestión de cómo preparar a los jóvenes para que desplieguen sus conocimientos, habilidades y actitudes necesarias para vivir una vida llena y productiva en esta nueva era tecnológica. Se sabe que socioeconómicamente puede preverse un desempleo crónico y que deberán reconsiderarse de manera radical todos los conceptos de trabajo, ocio y ocupación. Van saliendo a flote, en todos los países, una serie de medidas estatales sobre reducción de la jornada laboral, trabajos compartidos, abolición de las horas extraordinarias, formas de educación recurrente, fomento de las iniciativas personales de autoempleo, jubilación anticipada, empleos a tiempo parcial y otras soluciones a la crisis. En este sentido, la educación puede plantearse que habrá un aumento del tiempo discrecional para cada persona, pero más para unos que para otros. Habrá que cambiar el concepto de calidad de vida y de *career* (vida profesional) y admitir que los individuos necesitan dominar, progresivamente, un abanico más amplio de capacitaciones y de competencias: de hecho, habrá que ir más allá del saber leer y escribir, y capacitarse en unas habilidades que permitan vivir más que sobrevivir (Hopson-Scally, 1981).

En este contexto antropológico y social se inició en Estados Unidos un movimiento enfocado desde la perspectiva de la orientación cognitiva, que enseñaba cómo usar conductas apropiadas y responsables para la resolución de problemas diarios y para la organización de los asuntos personales, comunes en muchas situaciones de la vida. Sería apropiada la conducta que se adaptara al tiempo y al lugar; sería responsable, la que requiriera madurez y eficacia.

Así, de un curso planificado por Adkins y Rosenberg en 1965 y aplicado a cinco áreas de responsabilidad vital: 1) yo; 2) familia; 3) ocio; 4) comunidad; y 5) trabajo, surgieron toda una serie de actividades que formarían a la gente en su capacidad para resolver problemas y para gobernar sus asuntos personales. Una persona no habría aprendido bien una de estas capacidades, decían sus autores, si no se daban estas condiciones:

1. Haber comprendido perfectamente sus objetivos.
2. Saber describir con claridad la nueva conducta a la que se aspira.
3. Conocer las condiciones que hicieran aceptable esa conducta.

El objetivo último de una formación de las habilidades vitales es desarrollar a la persona como individuo equilibrado, que sepa controlar su conducta y resolver los problemas cotidianos con creatividad.

La lección prototipo para desarrollar una capacidad vital combina técnicas de orientación y consejo, aprendizaje y adiestramiento aptitudinal. Deberá permitirse al estudiante que describa su conocimiento y preocupación acerca de un problema específico, como un primer conato de respuesta ante ese obstáculo. Después debe buscar información y actividades prácticas que le ayuden a describir nuevos enfoques y aproximaciones a la solución. Seguidamente las aplicará al problema y evaluará el efecto de su acción.

El esquema procesual es:

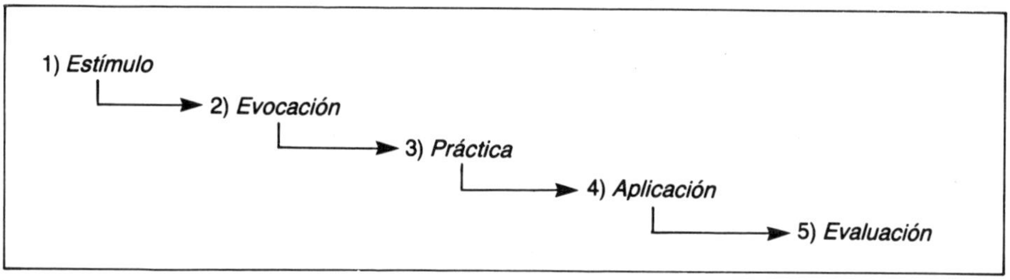

que se puede desarrollar como indica la Tabla 1.

En Gran Bretaña se han creado y divulgado bastantes modelos: a) los centrados en el producto, como *el modelo de las deficiencias* que algunas personas padecen y que deben atacarse antes de que continúen aumentando; el de *competencias* o *capacidades,* y los basados en la *información* y en la *socialización*; y b) los centrados en el proceso, o modelos experiencial, reflexivo y de consejo personal.

Recogiendo las propuestas de mis colegas Hopson y Scally (*op. cit.*), una muy realista programación para un curso completo de educación para la vida podría ser la de la Tabla 2.

FASE DEL PROC.	METODOLOGIA SUGERIDA
Estímulo	*Presentar el problema, estimular reacciones.* Medios Film Estudio de un caso Metodología Provocación Información Pregunta
Evocación	*Expresar opiniones y vivencias relacionadas con el estímulo.* Medios Técnicas de consejo Verbalizaciones Expresión de conocimientos y de experiencias Desacuerdos, críticas Metodología Ayudar a clasificar las ideas Crear preguntas para la investigación personal posterior
Práctica	*Encontrar nuevas perspectivas, buscar nuevos enfoques.* Medios Vídeo Listados, inventarios Libros, revistas, recortes Metodología Entrevistas *Role playing* Pedir ayuda a personas de la comunidad Responder preguntas nuevas Criticarse a sí mismo, observar la propia conducta
Aplicación	*Aplicar los conocimientos adquiridos y las habilidades a la resolución de un problema* Medios Aplicación a las situaciones reales Simulación
Evaluación	*Progresar hacia la consecución de las habilidades que se especificaron al principio.* Medios Discusiones *Video-tape* Inventarios Entrevista directa Planes para acrecentar la habilidad Monitoría a otro compañero que quiere alcanzar la misma habilidad

Tabla 1. Diseño del curso de una lección prototipo para el desarrollo de una habilidad para la vida.

Yo y Tú

Habilidades que necesito para relacionarme contigo.

— Cómo comunicarme con eficacia.
— Cómo iniciar, mantener y acabar una relación.
— Cómo dar y recibir ayuda.
— Cómo solucionar conflictos.
— Cómo dar y recibir información evaluadora (*feed-back*).

Yo y los demás

Habilidades que necesito para relacionarme efectivamente con los demás.

— Cómo ser asertivo.
— Cómo influir sobre la gente y los sistemas.
— Cómo trabajar en grupos.
— Cómo expresar los sentimientos de manera constructiva.
— Cómo crear en los otros confianza y fuerza.

Yo

Habilidades que necesito para organizarme y desarrollarme.

I) — Cómo leer y escribir.
— Cómo calcular.
— Cómo encontrar fuentes informativas y recursos.
— Cómo pensar y resolver problemas.
— Cómo identificar mi potencial creativo y desarrollarlo.

II) — Cómo organizar mi tiempo.
— Cómo aprovechar al máximo lo que tengo.

III) — Cómo descubrir mis intereses.
— Cómo descubrir mis valores y necesidades.
— Cómo programar y conseguir objetivos.
— Cómo examinar mi vida.
— Cómo saber qué es lo que me motiva a obrar.
— Cómo ser positivo conmigo mismo.

IV) — Cómo enfrentarme a las situaciones de transición.
— Cómo tomar decisiones afectivas útiles.
— Cómo ser proactivo, previsor.
— Cómo superar las emociones negativas.
— Cómo superar la fatiga.
— Cómo conseguir bienestar físico.
— Cómo desarrollar la sexualidad.

Yo y las situaciones concretas

Habilidades que necesito para mi educación.

— Cómo descubrir las opciones educativas a mi alcance.
— Cómo elegir unos estudios.
— Cómo estudiar.

Habilidades que necesito en el trabajo.

— Cómo descubrir las opciones laborales a mi alcance.
— Cómo encontrar un trabajo.
— Cómo mantenerme en un trabajo.
— Cómo enfrentarme al desempleo.
— Cómo conseguir un equilibrio entre mi trabajo y el resto de mis actividades.
— Cómo jubilarme y disfrutar del retiro.

Habilidades que necesito en el hogar.

— Cómo escoger un estilo de vida.
— Cómo mantener una casa.
— Cómo vivir con otras personas.

Habilidades que necesito en el ocio.

— Cómo escoger entre diferentes opciones de ocio y esparcimiento.
— Cómo usar mi ocio para aumentar mis ganancias.

Habilidades que necesito en la comunidad.

— Cómo ser un buen y educado consumidor.
— Cómo usar y desarrollar mi conciencia política.
— Cómo usar los recursos comunitarios.

Tabla 2. Propuesta programática para un ciclo completo de educación en habilidades vitales (según Hopson y Scally, 1982).

Estos autores van editando los cuadernos o unidades didácticas para el alumno, graduados y redactados para cumplimentarlos en las sesiones con el tutor o autodidácticamente (Hopson-Scally, 1980 y progresivamente). Aunque la aportación anglosajona es de gran interés, los programas diseñados en Canadá son los más atractivos. Introducen todo el bagaje práctico y de actividades basados en una teorización sobre la dinámica de la vida (Mullen, 1981) que admite los clásicos modelos de proceso-contenido, y de aprendizaje, además de los del desarrollo de representaciones mentales, teoría piagetiana del desarrollo cognitivo, principios de reestructuración cognitiva (crecimiento conceptual, de la imagen de uno mismo) y pensamiento crítico en la adquisición de capacidades. Mullen formula un modelo integrado de dinámica vital que trata de «favorecer el desarrollo de una persona autónoma y bien equilibrada, que puede resolver los problemas cotidianos con un estilo creador». Smith (1982) ofrece, un año después, una clasificación de las capacidades para devenir una persona autónoma y compensada, con el ánimo de que sea utilizada por educadores, evaluadores y creadores de material didáctico. Las subdivide en 17 competencias complejas y 222 competencias elementales que las constituyen. La psicóloga Hearn aporta (1983) las sugerencias metodológicas en una obra práctica y exhaustiva, señalando los objetivos, los estímulos, la evocación, la aplicación y la evaluación para cada una de las competencias.

Los orientadores canadienses se inclinan por usar el modelo de proceso/contenido, en tres dimensiones (Mullen, 1982): El estudiante responde al contenido del curso (según indica la dimensión «contenido») en cualquiera de los tres ámbitos afectivos, cognitivo o psicomotor. También pueden usar la dimensión grupal para aprender nuevas conductas y desarrollar habilidades para expresarse y responder según tres niveles: sentirse a salvo, ir con cuidado o arriesgarse. Finalmente, progresarán en la dimensión de resolución de problemas a medida que vayan adquiriendo y aplicando toda la gama de conductas resolutorias (Fig. 6).

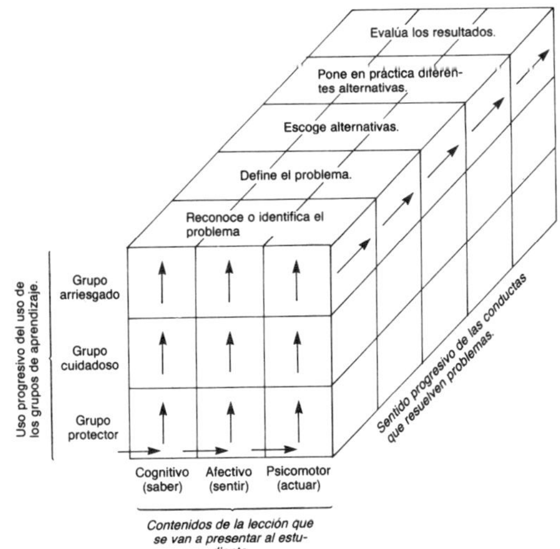

Figura 6. El modelo de contenido/proceso para la educación de habilidades vitales. (Según Himsl, citado por Mullen, 1982.)

Referencias y bibliografía

BAKER, S.B. - SHAW, M.C., *Improving counseling through Primary Prevention*, Mervill Publishing Company, Columbres, Ohio, 1987.

BLOOM, M., *Primary Prevention The possible science*, Prentice-Hall, Inc. New Jersey, 1981.

BROWN, J.H. y BROWN, C.S., *Consulting with parents and Teachers*, Carroll Press, Pb., Cranston, 1982, 5.

BROWN, J. y McCUBBIN, J., *Child Development Specialist Handbook*, Cascade Counseling Center, Oregon, 1983.

CLARK, R.M., *A Curriculum Plan Book for Guidance*, Vestavia Hills City Schools, Alabama, 1982.

DINKMEYER, D.C. (Ed.), *Guidance in the elementary School: Reading in theory and practice*, Holt, Rinehart and Winston, Nueva York, 1968.

DUNCAN, V.A., *Initiating Child Development Specialist Programs in Oregon Schools*, Department of Education, Oregon, 1983.

FAUST, V., *The counselor-consultant in the elementary school*, Houghton Mifflin, 1968. Cit. por ZACCARIA, J.S. y BOPP, S.G., *Approaches to Guidance in contemporary education*, Carroll Press, Cranston, 1981.

HEARN., J., *More life Skills*, Employment and Immigration, Canada, Otawa, 1983.

HOPSON, B. y SCALLY, M., *Lifeskills Teaching Programmes*, Lifeskills Associates, Ashling-Leeds, 1980 y años sucesivos. (Estas unidades son de alta calidad y muy cuidadas, con profusión de bibliografía para el tutor. Pero deberían ser totalmente adaptadas al contexto español, ya que se dirigen al joven británico con problemas sociales y laborales característicos en el Reino Unido.)

HOPSON, B. y SCALLY, M., *Lifeskills Teaching*, McGraw-Hill, B.Co., Londres, 1981.

Journal of Counseling and Development, números monográficos sobre consulta. Vol. 71, n.° 6, julio/agosto 1993; y vol. 72, n.° 2, noviembre/diciembre, 1993.

JUDSON, S. (Ed.), *Aprendiendo a resolver los conflictos. Manual de educación para la paz y la no violencia*, Lerna Ed. S.A., Barcelona, 1986.

MENACKER, T., MARTIN, J., MARX, R.W. y MARTIN, E.W., «Instructional Counseling for chronic underachievers» *The School Counselor*, 1980, noviembre, 109-118.

MANACKER, J., «Toward a Theory of Activist Guidance» *The Personnel and Guidance Journal*, 1976, *54*, 318-321.

MORGAN, C., *Taking time to take a look: A Child Development handbook for parents*, Oregon City School District Child Development Specialist Program, 1984.

MORRILL, W. H. y otros, *Dimensions of Intervention for Student Development*, John Wiley and Sons, Nueva York, 1980.

MULLEN, D., *Formule de planification du programme de dynamique de la vie*, Emploi et Immigration Canada, Otawa, 1981.

MULLEN, D., *A conceptual framework for the life skills program*, Employment and Immigration Canada, Otawa, 1982, 39-42.

MURO, J.J. y DINKMEYER, D.C., *Counseling in the Elementary and Middle Schools*, Ch. Brown, Col., Pb., Iowa, 1977.

SANZ, R., *Metodología de la orientación preventiva*, en V. Alvarez, *Metodología de la Orientación Educativa*, Alfar, Sevilla, 1987, 107-130.

SMITH, P., *Classification des competences nécessaires pour devenir une personne autonome et bien équilibré*, Sir Sandford Fleming College, Peterborough, Ontario, Emploi et Immigration Canada, Otawa, 1982.

WILSON, Th., *Elementary Guidance Handbook of Activities*, West Virginia Department of Education, Charleston, 1985.

4
La orientación desde la perspectiva escolar

Presupuestos fundamentales

Desde una perspectiva generalista, este tipo de orientación se centra en el maestro como principal protagonista y figura dinamizadora. El maestro es el genuino orientador y el currículum escolar el intermediario entre la labor educativa y el sujeto de la orientación. Se confía en que el maestro o el tutor son los más adecuados para poner en marcha los aspectos operativos de los programas orientadores. Vimos en el capítulo anterior cómo J.M. Brewer, ya en 1932, afirmaba que orientar era educar, y J.L. Kelly (1914) y M. Bloomfield (1915) usaban por primera vez el concepto de orientación educativa para describir la ayuda que se proporcionaba a los estudiantes que tenían problemas de adaptación escolar o de elección ante las diversas alternativas académicas. De ahí que orientar y educar devinieran conceptos intercambiables al converger en un objetivo común de guía del alumno en la vida a través de la institución escolar. Más adelante, las tendencias educativas se irían centrando en el ámbito de la toma de decisiones, y fue A.J. Jones quien, desde 1949 hasta 1970, empezaría a defender que la orientación escolar es la más adecuada para enseñar a los jóvenes a elegir ante una situación crítica. Si bien en la primera andadura de la orientación estas decisiones se habían de proponer problemáticas, meramente vocacionales o profesionales, no obstante el desarrollo social, la higiene mental, el uso del tiempo libre, los aspectos vitales o el interés por la salud y la medicina aplicada originarían la implicación de la toma de decisiones en aspectos integrales de la vida.

Recordemos que tanto Jones como M. Katz se limitaban en sus obras a considerar únicamente la necesidad de ayudar a tomar decisiones en los momentos cruciales de la vida individual, aunque, eso sí, mediante una asistencia personalizada de tal modo que el maestro interviniera profesionalizadamente en el proceso electivo de un alumno ante el abanico de posibilidades que la sociedad pudiera ofrecerle. Esta interacción sociopsicológica incluiría, para esos autores, el estudio de las axiologías de valores en tanto en cuanto éstos jerarquizan y unifican el mundo perceptivo personal. Por su parte, D.V. Tiedeman y F.L. Field también argumentaron a favor del papel preponderante del maestro y del tutor en desfavor de la función del orientador externo al aula.

La función tutorial se ocuparía de proveer de información de nuevas situaciones, académicas y profesionales, de proporcionar criterios racionales capaces de evaluarlos y de ayudar a establecer y modificar los objetivos educativos, vocacionales y vitales en función de los cambios tanto internos como externos. De entre estas bases conceptuales se pueden inducir una serie de principios presentes en la perspectiva educativa de la orientación que sería fundamentalmente:

a) La relativa sinonimia entre orientación y educación.
b) La necesidad de contar, desde un principio, con las aportaciones de la teoría de las relaciones humanas y de la pedagogía y psicología diferenciales y evolutivas.
c) La simbiosis en las acciones y programas de instrucción y los objetivos de ésta en los currículos escolares lo mismo de primaria que de secundaria.
d) La falta de creencia en la oportunidad de un profesional altamente especializado, colocando el acento en la labor del profesor o del tutor como más indicados para informar al alumno (I. Gordon, 1956) acerca de sí mismo y de su comunidad, para ayudarle a organizar sus experiencias vitales, sus sentimientos de aceptación o de rechazo, sus experiencias grupales o la formación de sus relaciones interpersonales.

Modelos más representativos de esta perspectiva

La orientación dentro del sistema escolar

R. Gal (1946), M. Reuchlin (1964), Y. Roger (1967) y otros psicopedagogos franceses empeñados en la reforma de la enseñanza hasta los años sesenta han reivindicado la función de la orientación en el aula sin acabar de decantarse por la presencia de un psicólogo-orientador coadyuvando con el maestro (aunque en el modelo francés actual queda ya muy clara la función del consejero de orientación como un profesional distinto del maestro). Estos teóricos, partiendo de las relaciones entre orientación y progreso técnico, económico y social, proponen directrices muy condicionadas a la estructura del medio próximo al alumno con el fin de compensar las diferencias sociales y de democratizar la enseñanza. Defienden la postura de que la orientación esté garantizada por los profesores, previa una preparación especializada, y proponen dos grandes áreas de intervención: el conocimiento del alumno y la información dirigida al niño y a su familia. El primer aspecto se deriva de las calificaciones y las evaluaciones escolares, de las observaciones en el aula, de las fichas personales y registros acumulativos de cada alumno, de los contactos con la familia, de la entrevista, de los tests y, finalmente, de los exámenes médicos; y el segundo exige informar, desde instancias superiores, a los encargados de la orientación, cooperar con los medios de comunicación social (radio, prensa, televisión), editar publicaciones adaptadas a niveles divulgadores y desarrollar la información académica y profesional incluyéndola en los programas educativos.

Este modelo, además, detalla minuciosamente las características del proceso orientador según se desarrolle en niveles primarios, medios o superiores. Más adelante, P. Cailly (1977) introducía el concepto de orientación de uno mismo como paso necesario hacia la autonomía decisoria tanto individual como colectiva.

La orientación en el aula

Es el maestro quien, a través de un apropiado clima de optimismo, confianza y cooperación, debe conseguir una adecuada integración de la labor orientadora en la práctica diaria de la enseñanza, sin diferenciar las planificaciones curriculares de las extracurriculares. R. Strang (1964) y R. Strang - G. Morris (1966) en una apretada síntesis abogan porque la orientación —escolar, personal y profesional— devengan un aspecto integral de la enseñanza, y proponen ejemplos de cómo cada materia o asignatura de los cursos, ya sea en niveles primarios o secundarios, puede contribuir al desarrollo de los objetivos orientadores; guiar el aprendizaje del alumnado, conocer individualmente a cada discípulo, atender adecuadamente a sus necesidades y ser sensible al desenvolvimiento personal es misión específica del maestro. Así, los objetivos del maestro en orientación son:

1. Proporcionar a cada alumno tareas significativas acordes con sus capacidades.
2. Tener en cuenta los problemas de todos al impartir las instrucciones necesarias, para que cada alumno tenga éxito en la realización de dichas tareas y obtenga satisfacción de ellas.
3. Acentuar lo positivo, destacando lo que el alumno hace bien.
4. Descubrir las dificultades o condiciones desfavorables que pudieran obstaculizar los progresos, educativo y personal, del alumno.
5. Ayudar a corregir o erradicar dichas dificultades a través de la observación diaria de los alumnos.
6. Proporcionar oportunidades para descubrir aptitudes vocacionales y específicas, y potenciar el desarrollo de la creatividad.
7. Desarrollar buenos hábitos de trabajo y aptitudes evaluadoras y críticas.
8. Desarrollar el sentido de la responsabilidad social y relacional.

En esta misma línea de acción en el aula, otros autores (E.W. Detjen, 1959, G.P. Driscoll, 1965, R.H. Knapp, 1970, L.M. Langford y H.J. Rand, 1975) proponen amplios y detallados programas específicos y diferenciales de intervención magistral en el proceso aprendiz de los jóvenes, aportando interesantes programas de trabajo y técnicas minuciosamente desarrolladas.

La orientación dirigida a los tutores

En términos generales, este modelo ha tenido éxito, en cuanto ha sido aplicado en los ciclos de la enseñanza secundaria, en aquellos países en que un grupo de alumnos de bachillerato o de formación profesional es adscrito a un profesor con la misión fundamental de asesoría y tutela en toda una panorámica de necesidades propias de la adolescencia. La personalidad y problemática social y psíquica del adolescente actual exigen una dedicación especial, una guía continua, que puede ser desarrollada por uno de los profesores de la institución de enseñanza, y de hecho se recomienda que así sea (J. Llopis, 1965). Aparte de los problemas escolares propios del ciclo medio —disciplina, hábitos de estudio, intereses intelectuales, desarrollo de aptitudes y habilidades, etc.— hay toda una serie de problemas juveniles que deben tenerse en cuenta, por ejemplo: delincuencia, disensiones familiares, drogadicción, matrimonios prematuros, actitudes de protesta y disensión con respecto al mundo adulto, conducta sexual, actividades políticas y religiosas, interés creciente en la toma de decisiones personalizada ante la futura vida profesional y otros, que requieren la continua tutela de tutores preparados y seleccionados al efecto. W.G. Moore (1968) y K. Blackburn (1978), entre muchos otros, exponen algunos procedimientos más adecuados para esta labor tutorial que van desde la charla informal a la lección convencional y que admiten multiplicidad de actitudes diarias, semanales o en tiempo de vacaciones, concentradas en la lectura, en la entrevista personal (A. Newsome y otros, 1979) o en el contacto entre centro escolar y familia, incidiendo en la necesidad de reestructurar la formación de tutores. Por su parte J.J. Brunett y J.L. Negro (1982) crean en España un muy funcional modelo de proceso tutorial en grupo para desarrollar:

1. El conocimiento de sí mismo y las relaciones interpersonales afectivas, y
2. La optimización de la organización de las técnicas de estudio (trazar los objetivos del grupo, organizarse para llevarlos a término y para tomar decisiones, y elegir instrumentos efectivos de evaluación),

y prescriben una amplia serie de técnicas tutoriales interactivas (entrevistas, mesas redondas, torbellino de ideas, estudio de casos, etc.) que mejoren las relaciones alumno-escuela-currículum. Es muy completo y práctico el marco de referencia propuesto por los orientadores españoles Lázaro y Asensi (1987).

Estrategias más recientes

En las últimas décadas otros enfoques están desarrollándose y poniéndose a prueba. Entre los más destacados cabría citar:

1. La orientación centrada en el alumno o no directiva, propugnada por C.R. Rogers en 1951, que asimila al profesor como facilitador del aprendizaje.
2. La orientación hacia la salud e higiene mental previsora del fracaso escolar (W. Glasser, 1965), en la que han de intervenir forzosamente escuela y sociedad y en la que el profesor es un auxiliar para la resolución de problemas instructivos.
3. La orientación como mecanismo potenciador de las relaciones humanas (R. Carkhuff, 1969, 1977), configurando las condiciones para un desarrollo emotivo y personal óptimos basándose en las teorías de la comunicación, en la exploración de sí mismo y en la facilitación del crecimiento personal.
4. La inclusión de la teoría de la jerarquía de valores que, evitando posturas de adoctrinamiento o prescriptivas, desarrollan en cada individuo habilidades funcionales para su personal toma de decisiones dentro de una perspectiva de desarrollo moral y ético (M. Bartolomé *et al.*, 1979).

En la escuela, sobre todo en niveles primarios, la orientación para el desarrollo de los valores individuales se preocupa de: 1) educar los sentimientos de confianza: aceptación de sí mismo y de los demás, voluntad de arriesgarse a compartir sentimientos e ideas con los otros, apertura, etc.; 2) facilitar el descubrimiento del verdadero yo: emociones, opiniones, reconocimiento de uno mismo frente a la opinión de los demás, amistad, relaciones familiares; y 3) integrar los valores en los ámbitos curriculares cognitivos y afectivos: formando y desarrollando habilidades intelectivas, identificando capacidades e intereses y recurriendo a acciones sociales y exploraciones del yo.

5. La tendencia a adoptar el concepto de que la orientación es una forma más de instrucción, por lo que el desarrollo curricular hace precisa una estrecha cooperación entre profesores y orientadores, y hace que éstos progresivamente devengan facilitadores del currículum. De ahí que los objetivos de la orientación personal y escolar deban caminar paralelos a una formación de orientadores en la metodología didáctica y en los planteamientos de las políticas educativas dentro del aula.

Características comunes a estos modelos

1. Este tipo de orientación centra el protagonismo en el profesor o tutor, incitando a que se cree, en el aula, un clima de aceptación y apertura que permita las funciones de guía.
2. Este clima deberá facilitar y velar por potenciar al máximo las actividades instructivas y didácticas como las de ayuda personal.
3. El profesor irá adaptando el currículum a las necesidades específicas del alumnado para un desenvolvimiento integral en los dominios afectivo y cognoscitivo.
4. La planificación curricular seleccionará aquellos contenidos programáticos que favorezcan el aprendizaje psicológico, sociológico e intelectual.
5. El maestro desarrollará una triple función ya sea como instructor o docente, ya sea como consejero personal, ya sea como facilitador del desarrollo curricular.

La formación y la orientación en la transición a la vida adulta

Enmarque teórico del problema de la transición al mundo adulto en los años noventa

En los críticos momentos de finales de los años noventa, la orientación profesional *debe replantear sus funciones y protagonismo desde una perspectiva más compleja*, relacionada, además, con las nuevas tendencias de la *educación para la carrera* o preparación para la vida profesional futura. Este replanteamiento exige tener presentes las siguientes premisas:

1. La orientación actual debe ser no sólo un proceso por el que se ayuda al joven a transitar, sino el *conjunto de programas* que ayuden a los individuos de *toda edad y circunstancia* a vivir vidas más eficaces y provechosas y a desarrollar sus funciones de ciudadanía.
2. La orientación ha de dejar de ser un servicio que se presta en momentos de crisis para devenir un *programa comprehensivo* que fomente el desarrollo humano desde la primera infancia hasta la adultez, basándose en las necesidades no sólo personales, sino sociales. Los problemas de transi-

ción se resuelven mejor desde intervenciones por programas y desde perspectivas evolutivas. Este tipo de *intervención por programas* se impone como necesaria reacción a la orientación entendida como conjunto de servicios[1].

3. La orientación ha pasado de estimar las aptitudes e intereses de los individuos *a ayudar en el desarrollo* de destrezas para el propio conocimiento. Y a enseñar al orientado a planificar las relaciones interpersonales, a definir los procesos de toma de decisiones, a establecer objetivos y a planificar su propia vida profesional. De modo que el futuro trabajador pueda decidir de manera eficaz sobre su vida basándose en elecciones ocupacionales bien sustentadas.

La formación profesional y la transición

Hay que recordar que la formación profesional para la transición escuela/vida adulta es una modalidad de la formación profesional clásica. La preocupación por ayudar en los períodos de tránsito ya ha existido desde principios del siglo XX, pero actualmente se ha visto la necesidad de darle nuevo impulso para facilitar al joven la búsqueda de trabajo y la colocación, en momentos de fuerte crisis laboral y de emergencia de una gran variedad de problemas en el ámbito del trabajo.

La formación y la orientación para la transición van a plantearse como objetivos preferentes; en primer lugar, el desarrollo de conocimientos, de destrezas y de aptitudes que permitan elegir una formación idónea (a corto y medio plazo) y un trabajo de carácter fijo o coyuntural a tenor de las necesidades evolutivas sociales (desempleo juvenil, cotas de paro adulto, jubilaciones anticipadas, etc.), y en segundo lugar todas aquellas medidas que incentiven el autoempleo y la iniciativa personal y que favorezcan la interacción escuela/empresa.

El componente esencial de los programas de transición es proveer al joven de una serie de herramientas para que reflexione con realismo sobre su papel en la ciudadanía y en la vida de adulto. La transición es un proceso, no un paso, que se inicia al optar por seguir unos u otros estudios y que se suele terminar con la incorporación a la sociedad adulta con un empleo (estable o no). En ese proceso tienen lugar una serie de decisiones difícilmente reversibles, muy condicionadas por la estructura de los sistemas educativo y formativo de un país. Decidir es cada vez más difícil y complejo, y también lo es el saber interpretar la información académica y ocupacional y el impacto de los cambios industriales y tecnológicos en términos de elección profesional y de requisitos de formación y capacitación. La forma en que se transita influye en el proceso de formación y de orientación desde el momento en que: a) en los años noventa la transición es más prolongada (y es la escuela la que deberá remediar la falta de familiaridad del joven con la vida del mundo adulto); y b) se multiplican y diversifican los caminos (itinerarios, vías) transitorios aumentando la incertidumbre de las familias y de los educadores. Si a esto se añade el hecho de que aumenta la desigualdad entre riqueza y oportunida-

1. Véase *Curriculum*, 1992; N.G. Gysbergs *et al. Comprehensive Guidance Programs That Work*, ERIC, Counseling and Personnel Service Clearinghouse, Ann Arbor; Michigan, 1990 e I.D. Borders y S.M. Drury (1992) «Comprehensive School Counseling Programs»: A Review for Policymakers and Practitioners, *Journal of Counseling and Development*, 70, *4*, 487-498, en defensa de los programas integrales de orientación.

des y empeoran las posibilidades de empleo para los menos cualificados —con los correspondientes desequilibrios regionales y sectoriales—, se comprende la necesidad de fomentar la creación de programas de formación y orientación para ayudar al desarrollo personal, a la socialización y al conocimiento del mundo del adulto y de la vida activa. Para satisfacer esas carencias, los gobiernos arbitran políticas tendentes a aumentar la responsabilidad de los centros escolares en materia de orientación, a usar mejor las experiencias laborales como formas de aprendizaje activo y a revisar el papel del profesor/tutor, del que hay que aumentar la disponibilidad y capacitación para crear mecanismos de orientación postescolar y de cooperación entre las empresas, la comunidad y la escuela. Teniendo presentes esas premisas, se deduce que las líneas fundamentales de los programas de transición deberían estar incardinadas en ciertos principios básicos. Estos son, muy sintetizados:

1. Conviene que la orientación para la transición se incluya en el currículum escolar (según estrategias ya conocidas internacionalmente), en el que se introducen materias relacionadas directamente con la profesionalidad y vocacionalización (módulos profesionales).
2. Los objetivos curriculares deberían adaptarse a las necesidades laborales concretas.
3. La orientación vocacional y la formación profesional deben contemplar objetivos a corto y a medio plazo, que dinamicen los vínculos escuela/empresa, escuela/comunidad local y escuela/organismos orientadores.
4. Las modificaciones curriculares deben experimentarse en proyectos piloto que contengan no sólo las bases de formación del alumnado, sino también del profesorado y directivos de los centros, y de la familia y la comunidad.
5. De estos proyectos piloto deben surgir materiales, estrategias y procedimientos didácticos (útiles para el resto de centros que deseen adoptarlos) que superen la fase de información profesional y se adentren en lo que se podría denominar destrezas para la educación vital/profesional (*career education*) de los jóvenes y (¿por qué no?) de algunos de los adultos incluidos en otras transiciones más traumáticas.

Desarrollo de algunos principios básicos

1. Inclusión de la orientación en el currículum escolar

Los conceptos preprofesionales y profesionales pueden incluirse en el corpus curricular, fundamentalmente a través de tres estrategias: como materias de estudio independiente (a modo de asignaturas de «orientación profesional»); como conjunto de conocimientos insertados en otra materia, complementariamente, como «lecciones de cosas»; y, por fin, desarrollando detalladamente los objetivos vocacionales en todas y cada una de las materias, sobre todo en los terceros niveles de concreción. Los objetivos académicos que deberían alcanzarse serían —siguiendo las aportaciones de la cultura sajona y adaptándolas a nuestro contexto— los siguientes:

a) *Conocer las oportunidades educativas y laborales* que existan. Por ejemplo, tratar de que las asignaturas y los profesores informen sobre las distintas profesiones y carreras al alcance y la formación básica que exigen; conocer el mundo del trabajo desde una perspectiva general; investigar sobre las funciones de las diferentes profesiones y oficios en el desarrollo social, etc. Iniciar la enseñanza de cuán importante es una buena y meditada elección académica y profesional.

b) *Conocerse a sí mismo de una forma realista,* deshaciendo los tópicos y los estereotipos profesionales. Este objetivo se va alcanzando progresivamente adiestrando a los jóvenes a identificar sus propias necesidades, aspiraciones, aptitudes y, ¿por qué no?, ambiciones. Conviene asimismo enseñar a valorar esa dotación de atributos personales cara a una futura elección profesional. El descubrimiento de las destrezas y los valores profesionales forma un conjunto de conocimientos fácilmente trasladables al desarrollo curricular. El conocimiento de sí mismo no puede separarse de la pertenencia a un entorno socioeconómico del que el joven ha de ser extremadamente consciente. De esa manera, la elección se hará relacionando ese conocimiento con las estructuras y posibilidades de la zona. Los programas de orientación deberán atenerse al entorno local y regional, creando vínculos muy sólidos entre la escuela y el entorno (ésta es una de las reglas de oro de los programas IFAPLAN Y PETRA).

c) *Aprender a tomar decisiones* sobre el propio futuro profesional, considerando las distintas alternativas y conociendo previsoriamente sus implicaciones. La opción debe ser hecha realista y conscientemente. La inclusión de las destrezas decisorias en el currículum es relativamente fácil, siempre que el orientador/tutor posea un soporte técnico y conozca las últimas realizaciones en programas de ayuda y autoayuda, sobre soporte papel y lápiz e informatizado.

d) Poseer conocimientos y desarrollar *destrezas para solucionar los problemas de las transiciones.* De hecho, hay que incidir mucho en cualquier asignatura y en todo el currículum globalmente considerado, en el aprendizaje de las responsabilidades decisorias y en el acatamiento de las consecuencias de las propias acciones. El joven ha de ver muy claramente que pronto va a tener que ser el actor, responsable, de su propio trabajo. Ha de prepararse para hacer frente a situaciones desfavorables en el mercado laboral, a cambios por la obsolescencia de las profesiones, a exigencias de movilidad y de reajustes, etc.

2. *Dinamización de los vínculos escuela/empresa*

Los programas de orientación específicamente diseñados para las transiciones deberán crear vínculos escuela/empresa, definiendo muy específicamente cuáles serán los correspondientes papeles de una y otra y planificando cómo adaptar esa vinculación al desarrollo de los currículos escolares, preferentemente cuando se trata de escuelas de formación tecnológica, profesional o de módulos profesionales.

3. *Experimentación mediante proyectos piloto de los que se deriven procedimientos, estrategias y recursos*

Repasando los proyectos piloto de los quince países de la Unión Europea[2] se detecta la innovación y la creatividad, que dan como resultado la propuesta inacabable de nuevos modos de orientar y de formar para momentos de crisis y de

2. IFAPLAN, *La orientación y la escuela*, Bruselas, julio, 1987. 07 WD 87 ES.

recesión. Irlanda e Inglaterra, por ejemplo, presentan iniciativas de educación empresarial, de autoempleo, de creación de miniempresas; Francia crea programas para el desarrollo de la confianza en uno mismo, la capacidad de aprender y los hábitos de trabajo en equipo; Dinamarca y Francia organizan experiencias laborales simuladas y reales, proyectos empresariales, visitas laborales, etc.

En síntesis, del seguimiento de programas que están funcionando en Europa desde 1978[3] se han derivado nuevas metodologías aproximativas al mundo ocupacional, como son: las experiencias laborales, el cooperativismo, la intervención de los padres de familia, la coordinación interinstitucional, la colaboración con las empresas[4], la participación activa de los jóvenes en esos programas de transición (iniciativas juveniles variadísimas) y la inclusión de actividades educativas para la transición en los currículos, etc. También hay que tener presente que se va imponiendo, de manera gradual, una orientación postescolar, demandada por los mismos jóvenes (o necesitada por los abandonistas, descolgados y marginales) que precisan un seguimiento por parte de las fuerzas políticas (gobiernos, sindicatos y empresarios) y docentes (profesores, tutores, orientadores) de su entorno.

Los programas de orientación en función de las necesidades de transición

La conveniencia de los programas de orientación comprehensivos para la transición viene justificada porque *sirven como ligazón* entre las formaciones profesionales y tecnológicas y el desarrollo de la madurez para el empleo. Estos programas preparatorios y madurativos se deben utilizar en varios niveles y contextos. Por ejemplo, pueden usarse en las enseñanzas obligatorias, postobligatorias, técnicas, universitarias, parauniversitarias, etc., y en contextos como la enseñanza pública y la privada, la empresa, las oficinas de empleo, las agencias sociales de desarrollo —local y regional—, las instituciones dedicadas a la reinserción laboral de poblaciones deprimidas, no alfabetizadas o discapacitadas, etc.

Asimismo, son los más indicados para satisfacer un conjunto de *necesidades y carencias,* de jóvenes y de adultos, detectadas por investigaciones *ad hoc,* y que actualmente podrían ser representadas por las más significativas:

a) Insuficiencias en las destrezas (académicas y laborales) básicas.
b) Abandono prematuro de los estudios.
c) Desempleo a causa de la escasa preparación de todo tipo.
d) Falta de destrezas de empleabilidad.
e) Dificultades para acceder a la formación y al trabajo por falta de oportunidades y de información.

3. Por ejemplo, de trabajos parecidos a los de M. West y P. Newton, *The Transition from School to Work*, Croom Helm/Nichols Pb. Co., London/New York, 1983.

4. Estudios sobre el estado de cosas entre empresarios y necesidad de conectar con la escuela ya se encuentran en obras anteriores a los años setenta. Por ejemplo, D.R.O. Thomas «Attitudes of Industry towards the School Leaver», en K. Littler, *Aspects of Education: The Transition from School to Work*, número especial del *Journal of the Institute of Education*, University of Hull, marzo, 1967, pp. 33-38.

Los programas de orientación en la transición deberán responder a los problemas de la sociedad y a las necesidades de los orientados, así como estar definitivamente provistos de profesionales competentes, capaces de cubrir los aspectos mínimos a las edades correspondientes según la tabla siguiente:

	Educación primaria	Educ. Secund. Obligat.	Educ. Secund. Obligat. (II)	Bachillerato	Educ. Técnico-prof. grado medio	Educ. Técnico-prof. grado Superior	Formación Ocupacional	Oficinas Empleo	Discapacitados
Autoevaluación	√	√							√
Autoconcepto	√	√							√
Toma decisiones profesionales			√	√	√	√			
Planificación ocupacional	√	√		√			√		
Exploración profesional		√	√		√	√	√		
Experiencias laborales	√	√	√	√	√				
Empleabilidad			√	√	√	√	√	√	√
Alternativas laborales	√	√	√		√	√			√
Opciones de formación		√	√			√		√	√
Colocación						√	√	√	
Seguimiento itinerarios		√	√			√			√
Transiciones especiales						√		√	

Prioridades de los programas de orientación profesional y de educación para la carrera en diferentes ambitos educativos y laborales (De María Luisa Rodríguez Moreno, 1993.)

La conexión entre orientación y políticas favorecedoras de la transición

Cualquier planteamiento orientador precisa un marco de referencia político que facilite la puesta en marcha de sus fases y la correcta organización y distribución de los recursos. La orientación profesional y las formaciones profesionales para la transición deberían:

1. Descubrir e investigar qué necesidades tiene un país en materia de trabajo cualificado y de producción a medio plazo.
2. Tratar de dar respuesta a las personas de toda edad y condición que soliciten programas y servicios específicos.
3. Incidir en las poblaciones económicamente más deprimidas.
4. Conseguir que la formación profesional y la formación ocupacional sean relevantes y motivadoras.
5. Conseguir el desarrollo de objetivos de igualdad de oportunidades en el contexto específico laboral de cada país.

Estas consecuciones sólo serán posibles si la orientación profesional y la formación colaboran estrechamente, desde el momento en que éstas consigan llenar de contenido y de proyectos las tareas del trabajador. Numerosas investigaciones demuestran que son positivos el impacto y la influencia de la orientación profesional en el desarrollo de macroprogramas de formación profesional u ocupacional, fundamentalmente: en los aspectos de mejora del rendimiento escolar y del compromiso académico; en el desarrollo de destrezas laborales personales e interpersonales; en la preparación para la profesión u oficio; en las habilidades para planificar el propio futuro profesional; y en la conciencia profesional y exploración realista del mundo laboral.

Referencias y bibliografía

1. *La orientación desde la perspectiva de la educación.*

BARRY, R., y WOLF, B., *Modern issues in guidance- personnel work*, Teachers College Press, Columbia University, New York, 1975.
BARTOLOME, M. *et al., Educación y valores*, Narcea: Madrid, 1979.
BLACKBURN, K., *La función tutorial*, Narcea, Madrid, 1978.
BRUNET, J.J. y NEGRO, J.L., *Tutoría con adolescentes*, Ediciones San Pío X, Madrid, 1982.
CAILLY, P., *La orientación escolar y profesional de los niños*, Oikos-Tau, Barcelona, 1977.
CARKHUFF, R.R., *Helping and human relations. A primer for lay and professional helpers*. Holt, Rinehart and Winston, New York, 1969.
CARKHUFF, R.R. y TRUAX, Ch.B., *Toward effective counseling and psychoterapy: training and practice*, Aldine PB. Co., Chicago, 1977.
COLEMAN, J.S. y HUSEN, T. *Becoming adult in a changing society*, OCDE, París, 1985.
Department of Education and Science, *Schools and Working Life. Some iniciatives*, HMSO, Londres, 1981.
DETJEN, E.W. y DETJEN, M.F., *Orientación educacional en la escuela primaria*. Kapelusz, Buenos Aires, 1959.
DRIER, H. y GYSBERS, N. *Strengthening Work-Related Education and Training through Improved Comprehensive Guidance and Counseling Programs in the 1990's*, National Career Guidance State Supervisor's Consortium, Columbus, Ohio, 1988.
DRISCOLL, G.P., *Guiando al niño en la escuela*, Paidós, Buenos Aires, 1965.
ECHEVERRÍA, B., *Programas de estudio y documentos de trabajo*, para las materias «Formación Profesional», en el currículum de formación del orientador, Departamento MIDE, Facultad de Pedagogía, Universidad de Barcelona, 1991.
European Community Action Programme, *Orientation et conseil personalisés. A la rencontre des besoins d'information des jeunes*, Bruxelles, 1985.
FORNS, M. y RODRIGUEZ, M.L., *Reflexiones en torno a la orientación educativa*, Oikos-Tau, Barcelona, 1977.
GAL, R., *La orientación escolar*, Kapelusz, Buenos Aires, 1946.
GLASSER, W., *Reality therapy*, Harper and Row, New York, 1965.
GORDON, I., *El maestro y su función orientadora*, Uteha, México, 1967.
HEALEY, CH.C., *Career development. Counseling through the life span*, Allyn and Bacon, Boston, 1988.
HUGHES, P.M., *Guidance and Couselling in Schools - A response to Change*, Pergamon, Oxford, 1973.
JACKSON, R. y JUNIPER, D.F., *A Manual of Educational Guidance*, Holt, Rinehart, London, 1971.
JOHNSTON; E.G. *et al., El maestro y la orientación del niño*, Paidós, Buenos Aires, 1967.
JOVER, D., *La formación ocupacional para la inserción, la educación permanente y el desarrollo local*, MEC-Editorial Popular, Madrid, 1991.
KNAPP, R.H., *Orientación del escolar: técnicas diferenciales y especiales. Los tests de vida*, Morata, Madrid, 1970.
LANGFORD, L.M. y RAND, H.Y., *Guidance of the young child*, John Wiley and Sons. Inc., New York, 1975.
LAZARO, A. y ASENSI. J., *Manual de orientación y tutoría*, Narcea, Madrid, 1987.
LLOPIS, J., *La orientación del adolescente y la «guidance of youth» norteamericana*, Herder, Barcelona, 1965.
MOORE, W.G., *The Tutorial system and its future*, Pergamon Press, Oxford, 1968.
NASH, R., *Classrooms observed*, Routledge and Kegan Paul, London, 1973.
NEWSOME, A. *et al., La práctica de la orientación escolar*, Oikos-Tau, Barcelona, 1978.
NICHOLSON, N. y WEST, M., *Managerial Job Change: men and women in transition*, Cambridge University Press, Cambridge, 1988.
OCDE, *Education and work. The views of the young*, Organisation for Economic Co-operation and Development, París, 1983.
OHLSEN, M., *Guidance services in the modern school*, Harcourt, Brace and World: New York, 1964.
REUCHLIN, M., *L'orientation pendant la période scolaire. Idées et problemes*, Conseil de la Cooperation Culturelle du Conseil de l'Europe, Strasbourg, 1967.
RODRIGUEZ MORENO, M.L., La educación para la carrera profesional y el currículum escolar, en Actes de les IV Jornades de l'Associació Catalana d'Orientació Escolar i Professional, sobre *Orientació i Educació per a la carrera professional*, Barcelona, 26-27 març 1992.
RODRIGUEZ MORENO, M.ª LUISA, *El mundo del trabajo y las funciones del orientador*, Barcanova, Barcelona, 1991.

ROGER, Y., *Le cycle d'observation et d'orientation*, Conseil de la Cooperation Culturelle du Conseil de l'Europe, Strasbourg, 1967.
ROGERS, C.R., *Client-centered therapy*, Houghton and Mifflin, Co., Boston, 1951. (En castellano: *Psicoterapia centrada en el cliente*, Paidós, Buenos Aires, 1977.)
SIMON, R.I., DIPPO, D. y SCHENKE, A., *Learning Work. A critical pedagogy of work education*, Bergin and Garvey, New York, 1991. (Critical Studies in education and Culture Series. Edited by H. a. Giroux and Paulo Freire.)
SUPER, D.E., *Psicología de la vida profesional*, Rialp, Madrid, 1963.
STRANG, R., *Counseling Techniques in College and Secondary Schools*, Harper and Brothers, New York, 1964.
STRANG, R. y MORRIS, G., *La orientación escolar*, Paidós, Buenos Aires, 1966.
STRANG, R., *The role of the teacher in personnel work*, Teacher College Press, Columbia University, New York, 1953.
task force, Recursos Humanos, Educación, Formación y Juventud, 1993. *Documento de trabajo TFRH relativo a la orientación profesional*, Bruselas, 1993. Documento policopado.
THIERCELIN, J.J., *Le role du conseiller lors de l'entrée dans la vie active pour les jeunes ayant une formation technique ou professionnelle longue ou courte*, Ponencia al Congreso Internacional de la AIOSP, Atenas, 1977.
WHITFIELD, E.A. Responsibility for Career Transition Preparation, *Journal of Career Development*, A Thematic Issue on Transition to Work: Beyond the Successful Interview, Vol. 15, n.º 1, Fall 1988. 13-20.
WILLIAMS, K., *The School Counsellor*, Methuen and Co. Ltd., London, 1973.
WRENN, C.G., *The World of the Contemporary Counselor*, Houghton Mifflin Co., Boston, 1973.

5
La orientación desde la perspectiva educativo-vocacional

Los precursores

La definición de orientación vocacional, integrada en el proceso educativo como parte sustantiva de la formación de la persona, ha sido promovida desde innumerables puntos de vista.

Todos, no obstante, coinciden en aceptar que en la escuela se inicia la ayuda para que los alumnos tomen decisiones académicas apropiadas, de tal manera que éstas converjan en el posterior ejercicio efectivo de una ocupación escogida.

M. Bloomfield se quejaba, en 1911, de que los jóvenes ingresaban en una profesión sin haber sido guiados ni informados, casi por azar, y que ésta era la manera más fácil de abocar al fracaso. Defendía que la orientación profesional era necesaria y vital cuando el alumno se encontraba sin ayuda en el momento esencial en que vivenciaba la transición de la escuela al trabajo. Esta transición no podía darse racionalmente a no ser que dicho alumno eligiese una profesión de modo adecuado y reflexionado.

Pocos años más tarde, en España, el catalán Josep Ruiz Castellà recomendaba, si se deseaba que la orientación profesional gozase de toda la precisión científica, seguir la línea creada por F. Parsons para orientar profesionalmente a la juventud escolarizada y explicaba que debería organizarse la tarea orientadora individual dentro de los servicios generales según estas tres fases:

«A) Analizar las relaciones objetivas múltiples de las profesiones conocidas, estudiando sus elementos económico, higiénico, técnico y social, para informar oportunamente al interesado con la mayor exhaustividad.

B) Interesar a los maestros para que, cuando sea necesario, envíen referencias respecto a las tendencias, capacidad y otras condiciones de los alumnos, preparando la tarea orientadora posterior.

C) Perfeccionar el sistema de tal forma que las disposiciones y aptitudes del niño puedan ser señaladas con la mayor exactitud y riqueza de detalles, "además de la tarea orientadora colectiva estudiando la continua fluctuación del mercado laboral y adaptando" los métodos de formación profesional a la realidad laboral de la ciudad y de la provincia.»[1]

Por su parte W.M. Proctor, en 1925, escribe en su obra[2] que «se necesita que todo aquel que esté conectado con el sistema de educación pública percibala educación como un sistema completo. Todos deberían pensar en términos de preparación de la juventud para colocarse en un orden social democrático y no en términos de asignaturas estudiadas *per se*». Y defiende que los límites de la orientación desde el solo ángulo de la orientación vocacional deben ampliarse para concebirla como compromiso con cada una de las principales actividades de la vida, siguiendo así las tesis de J.M. Brewer. Las funciones de la orientación vocacional, o relativa a la sección e ingreso en una profesión, para W. Martin Proctor son:

1. Recoger y divulgar la información profesional.
2. Ayudar a seleccionar objetivos profesionales garantizando una formación profesional adecuada mediante una programación idónea de materias, currículos y tipos de escuelas.
3. Ayudar a encontrar un empleo idóneo cuando la formación profesional esté ya completada.
4. Seguimiento de los alumnos formados y colocados, ayudándoles a los ajustes necesarios o asegurándoles otro empleo.

En Europa, A. León[3] en 1957 defiende la postura de que los adolescentes, antes de entrar en contacto con el orientador, muchas veces ya han formulado su elección, por lo que es muy necesario que la orientación profesional se haga a lo largo del aprendizaje o formación profesional en talleres específicos o en situaciones cercanas a aquélla, de tal modo que las representaciones de las profesiones en las mentes de los alumnos sean realistas y les abran amplias perspectivas para la libertad electiva. El orientador deberá desarrollar una labor educativa en función de los objetivos pedagógicos de la institución o centro donde se adscriba, colaborando tanto con el maestro como con el psicólogo. Además, relaciona toda una serie de medios pedagógicos que contribuirán a la preparación directa del niño para la vida profesional, ya sea partiendo de los propios programas de las materias de estudio —instrucción cívica, historia, moral, ciencias aplicadas, manualidades— como de visitas a establecimientos, medios audiovisuales, información integrada a los maestros y familias adelantándose en muchos años a autores y teóricos actuales.

1. Véase su aportación en el documento titulado *Projecte de Funcionament de l'Institut d'Orientació Professional*, Junta Mixta de l'Institut d'Orientació Professional, Barcelona: 1918, pp. 10-11. Toda la historia pasada y presente de la orientación en Catalunya puede consultarse en el libro de M.ª Luisa Rodríguez, *Fonaments y prospectiva de l'orientació professional a Catalunya*, Laertes, Barcelona, 1987.

2. Un interesante libro, precursor de las actuales tendencias de integración de la orientación vocacional en los currículos escolares, titulado *Educational and Vocational Guidance*, y subtitulado con el significativo: *A consideration of Guidance as it relates to all of the essential activites of life*, editado en Boston (1925) por Houghton Mifflin Co. Véanse las p. 10 y ss. y 243 y ss.

3. Véase el interesantísimo librito de A. León. *Psychopédagogie de l'orientation professionnelle* (Presses Universitaires Françaises, París: 1957), todo un precursor de corrientes actuales sobre la información profesional y las representaciones profesionales en el orientado. León desarrolla la teoría del proceso de elección profesional desde el mismo centro escolar hasta el ejercicio de un oficio y señala cómo traducir a términos los objetivos educativos, las formas pedagógicas de la orientación profesional, además de los medios para lograr dichos objetivos (pp. 31-41).

Poco después, Maurice Reuchlin[4] aportaba el concepto de orientación vocacional distributiva, que dependía de variables múltiples fluctuantes entre aspectos económicos —duración de los estudios, cualificación profesional, planificación educativa, previsión del empleo, etc.— y los sociológicos, pedagógicos y psicológicos. Para este autor, la orientación profesional ha de ubicarse en el comienzo mismo de la escolaridad, acogiéndose, así, al concepto educativo de orientación profesional que preconizaba A. León.

Otros autores europeos: G. Sinoir (1943), E. Mira y López (1947), J. Drévillon (1966) y el mismo M. Reuchlin (1974), entre otros, subrayan la validez educativa de la orientación profesional y en sus obras fundamentan aquellas premisas que van a permitir la inserción de los conceptos vocacionales en la vida activa del escolar como aprendiz de sus propias potencialidades profesionales.

Las perspectivas

De hecho, desde F. Parsons hasta la actualidad la orientación vocacional ha sido abordada desde variadas perspectivas. Por una parte, a partir del estudio de los ámbitos laborales en que lo vocacional debería tratarse y que pueden fluctuar desde el tratamiento filosófico hasta la sociología del trabajo; desde qué es lo alienante y qué lo significativo del acto laboral; desde qué sean los conceptos de productividad y supervivencia y sus relaciones con la distribución ocupacional y la demografía, etc. Por otra parte, a partir de diversos contextos que incluyen los procesos genéricos (psicológicos, sociológicos o mixtos) por los que un individuo procede a la elección vocacional en un momento específico de su vida, o los procesos del desarrollo vocacional —o evolutivos— que se centran en el estudio de esos individuos ante la dinámica continua de la elección vocacional a lo largo de toda una vida. Ultimamente, los sofisticados avances en psicometría, psicodiagnóstico y técnicas de información ocupacional han contribuido al desarrollo de nuevas teorías operativas de la orientación vocacional que vienen a enriquecer la praxis haciéndola más compleja y profesionalizada.

Modelos más representativos de esta perspectiva de la orientación

Orientación profesional

Entre las estrategias más clásicas de la orientación vocacional figuran la denominada orientación profesional y el consejo profesional. La característica principal de la primera es que el programa orientador en su conjunto se dirige a dar ayuda desde una perspectiva generalizadora, procurando que el orientador planifique un amplio abanico de actividades que, complementándose, hagan funcionar el sistema como tal. Es decir, que ese sistema incida en el propio de las políticas educativas y se inserte en él. Desde los años cincuenta se vienen proponiendo pla-

4. Consúltese el libro de M. Reuchlin, *La orientación escolar y profesional*, Oikos-Tau, Barcelona, 1972.

nificaciones de ese tipo en las que quedarían comprometidos tanto las autoridades escolares como las políticas de la educación, los responsables de la organización y administración escolar, y los dirigentes sociales. Se pueden sugerir varias estructuras organizativas sistémicas de la orientación vocacional como las representados en las figuras 1 y 2, por ejemplo.

En el modelo de la figura 1, la responsabilidad de la política orientadora viene dada de acuerdo a una organización desde arriba abajo y viceversa, y según las funciones preplanificadas. Los profesionales en línea realizan las funciones que vienen planificadas desde la jerarquía inmediatamente superior.

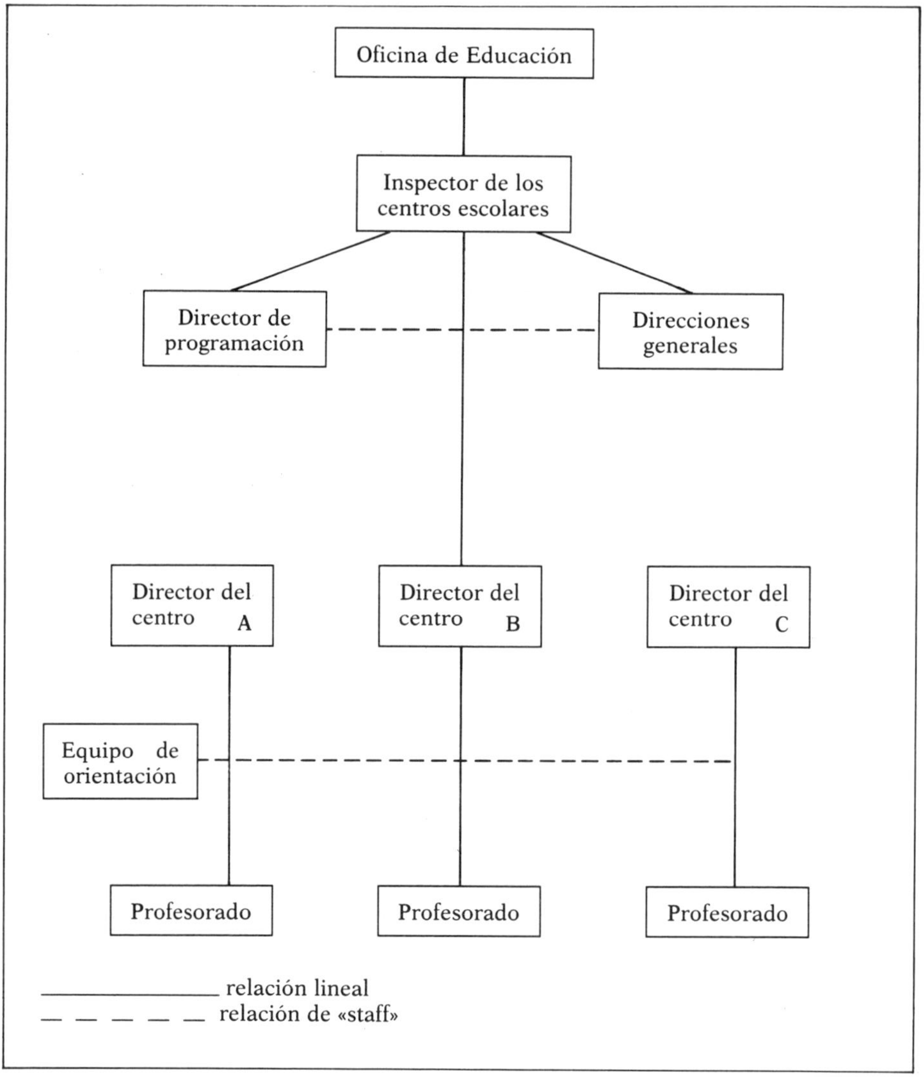

Figura 1. Estructura organizativa de «staff».

Los profesionales en *staff* se preocuparían del servicio, control de la calidad, coordinación y similares actividades.

En el modelo de la figura 2 se ha procurado conseguir una estructura radial de organización escolar incluida en la política educativa del país, región o nacionalidad. Esta organización esférica o circular libera a cualquier jefatura de una responsabilidad mayor que la de otras y todos los departamentos comparten similares responsabilidades equiparables, a autoridades orientadoras.

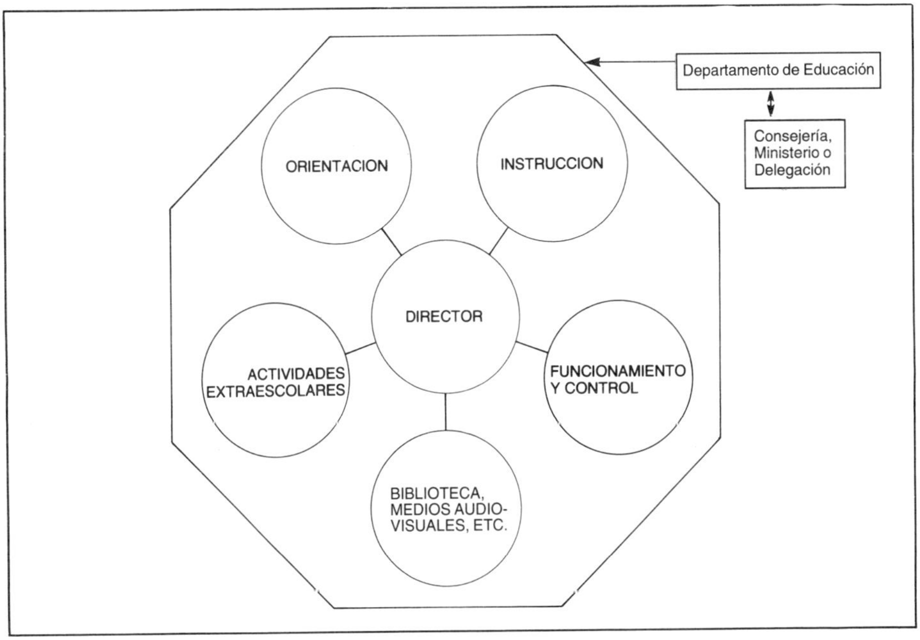

Figura 2. Estructura organizativa radial.

En principio, el equipo orientador responsable de la puesta en marcha de un sistema global habría de garantizar, como mínimo, estas funciones del orientador vocacional:

1. Colaboración con actividades sociales de la ciudad donde se inserta el programa de orientación vocacional.
2. Cursos de formación continua para los orientadores.
3. Conocimiento, aplicación, corrección y estandarización de los programas de testeo.
4. Organización de actividades orientadoras tópicas para uso de toda la población.
5. Envío de estudiantes a agencias de colocación, centros de orientación de interés social, empresas, centros de colocación a tiempo parcial, etc.
6. Coordinación amplia y efectiva entre la administración y el personal orientador.

Un modelo bastante realista (Fig. 3), pero centrado en una parcela de la orientación profesional, la información ocupacional, fue elaborado en 1982 por un grupo de expertos en orientación en la Universidad de Barcelona (España), para conseguir que la política institucional de Catalunya se preocupara de organizar la información profesional racionalmente, con el justo aprovechamiento de los recursos socioeconómicos. El modelo es mixto (lineal y de «staff») y define la cooperación de tres niveles: nacional, de distrito y de centros educativos locales.

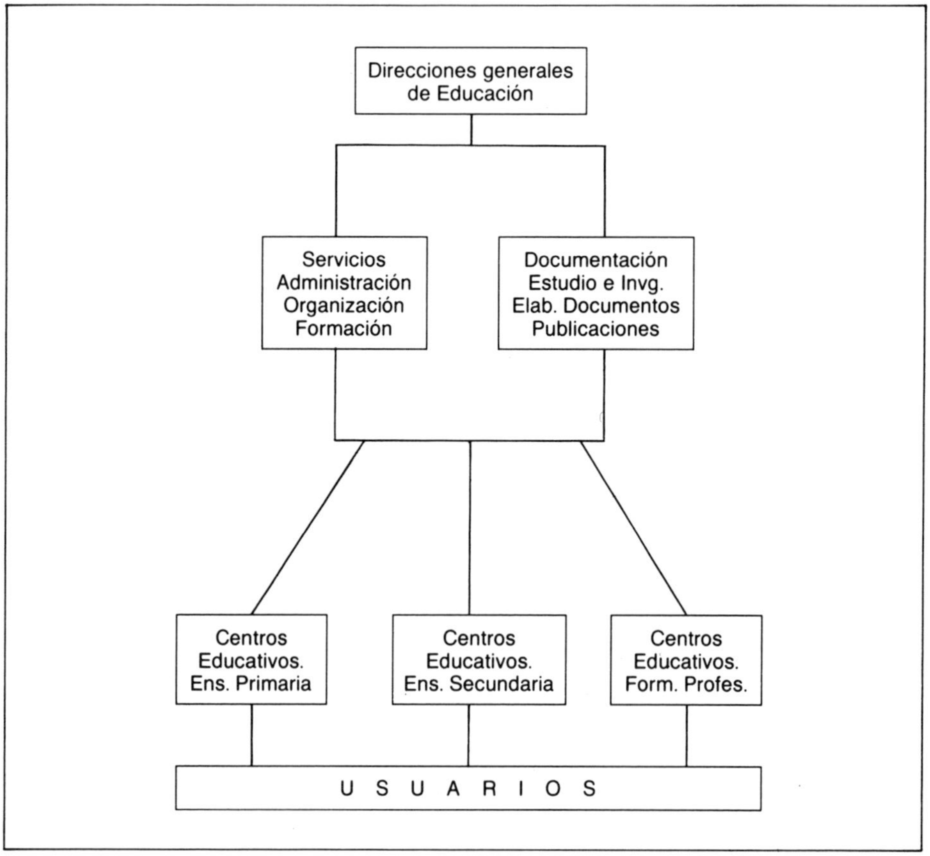

Figura 3. Esquema organizativo mixto propuesto en la Universidad de Barcelona.

Consejo profesional

El consejo profesional (*vocational counseling*) no echa mano de un conjunto de técnicas variadas, sino que se basa únicamente en el consejo ya sea individual o en grupo. Son muchas las aportaciones para una clasificación de las teorías del consejo porfesional. Según E. Ginzberg (1951) pueden subdividirse en tres categorías: a) teorías accidentales —las personas escogen su ocupación de modo accidental; b) teorías impulsivas —la elección está condicionada por lo inconsciente; c) teorías basadas en la adecuación de las aptitudes al trabajo. Según E.L. Tolbert (1980), las teorías actuales podrían ser clasificadas en: a) basadas en el desarrollo; b) basadas en las necesidades; c) de enfoque psicoanalítico; d) de base sociológica; e) centradas en la toma de decisiones; y f) existencialistas. Existen otros intentos de subdivisión (por ejemplo, el de J.O. Crites, 1974, o el de S.H. Osipow, 1973), pero las diferencias son tan detallistas que exceden la especificidad de este texto (vid. Castaño, 1983).

El consejo vocacional es mucho más evolutivo y procesual que el anterior y trata de cubrir un área más amplia del potencial del alumno o del orientado. Implica, pues, acciones a más largo plazo exigentes del dominio de técnicas de autoevaluación que combinen las más clásicas o tradicionales —visitas, estudios descriptivos de campo, días vocacionales, conferencias, medios audiovisuales, etc.— con las más modernas consideraciones acerca de la dimensión significativa del trabajo como entidad con un sentido y un propósito definidos, y de su incidencia en el estilo de vida del alumno, por ejemplo.

Teoría de Eli Ginzberg y colaboradores

Oponiéndose a los enfoques impulsivo y accidental de la elección vocacional, E. Ginzberg, S.W. Ginsburg, S. Axelrad y J.L. Hormann defendieron en 1951 que una persona selecciona una profesión concreta al ir desarrollando, en los años de formación infantil y juvenil de su vida, una serie de patrones de actividades específicas. Estas actividades se conforman a lo largo de tres fases —período de fantasía o de latencia, período de elección tentativa y período de elección realista—. Las elecciones tentativas —que tendrían lugar durante la pubertad y la adolescencia— avanzan progresivamente recorriendo cuatro estadios: del interés, de la capacidad, de la valoración o evaluación y de la transición al mundo laboral o a estudios superiores. El período de elecciones realistas puede dividirse en otros tres estadios: el de exploración o experiencias aclaratorias; el de cristalización, en el que los adolescentes y jóvenes son capaces de valorar los factores que influyen en la elección y en sus actividades personales; y el de especificación, en el que se replantean las alternativas en función de campos laborales de especialización en objetivos profesionales más concretos. Para Ginzberg, el proceso de elección vocacional se inicia hacia los diez años, y desde el momento en que las decisiones están relacionadas con experiencias anteriores con proyección futura, el proceso de toma de decisiones está caracterizado por su irreversibilidad. Aparte de esto, la misma actitud decisoria significa una especie de balance entre elementos subjetivos y limitaciones impuestas por la misma realidad, lo cual incide en que la cristalización de la elección ocupacional inevitablemente tiene matices de compromiso personal.

Teoría de Anne Roe

Al estudiar, en 1957, los determinantes de la elección profesional, A. Roe considera altamente influyentes sobre los intereses el hecho de que desde muy temprana edad la necesidad y los intereses incipientes hayan sido satisfechos. Las experiencias del hijo con respecto a sus padres, la relación entre las actitudes de éstos y la satisfacción de las necesidades inconscientes e incluso el estilo paterno de educar a la prole van a ser decisivos en el patrón infantil que más adelante caracterizará las líneas maestras de la predicción dentro de un amplio espectro del desarrollo vocacional individual. Roe, asimismo, propuso, en 1972, un esquema de clasificación ocupacional fundamentado en grupos y en niveles (figura 4). Basándose en la clasificación jerarquizada de las necesidades de A.H. Maslow (necesidades psicológicas; de salud; de pertenencia y amor; de importancia, respeto, autoestima e independencia; de estar informado; de ser comprendido; de belleza; de autoactualización), Roe propone varias hipótesis por las que trata de demostrar que la dinámica de las necesidades depende en un elevado grado de las actitudes de los padres durante los años de la experiencia formativa de sus hijos. Estas actitudes de —concentración emotiva sobre el hijo (superprotección, superexigencia), evitación del hijo (rechazo y negligencia) y aceptación (casual o amorosa)— influirán en la probable orientación del hijo, pues más adelante ésta se traducirá en patrones de intereses y aptitudes específicos.

NIVELES	I Servicios	II Negocios	III Organización	IV Tecnología	V Al aire libre	VI Ciencia	VII Cultura General	VIII Artes y Espect.
1. Responsabilidad independiente. Profesional y directiva.								
2. Nivel medio profesional y directivo.								
3. Semiprofesional y pequeño negocio.								
4. Cualificado.								
5. Semicualificado.								
6. No cualificado.								

Figura 4. Esquema de clasificación ocupacional propuesto por la psicóloga Anne Roe (1972).

Una formulación en la que se equilibran ciertas variables, su relativa importancia en la conducta vocacional y su interacción es presentada por Roe como sigue:

$$(eE + bB + cC) + mM + S\,(pP \times gG \times tT \times iI) + (lL + aA)$$

Las minúsculas representan coeficientes variables en el tiempo y según las circunstancias, mientras que las mayúsculas están compuestas por factores más complejos. Aquéllas indican el peso que se debe dar a éstas. La descripción de estos factores es:

E: Estado general de la economía.
B: Infraestructura familiar.
C: Oportunidades.
M: Matrimonio, relaciones de pareja.
S: Sexo.
P: Factores físicos.
G: Factores intelectuales.
T: Temperamento y personalidad.
I: Intereses y valores.
L: Aprendizaje, educación.
A: Habilidades adquiridas.

Roe, en 1972, publica una serie de observaciones a tener en cuenta sobre el trabajo, la elección profesional y el desarrollo vocacional según los siguientes apartados:

1. La historia vital de cualquier hombre o mujer, escrita en términos de su historial profesional, puede aportar más sobre la esencia de esa persona que cualquier otro tipo de enfoque.
2. Lo relevante de esa historia empieza en el hecho de nacer en una familia concreta, en un lugar y un tiempo determinado, y continúa a lo largo de su vida.
3. Aunque pueden existir diferencias en peso relativo a causa de diferentes factores, los procesos de decisión vocacional y conductual no difieren esencialmente unos de otros.
4. El control voluntario de las conductas y decisiones vocacionales es variable, pero puede ser mayor de lo que se cree.
5. La vida profesional afecta todos los otros aspectos de la pauta vital.
6. Una vida profesional inapropiada o insatisfactoria puede ser perjudicial y nociva.
7. Sólo con la integración de los conceptos vocacionales en la pauta general de vida se puede ayudar mucho a la calidad de ésta social e individualmente considerada.
8. No existe un modelo profesional únicamente válido para un individuo. Al contrario, no existe una persona que sea apropiada para un solo modelo profesional. En el mundo laboral hay un considerable abanico de posibilidades dentro de un número de variables y de requisitos específicos.

Teoría de J.L. Holland

Holland enfoca su teoría como una heurística de seis tipos de personalidad en relación con datos ambientales. Los tipos son: realista, intelectivo o investigador, social, convencional, emprendedor y artístico; al mismo tiempo propone seis tipos ambientales con el mismo nombre. Este autor defiende que las personas en proceso de toma de decisiones tratan de encontrar situaciones que satisfagan sus orientaciones adaptativas. Las decisiones individuales están guiadas por los estereotipos ocupacionales y las preferencias vocacionales se correlacionan con los modos como los individuos se enfrentan a la fatiga y la frustración y a sus maneras de utilizar sus aptitudes más sobresalientes. De ahí que las preferencias estén asociadas con los conceptos de sí mismo.

Son cuatro los principios que sintetizan la primitiva teorización de Holland:

1. Existen seis tipos de ambientes ocupacionales.
2. Toda persona posee una jerarquía evolutiva —producto de su desarrollo personal— que le impulsa hacia uno de esos seis ambientes o medios profesionales.
3. Toda persona posee una jerarquización de niveles que le impulsa hacia un determinado nivel de elección vocacional, que podría ser la adición de inteligencia y evaluación de sí mismo.
4. Estas jerarquías están mediatizadas por el conocimiento de sí mismo y el de las profesiones.

A lo largo de los años —presentó sus teorizaciones en 1959— Holland ha intentado probar y ampliar sus afirmaciones y ha desarrollado un esquema clasificador de las profesiones, un inventario de preferencias vocacionales[5] y un perfil orientador, herramientas éstas de alto valor para los orientadores en su práctica profesional y para los propios alumnos (principalmente de niveles secundarios). En distintos países se ha tratado de adaptar este proceso orientador —tanto teórico como en su vertiente práctica—, enmarcado en las características propias e idiosincrásicas. Los trabajos de M. Huteau en Francia son ejemplares y abren amplios horizontes a los investigadores europeos en orientación[6] en materia de las representaciones profesionales.

Holland está en condiciones de asegurar que la mayoría de los individuos de una sociedad occidental pueden ser estimados como dentro de uno de los seis tipos antes mencionados de personalidad, y que todos vivimos y trabajamos en modelos ambientales paralelos o asimilables a ellos. Por otra parte, la conducta de las personas es producto de la interacción entre ellos y su medio, de tal manera que el perfil individual de la personalidad alcanza su grado más elevado de homogeneidad y congruencia con respecto a uno de los seis tipos de personalidad o con uno de los seis modelos ambientales. Las relaciones entre los individuos que tratan de ser orientados y su ambiente podría ser representado como sigue (figura 5).

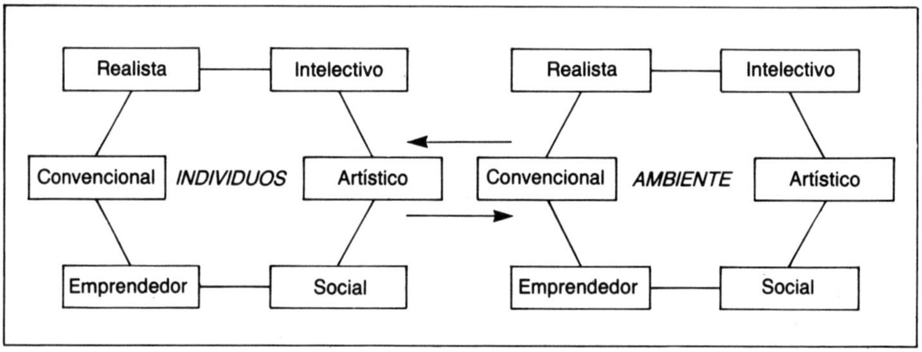

Figura 5. Relaciones interindividuales y ambientales (Holland, 1971).

5. Véase el Apéndice A de la obra de J.L. Holland, *La elección vocacional*, Trillas, México, 1975, 142-145.
6. Puede consultarse su aportación al 1.er Seminario de investigaciones psicopedagógicas, Barcelona, abril, 1979, «Psychologie et psychopèdagogie du choix professionnel» y el conjunto de artículos que viene publicando, desde 1987, en la revista francesa *L'Orientation scolaire et professionnelle*.

La teoría de Holland admite, además, que un estudiante puede examinar las clasificaciones ocupacionales para determinar si sus elecciones las hacen significativas, y, a partir de ahí, interpretar las expresiones de las elecciones de las personas.

Teoría de D.E. Super

Desde 1953 y 1957 Donald Edwin Super y sus colaboradores están profundizando en la definición y demostración de una teoría del desarrollo vocacional. En una de sus más significativas obras (1963) reside la clave de sus formulaciones más características:

> «Al *expresar* su preferencia vocacional, una persona traduce en términos profesionales su idea de la persona que es; al *ingresar* en una profesión, trata de poner en práctica el concepto que tiene de sí misma; *estableciéndose* en una ocupación, consigue la actualización de sí misma. Así pues, la ocupación (o profesión) posibilita el desempeñar un papel apropiado al concepto de sí mismo.»

Así, el proceso de desarrollo vocacional sintetiza las necesidades y recursos individuales, por una parte, y las demandas socioeconómicas y culturales, por otra. Este proceso de aprendizaje está en función de intereses, aptitudes, valores y pautas conductuales que, a su vez, son sancionados y valorados por los modelos del adulto y de los iguales.

También el desarrollo vocacional, para Super, implica la interacción entre lo que es a la vez intraindividual —estimulado por procesos ambientales— y lo que es individual-ambiental. Interacción que no siempre actúa en niveles conscientes. Las pautas vocacionales individuales vienen determinadas por el nivel familiar socioeconómico, por la aptitud mental, las características personales y las oportunidades —académicas y profesionales— que en los ambientes donde vive el orientado se den.

La teoría de Super se encierra en diez clásicas propuestas que, resumidas, son:

1. Las personas difieren en sus aptitudes, intereses y personalidad.
2. Por esa razón, están cualificadas para una gran variedad de profesiones.
3. Cada profesión requiere una pauta característica con amplios márgenes que permitan la admisión de varios individuos en cada una de ellas.
4. Las preferencias vocacionales cambian con el tiempo y la experiencia, aunque los conceptos de sí mismo son bastante estables desde la adolescencia hasta la madurez.
5. El proceso de desarrollo vocacional puede agruparse en una serie de estadios vitales que se caracterizan por el crecimiento, la exploración, el establecimiento, el mantenimiento y el declive. Las fases de fantasía, prueba y realismo caracterizan el estadio explotatorio; las de ensayo y estabilización, el de establecimiento.
6. Las pautas profesionales están determinadas, en su naturaleza, por el nivel familiar socioeconómico, la aptitud mental, la personalidad y las oportunidades.
7. La maduración de las aptitudes, de los intereses, de la verificación de la realidad y del concepto de uno mismo, conducen el desarrollo evolutivo vocacional.

8. Este es, esencialmente, el desarrollo y consecución de un concepto de sí mismo, como producto de la interacción de las aptitudes heredadas, idiosincrasia neuronal y endocrina, oportunidad de desempeñar varios papeles y de la estimación de hasta qué punto de los resultados de este desempeño merece la aprobación de los superiores y los iguales.
9. El proceso de compromiso entre los factores individuales y sociales, y entre concepto de sí mismo y realidad, es un proceso de desempeño de papeles si el papel se desempeña en la fase de fantasía, en la entrevista de consejo o en las actividades de la vida real.
10. Las satisfacciones laborales y vitales dependen del grado en que un individuo encuentra salidas adecuadas a sus aptitudes, intereses, rasgos personales y valores.

Los elementos básicos del concepto de sí mismo en términos de desarrollo vocacional son:

a) Formación del concepto de sí mismo.
b) Exploración.
c) Diferenciación de sí mismo.
d) Identificación.
e) Desempeño de papeles (*role-playing*).
f) Evaluación de la realidad.
g) Traducción del concepto de uno mismo a términos ocupacionales.
h) Puesta en práctica de los conceptos de uno mismo.

Super quiso afianzar sus aportaciones sobre el concepto en sí mismo (contra las acusaciones de que eran vagos y poco demostrables) definiendo operativamente los constructos necesarios para posteriores investigaciones. Y así, el término concepto-de-sí-mismo (*self-concept*) fue desgajado en:

a) Observaciones e impresiones sobre sí mismo.
b) Sistemas del concepto de sí mismo.
c) Concepto de sí mismo vocacional.

Que a su vez eran definidos con más detalle. Super incidió esencialmente en el aspecto de la conducta individual exploratoria, que nunca antes había sido tratado exhaustivamente. Para él, explorar es actuar directa y conscientemente hacia la obtención de más información acerca de uno mismo y de su medio para poder llegar a una decisión. Actuación que implica búsqueda, experimentación, investigación, ensayo y prueba de hipótesis, y que tendrá especial relevancia vocacional si auxilia en la elección, preparación, ingreso, adaptación o ajuste en una ocupación.

La teoría de Super va haciéndose progresivamente más compleja y sus seguidores aportan al universo de la orientación aplicaciones prácticas y concretas progresivamente más interesantes. La literatura al respecto es inabarcable y excede los límites de este capítulo.

La teoría de D.V. Tiedeman y R.D. O'Hara

Estos autores consideran la profesión como la oportunidad de expresar las esperanzas y los deseos de uno mismo y, a la vez, como una limitación en la vida. Relacionan la personalidad con el desarrollo vocacional, integrando en éste cuatro rasgos o dimensiones: 1) propósito; 2) autoridad; 3) responsabilidad; y 4) aceptación del puesto en que se está colocado. Conceptualizan el desarrollo vocacional como un proceso de modelación de la identidad vocacional a través de la diferenciación de la *integración* de la personalidad en función de cómo un individuo se enfrenta al problema laboral en la vida. De ahí que sea la personalidad total la que se desarrolla y, más adelante, se acomoda a la profesión.

Personalidad o identidad del yo es la combinación de significación, valores y actitudes que el individuo va formando desde el momento que intenta identificarse como miembro de colectividades sociales en progreso. Este ir diferenciándose a la vez que integrándose, son dos mecanismos paralelos de desarrollo vocacional, para lo que los autores proponen un paradigma procesual. Con él se describe cómo tiene lugar una diferenciación racional cuando se experimenta un problema y debe tomarse una decisión. (Véase cuadro de la figura 6.)

Fase I: *Anticipación o preocupación* ante un problema

Paso I: *Exploración.*
- Consideración de diferentes alternativas o fines.
- Consideración de hasta qué grado ésas son influidas por las experiencias individuales vividas

Paso II: *Cristalización o estabilización del razonamiento.*
- Consideración de las ventajas, desventajas, costos, valores de cada alternativa.
- Aumento de la definición de la claridad, de la complejidad.

Paso III: *Elección* o decisión.
- Orientación hacia los problemas que subsisten.

Paso IV: *Clarificación* o elaboración de la imagen de futuro.

Fase II: *Puesta en práctica y ajuste.* Los individuos entran a formar parte de un sistema social, son aceptados, empiezan a aceptarse a sí mismos y alcanzan cierto equilibrio.

Paso I: *Inducción* o iniciación hacia la experiencia.

Paso II: *Formación* o conocimiento seguro de que la persona juega un papel en la sociedad.

Paso III: *Integración* o síntesis de las convicciones del resto del grupo y las suyas propias, en forma de un compromiso.

Figura 6. Paradigma procesual de Tiedeman - O'Hara (1963).

El desarrollo vocacional es una autorrealización relacionada con la elección, el ingreso y el progreso en los distintos proyectos educativos y profesionales, superando la circunstancia temporal y entrando en el contexto de varias decisiones sucesivas y progresivas. Diferenciar e integrar son actitudes, pues, que se repiten varias veces en el curso de la vida.

Otros conceptos descritos por Tiedeman y O'Hara son: a) se alcanzarán una satisfacción y un éxito máximos en el trabajo si los propósitos de éste coinciden fundamentalmente con los objetivos que previamente han sido desarrollados por uno mismo; b) el sentido individualizado de autonomía (autoorientación) evita esfuerzos prematuros y crea suficientes oportunidades para la elección; c) el sentido de iniciativa (independencia, ambición) indica que una vez el individuo descubre su unicidad se esfuerza por encontrar qué es lo que la constituye; d) la identidad personal se alcanza en la profesión.

Otras teorías del consejo profesional

Progresivamente, la orientación profesional que se caracterizaba por ser a corto plazo, porque tenía lugar en momentos críticos o por su característica terapéutica y de límites más estrechos, ha ido deviniendo más procesual y desembocando en la orientación para el *desarrollo vocacional*, que considera el trabajo como una parte del proyecto vital global, de los objetivos y del estilo de vida del individuo. J.O. Crites, en 1981, pasa revista a los sucesos más notables ocurridos desde 1850 hasta nuestros días y despliega las tendencias que caracterizan el consejo profesional en el marco histórico.

Para Crites las tendencias más significativas han sido:

a) El modelo parsoniano (que se define en el de toma de decisiones) constituyó la piedra angular de la teoría de rasgos y factores. Yuxtapuesto a él, el punto de vista de que la elección vocacional es fundamentalmente la expresión de la personalidad del cliente, ya sea definido por sus necesidades ya lo sea por el concepto de sí mismo, y que puede ser representado por los enfoques no directivos y los psicodinámicos.
b) El reconocimiento de que la elección de profesión es un proceso evolutivo, sin solución de continuidad, que cubre un período prolongado de tiempo que abarca desde la infancia hasta la madurez (Super y Brachrach, 1957); son las teorías del desarrollo vocacional.
c) Las teorías conductistas que tratan de explicar principalmente *cómo* el cliente elige más que *qué* profesión elige. Es decir, se fijan más en el proceso que en el contenido de la elección. Esta distinción entre el enfoque evolutivo y el conductista da pie a Crites para formar con ambos una aproximación más comprensiva hacia el consejo profesional. (*Comprehensive Career Counseling.*)

Osipow (1973) y Tolbert (1978) indican, con cierto detalle, alguna otra teoría que acaba de complementar la amplia gama de investigaciones de este ámbito. Y así son de interés: H. Beilin (1955), que distinguió entre elección y desarrollo vocacional; J. Samler (1953), que conceptualizó los elementos y componentes del desarrollo de la conducta vocacional; R. Hoppock (1970), muy aceptado por sus aportaciones para la práctica racional de la información profesional; y H.B. Gelatt

(1962) y M.R. Katz (1963), dinamizadores de las teorías de la decisión vocacional e inspiradores de guías autodidácticas para iniciar al adolescente en el aprendizaje de su autoconocimiento crítico.[7]

Educación para la carrera profesional y orientación integrada en los currículos escolares

¿Qué se entiende por educación para la carrera?

Enmarque histórico

A lo largo de este siglo, el interés por acercar al hombre al mundo del trabajo y por hacer que éste cobrase significado y dignidad ha hecho que surgieran cuatro grandes corrientes en el ámbito de la orientación: la denominada orientación profesional (años treinta), que trata de conocer cuáles son los rasgos de una persona y cuáles son las características profesiográficas de una ocupación para terminar comparándolos intentando el más exacto ajuste mutuo; el desarrollo vocacional (años cincuenta), que introdujo el concepto de estudios evolutivos a lo largo de todo el arco vital y, por tanto, la existencia de diferentes papeles laborales que una persona puede desempeñar; la orientación hacia el desarrollo de la vida profesional (años sesenta), en que se echa mano de las teorías del desarrollo para integrar los conceptos vocacionales en los currículos escolares mediante la intervención de verdaderos especialistas en orientación; y la educación para la carrera profesional, también denominada a veces «educación vocacional» (años setenta), legitimada por la urgencia —tanto a nivel nacional como internacional— de reformar la enseñanza y la educación. Las reformas inciden desde entonces en el hecho de *relacionar la escuela con el mundo laboral* y de optimizar la información y diseminación de la información ocupacional. Queda, pues, claro que se produjo una diferencia de calidad y de profundidad entre orientación vocacional y educación para la carrera profesional.

Las reformas de los sistemas educativos están siendo condicionadas por cambios socioeconómicos por todos conocidos: las nuevas maneras de funcionar la célula familiar, la tendencia a humanizar el puesto de trabajo, el alargamiento de los períodos obligatorios de escolarización, los movimientos democratizadores y de ampliación de la justicia social y de la implantación de la igualdad de oportunidades, la rapidez de los cambios tecnológicos o el aumento de las tasas de desempleo juvenil y adulto.

Dentro de esa inevitable evolución del concepto de orientación hacia la carrera profesional futura, los impulsores y defensores de la educación para la carrera

7. El lector puede profundizar en todos estos autores en las obras de S.H. Osipow, *Teorías sobre la elección de carreras*, Trillas, México, 1976, E.L. Tolbert, *Técnicas de asesoramiento en orientación profesional*, Oikos-Tau, Barcelona, 1981, ya traducidas al castellano; A. Salvador y J.M. Peiró, *La madurez vocacional*, Alhambra Editorial, Madrid, 1986, y J. Hernández, *La elección vocacional: concepto y determinantes*, Cajamurcia, Murcia, 1987.

—influidos además por informes de diferentes asociaciones educativas e industriales que solicitan del trabajador actitudes más positivas hacia el trabajo que aptitudes innatas, más conductas laborales que formación específica, más capacidades de enfrentarse a los cambios que formación e instrucción, etc.— han definido el concepto de educación para la carrera en el contexto de un programa mucho más amplio que el de la hasta ahora denominada Orientación Profesional (o Vocacional, si se quiere). Esa mayor amplitud de miras implica intervenciones educativo-vocacionales en varios ámbitos: el hogar, la escuela, la ocupación o puesto de trabajo y la comunidad y desde diferentes papeles: el orientado como estudiante, como trabajador, como consumidor, como ciudadano (ser político y social) y como miembro de una familia; y, finalmente, desde la perspectiva de varios de sus sucesos vitales: cuando ingresa en el mundo laboral, cuando cambia de estado, cuando se jubila, etc.

Así pues, ciertos autores, entre ellos K.B. Hoyt, han decidido definir la educación para la carrera profesional como «la totalidad de experiencias por las que una persona aprende qué es el trabajo y se compromete con él asimilándolo como un «modo de vida» o como «el esfuerzo comunitario dirigido a ayudar a las personas —jóvenes y adultas— a prepararse mejor para el trabajo, adquiriendo las destrezas que le posibiliten cambiar al ritmo en que lo hace la sociedad, de tal modo que el trabajo —remunerado o no— devenga más significativo y satisfactorio dentro de su global estilo de vida» (Hart (Ed.), 1977; Hoyt, 1975, 1979).

Conceptualización

Los autores antes citados también defienden que el éxito de la educación para la carrera profesional depende de varios factores íntimamente relacionados, a saber:

1. Los esfuerzos de todos los profesores —a todos los niveles de la escolaridad— por poner el acento en las implicaciones profesionales de las materias o asignaturas que estudian los alumnos a lo largo de su aprendizaje.
2. La formación profesional que proporcione progresivamente a los alumnos la capacitación específica requerida para poder ingresar (o reingresar) en el mundo laboral.
3. El esfuerzo del mundo empresarial, laboral, industrial, etc., para contribuir activamente a la consecución de los objetivos de la educación para la carrera profesional. Aquí se incluirían el proporcionar oportunidades para que los alumnos pudieran observar el mundo del trabajo, trabajar (experiencias laborales reales) y realizar trabajos a tiempo parcial o prácticas en alternancia, etc.
4) La organización de programas comprensivos o integrales de desarrollo vocacional, que puedan ayudar a los alumnos a aprender a tomar sus propias decisiones respetando su propia libertad individual de elección.
5) Los esfuerzos para reconocer y capitalizar de la manera más interesante y significativa posible la incidencia y colaboración de la familia y el hogar en la sociedad laboral.

En 1975, la Oficina de Educación de Estados Unidos publicó los objetivos que en un programa de educación para la carrera profesional se deberían ir alcanzando desde la perspectiva del alumnado, de modo que el tutor o el profesor deberían ir consiguiendo que sus educandos pudieran —a lo largo de la escolaridad primaria y secundaria— conseguir por lo menos los siguientes:

1. Que sean competentes en las aptitudes o destrezas académicas instrumentales básicas, requeridas para su adaptación a la nueva sociedad.
2. Que salgan equipados con unos buenos hábitos de trabajo y técnicas de estudio crítico y racional.
3. Que sean capaces de realizar elecciones inteligentes, a partir de un conjunto personal de valores laborales que motiven el deseo de trabajar.
4. Que dominen las técnicas de la toma de decisiones, del saber buscar y encontrar trabajo y de mantenerse en él.
5. Que estén equipados con aquellas habilidades que les permitan ir progresando y tener el suficiente éxito en nuestra sociedad profundamente centrada en el trabajo (y yo añado, quizás excesivamente).
6. Que salgan equipados con el mayor número de datos e informaciones respecto al abanico de oportunidades educativas y profesionales de su entorno.
7. Y, finalmente, que puedan calibrar el sentido correcto del éxito ocupacional y sepan aprovechar las oportunidades de la educación permanente.

De este listado de objetivos, nada fáciles de conseguir, se deduce que un programa de educación para la carrera profesional exige mucho del ámbito académico; y también se deduce que debería tener presentes algunos principios básicos inaplazables por el tutor o el profesorado de las instituciones educativas. Estos principios son eminentemente *evolutivos* —la educación para la vida profesional se debería extender desde los primeros años de la vida hasta la edad de la jubilación, centrándose en el desarrollo integral de la persona, a la vez que cubriendo todo el currículum escolar para proporcionar un enfoque unificado de vida—, pero también *globalizadores*, es decir, centrados en la diversidad de papeles, ámbitos, circunstancias y relaciones del futuro trabajador, y animando a todos los miembros de la comunidad a cooperar mutuamente desde varias disciplinas.

Los profesores relacionan las asignaturas con sus implicaciones laborales futuras y con los objetivos de un ciudadano a medio plazo (responsabilidades familiares, laborales, ciudadanas, etc.), y han de conseguir el equilibrio entre el aprendizaje de contenidos y las experiencias que permitan a los alumnos llevar a cabo ciertas —sencillas— actividades ocupacionales. Un buen programa de educación para la carrera profesional debe proporcionar un marco personal que ayude a los jóvenes, y a todas las personas en general, a planificar sus vidas, a facilitarles la adquisición de habilidades para ingresar en el mundo del trabajo, a comprometerse activamente con la familia y la comunidad, y a lograr una comunicación más abierta entre esos tres agentes educativos.

Objetivos de los programas de educación para la carrera profesional

Los objetivos de un programa completo serían, básicamente, mejorar la conciencia del mundo laboral del entorno, ampliar la información de las diferentes ocupaciones dándoles un sentido, proveer de experiencias que ayuden a profundizar en los estudios para el mundo profesional incorporando en todas las asignaturas básicas curriculares conceptos educativo-vocacionales, etc. La consecución de esos objetivos requiere incontables horas de trabajo en equipo para planificar, consultar, desarrollar diseños curriculares, producir materiales y evaluar sistemas. Requiere esfuerzos masivos y corporativos, y es labor de los Estados o de los ministerios de Educación y Ciencia editar guías orientadoras para que los tutores y los profesores sepan cómo planificar y poner en práctica dichos programas. Las estrategias más usadas han sido evaluadas (Bonnet, 1979) y se ha comprobado que se precisa una segunda generación de proyectos, tanto infusivos como individualizados para mejorar la creatividad y adecuación de los mismos a las juventudes nuevas y cambiantes de los años noventa y dos mil.

Ejemplificación de algunos objetivos prioritarios de la educación para la carrera

A modo de ejemplo, podríamos sintetizar los diez que publicó la institución National Assessment of Educational Progress con el título *Career and Development Objectives for ages 9, 13 and 17* (NAEP, 1979). Véase también la nueva obra de Rodríguez, M.L., *et al.*, 1995

Objetivo 1: *Conocer las características y requisitos de las distintas enseñanzas y ocupaciones.*
- Diferenciar entre familias ocupacionales.
- Reconocer las relaciones entre currículum escolar y familias ocupacionales.
- Identificar los trabajos ya obsoletos y sus causas.
- Conocer los niveles salariales.
- Conocer los deberes, las aptitudes de los trabajadores, los niveles de ingreso más significativos, etc.

Objetivo 2: *Conocer la relación entre las características personales y los requisitos profesionales.*
- Comparar sus habilidades, intereses, aptitudes y valores con las posibles áreas ocupacionales.
- Reconocer las propias deficiencias.
- Desarrollar planes para cubrir dichas deficiencias.

Objetivo 3: *Conocer la relación de los estudios y currículum académico con las diferentes áreas ocupacionales.*
- Identificar las asignaturas útiles a medio y largo plazo.
- Saber delimitar qué le ofrece cada profesión.
- Conocer la naturaleza y los objetivos de cada uno de los niveles de la educación y preparación académica.

Objetivo 4: *Poseer habilidades numéricas.*
- Saber crear presupuestos.
- Saber leer e interpretar dimensiones y dibujos.
- Saber coordinar recibos y facturas.
- Saber ajustar patrones y modelos a las dimensiones reales.
- Saber estimar áreas geométricas, etc.

Objetivo 5: *Poseer habilidades para comunicarse.*
- Saber hacer informes y síntesis.
- Comprender el significado y mensaje de los materiales escritos.
- Saber dar orientaciones e indicaciones orales.
- Saber conversar cara a cara con otras personas.

Objetivo 6: *Poseer habilidades para lo manual y lo perceptivo.*
- Usar herramientas.
- Usar máquinas.
- Saber hacer reparaciones sencillas.

Objetivo 7: *Poseer habilidades para procesar la información y para tomar decisiones.*
- Evaluar las ofertas de trabajo.
- Interpretar los anuncios y las demandas.
- Minimizar los factores negativos.

Objetivo 8: *Poseer habilidades para las relaciones interpersonales.*
- Identificar las responsabilidades de las personas que detentan la autoridad.
- Influir sobre los demás para obtener su cooperación.
- Reconocer los puntos de vista de los otros.

Objetivo 9: *Poseer hábitos de trabajo eficaces.*
- Observar las reglas y las normas laborales.
- Organizarse bien el tiempo y las energías.
- Mantener el autocontrol en circunstancias adversas.
- Demostrar iniciativa.

Objetivo 10: *Poseer actitudes positivas hacia el trabajo.*
- Contrastar las satisfacciones personales de diferentes trabajadores.
- Identificar el valor del trabajo.
- Identificar las actividades constructivas para la sociedad y para el individuo.

La educación para la carrera profesional en los programas escolares

Hasta ahora, la orientación profesional se definía clásicamente en dos actividades: la información —presentada en forma de documentación escrita— y el consejo, habitualmente reducido a una entrevista. Por muy elaboradas que puedan ser estas intervenciones, tienen un gran número de factores limitativos y condicionantes: por ejemplo, la información es estática y pasiva, y puede dudarse de la exactitud objetiva de la percepción que el consejero que entrevista tenga del mundo del trabajo. Por otra parte, el alumno que decida sobre la base de los consejos de un tercero se identificará menos con sus decisiones y se esforzará menos en la profesión que haya elegido. De ahí que se esté asistiendo a un replanteamiento en esta área y que esté emergiendo, junto a la orientación individual, el concepto de *educación para la carrera,* ya que como han demostrado Ginzberg, Super y Tiedeman y O'Hara, la elección de una profesión no puede ser totalmente aprehendida más que en el contexto de un proceso de desarrollo en que puedan tener lugar el aprendizaje de vocabularios conceptuales, el ejercicio de diversas experiencias y la puesta en práctica de un conjunto de aptitudes específicas de la toma de decisiones. Este desarrollo puede ser facilitado e incluso acelerado por programas de intervención deliberados, los cuales merecen ser incluidos en un lugar preeminente de los programas escolares. Así pues, y como consecuencia, la orientación profesional está dejando de ser considerada como una actividad marginal en la escuela y aparece como una de las principales funciones de la educación.

La operativización de los objetivos de la educación para la carrera profesional

Law y Watts (1977) definen la educación para la carrera como el conjunto de actividades planificadas que tiene como meta facilitar al alumno el conocimiento de las posibilidades ocupacionales, el conocimiento de sí mismo, la facultad de tomar decisiones y, finalmente, la facultad de enfrentarse a la transición. De este planteamiento, el equipo que eduque para la carrera o vida profesional podría convenir en que es prioritario el cumplimiento de los siguientes objetivos para una educación vocacional efectiva:

1. Ayudar a los alumnos de bachillerato y formación profesional a adquirir y comprender un vocabulario específico, distinguiendo entre profesión, papeles no profesionales y no ocupacionales en la familia, en el ocio, alternativas educativas e instructivas y características personales (aptitudes, intereses y valores).
2. Ayudar a los alumnos a desarrollar el conocimiento de sus propias potencialidades y debilidades, comprender la relación entre ellas y la elección profesional, la elección de papeles no ocupacionales y las elecciones educativas e instructivas.
3. Ayudar a los alumnos a desarrollar estrategias efectivas para la toma de decisiones y las habilidades para llevarlas a cabo.
4. Preparar a los alumnos para su subsiguiente transición del medio escolar al mundo laboral y para el ajuste personal que esto supondrá.

Para conseguir cumplimentar esos objetivos, algunos países (por ejemplo, Estados Unidos) han creído más oportuno impregnar todas las disciplinas curriculares con conceptos vocacionales; otros (por ejemplo, Gran Bretaña) consideran mejor considerar esta materia como una más a añadir al total de los programas (véase la figura 7, en que Watts sugiere un cuadro de doble entrada que guíe la integración curricular de los cuatro objetivos que considera imprescindibles).

Los planificadores de la educación para la carrera, además, se plantean problemas cercanos a la ética laboral, al contenido y a las estructuras. Por ejemplo, hasta qué punto el alumno puede explorarse exhaustivamente a sí mismo, tomar decisiones personales o sopesar distintas alternativas en ciertas instituciones escolares en las que aún no se han abierto las puertas a la tolerancia, la democracia o el progresismo, etc.

Así enfocada, ésta es una educación para la carrera difícil de poner en marcha, pero que por el hecho de ser realista está en condiciones de ayudar al alumno a relacionar sus experiencias educativas con el mundo exterior a la escuela. En 1974, W. Bingham oponía la educación para la carrera, integrada en los currículos, a las concepciones clásicas de la instrucción profesional. Sintetizamos algunas de las oposiciones más significativas (Fig. 8).

RECURSOS CON QUE SE *CUENTA*	ACTIVIDADES A PLANIFICAR	OBJETIVOS DEL ALUMNO			
		Conocimiento de las oportunidades	*Conocimiento de sí mismo*	*Aprendizaje para la toma de decisiones*	*Aprendizaje para la transición*
Si la escuela tiene organizada la plantilla de orientadores.	• Currículum vocacional				
	• Centro de recursos. Entrevistas.				
Si existe un buen funcionamiento de los tutores.	• Entrevistas.				
	• Trabajos en pequeños grupos.				
	• Colocación.				
Si la escuela cuenta con recursos para escolares o extraescolares	• Orientación del ocio.				
	• Prensa, radio				
Si la comunidad apoya a la escuela.	• Colaboración de padres				
	• Colaboración de centros de recursos municipales o autonómicos.				
	• Visitas, etc.				

Figura 7. Matriz propuesta para la integración curricular de la orientación vocacional. (A.G. Watts, 1977.)

CRITERIOS COMPARADOS	EDUCACION VOCACIONAL	INSTRUCCION PROFESIONAL
1. Principios básicos	• Se interesa por la promoción y el desarrollo individual del orientado	• Trata de satisfacer las necesidades de mano de obra en función de la penuria de personal de un sector determinado del mercado laboral.
2. Punto de partida	• Educación vocacional a través del conocimiento de sí mismo.	• Información sobre las condiciones imperantes en el mercado laboral.
3. Centro de interés	• Se centra en la carrera vital en cuanto que significa un determinado estilo de vida.	• Se concentra en las profesiones o grupos de profesiones específicas.
4. Sujetos favorecidos	• Se dirige a todos.	• Va dirigida a personas ya seleccionadas.
5. Estrategias educativas . .	• Trata de facilitar los procesos de desarrollo y evolutivos.	• Va dirigida a la adquisición de competencias relacionadas con ocupaciones precisas.

Figura 8. Comparación entre formación profesional y educación vocacional.

Estrategias fundamentales para la integración curricular de los conceptos vocacionales

A) Pueden incluirse los conceptos prevocacionales y vocacionales en los programas de las materias o disciplinas tradicionales. Por ejemplo, en Ciencias Sociales, Historia, Lengua, Geografía, Aritmética, etc. Esta infusión parte de unos objetivos programados previamente y que muchos países ya han tenido la precaución de elaborar. Véanse, por ejemplo, los que Watts ofrece para alumnos en épocas de transición:

Objetivos sugeridos para una educación vocacional integrada en el currículum (adaptados a A.G. Watts)

Objetivos para el primer curso de Bachillerato o F.P.I

a) Entender el proceso de tomar decisiones y los componentes de las buenas decisiones.
b) Entender los aspectos del yo que son relevantes en las alternativas profesionales.
c) Entender los objetivos y la relevancia que tienen para las carreras las asignaturas cursadas en el instituto.
d) Reconocer la amplitud de las oportunidades ocupacionales y, de una forma sencilla, la interdependencia de las ocupaciones.
e) Entender los amplios grupos en que las ocupaciones pueden ser divididas.
f) Saber dónde encontrar información sobre carreras y profesiones.
g) Reconocer los diferentes niveles de empleo y su relación con las cualificaciones.
h) Reconocer las implicaciones que para las profesiones tienen las diferentes asignaturas.
i) Examinar los intereses, las aptitudes y los logros personales.

Objetivos para segundo y tercer cursos de Bachillerato

j) Entender las razones del porqué la gente trabaja y las fuentes de satisfacción y descontento del trabajo.
k) Entender los aspectos psicosociales de las ocupaciones y sus implicaciones hacia el estilo de vida, etc.
l) Saber cómo analizar las ocupaciones.
m) Entender el posible significado de los roles no ocupacionales (por ej.: roles de familia, de comunidad y de ocio) en el futuro conjunto de roles profesionales de un individuo.
n) Ser consciente de la variedad de posibles patrones y roles relacionados con el sexo, en el trabajo y en el hogar, y de las propias actitudes del individuo hacia esos patrones.
o) Entender la relación entre ocupaciones y conceptos de demanda económica y necesidad social, y entender los factores que pueden influir en la relación entre la oferta y la demanda en diferentes ocupaciones.

p) Entender los obstáculos que surgirán cuando se busca un empleo, incluyendo diversos tipos de discriminación.
q) Entender los conceptos de movilidad en el trabajo, reentrenamiento y «carrera», y la interdependencia en la secuencia de alternativas ocupacionales del individuo.
r) Entender la estructura de las empresas laborales y la interdependencia de los departamentos y ocupaciones dentro de ellas.
s) Saber cómo evaluar la información sobre carreras y profesiones.
t) Comprender cuál es la función del equipo orientador dentro o fuera del centro escolar.
u) Examinar los propios intereses, aptitudes y logros individuales, examinar las propias características físicas personales y los valores y circunstancias sociales de las personas.
v) Examinar hasta qué punto los roles ocupacionales y no ocupacionales deben satisfacer los intereses, valores y necesidades propias.
w) Examinar los diferentes estilos y estrategias del proceso de tomar decisiones.
x) Simular una alternativa ocupacional tentativa, utilizando las técnicas analíticas aprendidas y guiadas por el orientador.
y) Conocer el abanico de alternativas educativas y su relación con el empleo futuro.
z) Decidir si seguir estudiando o empezar a trabajar.
aa) Entender cómo difieren el ambiente de trabajo y el escolar y prepararse para las demandas que les serán impuestas a los nuevos trabajadores.
ab) Desarrollar destrezas necesarias para enfrentarse ante el posible desempleo.

Objetivos para el Curso de Orientación Universitaria (COU)

ac) Entender la estructura de las empresas. (Ampliando el apartado *r*.)
ad) Reflexión sobre los propios intereses, aptitudes, logros, características físicas, características personales, valores y circunstancias sociales (Como en el apartado *u* pero a un nivel más sofisticado.)
ae) Examinar hasta qué punto el rol ocupacional y los roles no ocupacionales deberían satisfacer los intereses, valores y necesidades propias. (Ampliando el apartado *v*.)
af) Explicar a fondo las áreas profesionales de mayor interés personal.
ag) Escoger la carrera o trabajo que deseará seguir.
ah) Saber dónde tiene que dirigirse para ingresar, etc.

Con un listado muy concreto de objetivos, los programas de las asignaturas infunden a lo largo del curso conceptualizaciones para que, progresivamente, los alumnos vayan asimilándolas. Los tópicos que pueden desarrollarse son amplísimos, pero exigen (además del voluntarismo de profesores y tutores) una visión aperturista por parte de las autoridades educativas y expertos que tienen a su cuidado la elaboración de programaciones y marcos curriculares. Ejemplificación de lo dicho serían las propuestas de C. Avent (ampliadas en Rodríguez y otros, 1986).[8]

CONTRIBUCIONES DE LOS PROFESORES DE DIFERENTES ASIGNATURAS DE BACHILLERATO AL PROGRAMA DE ORIENTACION VOCACIONAL (ADAPTADO DE C. AVENT).	
Asignatura	*Actividades sugeridas.*
Lenguas (Catalana, Gallega, Vasca, Castellana).	• Cartas relacionadas con solicitudes de trabajo, por ejemplo, rechazar una oferta de trabajo o un empresario que rechaza una solicitud. • Una referencia o testimonio para un amigo. • Práctica de relleno de formularios de solicitud como los disponibles en el INEM o en empresas importantes. • Estudio de los anuncios de los periódicos de todo tipo de nivel. • Hacer una guía del trabajador a partir de los anuncios e instrucciones recogidos en las visitas a las empresas. • Grabar entrevistas realizadas con gente que se encuentra en la escuela, sea de miembros de la plantilla o de fuera de ella, como el médico, el inspector o el visitador social, etc.
Matemáticas	• Hacer presupuestos que incluyan: compras a plazos, impuestos, seguridad social, ahorros, seguros, etc. • Discusión sobre la economía estatal y autonómica. • Juegos sobre negocios imaginarios que impliquen una considerable cantidad de cálculos. Etc.
Ciencias	• La repercusión de las innovaciones tecnológicas. Automatización e introducción de computadoras en las oficinas, así como la industria, como un medio de cambiar el modelo de trabajo. • La historia de los inventos científicos en general, mirando quizás la invención de la imprenta, de la máquina de vapor, de la propulsión a reacción del transistor, de las computadoras, de los microprocesadores. • Relación entre las principales escuelas científicas para aplicar cursos de ciencias en enseñanza superior y las carreras subsiguientes. • Educación sexual, educación sanitaria y preparación para el matrimonio y la vida familiar. • Psicología elemental para estudiar las diferencias humanas y la relación entre varias aptitudes y habilidades y los requisitos para las ocupaciones. Etc.

8. En la obra de M.ª Luisa Rodríguez, *Com educar i orientar professionalment a l'escola*, CEAC Barcelona, 1986, se detallan cómo crear los diferentes tipos de guías y recursos para que el tutor desarrolle en el alumno el conocimiento de sí mismo, etc. Guías que son la herramienta de trabajo para cursos de educación vocacional integrada en el horario escolar. Consúltese también la obra, de M.ª Luisa Rodríguez y otros (1995).

Objetivos terminales del área / Objetivos vocacionales sugeridos	Conocimiento y cuidado del propio cuerpo. Educación para la salud.	Estudio del medio ambiente.	Física y Química de la vida diaria.
Entender el proceso de tomar decisiones y los componentes de buenas decisiones.	×	×	×
Entender los aspectos del yo relevantes a las alternativas de carreras.	×	×	
Saber donde encontrar información sobre las carreras.		×	
Reconocer los diferentes niveles de empleo y su relación hacia cualificaciones.		×	
Examinar los intereses, aptitudes y logros propios.	×		
Entender las razones del porqué la gente trabaja. Fuentes de satisfacción y descontento hacia el trabajo.		×	
Entender los aspectos psico-sociales de las ocupaciones, implicaciones estilo de vida.	×		
Adquirir la sensación de cómo es una ocupación con una muestra.			×
Conciencia de la variedad de los patrones de los roles relacionados al paro y en el hogar. Actitudes del individuo.			× (cocina)
Relación ocupación-demanda económica y necesidad social. Entender los factores oferta-demanda ocupacional.		×	

Figura 9. Integración de los objetivos sugeridos para un desarrollo vocacional en la etapa de los11 a los 16 años. Area: Ciencias de la Naturaleza.

MATERIA: Ciencias Naturales. Curso: 8.º EGB	Bloque temático 2: Conocimiento del medio. Tema 2.4: Rocas y Minerales.	
Concepto Vocacional	**Actividades**	**Metodología**
Reconocer la amplitud de las oportunidades ocupacionales y de una forma sencilla la interdependencia.	1. Explicar el proceso de extracción de minerales. 2. Hacer un listado de las profesiones relacionadas con la minería. 3. Comentar el proceso de purificación de los metales nobles y las piedras preciosas y los profesionales que intervienen en él. 4. Describir el proceso de elaboración y diseño de las joyas y otros objetos de orfebrería, para inferir los profesionales que participan en dicho proceso. 5. Elaborar un manual en donde aparezca esquematizada la relación e interdependencia de los diferentes profesionales.	1. Clase magistral. 2. Trabajo en pequeño grupo. 3. Trabajo en pequeño grupo. Mesa redonda. 4. Rueda de prensa con algunos profesionales (diseñador, joyero, gemólogo,...) 5. Participación abierta de todo el grupo.

Figura 10. Programación hecha por las orientadoras Mercé Ginés y Lydia Lizandra (Universidad de Barcelona, 1985).

La técnica integradora más práctica sería entrecruzar los objetivos vocacionales con la propuesta de objetivos terminales del área instructiva que se escoja, señalando con un aspa el lugar de encuentro posible de ambos. En esa casilla se irán introduciendo fichas de trabajo con detalle de las actividades, recursos y metodología a través de las cuales se irán cubriendo imperceptiblemente los objetivos vocacionales. Véase la matriz propuesta para el entrecruce de los criterios vocacionales y el área «Ciencias de la Naturaleza» (Fig. 9).

De acuerdo todo el profesorado de un área de conocimiento o de una materia, las fichas de programación pueden ser muy útiles para unificar el proceso didáctico. Véase, por ejemplo, lo que se ha programado para la casilla donde se han entrecruzado el objetivo «Reconocer el emplio abanico de oportunidades ocupacionales y su interdependencia» con el tema «Rocas y minerales» del bosque temático 2 de Ciencias Naturales: «Conocimiento del medio» (según programaciones oficiales para octavo de educación básica (14 años)[9] (Fig. 10).

Otras posibles estrategias son las siguientes:

B) Desarrollo de los programas vocacionales en materias complementarias intra y extracurriculares, intra y extraescolares.

C) Introduciéndolos en cursos sobre ética, moral, educación social y de valores personales, literatura, etc.

9. Muchos otros modelos de integración están detallados con profusión bibliográfica en la obra de M.ª Luisa Rodríguez, (Ed.) y otros, *Orientación profesional y acción tutorial en las enseñanzas medias*, Narcea, Madrid, 1989, y en M.ª Luisa Rodríguez, y otros, *Educación para la carrera y diseño curricular*, Universidad de Barcelona, 1995.

D) Creando un curso específico para el desarrollo profesional y ocupacional, con todas sus connotaciones de aportación de tutores y personas externas a la escuela. La tendencia suiza al respecto es muy digna de ser tenida en cuenta.
E) Organizando cursos de descubrimiento personal, basados en la metodología heurística y trabajando en pequeños grupos, con la dirección del tutor.

Estudio especial de la aproximación operatoria al desarrollo vocacional y al crecimiento personal

Lo que hubieran debido hacer Parsons y Brewer hace años, lo han hecho D. Pelletier, G. Noiseux y G. Bujold al desarrollar una teoría de la intervención relacionada con tareas evolutivas que permitiera aplicarlas a la orientación escolar y profesional y a los programas de información (Super, en prólogo a Pelletier y otros, 1974). Esta aportación hecha en los años setenta se ha difundido notablemente por varios países francófonos, en los que varios equipos de orientadores han aplicado las innovaciones de los canadienses a sus respectivos contextos escolares y sociales. Este trabajo a nivel internacional ha sido publicado (Pelletier-Bujold, 1984), pero aún no ha arraigado con la fuerza que se merece en nuestro país.

Después de criticar las teorías del desarrollo vocacional (vigentes hasta entonces) desde una perspectiva operatoria, concluyen que algunas tienen en cuenta algunos elementos cognitivos y afectivos implícitos en los fenómenos que estudian, pero que, en cambio, no ofrecen ninguna explicación de los procesos a ellos subyacentes. De ahí que crean urgente poner al alcance de los orientadores todo un sistema instrumental, adecuado y vario, centrado en el análisis de las operaciones que concretan las tareas de desarrollo.

Estas serían principalmente, exploración, cristalización, especificación y realización, sobre las que habría que analizar el papel que juegan los factores intelectuales y las actitudes cognitivas reconocidas por Guilford, para terminar formulándolas en términos operatorios.

El modelo de activación del desarrollo vocacional (ADVP) se sostiene por tres principios: a) *las experiencias deben vivirse, vivenciarse;* b) *deben ser tratadas cognitivamente,* procediendo procesualmente como se procedería a la resolución de un problema, o sea: Explorar → (reconocer la existencia de un problema) → cristalizar (sintetizar, extraer lo esencial, vislumbrar posibilidades) → especificar (comparar, identificar características) y → realizar (materialización y puesta en práctica de la alternativa elegida). La secuencia se visualiza así:

Exploración ⟶ Cristalización ⟶ Especificación ⟶ Realización

Exploración	Cristalización	Especificación	Realización
‖	‖	‖	‖
Pensamiento crítico	Pensamiento conceptual	Pensamiento evaluador	Pensamiento implicador

y c) *las experiencias deben poder integrarse lógica y psicológicamente.*

Para aplicar estos principios, el orientador, o incluso el tutor, ha de disponer de un considerable repertorio de estrategias o modos de interactuar concebidos en función de un efecto deseado y de un resultado intencionalmente querido. Sintetizando la obra de Pelletier (cap. 5) antes citada, estas estrategias se clasifican del modo que aparece en la figura 11.

I. Modos experienciales de actuación	*Niveles*
—Recursos audiovisuales —Figuración —Fabricación de un modelo —Visualización	→ Perceptivo imaginario
—Connotación —Identificación empática —Referencia sensorial —Actitud emotiva	→ Subjetivo emotivo
—Dramatización —Desempeño de papeles —Simulación —Experiencia inductiva	→ Comportamental circunstancial

II. Procedimientos cognitivos Modo de tratamiento	Principio generador de procedimientos	Finalidad
Pensamiento creador	Divergencia Bisociación Combinatoria	Explorar
Pensamiento conceptual	Equivalencia Constancia Reducción	Organizar
Pensamiento evaluador	Comparación simple Comparación compleja Comparación antagonista	Escoger
Pensamiento implicador	Extensión lógica Extensión práctica Extensión secuencial	Actuar

Figura 11. Clasificación de las estrategias de desarrollo según Pelletier y otros (1974).

Descripción del ADVP (Activación del Desarrollo Vocacional y Personal)

La intención de los autores del modelo es que sea una renovación, una propuesta a la inventiva que pueda satisfacer lo mismo a teóricos que a prácticos. Ilustran metodológicamente un programa, planificado justo en el período en que una persona se está preparando para la vida activa, es decir, en la fase de desarrollo adolescente y principio de vida adulta. Y este programa se subdivide en las cuatro tareas antes definidas para el proceso evolutivo vocacional (exploración, cristalización, especificación y realización), concretadas en sus correspondientes subtareas, que se verán facilitadas por ciertas situaciones de aprendizaje individuales o colectivas.

El cuadro analítico de las situaciones de aprendizaje se rige siempre por esta pauta:

Tema:	Elementos que se consideran según la subtarea.
Situación:	Actividad de aprendizaje.
Descripción:	Desarrollo de la actividad.
Objetivos:	Los de la actividad.
a) Conocimientos:	Información que se deberá adquirir.
b) Habilidades:	Operaciones que componen el tratamiento de la experiencia.
c) Actitudes:	Efecto afectivo-cognitivo de la actividad.
Estrategias:	
a) Modos experienciales:	Intervención a nivel de la experiencia.
b) Procedimientos cognitivos:	Intervención a nivel del tratamiento.

La tarea de exploración consistirá en aquella serie de actividades mentales y físicas con las que se intenta conseguir información (sobre uno mismo o sobre el entorno) que fundamentaría una posterior toma de decisiones (Jordaan, 1963). El modelo ADVP estipula que en un primer momento hay que ser capaz de ver en el entorno problemas que exigen una solución y tareas que hay que realizar para ello. Este descubrimiento entraña una recogida de informaciones del medio y de uno mismo. Habrá que reconocer el propio problema de orientación y aceptar que esta situación es compleja y no ofrece soluciones definitivas. Es aconsejable que el alumno intente identificarse con varios papeles ocupacionales. Traducida a términos más explícitos, la tarea exploratoria comporta los siguientes subordinados:

1. Descubrir que en la sociedad y en el entorno inmediato hay problemas y tareas a realizar.
2. Disponer de un gran arsenal de información sobre uno mismo y sobre su entorno.
3. Disponer de un repertorio diversificado de informaciones.
4. Obtener información difícilmente asequible e inhabitual.
5. Reconocer que el problema de la orientación está ahí y que es importante.
6. Imaginar o simular distintos papeles ocupacionales.

Un ejemplo práctico de una situación de aprendizaje para la subtarea 6 sería el presentado en la figura 12.

SUBTAREA 6	SITUACIOŃ DE APRENDIZAJE N.º 1
Tema:	Las exigencias de las profesiones.
Situación:	Desempeñar ciertos papeles.
Descripción:	Se ha producido un accidente en un cruce. Diez alumnos voluntarios van a representar un papel que interprete la situación partiendo de las preocupaciones laborales propias de cada persona. El orientador anima a los personajes a que discutan por parejas. Después, pide a cada participante que se imagine un papel profesional y les hace preguntas para que se familiaricen con su medio, condiciones laborales, responsabilidades del puesto de trabajo, etc., y les incita a reflexionar.
Objetivos:	
a) Conocimientos:	Los papeles profesionales comportan ciertas funciones, ciertos atributos y puntos de vista personales.
b) Habilidades:	Redefinir, elaborar.
c) Actitudes:	Arriesgarse, ser espontáneo.
Estrategias:	
a) Modo experiencial:	Desempeñar un papel.
b) Procedimientos cognitivos:	Ejemplos: comparaciones, analogías.

Figura 12. Un ejemplo de desarrollo didáctico de cualquier situación de aprendizaje aplicada a la subtarea 6 del principio de exploración (Pelletier y otros, 1974, 137-139).

Las tareas de cristalización incitan a clarificar, comparar y sintetizar las informaciones que llegaron a través de la exploración, echando mano del pensamiento conceptual y categorial; en realidad, es un proceso de reducción de lo múltiple y de lo posible a conceptos inclusivos y convergentes. El desorden, el caos y la confusión de la fase exploratoria son sustituidos por la coherencia, la organización y la estructuración. El programa de activación comporta seis subtareas:

1. Comprobar qué será preciso elegir.
2. Darse cuenta de que hay muchos puntos de vista desde los que habrá que asociar o categorizar las diferentes ocupaciones.
3. Encontrar qué atributos personales pueden incluir un gran número de experiencias.
4. Identificar de entre un gran número de actividades cuáles son las que se revelan interesantes.
5. Detectar qué significado pueden tener el rendimiento, las calificaciones escolares y las actividades extraescolares para uno mismo, situándolas en una rejilla que las combine con las aptitudes y las habilidades.
6. Organizar el mundo laboral sobre la base de componentes de la identidad personal.

La especificación es la etapa en la que las preferencias vocacionales desembocan en la elección de un trabajo específico en función de criterios internos y orgarísmicos que son las necesidades y los valores interiorizados. Las subtareas dependen en gran manera de la teoría de la decisión a la que se adscriba cada orientador.

Pelletier se acoge a los modelos de toma de decisiones de Tyler, Clarke y Gelatt, Thoresen y Mehrens, y Dilley, para proponer la siguiente lista de subtareas especificadoras:

1. Identificar los valores y las necesidades que subyacen detrás de cada conducta.
2. Ordenarlas por su grado de importancia.
3. Obtener información sobre criterios determinados.
4. Encontrar alternativas congruentes con esas necesidades y valores que se han identificado.
5. Evaluar los proyectos vocacionales por su nivel de deseabilidad.
6. Evaluarlos por su grado de probabilidad.
7. Decidir, integrando todos los elementos considerados previamente.

Finalmente, las *tareas de realización* incitan al alumnado a que asuma, por sí mismo, la responsabilidad de poner en práctica la decisión que tomó, por lo que las subtareas deben tender a proporcionarle cierta capacidad de autonomía y de previsión de las dificultades. Confrontación, actualización de sí mismo, lógica decisoria, pensamiento creador, conceptual y evaluador, etc., apoyarán su talento planificador. Las subtareas sugeridas serían:

1. Revisar las etapas de la decisión y probar su fiabilidad y certeza.
2. Planificar y operativizar las etapas decisorias.
3. Anticipar las dificultades y obstáculos.
4. Proteger su decisión.
5. Formular elecciones alternativas de recambio.

Desde la perspectiva de Denis Pelletier y sus colegas de la Universidad de Laval, otros orientadores franceses, belgas y suizos han creado sus propias prácticas educativas tanto para la enseñanza primaria como para los niveles secundarios (Pelletier-Bujold, *op. cit.*, 1984) de enorme interés para los orientadores españoles y para su información. En Francia, M. Huteau y M. Garand (1978) han sido sus principales difusores. En España se destaca la labor de Víctor Alvarez y su equipo MIDO, de la Universidad de Sevilla.

La información profesional en el marco del programa orientador

Los estudiantes deben estar enterados de los principales obstáculos con los que deberían enfrentarse (duración de su educación, elección de profesión, mantenimiento de su individualidad, etc.); crecer en un mundo competitivo, adquirir mejor educación, conservar o conseguir una responsabilidad autónoma, exigir mucho de la juventud. El objetivo primordial del servicio de información no es sólo impartir información, sino estimular al interesado a *valorar las ideas de una manera crítica*, las condiciones y las tendencias para extraer de ellas significaciones personales e implicaciones para el presente y para el futuro. Llegar a convertirse en un miembro funcional de la sociedad requiere que el individuo investigue, reconozca y use toda la relevante información necesaria para su desarrollo. El servicio de información debidamente planificado y dirigido ayudará a los individuos a realizar o desarrollar sus potencialidades y *a ser conscientes de sus oportunidades*. El servicio es fundamental si los estudiantes son o desean ser autosuficientes. Los jóvenes, hoy día, esperan asumir mayor responsabilidad y autonomía que sus predecesores. Para ello deben planificar y conocer lo que están haciendo, basándose en datos conocidos. En otras palabras, la conducta madura (planificada) se basa en una correcta y apropiada información.

Una activa y organizada información debe poseer excelentes fuentes y sistemas para recoger los datos más significativos y actualizados, y facilitar la provisión de una información tal que los estudiantes la puedan comprender y utilizar. La adquisición y el uso de información ambiental permite que la toma de decisiones sea racional. La información y la racionalización contribuyen a la *libertad individual* desde el momento en que permita el reconocimiento de las tendencias personales, de las presiones de su grupo social, de los límites de la tradición, de las limitaciones, ignorancia e incompetencia. Así pues, el hombre que posee la información es capaz de concebir y conseguir sus propósitos con inteligencia y sensibilidad.

El servicio de información es útil si los estudiantes exploran y son conscientes de las contingencias de la estabilidad o del cambio que marca su desarrollo. Los estudiantes necesitan explorar el lugar que realmente ocupan y el o los caminos en los que se mueven o pueden moverse. Deben conocer y entender sus elecciones y las consecuencias que de ellas se derivan. Lagunas en el conocimiento de su autodesarrollo desembocan frecuentemente en el fracaso, en la depresión o en la regresión. El conocer el proceso de desarrollo comporta imágenes positivas y fortalece la individualidad. Aparte de que el servicio de información presenta unos objetivos comunes a todos los niveles educativos (desarrollo, conocimiento y aceptación de sí mismo, conciencia de las consecuencias de una u otra elección, etc.), pueden definirse algunos más apropiados para la escuela primaria y otros para la escuela secundaria.

Fases y niveles de la información

Objetivos de información sugeridos para las enseñanzas primarias

1. Desarrollar la conciencia y aceptación del yo.
2. Desarrollar un conocimiento de que el cambio profesional es algo continuo.
3. Desarrollar la conciencia de que el trabajo existe para unos objetivos concretos y para cubrir unas necesidades.
4. Desarrollar el concepto de interdependencia entre trabajo y necesidades.
5. Desarrollar la conciencia de que la familia, o las amistades de uno, influyen sobre las actitudes y valores acerca del mundo del trabajo.
6. Ayudar a los más jóvenes a explorar los campos y sectores laborales y evaluar sus fuerzas y sus intereses con los que deben desarrollar sus habilidades.
7. Proporcionar abundantes experiencias para presentar a los niños diferentes tipos de trabajadores de su propia localidad.
8. Ayudarles a comprender las relaciones entre varios campos o sectores laborales.
9. Ayudar a los estudiantes a construir buenos hábitos de trabajo y enseñarles cómo trabajar con todo tipo de personas.

10. Ayudarles a desarrollar actitudes positivas hacia todo tipo de trabajo útil a la sociedad.
11. Prevenirles de las dificultades que encontrarán al escoger.
12. *Idem* en la elección de sus planes de estudio.
13. Aconsejarles y asistirles (si no continúan la escolaridad superior o media) a encontrar empleos acordes con su verdadera formación.

Objetivos de información sugeridos para las enseñanzas secundarias

1. Evaluar las propias habilidades, autoconocimiento e intereses.
2. Identificar y demostrar las habilidades para el aprendizaje de tareas o trabajos.
3. Desarrollar la autoconciencia y autoconfianza en la elección anticipada de grupos de tareas u ocupaciones.
4. Demostrar la competencia de habilidades básicas previas para la creación de habilidades para escoger grupos de tareas.
5. Desarrollar la apreciación de la necesidad de todas las ocupaciones y su importancia en una sociedad cambiante.
6. Desarrollar capacidades para conseguir habilidades y experiencias requeridas en la elección de conjuntos de ocupaciones.
7. Desarrollar en el orientado el reconocimiento de la relación entre los valores personales y la influencia de otros valores en la elección profesional.
8. Enseñar a minimizar la discrepancia entre lo que el orientado cree que es y lo que quiere ser.
9. Enseñar a aplicar el proceso de toma de decisiones a la identificación personal en el intento de una elección profesional.
10. Llegar a verse comprometido y comprometerse en la selección de un trabajo o papel anticipados, basados en las actitudes, valores, educación y conciencia profesional.
11. Presentar la explicación del amplio mundo laboral.
12. Desarrollar sistemas de ayuda al estudiante para estudiar intensivamente unas pocas profesiones o las facilidades de adiestramiento.
13. Estar totalmente familiarizado con las oportunidades educativas y profesionales de la comunidad.
14. Desarrollar planes de tentativas educativas y profesionales basados en el progresivo conocimiento de sí mismo.
15. Presentar técnicas específicas para averiguar las necesidades inmediatas de los que dejan la escuela, tales como obtención de un empleo, continuación de su promoción educativa, montaje de un hogar, etc.

Utilización de la información profesional

Reflexión sobre la variedad de criterios condicionantes

1. *Criterio de seguridad o afianzador*: Los datos informativos deben ser usados para asegurar que el estudiante confíe en lo apropiado de sus decisiones.
2. *Criterio evaluador*: La información debe ser usada para comprobar la agudeza y adecuación del conocimiento y comprensión, por parte del estudiante, de una decisión.

3. *Criterio exploratorio*: La información debe ser usada para ayudar a los orientados a explorar y estudiar todas las alternativas de sus posibles elecciones o decisiones.
4. *Criterio informativo*: Los datos se usan para ampliar el conocimiento del estudiante de las profesiones, elecciones, condiciones cambiantes, etcétera.
5. *Criterio de reajuste*: Para los sujetos que han elegido objetivos marcadamente inapropiados, la información puede ayudarles a una reorientación hacia nuevos y distintos objetivos o metas.
6. *Criterio sintético*: La información puede coordinarse con otros datos personales como los tests. Así se aumenta y completa la síntesis de los modelos de conducta.
7. *Criterio verificativo*: Puede ser usada la información para aclarar elecciones, oportunidades y decisiones.

Tipos de información profesional

a) *Información educativa*: Según la definición de Norris W. (The Informational Service, en *Guidance,* Rand McNally and Co. Chicago, 1972), la información educativa es todo el conjunto de datos válidos acerca de todos los tipos de oportunidades y exigencias educativas actuales (y posiblemente futuras), incluyendo ofertas curriculares o no-curriculares, requisitos de ingreso y condicionamientos y problemas de la vida escolar. Esta definición implica que los datos deberían ser recogidos por personal orientador y usados por estudiantes que quisieran conocer más acerca de los programas y de las oportunidades educativas. Estos datos comprometerían, pues, a consejeros, profesores y padres del siguiente modo:

- Normas y horarios escolares.
- Posibilidades y materias del currículum.
- Asociaciones escolares y actividades sociales.
- Valores educativos.
- Unidades, calificaciones escolares, créditos.
- Programas educativos existentes después de la escolaridad superior.
- Condiciones y requisitos para ingresar en la enseñanza superior y en los estudios de postgraduados.
- Costes de la enseñanza.
- Educación y adiestramiento requeridos en las distintas profesiones.
- Características diferenciales de las diferentes instituciones educativas.
- Hábitos de estudio y habilidades.
- Becas, ayudas, sistemas de financiación.
- Coordinación de escuelas. Convalidaciones.
- Oportunidades de prácticas en los propios lugares de trabajo.
- Oportunidades de vida social y cultural en los programas postescolares.

b) *Información profesional*: Información profesional es todo dato válido acerca de puestos de trabajo, tareas y profesiones, que incluyan: deberes, requisitos de admisión, condiciones del trabajo, emolumentos, perspectivas, posibilidades de promoción y fuentes de información más completas. Esta definición incluye datos acerca de:

- Organización laboral: factores geográficos; distribución racial, sexual, de edad, agrupaciones industriales, composición.
- Estructura profesional.
- Tendencias laborales, cambios de población, demanda de bienes, cambios tecnológicos.
- Legislación laboral.
- Fuentes de información para estudiar las profesiones.
- Clasificación de las profesiones.
- Profesiones fundamentales y peligrosas.
- Deberes de ciertas profesiones; naturaleza de la tarea.
- Cualificaciones exigidas.
- Preparación requerida.
- Métodos de iniciación y métodos de progreso o perfeccionamiento.
- Emolumentos y otros pagos.
- Condiciones de trabajo.
- Criterios para evaluar materiales informativos.
- Lugares de colocación.
- Valor (o sentido) de la profesión.

c) *Información personal/social*: Tiende al autoconocimiento y conocimiento de los demás. Se define como «todo dato válido y utilizable acerca de las oportunidades e influencias del entorno humano y físico al que atañen las relaciones personales o interpersonales. Es toda información acerca del ser humano que ayudará al alumno a conocerse a sí mismo mejor y a perfeccionar sus relaciones con los otros. Está compuesta de áreas amplias de información, como «conocer el yo», «progresar con los demás», y de áreas más específicas, como relaciones chico/chica, comportamiento social, actividades de ocio, apariencia personal, habilidades sociales, relaciones hogar/familia, planificación financiera, higiene, etc. Sus objetivos primordiales serían:

- Lograr un autoanálisis y un autoconocimiento.
- Lograr una madurez en las relaciones con el mismo y con el otro sexo.
- Comprender los papeles masculinos y femeninos.
- Desarrollar personalidades sanas.
- Conocer la conducta y las características propias.
- Comprender en qué uno difiere de los demás y en qué aspecto uno es igual a los demás.
- Conocer las conductas de los demás y sus necesidades.
- Adaptarse a aceptar y conocer las condiciones del hogar, de los miembros de la familia y de las expectativas paternas.
- Conocimiento de fechas señaladas, de información sexual, de responsabilidades matrimoniales.
- Desarrollo de la salud física y mental.
- Apariencia personal, modales y etiqueta.
- Habilidades sociales, planificación financiera y actividades de ocio.

Técnicas de información profesional más recientes

A) *Materiales informativos: fuentes, clasificación, evaluación y uso*

Las fuentes de cualquier material pueden subdividirse en tres grandes áreas: 1) *Fuentes locales*: Estudios comunitarios, análisis de trabajos publicados por industrias, negocios, clubs sociales, organizaciones profesionales, cámaras de comercio, etc.; 2) *Fuentes regionales o nacionales*: Divisiones o departamentos de educación, organizaciones de salud e higiene, agencias del gobierno, organizaciones estatales, organizaciones manufactureras e industriales, etc.; y 3) *Fuentes estatales*: Publicaciones comerciales, agencias gubernamentales, organizaciones estatales, revistas populares distribuidoras de filmes, etc.

También se publican unos materiales de gran utilidad que se relacionan como sigue (muy esquematizados):

a) *Descripciones de tareas*
Descripciones de las obligaciones, cualificación y otros significativos apartados de varias ocupaciones.
b) *Descripciones de profesiones u oficios*
c) *Guías y folletos sobre profesiones*
Resúmenes (300-400 palabras) acerca de un trabajo indicando: su historia, trabajo a realizar, horario, exigencias, condiciones laborales, sueldos, ingresos. Estos folletos son los más populares.
d) *Monografías profesionales*
Son más amplios y más detallados. Más caros. Requieren más tiempo para ser usados y revisados.
e) *Libros, boletines y artículos*
Que describen profesiones, oportunidades educativas, información personal/social. Dictionary of Occupational Titles.
f) *Directorios y catálogos de institutos, universidades, etc.*
Condiciones de admisión, cuotas, becas, plazos de pagos, grados y niveles de los currículos organización y plantillas.
(Dar ejemplos.)
g) *Materiales usados en el Servicio Militar*
Ramas militares, servicios armados, oportunidades de adiestramiento y enseñanza.
h) *Medios audiovisuales*
Filmes, filminas, cintas magnetofónicas, *loops*, en las tres áreas citadas (información educativa, profesional y personal/social).
i) *Información financiera*
Becas, ayudas, créditos.
j) *Exámenes de ingreso*
Para prepararse y pasar los tests correspondientes.
k) *Ayudas al estudio*
Libros de texto, cuadernos de trabajo, folletos que ayudan a estudiar.
l) *Materiales comentados*
(Fuentes de fuentes.)

La NVGA (National Vocacional Guidance Association) clasifica los materiales informativos en 12 clases:

1. Ficción (acerca de carreras).
2. Biografías.
3. Información de una sola tarea.
4. Trabajos en negocios o industrias.
5. Información sobre tareas familiares.
6. Literatura para lograr adeptos.
7. Orientación.
8. Grupos especiales.
9. Bibliográfica.
10. Directorios-guías.
11. Ayuda financiera.
12. Otros.

Según Ohlsen, M. (*Guidance Services in the Modern School,* Harcourt Brace Jovanovich, New York, 1974), los materiales pueden evaluarse a través de estas cuestiones:

1. ¿Quién publica los materiales? ¿Son editores con reputación?
2. ¿Quién los escribe? ¿Es un autor cualificado en ese campo?
3. ¿Cuál es el motivo que tiene el autor para escribir ese material? ¿Está obligado de algún modo para que presente ciertos puntos de vista o está protegido por alguna organización?
4. ¿Cuándo fue publicado dicho material? ¿Está al día?
5. ¿Está bien redactado? ¿Se adecua al nivel del posible lector?
6. ¿Está bien ilustrado? ¿Llama la atención de los orientados?

Uso del material informativo

Adquirir el material informativo es sólo un aspecto del servicio de información. La responsabilidad principal de orientadores y profesores es animar a los estudiantes a usarlo y consultarlo, a través de dos procedimientos: la información individualizada y la información a grupos.

a) *Información individualizada*: Los alumnos tienen percepciones vagas, erróneas y limitadas del mundo laboral, de las oportunidades educativas y de las relaciones personales y sociales. En los diálogos y entrevistas, el orientador debe informar sobre profesiones, oportunidades, etc., si son vitales para el autoconocimiento y autodescubrimiento. Aunque algunos consejeros (*counselors*) puedan creer que dar información durante el proceso de asesoramiento interfiere la dinámica del consejo (porque coloca al consejero en una postura autoritaria), más bien parece que esto ocurre según sea el modo como la información es dada. Si la información es llevada correctamente por el consejero, el factor de ayuda no quedará disminuido. Arbuckle dice (D.S. Arbuckle, *Counseling; Philosophy, Theory and Practice,* Allyn and Bacon, Inc., Boston, 1970): «El consejero escolar será requerido periódicamente para dar información. No hay razón para que no lo haga y al mismo tiempo mantenga una relación de asesoramiento con el cliente. Hablando en términos generales, no obstante, no debe ser calificado de informador, sino más bien de una persona que ayudará a otra a conseguir el lugar desde el que puede hacer un uso racional de la información».

La información no se subdivide en las tres partes (educativa, profesional o personal) de una manera contundente. Todo lo contrario: el conjunto de datos se integran totalmente cuando el orientado intenta asimilar, analizar, proyectar y descubrir sus intenciones en términos (dentro de un contexto) de decisiones personales o de planes futuros. La información será aceptada si coincide con sus autopercepciones. Si no es así, será vista como irreal o como apropiada sólo para otros. La información debe ayudar a los adolescentes a formular planes realistas o a tomar decisiones aceptables para ellos. No es el propósito de la información (Hoppock, *Occupational Information,* McGraw Hill Book Co., N. York, 1967) reclutar a los estudiantes para una determinada profesión o dirigirlos hacia ella, o seleccionarlos para la educación superior, sino que la información debe usarse para «ayudar a clarificar el fin o meta que quiere conseguir y moverle en la dirección en que desea ir, siempre que esta meta no perjudique a otros».

Dos razones se aducen para indicar que la información a veces se ve como una interrupción del proceso orientador: 1) La información fáctica puede apartar al cliente de sus sentimientos, valores o vida interior; y 2) Los orientados pueden llegar a despreciar las percepciones y valores del cliente.

Para evitar esta situación, el orientador debe ser, con respecto a la información, un «intérprete de probabilidades». Por otra parte, la información debe incluirse en el proceso de orientación cuando, por parte del cliente, se reconoce como necesaria; la información profesional no debe ser usada para influir o manipular al cliente; la iniciativa y responsabilidad del orientado se maximizan motivándole a obtener información de las fuentes originales, es decir, de publicaciones, servicios de empleo, personal comprometido en las profesiones. Además, se debe permitir la expresión de las actitudes y sentimientos del cliente respecto a las profesiones y tareas, y deben ser tratados terapéuticamente.

Se cree que las lecturas indirectas de los materiales informativos son menos válidas que las directas (sugeridos y supervisados) y después discutidas con el orientador. Esto indica: que el orientador no sólo debe ser activo para localizar material relevante para un alumno en particular, sino que debe proveer al estudiante de oportunidades para discutir, procesar y usar la información que dicho material presenta. Algunos orientadores usan cintas grabadas de personas (hombres y mujeres) de diferentes profesiones, para presentárselos a los estudiantes. Si ambos (orientador y orientado) escuchan las cintas en común, surgen muchas pistas para comprender las percepciones del estudiante respecto a una profesión.

En síntesis, tratar con la información en el *counseling* requiere habilidad y sensibilidad por parte del orientador si se quiere realmente ayudar al orientado a estudiar, interpretar, evaluar y utilizar la información en vistas a su desarrollo.

b) *Información grupal o colectiva*: la información por grupos puede realizarse de tres modos: trimestral o anualmente; por unidades de trabajo especiales en el trabajo escolar y en el aula, y a través de conferencias o actos específicos para cubrir la demanda de datos por parte de los alumnos acerca de sí mismos (aptitudes, intereses, valores, personalidad) y de las oportunidades y tendencias vocacionales y educativas. Las ventajas de la información grupal o por grupos son:

1. Economía en tiempo, personal y facilidades.
2. Favorece la discusión condiscipular y da mayor significado a la información.
3. Favorece las relaciones entre los estudiantes.

4. Facilita la relación orientador/orientado y la mejor utilización de los servicios de orientación.

Por su parte, las desventajas de la información grupal serían:

1. Muchas preocupaciones individuales acerca de los datos informativos no pueden considerarse en una técnica grupal.
2. La heterogeneidad del grupo (intereses, niveles madurativos, etc.) dificulta la organización del material y de las discusiones para asegurar un impacto a niveles superiores.
3. Es difícil acercar a los profesores y orientadores a las singularidades del grupo.
4. Es difícil encontrar tiempo y organizar la información en grupos muy numerosos.

B) *Cursos de orientación informativa*
Organizados trimestral o anualmente bajo títulos como: «profesiones», «orientación», «carreras», «orientación grupal», etc., en ciertos países quedan sustituidos por la «orientación profesional» organizada en la propia escuela o instituciones gubernamentales. Ejemplos de temas serían:

1. Dar importancia al conocimiento del individuo y a la aceptación de su propia responsabilidad para hacer elecciones de carreras, complementándolas con el conocimiento de fuentes de recursos y de ayuda.
2. Dar un conocimiento del proceso secuencial de las elecciones.
3. Dar énfasis al conocimiento de las opciones a conseguir en el campo de los valores humanos y ayudar a comprender que los sistemas de valores cambian.
4. Desarrollar la conciencia acerca de la totalidad de condiciones para, aptitudes hacia, etc., el trabajo.
5. Informar sobre emolumentos y satisfacciones características de cada opción específica, para que los orientados puedan juzgar si esa ocupación coincide con sus evaluaciones personales.
6. Acentuar la concienciación del estudiante ante los costes y consecuencias de su decisión.

Los cursos son más apetecidos por los estudiantes de últimos grados, pues sienten la inmediatez de su salida del colegio o centro.

C) *Unidades de información*
Exigen una cuidadosa organización. Son, por naturaleza, exploratorias. Se pretende lo mismo que en la información dada con cursos, aunque el tiempo destinado a cada unidad y el interés y preparación del profesor determinan el área (cobertura) y carácter de cada unidad. Un objetivo importante para el profesor es centrar la reacción del estudiante en la información presentada por unidades, más que en diseminar o explanar la información.

D) *Conferencias específicas*

1. *Conferencias profesionales*: En estas conferencias, representantes de distintas profesiones exponen sus impresiones sobre el trabajo que realizan, ventajas e inconvenientes de la profesión, sistemas de ingreso, salarios, etc. La crítica negativa a este tipo de conferencias es variada: a) Los estudiantes, a menudo, no están preparados para participar en la conferencia; b) Son muchas veces sustituidos de un más amplio programa de orientación; c) Los conferenciantes exponen profesiones, no oficios; d) Los conferenciantes pueden o no dar una panorámica válida de su profesión, causando sobre el oyente impresiones no correctas; e) Las conferencias más que ampliar pueden restringir las metas, perspectivas o proyectos de los orientados; y f) Ocupan mucho tiempo, que podría ser empleado en la orientación individual (*counseling*).

   Entre las críticas positivas pueden citarse: 1) Los estudiantes obtienen información de primera mano de personas empleadas en una ocupación determinada; 2) Es una información grupal; 3) La información abre al estudiante a profesiones encontrables en su comunidad local y, por lo tanto, éstos pueden encontrar empresarios o directivos que les empleen eventualmente; 4) Motivan para pensar y reflexionar más acerca de las probabilidades y a estudiar e investigar por sí mismos; 5) Obligan a buscar más información adicional, asesoramiento y otros servicios; y 6) Se fomentan las relaciones públicas entre comunidad y escuela.
2. *Conferencias escolares*: En las que se presentan las diferentes instituciones escolares indicando sus currículos, condiciones de admisión, costos, oportunidades para colocación posterior, etc.
3. *Asambleas, clubs, estudios de campo, excursiones*: Muy ventajosos sistemas. Se usan ampliamente: conferenciantes, filmes, dramatizaciones, excursiones a plantas industriales, centros de negocios, con la condición de haber adiestrado o informado a los estudiantes antes de salir de viaje y de discutirlo después de la vuelta.

Diseminación y utilización de la información profesional

Centros de información y orientación profesional

Estos centros, colocados a nivel de distrito o en determinadas escuelas, están destinados a proveer de todos los recursos necesarios a estudiantes y personas de la comunidad acerca de las carreras, profesiones y oficios. En ellos se combinan variadas técnicas informativas: a) uso de materiales e instrumentos de información sobre aptitudes, intereses y evaluación personal; b) cursillos de 10 o 12 horas de autoconocimiento y estudio sobre profesiones, individualmente o en grupo, etc. Jacobson, T.J. («Career Guidance Centers» en *Personnel and Guidance Journal,* 30 marzo 1972) propone unas orientaciones para organizarlos: 1) Proveer de paraprofesionales dedicados a tiempo completo, para ayudar a estudiantes y a orientadores; 2) Coordinarse con la escuela para ofrecerse a los estudiantes; 3) Proveerse de todo tipo de material: boletines, casetes, filmes, proyectores de filmes concepto, monografías profesionales, folletos, telefónicos, fichas, etc.; y 4) Montar las adecuadas tarifas para ir actualizando y supliendo los materiales necesarios.

Técnicas de información profesional más recientes

Nuevos servicios de información

Muchas de las innovaciones son ambiciosas en sus finalidades y en su amplitud, sofisticadas en el uso de la tecnología y basadas en la teoría de la decisión y de la vocación. A principios de los años setenta la información recurrió a los sistemas de simulación y a las computadoras y ordenadores. Según D.E. Super se utilizan computadoras para la orientación de tres modos:

1. Para promover al orientador de información acerca del estudiante. Esta información es compartida, luego, por ambos.
2. Para tratar directamente con el orientado (o sea, éste pregunta e indaga directamente con el ordenador).
3. Para lograr la interacción estudiante/ordenador.

Años más tarde, el mismo Super elaboró nuevas categorías relativas a la función que el ordenador puede realizar en el campo de la orientación:

1. Desarrollo educativo y planificación (los datos de los alumnos son recogidos y almacenados, y luego usados para planificar).
2. Extensión del asesoramiento a través del acceso del cliente a los datos (los ordenadores pueden informar a los alumnos de sus capacidades ampliando la información y pueden informar sobre folletos, filmes, videotapes, grabaciones, etc.).
3. Simulación de las funciones del orientador.
4. Desarrollando y adiestrando al *staff* (orientadores y administradores).

Hay muchos sistemas de información con ordenador: en USA, ECES (Educational and Career Exploration System), ISVD (Information System for Vocational Decisions), VOCGUID (Milwaukee Computerized Vocational Guidance System), etc. (todos ellos citados en el capítulo 10, «Informational Service» de B. Shertzer y S.C. Stone, *Fundamentals of Guidance*, Houghton Mifflin, Co., 1976, pp. 298-299). (Véase capítulo 15 de Rivas (ED.), 1995).

Técnicas de simulación y juego

1. *The life Career Game (El juego de la carrera de la vida)*

Autor: S.S. Boocock, de la Johns Hopkins University.

Simula demandas características en educación, trabajo o matrimonio tal como se dan actualmente en el país y proyectándolas en el futuro. El objetivo primordial es ayudar a los jóvenes a conocer estas demandas, para proporcionarles unas experiencias preplanificadoras que son juzgadas como beneficiosas para su desarrollo futuro.

Los equipos (entre 2 y 4 jugadores) participan en períodos de discusión, durante los cuales toman decisiones sobre alternativas disponibles. Cada juego trata de describir un año en la vida de una persona. El juego exige que los jugadores rellenen impresos de solicitud e instancias de solicitud de ingreso. Cada área —educación, trabajo, vida familiar y ocio— no puntúa.

2. *Occupational Simulation (Equipos de simulación profesional).*
Autores: J.D. Krumboltz y B. Bergland.
Construyeron unas experiencias de resolución de problemas parecidos a los de la vida para siete ocupaciones (contabilidad, reparaciones, técnica electrónica, etc.). Cada experiencia simulada está desarrollada en un equipo de trabajo individualizado con los siguientes apartados: introducción al oficio u ocupación; definición de su problemática e información necesaria para resolverlo.

La evaluación de ese sistema concluyó que: 1) Los estudiantes de escuelas de niveles socioeconómicos bajos reaccionaron más positivamente que sus similares de clase media; 2) El cuadernillo de resolución de problemas generaba interés por la ocupación desarrollada en él; 3) Los estudiantes que escogían sus propios equipos de trabajo simulado solicitaban más información y tendían a estimar más positivamente las satisfacciones del trabajo que los alumnos que no habían escogido personalmente sus documentos de trabajo.

3. *Making of Life Decisions (MOLD) (Realización de Decisiones Vitales).*
Autores: R.H. Johnson y R.D. Myrick.
Diseñados para enseñar a los estudiantes de la escolaridad media (10-15 años) a insertarse en el proceso de toma de decisiones. Se simulan las ofertas de las escuelas y empresas de la comunidad. Todos los jugadores realizan sus propias decisiones y asumen las probables consecuencias de sus propias decisiones. Cada estudiante:

1. Completa una ficha de perfil personal, describiendo sus aptitudes y sus intereses.
2. Se integra en un pequeño grupo y dentro de él se ayudan a su autoevaluación.
3. Explora ciertos campos de ocupaciones y carreras, y hacen una tentativa de toma de decisiones basadas en sus habilidades e intereses.
4. Planifica, sobre el papel, el siguiente año de su vida, tomando decisiones acerca de su educación, ocupaciones, vida familiar, ocio.
5. Recibe información retroactiva de sus decisiones (*feedback*), tales como niveles de ganancia en cada curso y si han conseguido o no el trabajo que solicitaron.
6. Usa los resultados y los planes en el siguiente curso, en el caso de haber fallado el anterior.

4. *Técnicas multimedia*: Aplicación simultánea de varios tipos de información. *Vital and Vocacional Information for Education and Work Project (VIEW).*
Autores: M. Gerstein y R. Hoover. De San Diego County Department of Education.

En la fase I: Se trata de diseñar la evaluación de tipos de información requeridos tanto por los alumnos como por los orientadores y profesores, y de proyectar un método apropiado para difundir esa información en las escuelas de la comunidad.

En la fase II: Se trata de diseñar el desarrollo de un sistema/modelo operativo para 100.000 estudiantes en los años setenta, en todas las escuelas del distrito, a través del «Viewscript» (tarjeta abierta con microfilmes, etc.), que puede informar simultáneamente a 35 escuelas por hora, traducibles a cualquier idioma.

5. *Sistemas de cámaras u oficinas*: Desarrollados para informar de los cambios generales de las ocupaciones y para hacer más flexible la información. El *Occupational Information Systems* (OIS) organiza esas informaciones a niveles geográficos muy amplios.

Sus objetivos son:

1. Ayudar a las personas a conocer la clasificación de carreras posibles ahora y dentro de cinco años.
2. Ayudar a los que van a ingresar en el mundo laboral a concienciarse de las profesiones que son satisfactorias desde el punto de vista personal.
3. Animar (a las personas en proceso de toma de decisiones) a explorar sus propias posibilidades vocacionales.
4. Buscar áreas más amplias de fuentes de información profesional.
5. Informar acerca de programas relacionados entre sí incluyendo carreras, carreras y orientación profesional, planes educativos e industria.

Principios del Servicio de Información Ocupacional

1. *El servicio de información es parte esencial del programa de orientación.* Los alumnos precisan asistencia para adquirir, evaluar y utilizar la información vocacional y personal/social. El Servicio de Información les ayuda a aumentar sus oportunidades y a organizar su futuro proveyéndoles de los datos precisos en los momentos oportunos.
2. *El punto central o foco del Servicio de Información está en el autoestudio, en las futuras tendencias y en el cambio.* El cambio está siempre presente. Las nuevas necesidades y rumbos del mundo laboral desvían la esencia de las profesiones y también las direcciones de los programas educativos. El proceso de cambio no puede olvidarse (se estima que la automación, por ejemplo, afectará a 60 millones de tareas en la próxima generación). El Servicio de Información trata con el cambio como condición inherente, de enorme significado en los planes del estudiante. El orientador tendrá que trabajar sobre los supuestos de lo que puede ser o lo que puede llegar a suceder. El autoestudio es también tarea fundamental del Servicio de Información; debe permitir autoexaminar la personalidad y las necesidades. La información sólo será significativa si se relaciona estrechamente con los sujetos y con su medio, si se ayuda al estudiante a evaluar sus intereses, sus aptitudes, sus habilidades, sus actitudes y sus características personales.
3. *Las técnicas individuales y grupales se usan para conducir los datos informativos a los estudiantes y ayudarles a interpretarlos y usarlos.* Ambas técnicas facilitan los métodos de autoanálisis y diagnóstico y permiten al estudiante relacionar sus impresiones con sus hallazgos en la comunidad.
4. *El Servicio de Información es más que dar una información.* Implica que se pone la atención en las actitudes individuales y las reacciones emocionales frente a la información. La presentación de la información debe ser planteada en términos de las necesidades del alumno, presentando oportunidades para reaccionar ante el material presentado, y el tiempo para desarrollar planes y decidir debe estar en función de cada individualidad.

Los datos informativos deben ser extraídos, sopesados y evaluados en relación con cada alumno.

5. *Es esencial la existencia de personal cualificado en el servicio.*
6. *El Servicio de Información debe prever las documentaciones precisas para su evaluación* para averiguar su efectividad y, si es posible, ir encontrando mejores caminos para lograr los objetivos.

Información sobre el mundo laboral: Sugerencias para su desarrollo en el aula

El trabajo: Temas que se sugieren

1. Economía, demografía:
   Nociones.
   Porcentajes de población activa.
   Panorama de la vida profesional:
      sectores, su desarrollo, historia, porcentaje de profesiones, cualificaciones, etc.
   Organización del trabajo:
      evolución, artesanado a grandes empresas
      organización
      niveles de ejecución de un trabajo.
   Desarrollo técnico y sector primario.
   Valor de la formación profesional.
   Necesidad de la formación profesional.
   Necesidades de personal o mercado laboral.
   Salarios.
   Sindicatos, organizaciones obreras, leyes, contratos colectivos, etc.
   Organizaciones patronales.
   Cómo buscar un puesto de trabajo:
      exigencias
      exámenes de selección
      contrato de aprendizaje.
   Derechos y deberes del aprendiz
      del estudiante
      del obrero
      del profesional.

2. Problemas sociales:
      trabajo y mujer
      trabajo de las personas discapacitadas
      trabajo a tiempo parcial
      seguros y pensiones
      medios de prevención de accidentes y enfermedades.

3. Valor humano del trabajo:
      por qué trabajar.
   Evolución de ese valor desde la sociedad agrícola a la tecnológica y de la sociedad de producción a la de consumo.
   Papeles de los profesionales en la sociedad.

Cómo llevarlos a la clase. Su metodología

1. Discusión libre.
2. Contrastes entre nuestra civilización y otras
   nuestra época y otras
   trabajo y ocio
   sociedad humana y animal
   diversos tipos de trabajos.
3. Dar al alumnado datos concretos como puntos de partida.
   Documentos de trabajo para leer, mirar, responder, etc.
   Exposiciones orales.
4. Partir de:
   visitas a empresas o industrias
   de una experiencia vivida en el mundo laboral
   de anuncios
   de medios audiovisuales, auditivos, visuales, etc.

Conocimiento del propio yo

1. Gustos e intereses.
2. Aspectos que no gustan o no interesan.
3. Actividades de ocio preferidas en la vida escolar y fuera de ella.
4. Intereses y ambiciones personales.
5. Aspectos fuertes y débiles de las cualidades y defectos personales.
6. Evaluación de los conocimientos.
7. Conciencia de la situación académica y escolar.
8. Estimación de las aptitudes personales: físicas, intelectuales, artísticas, manuales, etc.
9. Estudio sobre las motivaciones.
10. Evolución de los intereses: toma de conciencia.
11. Toma de conciencia de las diferencias individuales en las siguientes áreas:
    física — intelectual
    escolar — caraterológica
    manual — de la voluntad
    artística — y su incidencia en los intereses.
12. Situación personal en comparación con las diferentes profesiones.
13. Evolución de los intereses a partir de sucesivas reorientaciones.

Metodología en las clases

A. *Toma de conciencia de sí mismo*
1. Autorretrato, con dirección o guión.
2. Cuestionarios de gustos, intereses, aficiones, influencias familiares, intereses y ambiciones en áreas como: prestigio social, salarios, interés técnico, servicios sociales, satisfacciones estéticas, intelectuales, religiosas, etc., de las profesiones, etc.
   Respuestas espontáneas.
   Optativas.
   De apreciación.

3. Gráficas, polígonos de frecuencia, para conocer la evolución académica del alumnado.
4. Discusiones.
5. Dossier personal a lo largo de todo el curso clasificando diferentes evaluaciones, impresiones tras experiencias laborales, *estages* y la apreciación de sí mismo.

Los objetivos de la toma de conciencia de sí mismo son:

a) Hacer reflexionar al alumno sobre sí mismo.
   Prepararle a estar más atento a sus propias reacciones.
   Habituarle a la autocrítica.
b) Dirigirle progresivamente a autoevaluarse más objetivamente, en relación a un grupo y frente a una situación.
c) Hacerle más receptivo.
d) Enseñarle a realizar una elección y tomar una decisión.

B. *Toma de conciencia de las diferencias individuales por contraste con el medio*
   1. Debates.
   2. Biografías.
   3. Análisis de casos.

Conocimiento de las vías escolares y ocupacionales

1. En general, posibilidades de formación y de perfeccionamiento.
   Diversos caminos: enseñanzas superior, media, primaria, otras.
   Formación continua.
2. Vías académicas:
   Cuáles y cuántas son las posibilidades académicas.
   Distintas ramas o especializaciones.
   Comparaciones entre la vida escolar y la laboral.
   Consecuencias de elegir una u otra para el individuo.
   Requisitos para los exámenes de ingreso.
   Posibilidades de éxito.
3. Vías profesionales:
   Visión panorámica de las profesiones.
   Modos de formarse en ellas: práctica, aprendizaje cualificado, escuelas profesionales.
   Selección profesional.
   Presentación de algunos grupos profesionales.
   En cada grupo, detalles al respecto de una o dos ocupaciones:
      a) descripción de la profesión
      b) niveles de exigencias, aptitudinales, académicas, de ingreso
      c) tipos de empresas o industrias en las que se puede trabajar
      d) orientaciones sobre el contexto laboral: ambiente, posturas, horarios, salarios, contraindicaciones, etc.
   Importancia de la elección de una formación básica.
   Importancia de las primeras elecciones.
   Preparación para la idea de cambiar de profesión.

Metodología para dicho conocimiento en la clase

Vías académicas:

1. Comparaciones entre diferentes estudios y especialidades.
2. Profesiones a las que se llega con la escolaridad.
3. Madurez y carrera universitaria.
4. Problema de la elección; reorientaciones.
5. Indicaciones sobre lugares de los estudios, cómo ingresar, estudios en el extranjero, etc.

Vías profesionales:

1. Clasificación general de las ocupaciones.
2. Breves informaciones sobre diversos oficios.
3. Manera de presentar las profesiones:
   contactos directos: conferencias, exposiciones, forums, revistas, visitas, estancias
   por medios audiovisuales: diapositivas, filmes, vídeo, radio, etc.
   por documentación escrita: dossiers, folletos, monografías, periódicos, revistas, libros, etc.
   por manipulación: trabajos manuales, trabajos a tiempo parcial.

La actividad del alumno se puede estimular con:

Encuestas, elaboración de monografías, registros de entrevistas, juegos, redacción de leyendas en diapositivas, maquetas, redacción de artículos, etc.

Trabajos en grupo: de casos concretos, sobre centros de interés, sobre carreras y especialidades, alternativas, recogida de datos sobre ciertos oficios y profesiones, contrastando los resultados con los propios puntos de vista, preparación de exposiciones, etc.

Confrontación del conocimiento de sí mismo y el del mundo laboral

1. Habituar al alumno a comparaciones activas con estos estímulos:
   a) el modo mismo de presentar las profesiones incidiendo en: las características personales idóneas para aquella profesión. Interpretación de los oficios a partir de los niveles académicos exigidos; análisis de las dificultades propias de cada oficio y modo cómo se reaccionaría ante ellas;
   b) cuestionarios y ejercicios especialmente concebidos para dirigir y llevar al joven a relacionar sus atributos: capacidades, conocimientos, salud, sociabilidad, intereses, con las exigencias de las profesiones;
   c) escenas (*role playing*), teatralizadas para ir perdiendo el temor ante el mundo laboral;
   d) discusiones de casos imaginarios, sueños, niveles de aspiración, etc.;
   e) información a los padres.

Referencias y bibliografía

1. *Sobre modelos y teorías de la orientación y sobre educación para la carrera*

BONNET, D.G., «Career Education Evaluation: Te State of the Art», *Journal of Career Education*, 46, 328-334.
CASTAÑO, C., *Psicología y orientación vocacional. Un enfoque interactivo*, Marova, Madrid, 1984.
CRITES, J.O., *Career Counseling. Models, Methods, and Materials*. McGraw-Hill Book Co., 1981.
CRITES, J.O., *Psicología Vocacional*, Paidós, Buenos Aires, 1974.
DEVRILLON, J., *L'orientation scolaire et professionnelle*, PUF, París, 1966.
GARAND, M., «De l'orientation à l'activation» *L'Orientation Scolaire et Professionnelle*, 1978, 7, n.º 4, 351-368.
GINZBERG, E. y otros, Occupational Choice: *An Approach to a General Theory*. Columbia University Press, New York, 1951.
HART, G. (Ed.), *Issues in Career Education, Report of First National Career Education Conference held in Camberra*, 8-10 may, 1977. Curriculum Development Centre, Camberra, 1977.
HERR, E.L., *The emerging history of career education*. National Advisor and Council for Career Education, Washington, D.C., 1975.
HOLLAND, J.L., *La elección vocacional. Teoría de las carreras*, Trillas, México, 1971.
HOLLAND, J.L., *Técnicas de la elección vocacional. Tipos de personalidad y modelos ambientales*, Trillas: México, 1971.
HOYT, K.B., *The Current Nature and Status of Career Education*, A special issue of *Journal of Careers Development*, 13, 3, spring 1987.
HOYT, K.B., *The future of career education: aspirations and expectations*, ERIC, 1987. 56 páginas.
HOYT, K.B., *Contrasts between the guidance and the career education movements*. En F. E. Burnett (Ed.) *The School Counselor's involvement in Career Education* (pp. 1-11). American Personnel and Guidance Association, Virginia, 1987.
HOYT, K.B., *A primer for Career Education*, Office of Career Education, Research and Policy Committee of the Committee for Economic Development, Washington D.C., 1979.
HOYT, K. B., *An introduction to career education. A policy paper of the U.S. Office of Education*, U.S. Government Printing Office, Washington, D.C., 1975.
JORDAAN, J.P., «Exploratory Behavior: the Formation of Self and Occupational Concepts», en D.E. Super, R. Starishevsky, R. Matlin y J.P. Jordaan, *Career Development: Self Concept Theory*, College Entrance Examination Board, Nueva York, 1963, 42-78.
LAW, B. y WATTS, A.G., *Schools, careers and community*, Church Information Office, Londres, 1977.
LEON, A., *Psychopédagogie de l'orientation professionnelle*, PUF, París, 1957.
MIRA Y LOPEZ, E., *Manual de orientación profesional*, Kapelusz, Buenos Aires, 1965.
OSIPOW, S.H., *Theories of Career Development*, Appleton-Century Crofts, Inc., New York, 1973. En castellano: *Teorías sobre la elección de carreras*, México, Trillas, 1976.
PELLETIER, D. y BUJOLD, G. y otros, *Pour une approche éducative en orientation*, Gaëtan Morin, Ed., Québec, 1984.
PELLETIER, D., NOISEAUX, G. y BUJOLD, Ch., *Developpement vocationnel et croissance personelle* (Préface de D.E. Super), McGraw-Hill, Ed., Montréal, 1974.
REUCHLIN, M., *Enseñanza y orientación escolar en el futuro*, ICE, Madrid, 1974.
REUCHLIN, M., *La orientación escolar y profesional*, Oikos-Tau, Barcelona, 1972.
REUCHLIN, M., *L'orientation pendant la période scolaire*, Estrasburgo, Conseil de la Cóoperation Culturelle du Conseil de l'Europe, 1964.
RODRIGUEZ, M.L. *et al.*, *Orientación profesional y acción tutorial en las enseñanzas medias*, Narcea, Madrid, 1989.
RODRÍGUEZ MORENO, M.L. *et al. Educación para la carrera y diseño curricular. Teoría y práctica de programas de educación para el trabajo*. Servei de Publicacions de la Universitat de Barcelona, Barcelona, 1995.
RODRÍGUEZ MORENO, M.L (1988) «La integración de la educación vocacional en el currículo», *Perspectivas de la UNESCO*, vol. 18, n. 4, pp. 535-543.
ROE, A., «Perspectives on Vocational Development», *Perspectives on Vocational Development*. A.P.G.A., Washington, 1972, 61-82.
ROE, A., *Psicología de las profesiones*, Marova, Madrid, 1972.
SALVADOR, A. y PEIRO, J.M., *La madurez vocacional*, Alhambra Editorial, Madrid-Barcelona, 1986.
SINOIR, G., *L'orientamento professionale*, Garzanto Editore, Milán, 1954.
SUPER, D.E. *et al.*, *Career Development: Self-Concept Theory*, College Entrance Examination Board, New York, 1963.

SUPER, D.E., *Psicología de la vida profesional*, Rialp, Madrid, 1962.
SUPER, D.E. y BACHRACH, P.B., *Scientific careers and vocational development theory*, Teachers College Bureau of Publications, Nueva York, 1957.
TOLBERT, E.L., *Counseling for Career Development*, Houghton Mifflin Company, Boston, 1980. En castellano, *Técnicas de asesoramiento en orientación profesional*, Barcelona, Oikos-Tau, 1981.

2. *Sobre información profesional*

AIKEN, J. y JOHNSTON, J.A., «Promoting career information seeking behaviours in college students», *Journal of Vocational Behaviour*, 1973, *3* (1), 81-87.
ALLSOP, K., *Earning a Living*, Ginn & Company, London, 1971.
ARBLUCKLE, D.S., «Occupational information in the elementary school». *The Vocational Guidance Quarterly*, 1963, 12(2), 77-84.
BAIN, D., *L'information des élèves sur leur école et en matière d'orientation*. CRPP, Cycle d'orientation, Genève, 1974.
BARAK, A., CARNEY, C.G. y ARCHIBALD, R.D., «The relationships between vocational information seeking and educational and vocational decidedness». *Journal of Vocational Behaviour*, 1975, *7*(1), 149-159.
BISQUERRA, R., *La información profesional*, PPU, Barcelona, 1982.
CARDINET, J. y DELCOURT, J.L., «La répresentation de l'activité professionnelle à 6, 11 et 16 ans». *BINOP*, París, 1971, 27(4), 231-248.
DUPONT, J.B., «Sur le rôle et la place de l'information dans l'orientation des adolescents». *Bulletin de l'AIOSP*, Xe Congrés Mondial de l'AIOSP, Nürnberg, 1980.
DUPONT, J.B., «Le contrôle des activités d'orientation: Remarques et observations». *Orientation et Formation Professionnelles*, 1982, *5*, 276-289.
DUPONT, J.B. y MULLER, M.A., «Evaluation d'un assai de sensibilisation au processus de choix professionnel». *Orientation et Formation Professionnelles*, Zurich, 1976, *61*, *(3/4)*, 90-104.
DUPONT, P., «Information et orientation à l'étranger. Elaboration et évaluation d'un didactique de l'information scolaire et professionnelle». *Bulletin de l'Association des Conseillers d'Orientation en France*, París, 1978, *50*(270), 16-25.
DUPONT, P. et MARCEAU, D., *Manuel de l'inventaire de développement professionnel.* Faculté d'Education, Université de Sherbrooke, 1982.
DURU, M., «L'utilisation des données statistiques sur l'emploi en orientation scolaire et professionnelle». *L'orientation scolaire et professionnelle*, 1976, 5(1), 23-49.
GASPER, T.H. y OMVIG, C.P., «The relationships between career maturity and occupational plans of high school juniors». *Journal of Vocational Behaviour*, 1976, *9*(3), 367-375.
GENDRE, F., «Effects de l'information professionnelle sur les préferences professionnelles et situationnelles». *BINOP*, París, 1969, *25*(2), 91-105.
GUILLON, C., «Proportions et efficacité de l'information». *Bulletin de l'Association des Conseillers en France*, 1978, *50*(269), 14-17.
HOLCOB, W.R. y ANDERSON, W.P., «Vocational Guidance Research: A five years overview». *Journal of Vocational Behaviour*, 1976, *61*(5/6), 164-172.
KOHEN, A.I. y BREINICH, S.C., «Knowledge of the world of work: A tests of occupational information for young men». *Journal of Vocational Behaviour*, 1975, *6*(1), 133-144.
LAUTREY, J., «Expérimentation d'une méthode d'information.» *BINOP*, París, 1971, *27*(2), 87-116.
LEWIS, W.A. y HUTSON, S.P., «The gap between research and practice on the question of counseling effectiveness». *The Personnel and Guidance Journal*, 1983, mayo, 532-534.
MARCHAND, B., «L'information professionnelle et processus du choix. Problematique et applications» *Orientation et Formation Professionnelles*, Zurich, 1979, *64*(1), 39-59.
METZLER, J.H., «Evaluating counseling and guidance program. A review of the literature 1946-1963». *The Vocational Guidance Quarterly*, 1963, *12*(4), 285-289.
OSIPOW, S.H., *et al.*, «A scale of educational-vocational undecidness: A typological approach.» *Journal of Vocational Behaviour*, 1977, *10*(1), 53-68.
RIVAS, F. (ED.), *Manual de asesoramiento y orientación vocacional*, Madrid, Síntesis.
RODRÍGUEZ MORENO, M.L. y GIL, T.N., *Modelos de intervención en orientación educativa y vocacional*, Barcelona, P.P.U., 1983.
ROUSSELET, D. *et al.*, «L'autodocumentation dans les établissements scolaires du second degré». *Avenirs*, ONISEP, París, 1975, *272*, 4-41, 54-85.

WILLIAMS, W.M. (Ed.), *Occupational Choice.* George Allen and Unwin, London, 1974.
National Institute for Curriculum Development. (SLO), *Actas de la Conferencia "The role of computer in guidance and counseling", conclusiones y recomendaciones*, y el libro *Computers and career-decision making*, publicados en el SLO, Belstraat 44 7511 JW Enschede. P.O. Box 2041. 7500 CA Euschede, Holanda. Es una serie de publicaciones dirigida a exponer problemas, modelos y técnicas de la información profesional y de la orientación vocacional a través del ordenador.

6
La orientación desde la perspectiva del desarrollo o evolutiva

Presupuestos fundamentales

Tras la II Guerra Mundial e influido por el creciente interés por las tareas de desarrollo de los años setenta, el movimiento de la psicología para el desarrollo motivó el cambio del concepto de orientación para los momentos críticos a la orientación como proceso evolutivo. Es decir, se enfocó la orientación en una vertiente más preventiva que circunstancial, más preocupada por los problemas en estado incipiente que por solucionar desajustes ya producidos. La orientación como productora y favorecedora de desarrollo sería el perfeccionamiento de otras teorías de la orientación más centradas en los momentos de crisis, en el problema del cliente o en la tendencia adaptativa; sería algo más que una medida preventiva, un intento de llegar a minimizar la necesidad de la prevención y de los esfuerzos —en el ámbito escolar— recuperadores, correctivos o terapéuticos; sería producto de una coordinación de todos los agentes y componentes de la plantilla escolar, en la cual el profesor es el responsable primario de la instrucción y el equipo orientador, el de la integración y desarrollo general del estudiante.

Aproximación definitoria o conceptual

El proceso orientador, pues, se concibe en un estilo amplio, centrado en el meollo curricular (currículum mínimo e indispensable), contando con la triangular coordinación entre profesor, orientador y otros miembros de la plantilla, procurando que orientación y enseñanza se entrecrucen como dos aspectos fundamentales que son de la empresa educativa. La orientación evolutiva, de hecho, se caracteriza por acentuar la importancia de una planificación adecuada y de una política funcional previamente organizada (confróntese con la tendencia a la propuesta de marcos curriculares y de diseños curriculares por niveles) con una red de comunicación entre los políticos de la educación y los equipos multiprofesionales cercanos a las tareas orientadoras. A cada miembro de ese equipo se le deberá atribuir una sola función, que deberá estar cuidadosamente articulada con las del resto. De ahí surge una amplia gama de prácticas orientadoras que, imbricadas, podrían tender hacia una definición amplia de orientación evolutiva. Por ejemplo, Peters y Farwell (1967) centran las funciones de dicha orientación en «considerar el desarrollo total de la persona respecto a su progreso educativo, desarrollo profesional y realización personal. Todo profesor efectivo incorpora el punto de vista orientador en su enseñanza. Sin embargo, es el orientador escolar quien cataliza la actividad de la función orientadora, de modo que sea significativa para el joven o la joven que solicitan la ayuda o el consejo. Esa función de guía proporciona estímulos estratégicamente ubicados para auxiliar, acelerar, alterar o ajustar el ritmo y el sentido vital del individuo; acentúa la autoevaluación realista, la planificación racional, la preparación para afrontar variadas alternativas (flexibilidad), la resolución de problemas originados en las propias preocupaciones y el análisis de los procesos interactivos de uno mismo y su entorno social». R.H. Mathewson (1962), en su interesante y completa obra sobre la política y la práctica de la orientación, aporta esta definición: «La orientación es un proceso profesionalizado y sistemático de ayuda a la persona, mediante procedimientos educativos e interpretativos con el objeto de que comprenda mejor sus propias características y potencialidades, y de que relacione más satisfactoriamente su propia dinámica personal con los requisitos y las oportunidades sociales, de acuerdo con el sistema de valores social y moral».

De hecho, actualmente, esta teoría evolutiva aún está en período de formación. Leona Tyler (1972) detecta dimensiones biológicas, sociológicas y psicosociales en el cuerpo de conocimientos, pero admite que se ignoran aportaciones tan caras como las de Super y otros. Constructos primarios de este enfoque son las tareas de desarrollo de Havighurst (1953) y las crisis psicosociales de Erikson (1959); secundarias, aunque no menos importantes, los estadios vitales, los modelos de desarrollo, el estilo de vida, la socialización y la autoactualización, entre otros. Según Zaccaria y Bopp (1981) deberían desarrollarse, en el futuro, aspectos más operativos del proceso que permitieran crear metodologías específicas.

Principios y supuestos

Los mismos autores resumen los principios o supuestos básicos de la orientación para el desarrollo. Serían, entre otros:

1. Los alumnos precisan ayuda para obtener aquella información que no son capaces de descubrir por sí mismos.
   a) Acerca de sus características personales como aptitudes, potencial mental, sentido de sus intereses y motivaciones.
   b) Acerca de las oportunidades educativas, requisitos profesionales y servicios sociales a su disposición.
   c) Acerca de los modos apropiados de conducirse en diferentes situaciones.
2. Los alumnos precisan ayuda para adaptarse a las demandas sociales, para enfrentarse a las demandas sociales; para enfrentarse a los problemas que van surgiendo; para sobreponerse a las debilidades y para hacer planes de futuro.
3. El conseguir éxito y satisfacción educativos, laborales y vitales es algo beneficioso tanto para la persona como para la sociedad.

4. La persona tiene una innata urgencia de hacer algo en la vida, de crecer y desarrollarse, de esforzarse. Por ello la valoración y la dignidad son preocupaciones primordiales de la orientación.
5. Esta ha de crear las condiciones, en la persona y su medio, que faciliten el desarrollo máximo. De ahí que la literatura y la investigación sobre el desenvolvimiento humano, desde la perspectiva de las ciencias de la conducta, constituyan la base para la teoría y la práctica de la educación y del enfoque evolutivo orientador.
6. Los procesos orientadores deben estar ordenados en términos de temporalización y secuencia, de modo que una fase posterior de desarrollo pueda ser entendida a la luz de una fase anterior. Debe colocarse el acento en las causas más que en los rasgos o síntomas, para centrarse en aquello que haya tras la dinámica conductual.

Dentro del contexto propiamente escolar, la orientación evolutiva intenta conseguir mejoras en ciertos objetivos curriculares y formativos echando mano de principios y técnicas propias de las ciencias de la conducta, de tal modo que el orientador sería, básicamente, un educador generalista con entrenamiento orientador tanto de sus teorías como de su puesta en práctica. La institución escolar que desee instaurar una orientación de ese tipo habría de encauzar sus planteamientos filosóficos-educativos en el hecho de creer que una persona desea y es apta para conocerse a sí misma y para explorar sus atributos; que la escolaridad debe fomentar en el alumno la evaluación, examen y dirección de sí mismo, y al mismo tiempo habría de comprometerse, tanto ideológicamente como financieramente, en fomentar el desarrollo global del alumno que está a su cargo.

Objetivos de una orientación para el desarrollo

En 1953, Little y Chapman, de un estudio con 4.957 alumnos de secundaria (14 17 años) concluyeron que existían siete categorizaciones primordiales de problemas juveniles, que, a su vez, podrían ser detallados como sigue:

A) *Problemas relacionados con la adaptación social.*
Cómo llevarse mejor con sus amigos y amigas.
Cómo sentirse aceptados.
Cómo divertirse mejor.
Cómo escoger mejor sus amistades.
Cómo mejorar la recogida de información y tomar decisiones sobre amor y matrimonio.
Cómo vestirse.
Cómo conseguir comodidades.
Cómo conocer a la gente.

B) *Problemas derivados de las relaciones familiares.*
Desacuerdo entre el hijo y los padres en lo que respecta a normativas.
Falta de comprensión entre ellos.
Conflictos fraternales.
Incompatibilidad, hogar roto, negligencia.

Muy poco tiempo con los padres.
Incapacidad para llevarse bien con los familiares y parientes.

C) *Problemas derivados del uso del tiempo.*
Cómo conseguir más tiempo.
Cómo estudiar.
Cómo gastar mejor el tiempo libre.
Cómo organizar mejor el tiempo consumido en el estudio de las asignaturas escolares.

D) *El futuro y su problemática.*
Tomando decisiones sobre la profesión.
Continuidad de la educación formal.
Exito académico.
Exito profesional.

E) *Casuística y problemas inherentes a la personalidad y sus atributos.*
Cómo desarrollar la capacidad memorística.
Cómo superar la falta de interés.
Cómo desarrollar la tolerancia, el tacto y la amplitud de miras.
Cómo desarrollar el atractivo físico.
Cómo superar el mal temperamento, el egoísmo y los celos.
Cómo desarrollar la autoconciencia y la timidez.

F) *Los trabajos a tiempo parcial y el dinero.*
Cómo conseguir el dinero preciso para realizar las cosas que se desean.
Cómo conseguir un trabajo provisional o a tiempo parcial, y además adecuado.
Cómo ganar dinero y, a la vez, seguir estudiando.
Cómo gastar el dinero.
Cómo ahorrar.

G) *Preocupaciones de los jóvenes respecto a la salud.*
Dormir suficientemente.
Peso anormal.
Problemas de dentadura, visión, audición, nasales y de garganta.
Dieta apropiada y buen estado general.
Efectos del tabaco y la bebida.

De la compleja profundización y estudio monográfico de cada uno de esos ámbitos, los autores proponen la orientación como una función ineludible y de especial interés en las enseñanzas medias (cuyos objetivos curriculares vienen dados por las políticas educativas contemporáneas), definiéndola como: «un servicio personalizado que se ofrece a una persona, según su demanda y voluntad, especialmente diseñado para ayudarla a clarificar y asegurarse la información acerca de sí misma, y para resolver sus dificultades, sean éstas educativas, personales y sociales, o estrictamente profesionales». Implícito en esta afirmación está el principal propósito de la orientación: «proporcionar a cada joven servicios de orientación e instructivos que se planifiquen e implementen en concordancia con sus potencialidades para *desarrollarse* personalmente, socialmente, educativamente y vocacionalmente».

Principios que presiden la orientación evolutiva

Conceptos clave que fundamentan este enfoque evolutivo son los estadios y modelos de desarrollo, las tareas facilitadoras de la evolución personal (*developmental tasks*), las tareas de desarrollo vocacional y el estudio de las crisis psicosociales. Por ejemplo, las tareas para el desarrollo evolutivo son estudiadas por Havighurst (1953) en un completo repaso por todas las edades desde la primera infancia hasta la vejez. Su obra aporta un impresionante volumen de sugerencias acerca de la naturaleza de la tarea que debe ser desarrollada, de sus bases biológicas, psicológicas y culturales y, finalmente, de las implicaciones educativas. Por centrarnos en una edad, véase el compendio adecuado que se indica para edades de 6 a 12 años:

Tareas a desarrollar (según Havighurst).

1. Aprender habilidades para jugar.
2. Construir actitudes higiénicas y sanas hacia uno mismo como organismo en crecimiento.
3. Aprender a llevarse bien con los compañeros.
4. Aprender un papel social apropiado, sea masculino, sea femenino.
5. Desarrollar habilidades fundamentales para la lectura, escritura y cálculo.
6. Desarrollar los conceptos necesarios para la vida cotidiana.
7. Desarrollar la conciencia, moralidad y una escala de valores.
8. Conseguir independencia personal.
9. Desarrollar actitudes hacia grupos sociales e institucionales.

En realidad, estos principios básicos, aunque han sido defendidos independientemente por Super, Erikson y el mismo Havighurst desde los años cincuenta, suelen coincidir en su formulación; coincidencia que es la que interesa al equipo orientador que intente poner en práctica la orientación evolutiva.

En el *ámbito del proceso*, estos autores consideran el crecimiento personal como un *continuum* que se divide en períodos vitales caracterizados por rasgos característicos comunes a los individuos pertenecientes a una misma cultura; desde el ámbito de las *demandas sociales*, éstas suelen ser muy asimilables y uniformes para los miembros de una misma comunidad, aunque distintas en los períodos críticos de la persona según ésta perciba las solicitudes externas como amenazadoras de su conducta presente o alteradoras de su bagaje aprendido; en el *marco de la preparación, madurez u orientación,* las crisis y las tareas de desarrollo suelen tener lugar en estadios anteriores previos, aunque emerjan en fases posteriores en variadas formas, por lo que deben ser tratadas o intervenidas antes de pasar a subsiguientes estadios; por fin, desde la *perspectiva social,* superar las crisis o las dificultades con éxito aprendiendo la habilidad requerida, procura una aprobación general y una transferencia positiva para superar posteriores problemas, cosa que no ocurriría si se fallase.

Casi todos los teóricos han considerado las tareas desde una punto de vista *nomotético* (normativo, relacionado con un sector amplio de la población); sin embargo, cuando las habilidades o tareas se contemplan desde la tarea orientadora, habría que considerar su dimensión *idiográfica*, es decir, en cuanto que cada persona es una individualidad. Las tareas a desarrollar pueden variar, pues (Zaccaria, 1981) según tres dimensiones: 1) una tarea específica tiene un significado único para cada individuo según como éste la interiorice; 2) las personas varían en función de su enfoque general y aproximación global a esa tarea; 3) las tareas se enmarcan en unas pautas o modelos (desarrollo continuo, desarrollo diferido y desarrollo fracasado) que condicionan su éxito o realización concreta. Así pues, las tareas de desarrollo son la piedra de toque, los escalones donde apoyar las funciones orientadoras y válidas a corto y medio plazo. Si se coordinan o emparejan con una teoría de la personalidad, la consecución de objetivos a largo plazo significa un éxito acumulado que favorece al orientado.

Estrategias y metodologías tradicionales

Los inicios y las teorías de la necesidad

Fue R. Hendry Mathewson quien en una singular obra publicada en 1949 y - reeditada varias veces (1962[3]) propuso por vez primera un modelo de orientación evolutiva inspirado en el desarrollo de los estadios sucesivos de Havighurst y de Ginzberg, aunque entrecruzado con la teoría de las necesidades de Maslow o de Roe, ya citados en otro capítulo de esta obra.

El orientador, para Mathewson, podrá observar que las necesidades de los orientados convergen, comúnmente, en cuatro áreas:

1. Necesidad de entender su propio yo en relación con la situación en que está desarrollándose.
2. Necesidad de adaptarse a ella y a su propio yo según las demandas de esa realidad y de las circunstancias.
3. Necesidad de ubicarse en el presente o en condiciones futuras.
4. Necesidad de ver realizado su ego y de desarrollar sus potencialidades individuales.

Cada una de estas áreas incide, en realidad, en la actividad orientadora que discurre según estas premisas: 1) relacionado con la necesidad de comprender mejor las propias características individuales y de responderse a la cuestión ¿quién soy?, surge el proceso de evaluación e interpretación de lo individual, lo cual precisa de ayuda profesionalizada; 2) del mismo modo, al interrogante «¿cómo resolver mis problemas?» o «¿cómo aprovechar al máximo mis estudios?», hay que plantear la adaptación y ajuste a los requerimientos cotidianos, mediante una intervención profesionalizada de ajuste; 3) la necesidad de ubicación, de mirar alrededor, de seguir adelante, de crear planes para el futuro y de prever objetivos y valores a largo plazo, cae plenamente dentro de una función de guía; finalmente, 4) el proceso de desarrollo: «conseguir el máximo de mí mismo», «seguir hacia adelante» requiere una orientación cuidadosa, para examinarse y controlarse a sí mismo y para descubrir y reseguir experiencias muy esenciales para el desarrollo personal.

Mathewson considera que la orientación para el desarrollo cubre cinco funciones primordiales, complementadas con unas subfunciones a ellas asociadas:

FUNCIONES	SUBFUNCIONES ASOCIADAS
1. *Trabajo individualizado.*	Análisis, evaluación, interpretación, descripción de la persona en el marco de: a) sus problemas y necesidades personales y b) los problemas y necesidades institucionales (agrupamiento, clasificación, educación especial, etc.).
2. *Asesoría y consejo en grupo.*	Comunicación informal y entrevistas con el alumnado, consejo y sus técnicas.
3. *«Consulting»*	Comunicación entre profesores, padres, administrativos, representantes de la comunidad y otros.
4. *Coordinación*	De datos, de casos, de actividades, de procedimientos orientadores.
5. *Programación*	Planificación y aplicación de estrategias apropiadas y actividades para lograr los objetivos y funciones del Programa Orientador.

Una panorámica general de los servicios de asistencia personal en un sistema escolar, incluyendo el componente orientador, comprendería unas fases fundamentales y unas actividades a ellas asociadas:

FASES CLAVE	FASES OPERATIVAS RELACIONADAS
1. Orientación.	1. Actividades dentro del grupo-clase.
2. Servicios psicoclínicos.	2. Actividades cocurriculares.
3. Servicios médicos y de salud.	3. Trabajo instructivo en grupo.
4. Servicios de trabajo social.	4. Educación especial y pedagogía correctiva.
5. Servicios de admisión, registro y atención al alumnado.	5. Programas de experiencia laboral prevocacional.
6. Servicios especiales no instructivos.	6. Educación de padres.
7. Administración de tests y medida y evaluación.	7. Actividades comunitarias y relaciones públicas.
8. Servicios de supervisión y coordinación.	
9. Investigación, seguimiento y otros.	

Esta primera estrategia viene avalada por una pauta organizativa «universal» integrada y coordinada con el programa fundamental escolar, en la cual padres, profesores y especialistas colaboran en una proporción de un equipo orientador por 200 a 600 alumnos. Esa pauta presenta un núcleo central y otros periféricos que, a su vez, pueden repetirse según los niveles de escolaridad. *(Véase fig. 1.)*

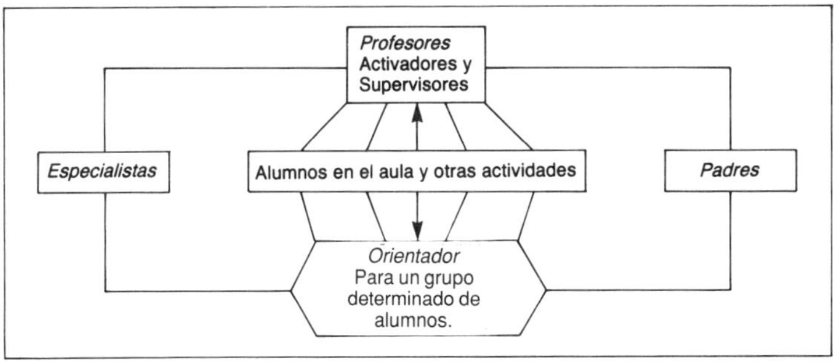

Figura 1. Pauta organizativa (según Mathewson).

Queda muy claro para Mathewson que la escuela es una más de las instituciones que condicionan la socialización de un individuo, y por un tiempo limitado. El concepto de tarea de desarrollo bien imbricado en el planteamiento comprehensivo e integral de la orientación se traducirá en una mejora para el desarrollo evolutivo de los orientados. De ahí que, para cada ámbito de necesidades, se sugieran diferentes procedimientos metodológicos y de actuación.

Procedimientos y metodologías específicas

Para el ámbito de la evaluación individual

a) La ficha o registro acumulativo para la orientación del grupo clase ha de reflejar el significado real de la contribución del profesor en el proceso de orientación. Consiste en un listado de los alumnos que deben ser observados según categorías significativas más urgentes y más necesarias. Pueden seleccionarse descriptores del máximo interés (Fig. 2).

b) Registro personal que el orientador tiene del alumno, que contendría: resumen de las entrevistas con él y con sus familiares; sinopsis de las entrevistas de consulta con los profesores, tutores y otros especialistas del sistema escolar y de la comunidad; sumario abreviado de datos del alumno: puntuaciones de los tests, información familiar, proceso, informe de casuísticas especiales; diario de casos interesantes, etc.

c) Estudio y evaluación de casos, diseñados desde varios niveles: análisis y revisiones hechas por los propios profesores de cada alumno individual; estimación del progreso de los alumnos; análisis de casos especiales que exijan envíos a especialistas y tratamiento desde equipos multidisciplinarios, etc. De enorme importancia en el estudio de casos es hasta qué punto el programa es evolutivo en su esencia y el grado en que el alumno, *por sí mismo*, adquiere la responsabilidad en el registro de su propio progreso, después de haberse entrevistado con profesores u orientador.

Otros procedimientos serían el análisis de la entrevista, la autobiografía, los registros anecdóticos y el pase de tests.

Para el resto de los ámbitos, a continuación se presentan los procedimientos idóneos y más usuales —siempre según Mathewson—:

Ambito del proceso de adaptación.

Procedimientos:

a) Observación de la conducta y su evaluación.
b) Entrevista y consejo (Buchheimer, 1961).
c) Estudio integrado de casos desde diversos especialistas.
d) Colaboración padres-tutores-orientador.
e) Consulta entre orientador y familia.
f) Juegos y terapia de grupos.
g) Alteraciones de las situaciones establecidas.
h) Ayuda complementaria de personas con experiencia.
i) Envío a servicios especializados.

	ALUMNOS									
Descriptores	AX	BY	CZ	LM	NO	AE	AI	AO	AV	etc.
1) *Funcionamiento mental* Rapidez comprensión. Memoria. Capacidad de juicio y raciocinio. Planificación. Originalidad. Resolución de problemas. Agudeza. Previsión.										
2) *Funcionamiento físico* Coordinación. Energía. Vitalidad. Control.										
3) *Desarrollo académico* Conocimiento de las asignaturas. Habilidad para aplicar lo aprendido. Dominio de habilidades básicas. Motivación para el aprendizaje.										
4) *Expresión* Fluidez y claridad oral. Fluidez y claridad escrita. Manifestaciones de la conducta.										
5) *Tono emocional* Dirección. Espontaneidad. Vitalidad. Capacidad de respuesta.										
6) *Estatus personal* Confianza. Independencia. Seguridad en sí mismo. Equilibrio.										
7) *Relaciones sociales* Percepción. Confiabilidad. Cooperación. Liderazgo.										
8) *Otras categorías* Habilidad para la lectura. Salud. Condiciones familiares.										

Figura 2. Descriptores interesantes para una orientación evolutiva.

j) Uso de inventarios y cuestionarios de problemas y necesidades.
k) Tests de conocimientos.
l) Técnicas sociométricas.
m) Uso de recursos comunitarios.

Ámbito de la ubicación y guía:

a) Orientación dirigida al grupo clase, sobre todo en valores sociales y oportunidades educativo-ocupacionales.
b) Exploración de la situación de uno mismo a partir del compromiso individual y de la participación.
c) Orientación individual hecha por los propios profesores: sugerencias para aplicar la información a la clase; provisión de módulos de referencia con incidencias ilustrativas; asistencia y seguimiento de los proyectos individuales.
d) Programas de orientación acumulativa para la madurez del concepto de sí mismo, toma de decisiones para estudios posteriores, resolución de conflictos, etc.
e) Recursos orientativos de amplio espectro institucional: bibliotecas, recursos comunitarios, conferencias sobre ocupaciones y profesiones, programas y currículos.

Ámbito del desarrollo evolutivo:

a) Consejo y exploración de la propia situación personal: expectativas, autopercepción, evaluación de los puntos estratégicos, estimación del propio progreso en función de las aptitudes y las necesidades, aplicaciones en el aula, orientación de los valores y las actitudes, instrumentos para la orientación y la evaluación, participación de la familia.
b) Adaptación y desarrollo curricular (labor preeminentemente consultiva).
c) Relación entre orientación y experiencias curriculares.
d) Orientación a grupos especiales: ciegos, disminuidos, inadaptados sociales, políticas de remotivación y reacondicionamiento.
e) Actividades y proyectos de la escuela con la comunidad: viajes, conferenciantes, visitas, experiencia laboral, orientación familiar, etc.
f) Centros de orientación insertos en la comunidad.

Estrategias modernas y contemporáneas

La educación psicológica

A principios de los años setenta la orientación centrada en la dinámica del grupo clase unida a los hallazgos de los procesos evolutivos se funden con otros componentes en lo que se ha venido a denominar educación afectiva o psicológica. En efecto, evidenciadas las deficiencias de la orientación terapéutica o correctiva, ciertos teóricos (Rustad y Rogers, 1975) apoyan sus propuestas y experiencia en la teoría cognitivo-evolutiva intentando comparar el enfoque intervencionista —entonces en sus inicios— con el desarrollo psicológico de los alumnos. Esta confrontación comprendía una formación dual que capacitaba a los estudiantes a devenir comprometidos activamente en el proceso de aprendizaje y en las tareas de desarrollo de las asignaturas académicas instrumentales.

El curso secuencialmente aplicado constaba de ocho fases que contenía aspectos como: desarrollar habilidades para la escucha, cohesión en el aula, atmósfera de cooperación profesor/alumno, creación de condiciones para la confianza en sí mismo, identificación de problemas relacionados con las técnicas del consejo, enseñanza de pautas comunicativas no verbales, observación de sesiones de consejo y orientación, integración de los componentes del mensaje —contenido verbal, sentimientos y contenidos no verbales—, etc.

Mosher y Sprinthall (1971, 1973) consideraban que las únicas subfunciones preventivas previstas en el ámbito escolar eran: 1) adaptar o ajustar a los estudiantes a la institución y 2) determinar los cursos a seguir y el marco institucional donde acudir; el orientador se limitaba, a una pequeña parcela del consejo en una escuela con claras deficiencias. Se imponía modificar la instrucción como transmisión provocadora de reacciones amargas y alienadoras y la inserción de «experiencias educativas diseñadas para influir en el desarrollo personal, ético, estético y filosófico de los adolescentes, alumnos y jóvenes». Debía modificarse el currículum reconsiderando los siguientes supuestos previos:

1) Es muy válido conocerse a sí mismo y examinar la propia vida; 2) se dan unas etapas evolutivas, una secuencia en el crecimiento psicológico personal; 3) las formas tradicionales de la escolarización tienen un efecto directo mínimo en el conocimiento de uno mismo; 4) los procesos psicológicos y emotivos pueden ser enseñados; 5) el conocimiento de estos procesos pueden contribuir tanto a un mejor desarrollo emocional y autocomprensivo del orientado como a generalizar este conocimiento a la aptitud para relacionarse con otras personas.

Los objetivos específicos propios de un currículum para la educación psicológico comprenden varias áreas:

Respecto al propio yo de la persona que está siendo educada psicológicamente:

Objetivos específicos:
a) Identificar sentimientos de las reacciones subjetivas.
b) Comprenderse a sí mismo en una circunstancia y momento dados.
c) Expresar sus propios sentimientos.
d) Ser espontáneo y creativo.
e) Comportarse según las valores personales.
f) Saber percibir y expresar lo que desea llegar a ser.
g) Capacitarle para iniciar el cambio hacia la dirección que haya escogido.
h) Saber formular un conjunto de significados personales dentro de la filosofía personal adoptada.

Respecto a los demás:
a') Capacidad de escuchar a los otros sus ideas y sus sentimientos.
b') Percibir y juzgar al prójimo correcta y eficazmente.
c') Responder a los sentimientos ajenos.
d') Saber relacionarse con los demás y desarrollar relaciones interpersonales más complejas y profundas.

El currículum mínimo se cursa a través de actividades convencionales (elaboradas en función de los estadios clásicos: infancia, adolescencia y adultez) de talante personalizador, como comunicación e improvisación teatral, interacciones grupales, seminarios y trabajos de laboratorio y actividades relacionadas con el consejo (reflexiones sobre el desempeño de papeles, filmes y experiencias exploratorias, etc.).

Existe cierto acuerdo generalizado sobre el concepto de educación psicológica. Weinstein (1973) la etiqueta como la «educación de la autosabiduría» o «la educación del conocerse a sí mismo». Su implantación exige una serie de programas de formación en todas aquellas tareas, conceptos y actitudes que amplíen el propio conocimiento en función del único y propio estilo de ser y estar en el mundo. Exigencia que se conseguirá progresivamente formando a los alumnos a percibir más a fondo su relación consigo mismo, con los demás y con el resto del mundo, anticipando con mayor precisión los fenómenos de su experiencia personal. La formalización del proceso que facilita la reflexión personal se cristaliza en una forma atrompetada que facilita la investigación de sí mismo pasando por escalones o estadios sucesivos (Fig. 3).

Otros autores (Ivey y Alschuler, 1973; Cottingham, 1973) diseñan actividades parecidas (experiencias creativas implicadas en la fantasía, ejercicios de comunicación no verbal, desarrollo y exploración de las respuestas emocionales, vivencias intensas aquí y ahora, etc.) combinándolas con el proceso curricular, obligando a que la labor orientadora sea planificada previamente y con mucho cuidado. Surge un obstáculo digno de discusión: si los orientadores habrán de estar muy impuestos en las técnicas de enseñanza y la metodología didáctica.

Finalmente, merecerían especial mención aportaciones del consejo evolutivo centrado en el total desarrollo humano a través de cinco niveles de capacitación, tan originales como las propuestas de su autor (Blocher, 1966): *nivel pánico*, en el que la persona es fundamentalmente incapaz de enfrentarse a la vida; *nivel de inercia*, caracterizado por el control sobre aspectos vitales muy a corto plazo, por poco o ningún control, por la incapacidad de responsabilizarse de la propia conducta o por demostrar indiferencia o desconfianza; *nivel de esfuerzo*, que ya plantea objetivos y planes aunque vacilantes; *nivel de enfrentamiento*, en el que la persona ya ha ganado cierto control sobre amplios segmentos de su vida vista como un reto y *nivel de dominio*, que le permite el ingreso en la interacción activa con el medio, la educación y la seguridad en muchos de sus papeles. La vida adquiere sentido y se siente comprometida en proyectos trascendentes a su propia existencia.

Tendencias en la orientación evolutiva

Los programas de orientación para el desarrollo en las escuelas elementales categorizan la tarea en acciones más o menos convergentes en éstas (indicadas por Wehrly, 1981):

1. Desarrollar y mejorar el autoconcepto de los estudiantes.
2. Mejorar las relaciones inter pares.
3. Promover la autodisciplina del alumno.
4. Ayudar a los padres, alumnos y profesores a mejorar sus relaciones interpersonales.
5. Ayudar a los discentes a progresar académicamente.

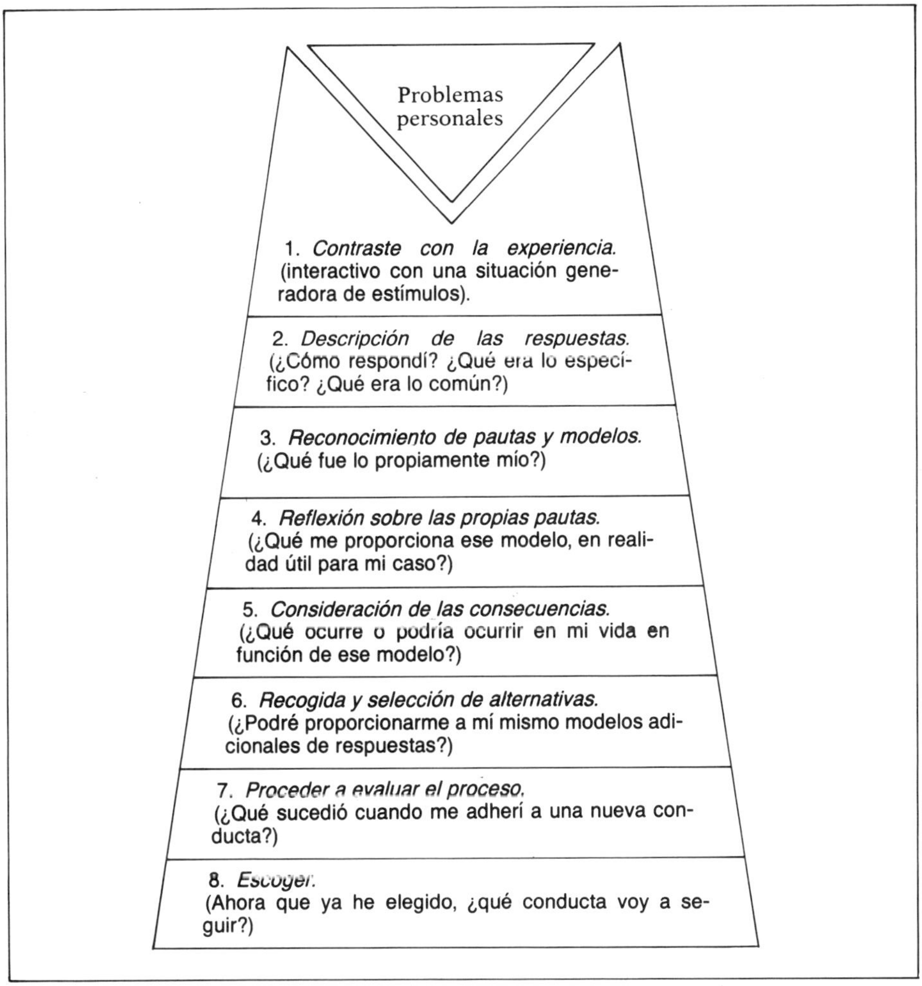

Figura 3. El proceso de autoeducación psicológica (adaptado de G. Weinstein, 1973).

6. Desarrollar y comprender el análisis del mundo laboral mediante actividades de desarrollo vocacional.
7. Construir ambientes escolares efectivos.

En esta misma línea se podría intentar la orientación como consulta, los servicios a los padres de familia (Dinkmeyer, 1973), la optimización de la aptitud lectora, los programas de mejora de los hábitos y técnicas de estudio, los programas de formación de profesores para que utilicen técnicas más humanísticas que autoritarias y, fundamentalmente, la atención que se da ahora a los programas de orientación profesional dentro del movimiento de educación para la carrera (Rodríguez, 1986).

Referencias y bibliografía

BLOCHER, D., *Developmental counseling*, The Ronald Press, Nueva York, 1966.

BUCHHEIMER, A. y BALOGH, S., *The Counseling Relationship: A Casebook*, Science Research Associates, Chicago, 1961.

DINKMEYER, D., *Consulting: Facilitating human potential and change processes*, Columbus, Ohio, Merrill, 1973. En castellano y con J. Carlson: *El consultor psicopedagógico en la escuela*, Guadalupe, Buenos Aires, 1976.

ERIKSON, E.H., «Growth and crises of the healthy personality», *Psychological Issues*, 1959, n.º 1, pp. 50-100.

HAVIGHURST, R.J., *Human Development and Education*, Longmans, Green and Co., Nueva York, 1953, 1-8 y 28-41.

LITTLE, W. y CHAPMAN, A.L., *Developmental Guidance in Secondary School*, McGraw-Hill Book Co., Inc., Nueva York, 1953, 12-15.

MATHEWSON, R.H., *Guidance Policy and Practice*, Harper and Row, P.G., Nueva York, 1962³, 15-16 y 193-226.

MOSHER, R. y SPRINTHALL, N.A., «Psychological education in secondary schools: A program to promote individual and human development during adolescence», *The Counseling Psychologist*, 1971, 2, 4, 3-98.

PETERS, H.J. y FARWELL, G.F., Guidance: *A Developmental Approach*, Rand McNally and Co., Chicago, 1967², 4 y ss.

RODRIGUEZ, M.ª L., *Com educar i orientar professionalment a l'escola*, CEAC, Barcelona, 1986.

RUSTAD, K. y ROGERS, C., «Promoting psychological growth in a High School class», *Counselor Education and Supervision*, 1975, *14*, 277-285.

SPRINTALL, N.A., «A Curriculum for Secondary Schools: Conselors as Teachers for Psychological Growth», *The School Counselor*, 1973, mayo, *20*, 361-369.

SUPER, D.E. y otros, *Career Development Self-Concept Theory*, College Entrance Examination Board, Nueva York, 1963.

TYLER, L., *La función del orientador*, Trillas, México, 1972.

WEHRLY, B., «Developmental counseling in United States Schools: Historical Back-ground and recent Trends», *International Journal for Advancement of Counseling*, 1981, *4*, 51-58.

WEINSTEIN, G., «Self-Science Education: The Trumpet», *Personnel and Guidance Journal*, 1973, *51*, mayo, 600-606.

ZACCARIA, J.S. y BOPP, S.G., *Approaches to Guidance in contemporary education*, Carroll Press, Cranston, 1980.

7
La orientación desde la perspectiva del consejo

Presupuestos fundamentales

Considerando la orientación como un concepto global continuo y procesual, se podría localizar el consejo en el extremo opuesto a la situación generalista del sistema orientador; es una realidad el enfoque más especializado de todos los que conforman la labor de ayuda y ha sido posible gracias al despliegue que en los últimos cincuenta años ha venido sucediendo en el ámbito de las teorías de la personalidad, de las teorías de la salud mental e incluso de las de psiquiatría.

Son bastantes las opiniones que coinciden en admitir que el consejo (*counseling* u orientación personalizada) surgió como una lógica reacción al enfoque generalizador de la orientación (*guidance*), puesto que se argumentaba que ésta no conseguía alcanzar sus propios objetivos y que por otra parte no era una labor demasiado profesionalizada. A.W. Combs, en 1971, expone que el orientador debe ser un auténtico profesional de la ayuda y debe conocer la materia que trata a la vez que saber cómo actuar. Dice textualmente:

> «Las profesiones de ayuda son profesiones aplicadas y requieren *hacer* algo con conocimiento de causa. En todas ellas existen los teóricos y los prácticos. En medicina, por ejemplo, hay especialistas en anatomía o en bioquímica y el médico que traslada esta información al trabajo diario junto a sus pacientes. En educación, hay pedagogos que investigan ciertos aspectos del saber y maestros que ayudan a los alumnos a descubrir su significado. La psicología tiene a sus psicólogos experimentales investigando los principios de la conducta humana y a sus consejeros aplicando esta información a sus clientes (...). Dado que el teórico y el práctico deben coexistir bajo una misma piel, de ahí se deduce que del conocimiento teórico solo no sale un buen consejero.»

El consejo tiende a centrar su trabajo en aquella persona que precisa una ayuda individual e intensiva en su problemática psicológica y relacional, ayuda que difícilmente podrá recibir de sus profesores o de sus orientadores. Los consejeros (*counselors* en terminología anglosajona, cuya traducción al castellano es harto difícil y que en muchas obras se asimila —contradictoriamente— a la palabra orientador) se ven a sí mismos más cercanos a los psicoterapeutas que a los orientadores escolares[1] y afirman que sus técnicas son determinantes para alcanzar los objetivos de la orientación personalizada. A pesar de ello, esta tendencia, que intenta por todos los medios superar las deficiencias del consejo no especializado introduciendo la necesidad de una rígida formación y actuación de consejeros altamente especializados, puede correr el riesgo de devenir un consejo muy directivo.

Qué se entiende por consejo

Desde una perspectiva histórica, las definiciones de consejo, desde 1945, han sido variadas y progresivamente más matizadas: por ejemplo, consejo es «ayuda individualizada y personalizada para resolver problemas personales, educativos y vocacionales, a través de la cual se estudian y analizan los hechos, se clarifican soluciones con la ayuda de especialistas y de los recursos comunitarios y escolares, y por medio de la entrevista. En ésta se enseña al aconsejado a tomar sus propias decisiones». O también la que nos da G. Wrenn cuando dice: «Consejo es una relación dinámica e intencional entre dos personas, en la cual los procedimientos varían en función de la naturaleza de las necesidades del alumno, pero en la que siempre se da una mutua participación entre orientador y orientado enfocada a la clarificación y determinación y del orientado mismo».

Pueden ser derivadas ciertas características comunes al conjunto de definiciones de consejo:

a) La noción de que aconsejar tiene como principal objetivo el ayudar a las personas a tomar decisiones y a comportarse en función de ellas; en otras palabras, a poder responderse a la pregunta «¿qué haré?», «¿qué haría?». Leona Tyler es una de las más conspicuas defensoras de esta actitud, tal como indica en su obra: «...el objetivo de la orientación es facilitar las elecciones prudentes, de las cuales depende el perfeccionamiento ulterior de la persona».[2] Otros autores están de acuerdo en que el elemento electivo es la clave del consejo (M. Katz, 1969, E.L. Shostrom y L.M. Brammer, 1952, y L.R. Wolberg, 1967). Y de estas aportaciones teóricas han ido surgiendo desde 1970 una inmensa cantidad de sistemas de consejo y guías de autoorientación dirigidos primariamente al desarrollo de la toma de decisiones, tanto personales como vocacionales.

b) El aprendizaje es otra característica que se usa a menudo al definir el consejo, utilizado en las investigaciones y estudios de los aspectos conductuales del proceso de aconsejamiento. Por ejemplo, los conocidos autores J.D. Krumboltz y C.E. Thoresen definen el consejo conductista como «el proceso de ayudar a las personas a aprender cómo resolver ciertos problemas

1. El lector deberá profundizar el controvertido tema de la distinción entre el consejo y la orientación en el libro de A.V. Boy y G.J. Pine, *El Consejero escolar, un nuevo concepto*, Narcea, Madrid, 1976, 1977-1976 quienes distinguen las funciones, el proceso y la estructura de ambos. No obstante, ésta es una de las zonas más oscuras de la Teoría de la Orientación, ya que cuesta mucho definir los límites entre ambos conceptos.

2. Véase la explicación previa a esta definición en las páginas 19 a 33 de *La función del orientador*, Trillas, México, 1972.

más interpersonales, emotivos y de decisión». No obstante, la distinción entre qué es lo que facilita el proceso de aprendizaje y cómo tiene lugar es aún un escollo que las diversas teorizaciones no han logrado superar.

c) El perfeccionamiento de la personalidad podría ser otra característica común a las definiciones de consejo. Por ejemplo, E.S. Bordin (1975) indica al principio de su obra: «Cuando una persona interactúa con otra, esa experiencia se puede realizar de acuerdo con un plan o desempeñar inadvertidamente un papel en el proceso de desarrollo personal. Asesoría (consejo) y psicoterapia son términos que se han empleado para referirse a la interacción donde una persona, llamada consejero o terapeuta, ha adquirido la responsabilidad de conducir este proceso de interacción, de tal manera que contribuya positivamente al desarrollo de la personalidad de la otra persona participante en ella». No obstante, aún no están de acuerdo todos los teóricos del consejo en las formas cómo el desarrollo de la personalidad puede optimizarse mejor.

d) Una de las concepciones del consejo asume sus efectos en la clarificación de papeles o funciones de la persona. Aunque existan acusadas discrepancias sobre qué deberá ser el consejo, lo que sí queda bien delimitado es el hecho de que el objetivo del consejo es ayudar a la persona a comprender la esencia de las funciones que debe desempeñar y, una vez comprendida, avanzar por esa vía con las mejores garantías de éxito. Funciones que abarcan, para cada orientado, una clara percepción de sí mismo, y para cada sociedad el reconocimiento de las diferencias individuales y el compromiso de asumir el total perfeccionamiento de todas las personas.

Resumiendo las anteriores posturas, H.M. Burks y B.Stefflre (1979) proponen una definición comprehensiva a nuestra consideración: «El consejo denota una re lación profesional entre un consejero formado y un cliente. Esta relación generalmente tiene lugar de tú a tú, aunque a veces puede incluir a más de dos personas. Pretende ayudar a los clientes a entender y clarificar sus puntos de vista desde su espacio vital y a aprender a alcanzar sus objetivos previstos mediante elecciones conscientes y bien documentadas, y mediante la resolución de problemas de naturaleza emocional o interpersonal».

La práctica del consejo

Iniciar un proceso de *counseling* obliga al consejero profesional a enmarcar su labor en una estructura previamente planificadora con un mínimo de profesionalidad. R.H. Byrne expone que una definición de consejo profesional debe, por lo menos, satisfacer estas cuatro demandas:

1. Ha de ser un servicio de ayuda hecho por una persona profesionalmente preparada para aconsejar.
2. Debe tener la intención de influir en la conducta de aquella persona que busca ayuda para planificar, decidir o para satisfacer sus relaciones interpersonales.
3. Debe inducir hacia el perfeccionamiento y el cambio de esa persona.

4. Debe usar la relación personal individualizada y las técnicas verbales, que habrán de basarse en los descubrimientos científicos del conocimiento de la conducta humana en general y en la naturaleza del cambio de conducta a través del consejo en particular.

Así, la práctica del consejo se basa, actualmente, en tres tipos de teorías y cada orientador se adscribe con más o menos intensidad a una de ellas:

1. Una teoría de la personalidad, que aportará al consejero todas las bases y estrategias a seguir respecto a lo fundamental de la dinámica de lo humano.
2. Una teoría del consejo, que le irá indicando las técnicas específicas y los procedimientos para el proceso formador.
3. Una teoría personal elaborada por el propio orientador.

El proceso asume los tres pasos y éstos, de hecho, pueden interrelacionarse para indicar, simultáneamente, los principios aplicados a las prácticas orientadoras (véase figura 1).

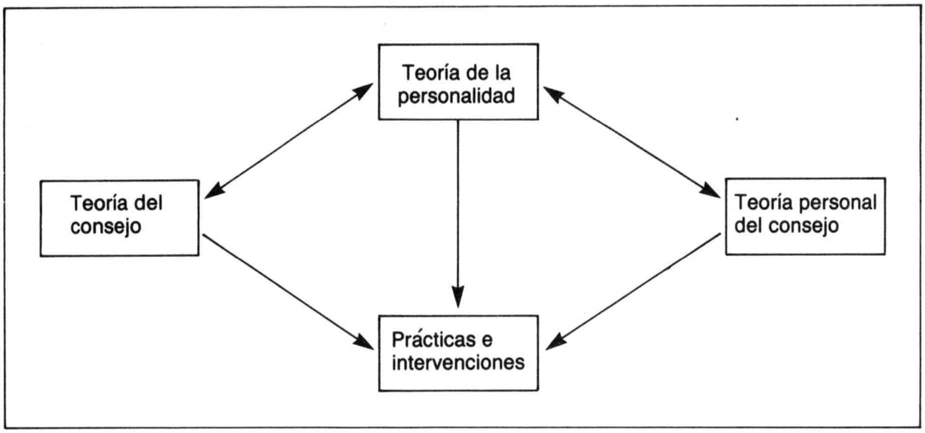

Figura 1. Interrelaciones teoría/práctica.

En 1966, C.H. Patterson analizaba los componentes esenciales del consejo entendido de manera procesual y que, resumidos, son:

a) Ciertas características del consejo: «interés sincero por ayudar al cliente; deseo de ayudarle, de influir en él o de cambiarle; aceptación o respeto por el cliente como persona, como individuo, con todo lo que ello significa, aceptarle a pesar de sus problemas y dificultades o de sus características desagradables».
b) Genuidad del terapeuta o «autocoherencia». Otros lo llaman «sinceridad», «honestidad», «apertura». Los existencialistas utilizan el término «autenticidad».
c) El hecho de que cada consejero crea y confíe en la terapia y en los métodos que utiliza.
d) Lo que determina las características y aportación del terapeuta es la percepción que el cliente tiene de él. «Así pues, las características del cliente, sus actitudes, su postura, son aspectos de gran importancia en la relación.»

e) Proporciona las condiciones que faciliten el cambio en el aconsejado.
f) Exige por parte del orientador saber escuchar y comprender.
g) Se realiza en privado y los contenidos de la entrevista son confidenciales.
h) La relación personal o entrevista es el foco, el punto central del proceso de consejo. (Vid. Patterson, 1987.)

Distinción entre consejo, orientación y psicoterapia

Podríamos afirmar que cualquier técnica de consejo es compleja en tanto que trata deliberadamente de cambiar conductas y se basa, generalmente, en alguna teoría que sirva de guía para conocer si con lo que se ha hecho se ha ido consiguiendo el objetivo propuesto. Por otra parte, el funcionamiento del consejo depende de la organización y funcionamiento del centro educativo, de la calidad de los consejos empleados, de los puntos de vista de los directivos y de los profesores, y de otras muchas variables, ya que está constantemente influido por la cultura y la sociedad.

A lo largo de estos últimos años se han dado intentos de definición de los términos consejo, psicoterapia y orientación, y de hecho muchos consejeros saben lo que quieren decir con estos tres vocablos hasta el momento en que tratan de distinguirlos o de diferenciarlos. La dificultad estriba en el tipo de relación interpersonal que se adopta para cada caso y que es común a los tres. Incluso relaciones como las de profesor/alumno, padre/hijo, amigo/amiga, incluyen elementos comunes a los tres términos. Otra razón de confusionismo es la similitud de las definiciones, debido a que éstas son muy genéricas.

La orientación (*guidance*) puede definirse como el proceso de ayuda a un individuo para que pueda comprenderse a sí mismo y al mundo que le rodea; el consejo (*counseling*) se ha aplicado a una amplia variedad de actividades que tratan de ayudar a una persona a resolver sus propios problemas. Una definición simple sería que el *consejo* es un proceso de aprendizaje a través del que los individuos aprenden acerca de sí mismos, acerca de sus relaciones interpersonales y de las conductas que le preparan para su desarrollo personal. Se ha definido también como un proceso a través del cual una persona con problemas (el cliente) es auxiliada a sentir y comportarse de un modo personal más satisfactorio a través de la *interacción* con una persona no comprometida (el consejero) que le provee de información y de condiciones que le estimulen a desarrollar conductas que le permitan relacionarse más eficazmente consigo mismo y con su medio. O también como un proceso de aprendizaje planificado para desarrollar la conducta adaptativa y para disminuir la conducta inadaptada.

La psicoterapia ha tenido innumerables definiciones, también poco específicas. En 1952, Lehner, de una manera algo irónica, definía la *psicoterapia* como «una técnica indefinida que se aplica a problemas no especificados con unos objetivos indefinidos», aunque realmente recomendaba una profunda formación para los que deseaban ser psicoterapeutas.

La psicoterapia podría definirse, asimismo, como el tratamiento, por procedimientos psicológicos, de problemas de naturaleza emocional, en el que una persona formada establece deliberadamente una relación profesional con el paciente con el objeto de cambiar, modificar o retrasar síntomas existentes de modelos de conducta anormales o distorsionados, a la vez que con el fin de promover un desarrollo y crecimiento positivos de la personalidad.

Los intentos de distinguir las tres cosas no han tenido demasiado éxito. Muchos profesionales creen que es una distinción artificial y que los términos son intercambiables. Otros creen que sólo se diferencian en la preparación de los programas de trabajo, sin más. No obstante, a pesar de que la orientación, el consejo y la psicoterapia tienen más carga de elementos comunes que distintos, vale la pena tratar de conocer las diferencias entre ellos.

Los tres tienen en su base una *relación de ayuda* que trata de auxiliar a una persona a conseguir la orientación de sí misma. Las distinciones entre los tres términos frecuentemente tienden a ser forzadas y teóricas más que prácticas. Por ello, aunque es preciso que la clarificación sea total, varios autores han hecho hincapié más en las diferencias que en las semejanzas y más en lo general que en lo específico. En síntesis, serían las siguientes:

1. La orientación es un término muy amplio que frecuentemente se aplica a una programación escolar global tanto de actividades como de servicios, encaminada a ayudar al alumnado a realizar y poner en práctica planes adecuados, y a conseguir un ajuste y una adptación satisfactorios en la vida. El consejo frecuentemente se ve como una parte de los servicios de orientación. Está incluido en el término orientación, dentro del cual más que un sinónimo es uno de sus múltiples servicios o actividades.
2. La psicoterapia generalmente implica un compromiso más profundo con la personalidad del individuo y se ocupa más de mejorar las condiciones de conducta más graves y serias. Los programas de orientación y sus servicios de consejo generalmente tratan sobre condiciones situacionales y/o ambientales. El consejo, así como el programa global de orientación, insisten en una planificación racional, en la solución de problemas y en la ayuda frente a una problemática situacional. La relación de consejo es mucho menos intensa en sus expresiones emocionales que la relación terapéutica.
3. Los que reciben el consejo son personas en situación más normal que los que precisan psicoterapia. Esta se aplica a los individuos con desórdenes psicológicos más profundos. El consejo dado al individuo eminentemente normal tiende a eliminar frustraciones y obstáculos que interfieren en su desarrollo, mientras que la psicoterapia intenta tratar los conflictos desintegradores o destructores de la personalidad.
4. Los enfoques del *counseling* se basan más en el presente, en el material *consciente* (hechos evaluables por la consciencia del cliente), mientras que los enfoques psicoterapéuticos tienden a marcar el material *simbólico*, histórico, confiando en la reacción y reconsideración de los procesos *inconscientes*.
5. Los servicios de consejo se organizan generalmente en escuelas, universidades, comunidades, organizaciones religiosas, servicios sociales, etc., mientras que los psicoterapéuticos se crean en clínicas, hospitales y en la consulta privada.
6. Los consejeros tienden a acentuar las potencialidades individuales positivas y su utilización en situaciones sociales y personales, mientras que los psicoterapeutas acentúan la diagnosis y la curación. Los consejeros emplean datos normativos; los psicoterapeutas están más cercanos a los datos *idiográficos*.

7. La psicoterapia exige un tiempo mucho más largo que el consejo para alcanzar sus objetivos. Este precisa de un tiempo relativamente breve y de contactos más limitados.
8. El consejo se considera como una ayuda o asistencia que se da a las personas para que consigan un claro sentido de su identidad, mientras que la psicoterapia trata de los conflictos interpersonales.

La figura 2 es un esquema que trata de relacionar la orientación y el consejo con la psicoterapia e incluso con la instrucción o enseñanza.

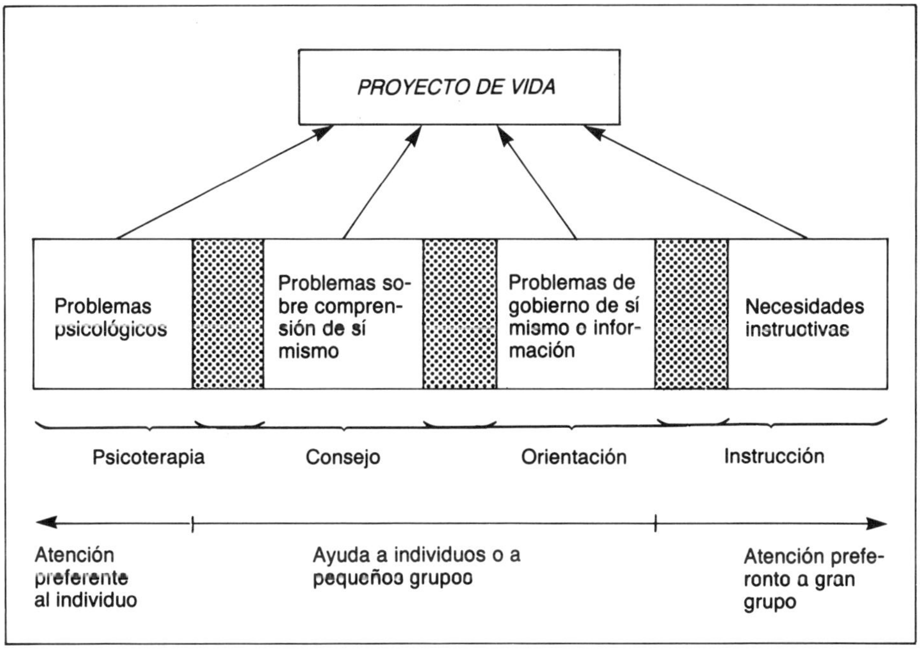

Figura 2. Interconexiones y diferencias entre orientación, consejo y psicoterapia.

La figura 3 explica cómo los problemas del hombre pueden delimitarse dentro de un *continuum* que es analizado y tratado por distintos especialistas, y con funciones terapéuticas y preventivas bien específicas.

Un modo sencillo y gráfico de distinguir sería conceptualizar la extensión o importancia que alcanza el descubrimiento de sí mismo en cada tipo de relación. B. Shertzer y S.C. Stone sugieren el desarrollo de la figura 4, que indica que cuando las relaciones se colocan en un *continuum* de autodescubrimiento, se comprueba que los que participan en una relación instructiva se descubren a sí mismos menos que los que participan en una relación de ayuda psicoterapéutica.

La aportación de J. Zarka (1977) a esta distinción es muy completa, al comparar entre distintos tipos de consejos y a éstos de la psicoterapia. Presenta el esquema interrelacionador de la figura 5.

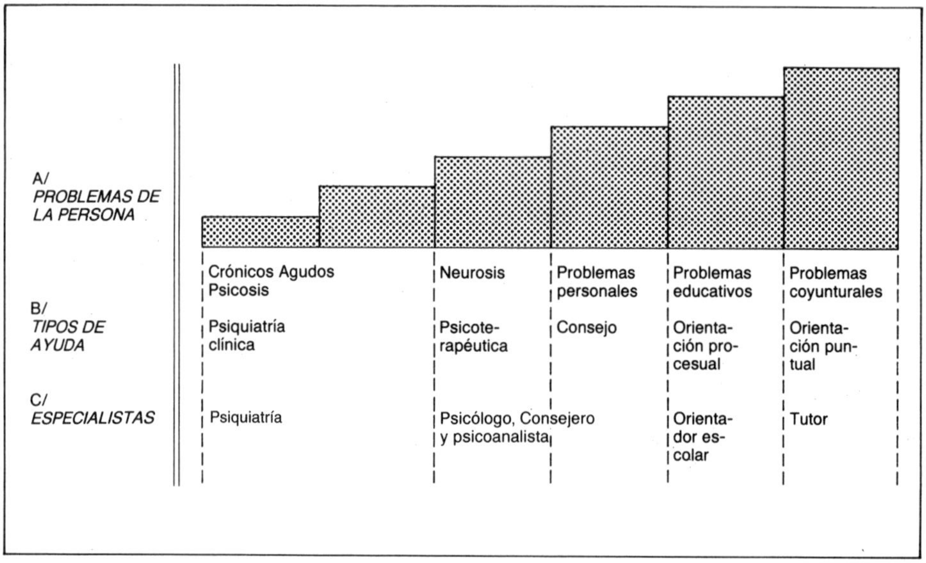

Figura 3. Progresión continua de los problemas humanos y tipos de intervención.

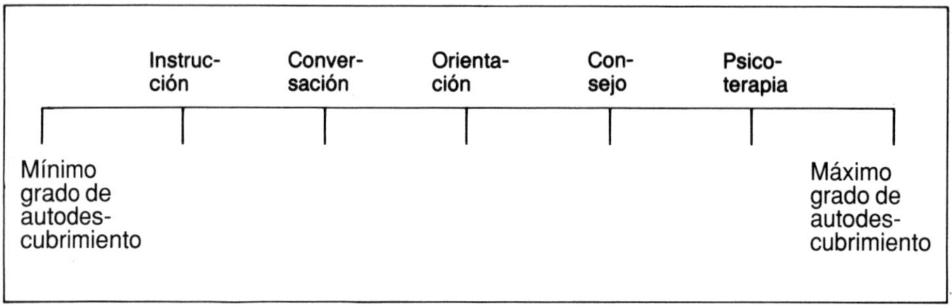

Figura 4. Grados de autodescubrimiento.

En la misma publicación, la autora, recapitula en un cuadro (figura 6) el proceso diferenciador de cada tipo de consejo analizando los nueve criterios siguientes:

- Finalidad u objetivo
- Ambitos de aplicación
- Población a la que va dirigido
- Aproximación específica
- Función del diagnóstico
- Informaciones extraídas del medio
- Restitución de informaciones sobre la persona
- Entrevistas

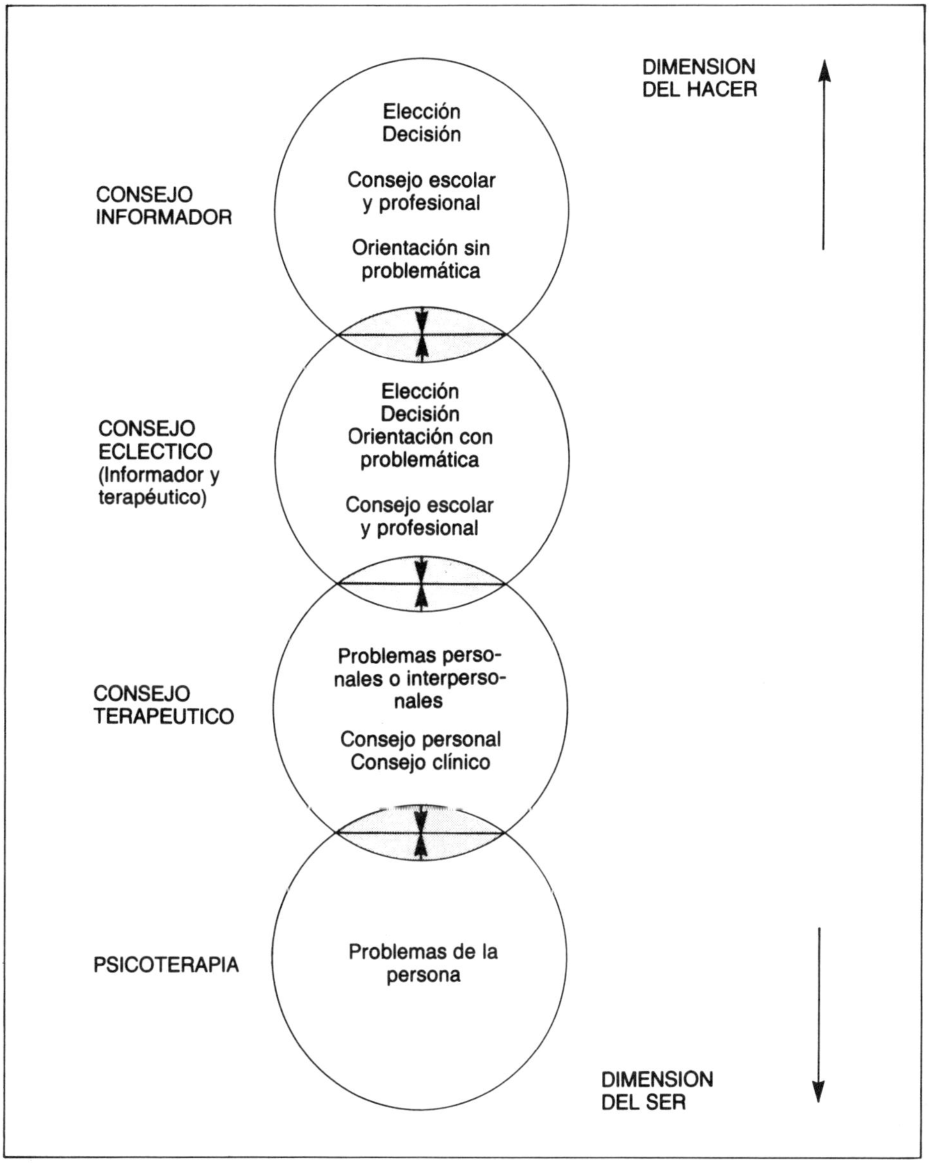

Figura 5. Ambitos y límites de los diversos tipos de consejo, según Josette Zarka.

	CONSEJO INFORMADOR	CONSEJO EVOLUTIVO	CONSEJO ECLECTICO	CONSEJO TERAPEUTICO
		Neutralizar impedimentos actuales		
OBJETIVO	Ayudar a orientarse. Orientar	Ayudar a orientarse / hacer evolucionar un problema presente.	Orientar Ayudar a orientarse / situar el problema entre paréntesis. Terapia «provisional» «paliar».	Resolver un problema fuera del campo de la orientación. Tratar una dificultad localizada. Algo diferente de psicoterapia.
		Terapia del problema		
AMBITOS DE APLICACION	Presencia de deseos de orientación. Ausencia o debilitamientos de estos deseos. Presencia de problemas personales importantes. Urgencia de la orientación.	Presencia de deseos —conflictivos —anárquicos —inmaduros —irrealizables Orientación continua. Problemas leves que impiden la decisión. Posibilidad de evolución.	Ausencia de deseos de orientación. Presencia de problemas personales importantes. Situación de difícil evolución. Conflictos agudos.	Conducta aislada. Conflicto permanente.
POBLACION	Sin problemas. Con problemas insolubles.	Problemas actuales.	La situación actual de los conflictos permanentes.	Dificultades personales / Aspecto psicopatológico
APROXIMACION ESPECIFICA	Examen	Examen y entrevista.	Entrevista y examen.	Entrevista y eventualmente examen.
FUNCION DEL DIAGNOSTICO	Indispensable	Diagnóstico del problema y de la persona necesaria para la orientación y evolución del problema.	Diagnóstico de la persona adecuada para localizar los conflictos.	Diagnóstico de la persona adecuada para localizar los conflictos y eventual descubrimiento psicopatológico.
INFORMACIONES EXTRAIDAS DEL MEDIO	Central. Informaciones motivantes.	Necesario: informaciones básicas y motivantes.	Utiles/ medios/ informaciones básicas.	Menores dentro de la problemática.
		Indicación para conductas informativas		
RESTITUCION DE LAS INFORMACIONES SOBRE LA PERSONA	Central. Feed-back descriptivo-discursivo. Si hay presencia de deseos: información prescripción. Si hay ausencia de deseos: información prescripción.	Necesaria. Feed-back descriptivo-discursivo. Soporte para autoexploración. Resorte del proceso evolutivo.	Utiles/medios. Descriptivo-interpretativo. Depende del sistema terapéutico utilizado.	Depende del sistema terapéutico utilizado.
ENTREVISTAS	*Objetivo:* Informar Influir	*Objetivo:* Evaluación de los deseos de orientación/ diagnóstico del problema. Facilitar la evolución de actitudes.	*Objetivo:* Terapéutica inmediata. Tratar el problema / apartar lo que es obstáculo para la decisión.	*Objetivo:* Terapéutica. Tratar una dificultad localizada.
	Asunto: Localizado sobre el problema.	*Asunto:* Localizado sobre las relaciones problema/persona.	*Asunto:* Localizado sobre las relaciones problema/persona.	*Asunto:* Localizado en la persona.
	Vertiente de la discusión factual-motivacional.	Vertiente de la discusión motivacional-factual. Auto-exploración en relación con los elementos reales.	Discusión en alternancia factual o terapéutica.	Discusión sobre todo terapéutica. Poco factual.
	Modo: Afirmativo-interrogativo/ Presente-futuro.	Modo: Interrogativo-probabilístico / presente-futuro/. Referencia prospectiva antes que introspectiva	Modo: Afirmativo-interpretativo / primero sobre el pasado. Referencia introspectiva antes que prospectiva.	Modo Interpretativo-afirmativo. / primero introspectivo. Referencia introspectiva.

	Técnica: Informativa / a veces prescriptiva, otras no directiva.	*Técnica:* no directiva en el fondo, a veces directiva en la forma.	*Técnica:* según la psicoterapia utilizada.	*Técnica:* según la psicoterapia utilizada.
	Sin respuesta privilegiada.	Modo de respuesta privilegiada: comprensión, reformulación → interpretación situacional	Modo de respuesta privilegiada, interpretación situacional o atribución psicoanalítica.	
		Copia provisional en todo método terapéutico.	Continuidad en las intervenciones.	Continuidad en las intervenciones.
	Lugar privilegiado de escucha: la manifestación.	*Lugar privilegiado de escucha:* no hay.	*Lugar privilegiado de escucha:* lo oculto.	*Lugar privilegiado de escucha:* lo oculto, ver el inconsciente.

Figura 6. Cuadro comparativo interrelacionador según Zarka.

Objetivos del consejo

Comúnmente se defiende que el consejo es la piedra angular, el corazón del programa de orientación. Es en la relación de consejo donde se acepta a los estudiantes sin restricciones condicionantes. Aunque es difícil que todos los consejeros acepten una definición específica de los objetivos o finalidades del consejo, para la mayoría los fines del consejo reflejan conjuntamente los sistemas de valores, el ejercitamiento, la percepción del rol individual y las necesidades en las que el individuo debe ser auxiliado o ayudado, y por ello puede llegarse a un acuerdo en los *fines generales* del consejo. Casi todos los consejeros están de acuerdo en que el fin fundamental del consejo es lograr un cambio en la conducta, el cual, a su vez, permitirá a quien lo reciba vivir una vida más fructífera y autosatisfactoria.

Por lo tanto, el fin del consejo escolar será ayudar a los estudiantes a explorarse y comprenderse a sí mismos, de tal manera que puedan ser individuos que se dirijan y gobiernen a sí mismos. Evidentemente, el consejo escolar se basa en la premisa de que en la *relación de consejo* el individuo es capaz de explorar la dinámica y las relaciones entre sus sentimientos, sus valores, su percepción de los demás, sus relaciones interpersonales, sus temores y sus elecciones vitales. De esta exploración surge el *insight*, el conocimiento de sí mismo, la clarificación del papel a desempeñar, y la programación y los cambios en la conducta.

Han sido escritas opiniones diversas acerca de los fines del consejo; he aquí algunas de ellas: C.R. Rogers: «El fin básico del consejo es una estructura del *yo* más apliamente fundamentada, la inclusión de una mayor proporción de experiencia como parte del *yo*, y un ajuste a la vida más confortable y realista»; L. Tyler: «Es en la serenidad relativa de un apacible ambiente de consejo, en donde le será más fácil a un individuo afrontar animosamente las confusiones escogiendo entre los ideales y valores que él mismo se ha propuesto, aquel o aquellos que le sean convenientes para, de ese modo, apoyarse en una filosofía práctica de la vida»; J. Krumboltz, criticando el consejo por sus objetivos ambiguos e indefinidos, ha dicho que los consejeros no directivos no tienen más que un objetivo, el de autoactualización *(self-actualisation)* del cliente y que lo influyen a éste. Sugiere que es el cliente quien debería seleccionar el o los objetivos a los que pretende llegar con el consejo, de tal modo que —para Krumboltz— ni los objetivos ni la práctica del consejo deben ser los mismos en cada caso; en cada objetivo convergen tres criterios: 1) Debe ser un objetivo deseado por el cliente; 2) El consejero debe ser capaz de ayudarle a conseguirlo; 3) Debe ser posible evaluar la medida en que el cliente ha conseguido su objetivo. R.H. Byrne clasifica los objetivos del consejo en: inmediatos: las intenciones concretas, momento a momento, dentro del proceso de consejo; intermedios: los que dependen de las razones por las que el estudiante intenta buscar ayuda en el consejo; últimos: derivados del sustrato filosófico y de la creencia sobre el ser humano que tenga el orientador.

El punto focal del consejo es para muchos la *planificación* y la *toma de decisiones*. Desde este punto de vista, los consejeros ayudan a los aconsejados a obtener toda la información necesaria del medio ambiente para poder tomar decisiones y conseguir la aceptación o clarificación de ciertas características personales que puedan interferir o estar relacionadas con la *toma de decisiones*. Esto no significa que el consejero deba decir a sus alumnos qué es lo que están bien o mal y qué deberían hacer. Los alumnos son auxiliados con el consejo para alcanzar su adaptación educativa y vocacional y su perfeccionamiento. El consejo, pues, se centra en el individuo, en sus problemas y en sus necesidades, y le ayuda enseñándole lo que precisa para resolver sus problemas. Así, el aconsejado llega a ser capaz e independiente para superar futuras dificultades.

Modelos o teorías más representativas de esta perspectiva

Propuestas de estructuración

Hay gran diversidad, pero de todas puede extraerse una enseñanza: la *teoría* es un modo práctico para poder hacer observaciones sistemáticas y explicar los fenómenos. La teoría —en *counseling*— intenta explicar y proporcionar conocimientos de qué es lo que ocurre en la relación del consejo. Todos los esfuerzos para explicar, predecir o evaluar lo que sucede en el consejo se fundamentan en las teorías del comportamiento humano. B. Stefflre y W.H. Grant afirman que la verdadera cuestión no es si nos adscribimos o no a una teoría, sino qué teoría será la más adecuada para nosotros y cómo la utilizaremos. Ante las inquietudes propuestas por el cliente, el consejero tiene que actuar según una teoría que le permita interpretar el significado de las propuestas y frases del cliente, y averiguar cuáles son los objetivos más adecuados a conseguir con el consejo, cuál es la función del consejero, qué técnicas son las más apropiadas, etc.

L.M. Brammer (1973) también ha recogido una serie de ideas acerca de la importancia de la teoría como para que el consejero construya una *teoría de la personalidad*. Sin embargo, expone que no se ha investigado ni demostrado que tenga una influencia definitiva en el éxito del consejo el hecho de que un consejero dependa a rajatabla de la definición, profundidad o detalle de una teoría equis, o de que una teoría sea mejor que otra. Pero realmente se espera que la complejidad actual de teorías vaya, progresivamente, tendiendo a la unificación, y que la reflexión sobre sus puntos coincidentes o diferenciales, desemboque en un análisis crítico.

En su propuesta, C.H. Patterson indica que las teorías fundamentales del consejo deberían estar clasificadas de la siguiente manera:

a) Enfoques racionalistas del counseling:
   — E.G. Williamson y el enfoque de la escuela de Minnesota.
   — Psicoterapia emotivo-racionalista: A. Ellis.
b) Teorías del aprendizaje aplicadas al counseling:
   — Teoría del refuerzo y terapia psicoanalítica: J. Dollard y N. Miller.
   — Psicoterapia por inhibición recíproca: J. Wolpe.
   — Enfoque de J.B. Rotter sobre el aprendizaje social.
   — Fundamentos teóricos del aprendizaje en la terapia conductista: F.H. Kanfer y J.S. Phillips.
c) Efectos psicoanalíticos del counseling:
   — El counseling psicológico de E.S. Bordin.
   — Teoría psicoanalítica de F. Alexander.
d) Enfoques perceptivo-fenomenológicos del counseling:
   — Teoría de los constructos personales: G.A. Kelly.
   — Enfoque transaccional de R.R. Grinker.
   — Terapia gestaltista de F.S. Perls.
   — Terapia centrada en el cliente de C.R. Rogers.
e) Psicoterapia existencial:
   — Logoterapia de V.E. Frankl.
f) Postura ecléctica:
   — Sistema ecléctico de F.Ch. Thorne.
   — La teoría comprehensiva de S.K. Gilmore.

Otros autores (Crites, 1969; Beck, 1973, entre otros) presentan estructuras complementarias que facilitan la comprensión de los movimientos filosóficos subyacentes a cada teoría. Nosotros nos restringiremos a las más significativas y cuyo desarrollo convenga mejor a nuestro contexto sociocultural y escolar, aunque esbozaremos la siguiente propuesta clasificatoria y esquemática muy exhaustiva:

TEORIAS DEL CONSEJO Esquema General*	
1. *Psicoanalíticas* E.S. Bordin F. Alexander	5. *Conductistas* J. Dollard y N. Miller J. Krumboltz y C. Thoresen J. Wolpe F.H. Kanfer y J.S. Phillips
2. *Basadas en la psicología individual* A. Adler R. Dreikurs	6. *Terapia realista* W. Glasser
3. *Perceptivo-fenomenológicas* Psicoperceptivas de D. Snygg y A.W. Combs De constructos personales, de G.A. Kelly Terapia gestáltica, de F. Perls Terapia centrada en el cliente, de C.R. Roger Análisis transaccional, de E. Berne.	7. *Psicoterapia existencial, logoterapia* V.E. Frankl R. May 8. *Del desarrollo* J. Dinkmeyer
4. *Racionalistas o de rasgos y factores* E.G. Williamson A. Ellis	9. *De la terapia familiar* V. Satir

* Esquema sugerido por la autora, M.ª Luisa Rodríguez, Universidad de Barcelona (España), 1987.

La orientación personal (consejo) y el conocimiento de sí mismo

La tarea de cada orientador es entender, respetar y aceptar a cada alumno dentro del sistema educativo. Uno de los hitos más debatidos en la comprensión del desarrollo de la personalidad individual es el camino que se ha seguido —y sigue— en la medición de la misma. Hasta qué punto se puede separar la influencia del medio ambiente de la herencia; hasta qué punto los sistemas *testing* y de medida son idóneos o suficientes para aproximarse a la personalidad. La medida y la evaluación deben ser procesos más que recolección de datos característicos y proceso también es cualquier sistema que intente evaluar al ser humano desde cualquier punto de vista, requiriendo por otra parte técnicas de un grado de especialización elevado.

Hay dificultades graves de encontrar un lenguaje común para definir la personalidad; y aunque se acabara hallando ese lenguaje, sería realmente imposible mantenerlo dada la característica de la especie humana de su *variedad*. No obstante hay un acuerdo general de que es la *persona integrada* el principal y primer objetivo de los programas de orientación. La dificultad reside en adaptar esos fines al adecuado conocimiento del individuo.

El estado actual de la cuestión

La orientación afortunadamente cuenta con bases muy elaboradas respecto al desarrollo de la personalidad, que posibilitan su estudio práctico. Estos estudios se centran preferentemente en lo que puede ser observado y en lo que puede ser medido de la conducta individual. De este modo y de acuerdo con las aportaciones de R.B. Cattell podríamos afirmar que la personalidad no puede ser definida más que a través de un método que permita la predicción de qué hará una persona en una determinada situación. Así pues, la conducta es una de las más significativas pistas para utilizarla en la medición y evaluación de la personalidad. H.J. Eysenck afirma, por su parte, que todo lo que podemos conocer de la conducta humana es extraído, en última instancia, de la observación de dicha conducta. McClelland, que también ha estudiado en extensión el desarrollo de la personalidad, sostiene esa misma postura cuando escribe que la personalidad es una interpretación teórica derivada de toda interpretación de la conducta de la persona.

Sin embargo, aceptar que la definición de personalidad se ha de basar en todo lo que de observable tenga la conducta no implica que deban olvidarse otras consideraciones del desarrollo evolutivo de mucha importancia.

Al contrario, se ha hablado mucho de una visión de la personalidad que se centre en encontrar la sustancia o estructura única que base el modo de ser distintivo de cada individuo. A pesar de ello, hasta ahora nadie ha descubierto cómo juzgar a una persona mejor que por sus actos. La definición de la personalidad en términos de conducta puede ser una buena fórmula, apropiada para un programa de orientación que busca la más precisa evaluación de todas las facetas del desarrollo individual.

El orientador debe conocer en primer lugar la naturaleza del individuo en función de cómo se desarrolla dentro de su sociedad, dado que la personalidad es sujeto de muchas modificaciones. Un conocimiento así enfocado capacita al orientador y al educador a jugar un importante papel social, más importante de lo que hasta ahora se ha creído.

Aspectos fundamentales de la personalidad y sus relaciones con la labor orientadora

El concepto de sí mismo (self-concept)

Considerar la estructura de la personalidad implica otro factor que debe ser incluido en la observación de la conducta, principalmente la manera como uno se ve a sí mismo. El sí mismo ha sido definido como la visión consciente que una persona tiene de sí misma como distinta de su medio ambiente. Las aportaciones de Allport en este sentido son claves (Allport, 1977). Una vez definido lo que es el *proprium*, distingue varios sentidos del autoconcepto (Hjelle, 1976): el sentido del propio cuerpo, el sentido de la propia identidad, el sentido de la autoestimación, el sentido de la autoextensión, el sentido de la autoimagen y el sentido de sí mismo como un ser autosuficiente. Cada uno de nosotros tiende a medir el mundo entorno exterior con su propio sistema de medida, con su singular metro, medida ésta que se origina de los sistemas personales de la autopercepción. La dificultad para ajustarse uno mismo al medio produce un desajuste de la personalidad y una desorganización, porque entoces el ser individual empieza a vivir y a organizar su existencia en un mundo creado a su medida y altamente divorciado de la realidad. El mundo exterior aparece distinto para cada individuo a causa de la peculiar manera de organizarlo y esa manera es el *self*, el *ego* o el autoconcepto. La conducta está formada en buena medida por la manera como el individuo se percibe a sí mismo y, a través de esta percepción de su yo, el mundo que le rodea y al que pertenece. Las psicosis y las neurosis se producen cuando el autoconcepto se aleja de la realidad (R. May, 1970). Las teorías defensoras del concepto de sí mismo ponen el acento en que en cualquier enjuiciamiento de la personalidad debe considerarse a la persona como un conjunto, como un núcleo muy homogéneo.

Recientemente se ha dado mucha importancia al estudio del autoconcepto, particularmente por aquellos orientadores que se adscriben a las teorías del consejo centrado en el cliente. Incluso los conductistas reconocen la validez del planteamiento del *self-concept* en el sentido de que la personalidad debe ser observada desde diferentes ángulos con resultados que sean consistentes, incluyendo el con cepto de uno mismo y del mundo.

El objetivo del orientador es valorar este concepto-de-sí-mismo, este marco de referencia de la persona y comprobar si está distorsionado. Desde el momento en que el desarrollo y los correctivos de la conducta están ahí para autoayudarse, es evidente la importancia de saber cómo desenvolverse con el propio yo. El que desee seguir una línea de orientación procesual y progresiva habrá de preveer de experiencias saludables que tiendan a desarrollar un realista concepto de sí mismo. A. J. Jones (1963) nos dice:

> «Es imposible sobreestimar la importancia del conocimiento de sí mismo. (...) el principal objetivo de la educación es desarrollar un concepto de sí mismo claro, bien formulado y realista. Los orientadores intentan también desarrollar autoimágenes claras y consistentes, no demasiado alejadas de la realidad social y no demasiado distantes del ideal que cada uno crea para sí mismo. En resumen, si vamos a tener que comprender a las personas, debemos esforzarnos en ver el mundo desde sus ojos, desde su punto de vista. Si tenemos que ayudar a una persona, deberemos ayudarle a clarificar su autoconcepto y pensar en las consecuencias: personales, sociales y vocacionales.»

Las teorías psicológicas y el concepto de sí mismo

Siempre ha existido en el hombre un profundo deseo de conocerse a sí mismo, puesto que el constructo psicológico del conocimiento de sí mismo es tan antiguo como la humanidad y trata de responder a la perenne cuestión de «quién soy yo» y a la admonición délfica «conócete a ti mismo» o al asombro personal cuando vemos que otras personas no están de acuerdo con nuestras percepciones sobre nosotros mismos y de hecho es obvia la búsqueda personal de una identidad de todos aquellos individuos que estamos sumergidos en el rápido flujo de la era contemporánea tecnológica e impersonalizadora. Conocer la propia identidad permite también conocer el pasado, las potencialidades del futuro y el lugar que uno ocupa en el orden de las cosas, e influye en la elección de conductas y en las expectativas de la vida.

Desarrollo del Self-concept (SC) en la teoría psicológica

a) *Período prepsicológico*: El SC ha existido como término hasta este mismo siglo. Antes se podía asimilar a vocablos como alma, espíritu, voluntad, y se analizaba dentro de contenidos dogmáticos, religiosos, filosóficos o metafísicos incluso. Ya se puede rastrear el concepto en la obra de Homero o en Platón, en Aristóteles o en el ámbito del cristianismo en cuanto se distingue claramente entre alma y cuerpo. Hasta el siglo XVII en Europa occidental no surge una dicotomía clara entre el concepto de «YO» y concepto de «Sí mismo». Descartes con su *cogito ergo sum*, «Yo pienso, luego Yo soy», enfatizó el Yo como consciente; Locke y Hume desarrollaron esta cuestión haciendo intervenir en ella el contenido de la experiencia sensorial. Kant acentuó ese dualismo especificando la distinción entre el Yo como objeto y el Yo como sujeto.
William James, en 1890, dedica todo un capítulo en su obra *Principios de Psicología* al Yo (*Self*), marcando una época de cambio en la manera de distinguir los caminos nuevos de los viejos de pensamiento acerca del Yo, considerando asimismo que el Yo global implica la simultaneidad del YO (pura experiencia, Yo como sujeto) y del MI (contenido de la experiencia, Yo como objeto). El Yo empírico, para W. James contiene cuatro elementos clasificados descendentemente en orden a la autoestimación: el Yo espiritual, el material, el social y el corporal que se combinan de manera única para constituir el punto de vista que cada persona tiene de sí misma.

b) *El desarrollo conductista*: Protagonizado en la segunda, tercera y cuarta décadas de este siglo por Watson, Hull y Skinner, sólo admite como científico aquel método que aporte datos psicológicos de los aspectos de la conducta que sean observables y mensurables, por ejemplo, estímulos y respuestas definidos operativamente. Como el estudio del Yo necesita constructos que explican experiencias internas, interpretaciones subjetivas y autoanálisis, sucedió que en principio se dejó muy de lado el estudio del Yo. Aunque incluso los conductistas más puritanos se iban a ver obligados a modificar ese rigorismo, pues se iba notando que aspectos tan humanos como esperanzas, expectativas, creencias, pensamientos, etc., no podían olvidarse y formaban parte clarísima de la conducta. Por ello, ya Hull y Tolman interponían variables intervinientes entre el estímulo y la respuesta no directamente observables. Además, por un lado, la impronta de los neofreudianos (Hartman, Erickson) favoreció el estudio e investigación del *self*; y, por otro, la integración, en las corrientes psicológicas, de la teoría y métodos fenomenológicos con Lewin, Snygg y Combs y Rogers, constituyeron el estudio del SC como un importante constructo en la conducta humana.

Aunque aparentemente conductismo y fenomenología parezcan irreconciliables, creer que la teoría del *self* y el conductismo se excluyen sería erróneo: ambos enfoques se complementan y son necesarios para comprender en su totalidad la complejidad de la conducta humana debido a que la *modificación de la conducta* y el autoconcepto son procesos íntimamente relacionados. Dado que la autoestimación y la autoevaluación pueden y deben ser especificadas por procedimientos estadísticos y muestrales, y que se precisa que el Yo sea estudiado progresivamente de modos más precisos y rigurosos, es imprescindible la aportación sistemática y experimental de los enfoques conductistas como una de las principales metodologías psicológicas. Aparte de ello, ya hubo estudios previos a las aportaciones conductistas que iban por esa misma línea de la cuantificación: Stern (1922), Kubo (1933) y Todd (1916), que usaron listas de control y de rasgos tratando de cuantificar las descripciones de la expresión de la personalidad.

c) *El interaccionismo simbólico.* Comprende tres premisas fundamentales. 1) El hombre responde al medio en función de los significados que dicho medio tienen para él como individualidad; 2) Esos significados son productos de una interacción social; 3) Esos significados socioculturales se modifican por intervención de la integración individual una vez ha tenido lugar la interacción persona-sociedad. Autores representativos de este enfoque son C.H. Cooley (1902) quien introdujo la teoría del Yo especular razonando que el SC que uno tiene está influido significativamente por lo que el individuo cree que los otros piensan de él, y G.H. Mead (1934), para quien el SC como objeto nace dentro de una interacción social como fruto de la preocupación del individuo acerca de cómo los demás reaccionarían ante él. El lenguaje es la conexión entre el Yo y la sociedad. Para Mead el Yo está compuesto de varios YOS como reflejos especulares de la estructura del proceso social. La afirmación de que «ningún hombre es una isla», de Mead acepta el hecho de que la sociedad da los modelos y los contenidos a la conceptualización que el hombre hace de sí mismo o de su propio Yo.

d) *Teorías freudianas y neofreudianas*: En sus trabajos Freud (1923, 1946) sienta implícitamente las bases del YO, aunque apoyándose en el *Ego* y a expensas del Ello. Por lo tanto, el constructo Yo, en Freud, no llega a ser suficientemente explícito. Para Jung (1960), el Yo es más inclusivo, comprendiendo los aspectos totales tanto del consciente como del inconsciente y representa un equilibrio entre ambos niveles, lo cual ya se va aproximando a la concepción fenomenológica de la autoactualización y el proceso de llegar-a-ser. Por su parte Adler (1927) propugna un concepción del «estilo de vida» que determina la conducta. El *self* adleriano está altamente personalizado y es un sistema subjetivo a través del cual una persona interpreta y da sentido a sus experiencias acentuando lo consciente como centro de la personalidad. Sullivan (1953) aporta al concepto del Yo cierto dinamismo defendiendo que el sistema del YO es una organización educativa de experiencia que existe por la necesidad que tiene el hombre de evitar o minimizar los incidentes de la ansiedad, emociones displacenteras, desaprobaciones, disociaciones, etc., cuando el individuo trata de cubrir o satisfacer sus necesidades.

e) *El proprium de Allport*: Ante la confusa aplicación de la terminología del *Self*, Allport (1955) acuñó el término *proprium* que definió como todas aquellas regiones de nuestra vida que consideramos como más íntimas y como más esencialmente nuestras. Tiene siete aspectos:

1. Sentido del sí mismo corporal.
2. Sentido de una continua identidad de sí mismo.
3. Estimación de sí mismo; amor propio.
4. Extensión del sí mismo.
5. Imagen del sí mismo.
6. El sí mismo como solucionador racional.
7. Esfuerzo orientado.

Estos son los que hacen a un individuo diferente de los demás. Para Allport no se adquiere el sentido del Yo hasta que no se llega a una edad mediana o a cierta madurez.

Cattell aceptó (1950) la noción del Yo (*self*) como la piedra angular de la personalidad y trató de ligarlo con un conjunto de factores distinguiendo el Yo-sentido (introspectivo), el Yo-contemplado (que comprende los aspectos reales e ideales, lo que una persona cree que es y lo que le gustaría ser) y el Yo estructural (descriptivo, teorético).

La aproximación fenomenológica al estudio del concepto de sí mismo

El postulado básico del enfoque fenomenológico es que la conducta no está influida por las experiencias pasadas y presentes, sino por el significado personal que cada individuo confiere a la percepción de esas experiencias. Esta organización fluida de los significados personales que es propia para cada persona en cada momento es el campo perceptivo o fenoménico. Es justamente este mundo privado personal del individuo lo que más fuertemente influye sobre la conducta. Así, la conducta sería más que una mera función de lo que nos sucede desde fuera; sería también cómo nosotros sentimos acerca de nosotros mismos. El término fenoménico se origina en el vocablo griego φηνομενον (aparecer), de modo que la fenomenología trata de la percepción personal de la realidad, no de la realidad misma.

Nadie puede observar directamente su propio yo o el de los demás. Deberá aproximarse a él a través de las percepciones provenientes de inferencias e interpretaciones de la conducta observada; las percepciones del mundo externo son los ingredientes básicos para el desarrollo y mantenimiento del SC, puesto que el individuo tiende —por un proceso selectivo y a veces distorsionado— a percibir únicamente los elementos que desea (Bruner y Goodman, 1947). De ahí que el SC actúe como una pantalla selectiva cuya permeabilidad está determinada por la historia del desarrollo individual y por la naturaleza del medio relacionado con la persona, cerrándose o interponiendo obstáculos cuando las condiciones son inadecuadas o amenazadoras, o estrechando el campo perceptivo creando así conductas estereotipadas o centrando la atención selectiva hacia un foco con muy pocos estímulos. Las direcciones hacia las que las percepciones se orientan dependen no sólo de los valores, sino de la experiencia pasada, de las expectativas, de las necesidades presentes y de los autoconceptos actuales. En este sentido son relevantes los trabajos de Bruner y Goodman (1947), Vinacke (1952) y Judson y Cofer (1956).

Un principio básico tanto de la psicología cognitiva como de la fenomenológica es que la conducta es el resultado de la percepción individual de la situación, no tal como ésta sea en el momento actual, sino más bien cómo se le aparece al individuo en el momento en que actúa.

La aproximación fenomenológica a la conducta —en cuyas bases se asienta el desarrollo actual del *self-concept*— interpreta la conducta en términos del campo fenoménico del sujeto y no en términos de categorías analíticas impuestas por un observador. Es lo mismo que decir que la conducta se puede entender mucho mejor como el resultado del estudio del marco de referencia subjetivo del individuo.

Lewin (1936) fue el precursor de la teoría del campo fenoménico afirmando que toda la conducta se origina en un campo totalizador que no es el campo «real», sino el campo tal como lo ve el individuo que lo vive, de manera que el SC descansa en una región del espacio vital como núcleo del universo psicológico del individuo. Por su parte Raimy (1948) aporta una extensión del SC al marco de referencia clínico definiéndolo como «un sistema perceptivo aprendido que funciona como un objeto dentro del campo fenoménico». Los trabajos de Raimy prepararon el campo para incluir el SC en la fenomenología, motivando la racionalización de las leyes y procesos perceptivos por los cuales se iba a poder demostrar que el SC es el producto de la composición de un elevado número de impresiones perceptivas. De otra parte, Snygg y Combs (1949) ofrecían una visión perceptiva de la conducta parecida a las observaciones de Maslow (ya algo alejada de la skinneriana). Para ellos la

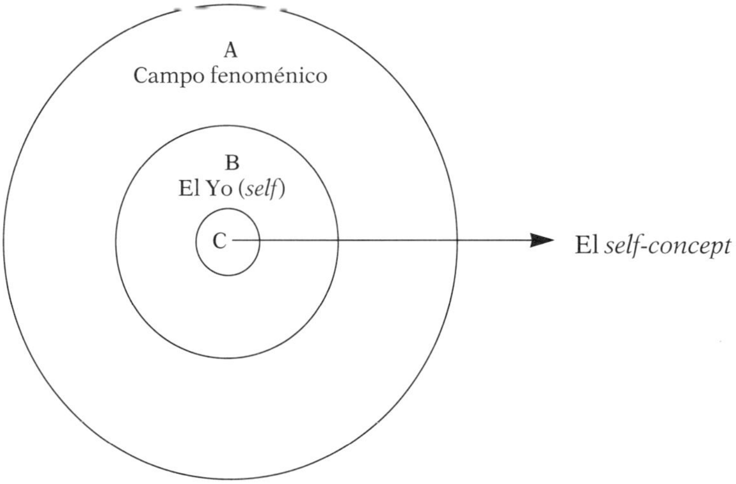

Figura 7. Componente del campo fenoménico según Snygg y Combs.

causalidad psicológica se centra íntegramente en el campo de la experiencia consciente, por lo que el *self-concept* debe estudiarse desde el punto de vista de la percepción individual, concediendo el papel central a los sentimientos, conocimientos y percepciones conscientes, de modo que «toda la conducta sin excepción esté completamente determinada por el campo fenoménico del organismo en acción». El campo fenoménico es la totalidad de las experiencias de que una persona es consciente en un instante determinado (conciencia ésta que puede variar en grados de intensidad). El modo como una persona actúe es el resultado de cómo ella percibe la situación y a sí misma en el momento de la acción. La conciencia es la causa de la conducta. El *self* fenoménico se diferencia del campo fenoménico y sólo tiene significado dentro de la experiencia total (*Gestalt*). El SC tiene unos grados de estabilidad y consistencia que permiten la predicción de la conducta de un individuo. El campo fenoménico, para Sygg y Combs, está constituido por tres componentes: el campo fenoménico total (señalado A en la figura 1, que incluye todas las percepciones del individuo; todas las percepciones que un individuo conserva sobre sí mismo (B) o *self* fenoménico y el *self-concept* (C), que sería el núcleo vital de ambos: una organización importante y característica, sumamente estable, compuesta de aquellas percepciones que el individuo juzga que son para él las más fundamentales.

La teoría de Carl Rogers (1951) acerca del *self* está clasificada por la APA como la tercera en importancia después de la de Freud y de la de Skinner. Añade a las aportaciones de Raimy el aspecto de la conceptualización; el *self* llega a convertirse en un concepto desarrollado por un pensamiento reflexivo extraído de entre el material percibido bruto, sin elaborar; alrededor de las percepciones y de los conceptos se acumulan actitudes evaluadoras y afectivas de tal manera que los convierte en buenos o en malos. Estos marcos de referencia evaluadores son interiorizados en función de la cultura, de los otros, del propio yo, etc. Rogers dice (1977):

> «El concepto de sí mismo o la estructura de sí mismo puede considerarse como una configuración organizada de percepciones del sí-mismo, admisible para la conciencia. Está integrado por elementos tales como las percepciones de las propias características y capacidades; los preceptos y conceptos de sí mismo en relación con los demás y el ambiente; las cualidades valiosas que se perciben y se asocian con experiencias y objetos; los objetivos e ideales que se perciben con valencias positivas o negativas.»

Las tesis de Rogers de 1947 fueron ampliadas en 1951 al añadir las diecinueve proposiciones acerca del *self-concept:*

1. Todo individuo vive en un mundo de experiencias en continuo cambio, del cual él constituye el centro.
2. El organismo reacciona ante el campo tal como lo experimenta y percibe. Para el individuo este campo perceptual es la realidad.
3. El organismo reacciona como totalidad frente a este campo fenoménico.
4. El organismo tiene una tendencia y un impulso básicos: realizar, mantener y reforzar el organismo experimentador.
5. La conducta es, básicamente, el intento, dirigido hacia un fin, del organismo para satisfacer sus necesidades tal como las experimenta, y dentro del campo, tal como lo percibe.

6. La emoción acompaña y, en general, facilita esa conducta dirigida hacia un fin; el tipo de emoción está relacionado con los aspectos indagatorios de la conducta frente a los aspectos consumatorios de ella. Y la intensidad de la emoción está relacionada con la significación atribuida a la conducta para el mantenimiento y reforzamiento del organismo.
7. El mejor punto de vista para comprender la conducta es el marco interno de referencia del individuo mismo.
8. Una parte del campo perceptual total se diferencia gradualmente para constituir el yo.
9. Como resultado de la interacción con el ambiente, y particularmente como resultado de la interacción evaluativa con otros, se forma la estructura del yo, un esquema conceptual organizado, fluido pero coherente, de percepciones de características y relaciones del «yo» o el «mí», junto con los valores ligados a estos conceptos.
10. Los valores vinculados con experiencias, y los que forman parte de la estructura del yo, en algunos casos son valores introyectados o tomados de otros, pero percibidos de manera distorsionada, como si hubieran sido experimentados directamente.
11. A medida que surgen las experiencias en la vida del individuo, son: a) simbolizadas, percibidas y organizadas en alguna relación con el yo; b) ignoradas porque no se percibe una relación con la estructura del yo; c) es posible también que se les niegue la simbolización o que se les dé una deformada, porque la experiencia es incongruente con la estructura del yo.
12. La mayoría de las formas de conducta adoptadas por el organismo son las congruentes con el concepto del yo.
13. En algunos casos, la conducta puede ser el resultado de experiencias y necesidades orgánicas que no han sido simbolizadas. Tal conducta puede ser incongruente con la estructura del yo, pero en tales casos no es «poseída» por el individuo.
14. Existe un mal ajuste psicológico cuando el organismo niega a la conciencia ciertas experiencias sensoriales y viscerales significativas, las cuales, por consiguiente, no son simbolizadas ni organizadas en la Gestalt de la estructura del yo. Cuando se da esta situación, existe una tensión psicológica básica o potencial.
15. Hay ajuste psicológico cuando el concepto del yo es tal que todas la experiencias sensoriales y viscerales del organismo son, o pueden ser, asimiladas en un nivel simbólico, en una relación coherente con el concepto del yo.
16. Toda experiencia no congruente con la organización o estructura del yo puede ser percibida como una amenaza, y cuanto mayor es el número de estas percepciones, tanto más rígidamente se organiza la estructura del yo para mantenerse.
17. En ciertas condiciones, que suponen principalmente la total ausencia de toda amenaza a la estructura del yo, las experiencias no congruentes con éste pueden ser percibidas y examinadas, y es posible revisar la estructura del yo para que asimile e incluya tales experiencias.
18. Cuando el individuo percibe y acepta en un sistema coherente e integrado todas sus experiencias sensoriales y viscerales, necesariamente posee mayor comprensión y aceptación de los demás como individuos separados.

19. Cuando el individuo percibe y acepta en la estructura de su yo un número mayor de sus experiencias orgánicas, descubre que reemplaza su actual sistema de valores —basado en gran medida en introyecciones que han sido simbolizadas de manera distorsionada— por un continuo proceso evaluativo del organismo.

Podríamos añadir que los postulados principales de la teoría de C. Rogers son:

1. La teoría del *self* es fenomenológica.
2. El yo se llega a diferenciar del medio después de sus interacciones con él.
3. El *self-concept* es la organización de las percepciones del yo.
4. El *self-concept* es el determinante más significativo de la respuesta al medio.
5. El *self-concept* siempre precisa de un juicio positivo de los otros para desarrollarse.
6. La autoestima surge de la introyección de ser juzgado positivamente por los otros.
7. El organismo es un conjunto integrado con una tendencia dinámica a la autoactualización.
8. El *self-concept* es una configuración; la alteración de uno de sus aspectos parciales puede alterar la naturaleza del conjunto.
9. Los desequilibrios de la personalidad y las inadaptaciones se caracterizan por la incongruencia entre un yo ideal y el *self concept.*

Kelly (1955) aporta al estudio del SC la afirmación de que todo hombre está constantemente comprometido en resolver problemas, para lo cual organiza un complejo sistema de constructos personales, una jerarquía de estructuras cognitivas con los que puede llegar a tomar decisiones apropiadas para resolver conductas presentes y situaciones futuras. Cada individuo construye sus propias hipótesis para explicar su pasado y sus experiencias futuras; para discriminar entre experiencias y acontecimientos tal como él las ve; para categorizarlos; para planificar sus acciones presentes y futuras. Enstein (1973) se parece mucho a Kelly aunque se limita al Yo. (Véase figura 8.)

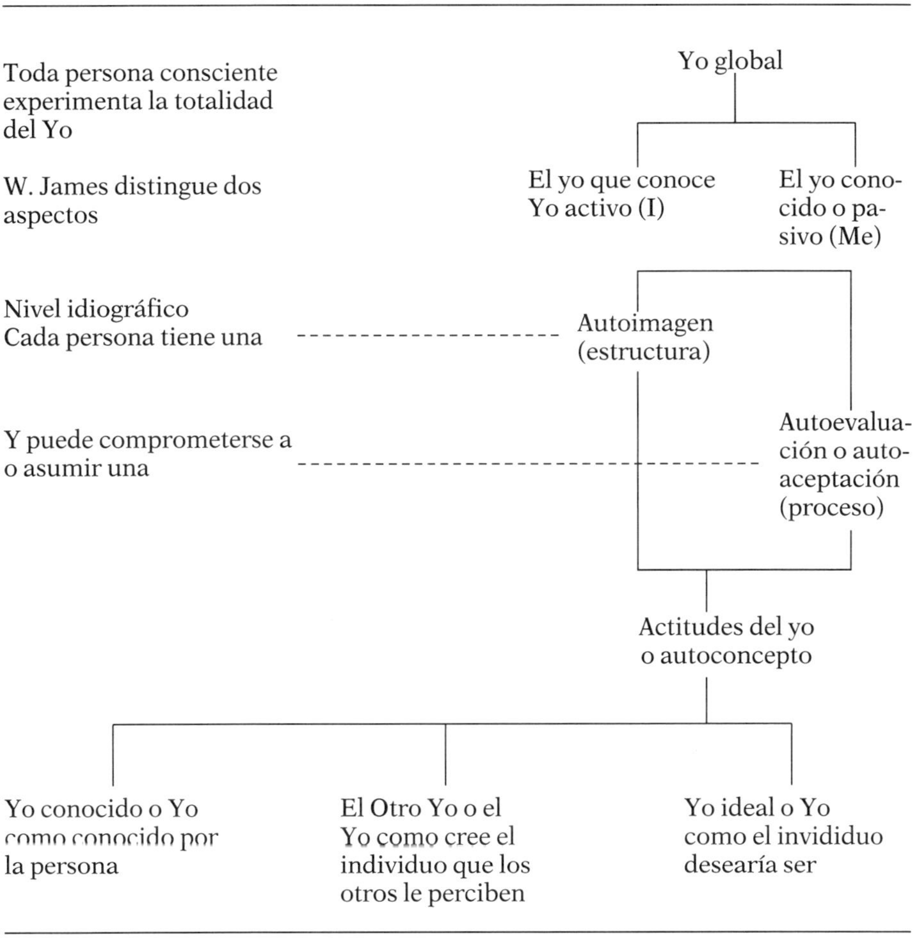

Figura 8. La estructura del self o del Yo.

Referencias y bibliografía

1. *Sobre consejo*

A.P.G.A., *The Personnel and Guidance Journal*, 52,*6*, febrero 1974; número monográfico: *Thirty-six faces of counseling*.
BECK, C.E., *Orientación Educacional. Sus fundamentos filosóficos*, El Ateneo, Buenos Aires, 1973.
BORDIN, E.S., *Asesoría psicológica*, Trillas, México, 1975.
BRAMMER, L.M., *The Helping Relationship*, Prentice Hall, Inc., New Jersey, 1973, 37-41.
BURKS, H.M. y STEFFLRE, B., *Theories of counseling*, McGraw-Hill, Book Co., Nueva York, 1973[3].
CRITES, J.O., *Psicología vocacional*, Paidós, Buenos Aires, 1969.
ENGELKES, J.R. y VANDERGOOT, D., *Introduction to Counseling*, Houghton Mifflin Co., Boston, 1982.
FORNS, M. y RODRIGUEZ, M.L., *Reflexiones en torno a la orientación educativa*, Oikos-Tau, Barcelona, 1977.
GORDILLO, M.V., *La orientación en el proceso educativo*, Eúnsa, Pamplona, 1973.
LEHNER, G.F.,«Defining Psychotherapy», *American Psychologist*, n.º 7, sep. 1952, p. 457.
MARTINEZ, J.M., *El educador y su función orientadora*, Ediciones Instituto Pontificio San Pío X, Madrid, 1980.
MURO, J.J. y DINKMEYER,, D.C., *Counseling in the Elementary and Middle Schools*, WCB, Iowa, 1977.
NEWSOME, A. y otros autores, *La práctica de la orientación escolar*, Oikos-Tau, Barcelona, 1978.
PATTERSON, C.H., *Teorías del counseling y psicoterapia*, Desclée de Brouwer, Bilbao, 1987.
SHERTZER, B. y STONE, S., *Manual para el asesoramiento psicológico (counseling)*, Paidós, Buenos Aires, 1972.
STEWART, N.R. y otros, *Systematic Counseling*, Englewood Cliffs, Prentice-Hall, Inc., Nueva York, 1978.
THOMPSON, Ch.L. y RUDOLPH, L.B., *Counseling Children*, Brooks/Cole Pb. Co., Monterey, California, 1983.
ZARKA, J., «Conseil psychologique et psychologie du conseil: quelques propositions», en *L'orientation scolaire et professionnelle*, 1977, *6*, 1, 21-51.

2. *Sobre concepto de sí mismo*

ALLPORT, G.W., La personalidad. *Su configuración y desarrollo*, Herder, Barcelona, 1975.
ALLPORT, G.W., *Psicología de la personalidad*, Paidós, Buenos Aires, 1970.
BURNS, R.B., *The Self-Concept*, Longman, Londres, 1979.
DEUTSCH, M. y KRAUSS, R.M., *Teorías en psicología social*, Paidós, Buenos Aires, 1970.
GILLY, M., *El problema del rendimiento escolar*, Oikos-Tau, Barcelona, 1978.
GILLY, M., «L'élève en function de sa réussite scolaire: perception par le maitre, par la mére et par l'élève lui-même», *Enfance*, 1968, *3-4*, 219-235.
GIMENO, J., *Autoconcepto, sociabilidad y rendimiento escolar*, INCIE, Madrid, 1976.
KELLY, G.A., *The Psychology of Personal Constructs* (2 vols.), Norton, Nueva York.
L'ECUYER, R., *El concepto de sí mismo*, Oikos-Tau, Barcelona, 1985. Original: *Le concept de soi*, P.U.F., París, 1978.
PERRON, R., «La gènese de la representation de soi.I: Les orientations actuelles de la recherche». *Enfance*, 1964, n.os 4-5, 357-376.
RODRIGUEZ, S., *Factores predictivos del rendimiento escolar*, Oikos-Tau, Barcelona, 1982.

8
Instrumentos de medida al servicio de la orientación: Técnicas estandarizadas

Introducción

Desde la perspectiva del consejo, el uso de los datos arrojados por los tests está decididamente relacionado con la posibilidad de ayudar al orientado. En general, de los objetivos que se pretenden alcanzar con los tests —predecir, clasificar, seleccionar y evaluar—, sólo los dos primeros parece que están cercanos al trabajo del consejero u orientador. De hecho, la decisión de pasar un programa o batería de pruebas estandarizadas a una población susceptible de ser orientada favorece a toda la comunidad escolar: a los administradores de un centro, porque les ayuda a tomar decisiones, determinar fallos del currículum instructivo, determinar con rigor las áreas que precisan una urgente revisión y demostrar la efectividad o ineficacia de todo el funcionamiento institucional; a los profesores, porque les informa del rendimiento y niveles aptitudinales de los alumnos y de las clases, diagnostica ciertas dificultades del aprendizaje y les auxilia en la evaluación del rendimiento de ciertas asignaturas; y a los mismos orientadores, que, por los tests, comprenderán mejor las habilidades, intereses y características personales de los alumnos, para poder usar técnicas predictivas y ayudarles en la toma de decisiones tanto instructivas como vocacionales.

Clasificación de las pruebas estandarizadas y psicométricas

Una primera clasificación podría ser respecto a su modo de aplicación, procedimiento, contenido, forma, etc.

De aplicación individual:	Las que se administran por un profesional a una sola persona cada vez.
De aplicación colectiva:	Las que se han diseñado para administrarlas a un grupo cada vez (mediano o grande).
De velocidad:	El examinado debe completar el máximo número de ítems en un tiempo prefijado.

De potencia:	El examinado debe demostrar el alcance de sus conocimientos, sin límite de tiempo. Los ítems están ordenados en orden de dificultad.
Estandarizadas:	Administradas y puntuadas según unas reglas específicas, con posibilidad de echar mano de las normas para poder comparar diferentes ejecuciones.
No estandarizadas:	Construidas por el usuario, generalmente para evaluaciones no formales, sin que puedan usarse las normas de aplicación para su generalización.
Objetivas:	En las que no se precisa el juicio u opinión del que las corrige o puntúa.
Subjetivas:	El que las corrige, las interpreta o juzga.
De manipulación:	El examinado manipula objetos, une partes o realiza tareas.
De papel y lápiz:	Sólo se hacen marcas en un papel o se dan respuestas escritas breves.
De realización máxima:	Los examinados deben responder lo mejor posible.
De realización convencional:	Determinan lo que una persona es capaz de hacer, o de hacer lo mejor posible, dentro de sus propios límites.
Referidas a la norma:	Informan en qué lugar se encuentra el examinado en una población dada por el mismo test.
Referidas al criterio:	Evalúa el dominio de objetivos prefijados.

Otra clasificación podría centrarse en aquellos aspectos de la conducta humana que las pruebas tratan de evaluar o medir: tests de aptitud mental, de logro o rendimiento, de intereses, de desarrollo vocacional, de personalidad, etc.

Pruebas de aptitud mental

Pertenecen al tipo cognitivo, en el cual la inteligencia o se considera que es la habilidad para pensar en el plano abstracto o para aprender, o que es el proceso de adaptación de una persona al medio. El primer enfoque que, seriamente, intentó descubrir el concepto profundo de habilidad mental o inteligencia fue el análisis factorial, que, disgregando en partes lo que se creía inteligencia general o unitaria, propuso multiplicidad de aptitudes complementarias. Otro enfoque, más actual, es el denominado de análisis procesual o de componentes, que contempla la posibilidad de obtener medidas de aquellos grados en los que se cree está implicado el proceso del razonamiento y cómo ciertas personas destacan en ciertos de esos grados (Sternberg, 1979).

Recientes estudios acerca de los tests que miden la aptitud mental han sido sintetizados por Rice (1979) en los siguientes:

a) Pruebas neurométricas, que intentan medir la actividad eléctrica cerebral, para determinar la intensidad de retraso cerebral en niños.

b) Cinepsicométricas, que miden habilidades de escucha y percepción con tests de tipo audiovisual, desde la filosofía de que el escolar actual es más audiovisual que el de antes y de que ha recibido la información de diferentes estímulos en su edad de troquelaje infantil.
c) Pruebas de inteligencia social, que intentan medir la competencia o capacitación para comunicarse con los demás y para desarrollar relaciones efectivas.
d) Evaluación y estimación del estilo cognitivo, aceptando que cada persona funciona con distintos esquemas o pautas de pensamiento, percepción y resolución de problemas.
e) Potencial de aprendizaje, que mide hasta qué punto una persona resuelve problemas que le son poco familiares o raros, controlando el número de pistas o ayudas que hay que proporcionarle para que los resuelva. Feuerstein (1979) ha desarrollado un modelo para personas desde los 12 años en adelante, usando tests libres de culturización, por ejemplo, el Raven; se estima la puntuación de salida mediante un pretest y, después de varias sesiones de entrenamiento acerca de los principios y habilidades para resolver la prueba, se pasa un test final que arrojará datos acerca del potencial de un niño para aprender o modificar su conducta previa (Marín, 1986 y 1987).
f) Pruebas de conocimiento cuantitativo razonable del medio (TORQUE), diseñadas por investigaciones del Educational Development Center de Boston, para medir aptitudes numéricas —computar, estimar, medir— mediante juegos y rompecabezas, para pasar luego a discutirlas con el orientador.

Descripción de algunas pruebas de aptitud mental más usuales

Título de la prueba	D 48 - Test de dominos
Autor	Pichot, P.
Adaptación	Sección de estudios de tests de TEA.
Factor que mide	Funciones centrales de la inteligencia. Apreciación del factor «g».
Aplicación	Individual o colectiva.
Edades	12 años en adelante.
Descripción de la prueba	Conjunto de problemas de contenido no verbal, en el que el sujeto debe de completar series, utilizando figuras análogas a las fichas del dominó.

Título de la prueba	TIG 1 - Test de inteligencia general (dominós)
Autor	Sección de estudios de tests TEA.
Adaptación	
Factor que mide	Apreciación del factor «g». Funciones centrales de la inteligencia.
Aplicación	Individual o colectiva.
Edades	10 años en adelante.
Descripción de la prueba	Manual (1971), cuadernillo de problemas de caracter no verbal estructurados en fichas de dominó.

Título de la prueba	Test de habilidad mental
Autor	Instituto Pedagógico «Saint George» Montreal. Canadá.
Adaptación	Instituto S. Pío X. dirección de A. Sauras.
Factor que mide	Capacidad para cambiar rápidamente de una tarea mental a otra distinta.
Aplicación	Individual o colectiva.
Edades	11 años en adelante.
Descripción de la prueba	Consta de 75 preguntas mas cinco de entrenamiento. Se presenta en dos formas paralelas, A y B. En cada pregunta se presentan cinco alternativas. Entre ellas hay que escoger la mejor.

Título de la prueba	TIG 2 - Test de inteligencia general (dominós)
Autor	Sección de estudios de tests TEA.
Adaptación	
Factor que mide	Funciones centrales de la inteligencia Apreciación del factor «g».
Aplicación	Individual o colectiva.
Edades	12 años en adelante.
Descripción de la prueba	Material no verbal estructurado en problemas a través de las fichas de dominó.

Título de la prueba	B.L.S. IV. - Test de inteligencia general
Autor	Bonnardel, R.
Adaptación	Aurora Murga.
Factor que mide	Inteligencia general.
Aplicación	Individual o colectiva.
Edades	Adolescentes y adultos.
Descripción de la prueba	La prueba esta desprovista de contenido verbal y los elementos de la misma se han ordenado en dificultad creciente. Consta de 30 series formadas por cuadros que incluyen diversos elementos.

Título de la prueba	P.M.S. - Matrices progresivas. superior
Autor	Raven, J.C.
Adaptación	Aurora Murga.
Factor que mide	Inteligencia general.
Aplicación	Puede aplicarse individual o colectivamente.
Edades	12 años en adelante en ambas series.
Descripción de la prueba	En la serie I hay 12 problemas en cuya solución intervienen todas las operaciones mentales necesarias para resolver la serie II.; esta serie consta de 36 problemas.

Título de la prueba	T.E.I. - Test elemental de inteligencia
Autor	Yela, M.
Adaptación	
Factor que mide	Inteligencia general.
Aplicación	Individual o colectiva.
Edades	A partir de los 8 años de edad.
Descripción de la prueba	Elementos de contenido verbal y naturaleza heterogénea. El nivel intelectual se explora a través de unos problemas en los que el alumno pone en juego actividades de tipo intelectual.

Título de la prueba	Factor «g» Cattell. escala 2.
Autor	Cattell, R.B. Y Cattell, A.K.S.
Adaptación	Sección de estudio de test TEA (1974).
Factor que mide	Inteligencia general con independencia de influencias culturales.
Aplicación	Colectivo.
Edades	8 años a 13 años.
Descripción de la prueba	La prueba consta de cuatro tests compuestos por elementos no verbales; en cada uno de los cuales se presentan varias alternativas; entre las que el alumno debe elegir la adecuada.

Posibles aplicaciones de los datos obtenidos en las pruebas de aptitud mental en el ámbito de la orientación

Hay numerosos campos en los que el orientador puede aplicar los datos obtenidos en las pruebas para su labor de ayuda:

1. Ayudar al orientado a verificar las concepciones que tiene de sí mismo respecto a su nivel intelectual, sobre todo a la hora de tomar decisiones o de remodelar conductas que han creído poco eficaces o poco satisfactorias.
2. Ir conformando una imagen útil y profunda del orientado, tanto antes de proporcionarle ayuda como en el propio proceso de orientación .
3. Predecir el éxito en futuras acciones educativas o vocacionales.
4. Ofrecer la consulta a los profesores acerca del trabajo y del esfuerzo de los estudiantes. Generalmente, los profesores envían o derivan hacia el orientador a aquellos alumnos que no funcionan bien en la clase, recabando de éste más información para adaptar la instrucción al estudiante. Las puntuaciones en las pruebas de capacidad mental facilitan la clasificación en grupos o niveles, la creación de materiales mejor adaptados a las dificultades y capacidades de los alumnos, etc.
5. Ofrecer consulta a los padres para aclarar los erróneos conceptos que puedan tener de sus propios hijos y para hacer más realistas ciertas expectativas.
6. Sugerir recomendaciones para una mejora del rendimiento académico.

Interpretación y devolución de los datos de las pruebas de aptitud mental

1. Identificar y describir en términos no técnicos el test y la clase de datos de él derivados.
2. Describir claramente el tipo de puntuación que se esté utilizando cuando se entregan los resultados a los padres o a los profesores.
3. Organizar los datos de los tests de forma coherente e interrelacionada.
4. Explicar las puntuaciones y sus significados de la manera más honesta y más simplificada.
5. Cuidar mucho la interrelación entre las puntuaciones verbales y las cuantitativas.
6. Presentar las puntuaciones de manera que indiquen a qué niveles educativos se puede acceder o no, o a qué tipos de ocupaciones o profesiones se puede aspirar o no.
7. Ofrecer al orientado la oportunidad de expresar y explorar sus propias reacciones y sentimientos ante esas puntuaciones.

Pruebas de rendimiento o logros académicos

Son las que miden los objetivos de la instrucción y el progreso del alumno en el aprendizaje o la formación. Pueden ser unos instrumentos adecuados para la evaluación formativa tanto como para la sumativa. Los tests encuesta (*survey*) se utilizan para estimar el progreso de un alumno en áreas de aprendizaje muy amplias, generalmente a lo largo de todo el espectro escolar, aunque, de hecho, se usan mucho más en la escuela elemental. La mayoría de las baterías proporcionan perfiles individuales además de la puntuación global y permiten lo mismo comparaciones verticales, horizontales o mixtas que señalan el lugar relativo de un alumno con relación a una muestra normativa uniforme.

Los tests de rendimiento prognósticos o de maduración sirven para predecir qué provecho se puede esperar de una persona en sus sucesivos niveles de aprendizaje (Bartolomé y otros, 1985); los diagnósticos, en cambio, facilitan al orientador o a los profesores el poder determinar la ejecución de los logros del alumno y poder examinar las causas de las dificultades en las materias instrumentales, como la lectura, escritura y cálculo (Cabrera, 1985, Bisquerra, 1985, Espín, 1987). Las pruebas de capacidad o competencia informan del dominio o habilidades básicas de los alumnos en aquellas materias instrumentales además de en las habilidades para la vida, con el fin de aconsejarles, y es procedente el paso a un grado más elevado de estudios o formación ulterior (McClelland y Boyatzis, 1980).

Descripción de algunos tests de rendimiento

Título de la prueba	B.V 17. Test de comprensión verbal
Título original	Test de comprehension verbal (niveau superieure). E.A.P. (París).
Autor	Bonnardel, R.
Adaptación	Dr. Corominas, J.
Factor que mide	Comprensión verbal abstracta.
Aplicación	Colectiva.
Edades	14 años en adelante.
Descripción de la prueba	Se presentan 15 pensamientos de autores clásicos, seguidos de seis frases. La tarea del sujeto consiste en elegir dos cuyo significado sea mas próximo a la idea que el autor ha querido expresar.

Título de la prueba	Test de vocabulario usual.
Autor	Garcia Hoz.
Factor que mide	Amplitud y riqueza del vocabulario y para conocer tambien la inteligencia del alumno.
Aplicación	Individual o colectiva.
Edades	9 años hasta los 18 años.
Descripción de la prueba	La prueba contiene 100 preguntas. Unas presentan mayor dificultad que otras. También puede hacerse el test disponiendo de lápiz y una hoja de papel y numerando los renglones del uno al cien.

Título de la prueba	IHE Inventario de hábitos de estudio
Autor	J. Fernández Pozar.
Factor que mide	Los defectos más significativos de los hábitos de estudio.
Aplicación	Individual o colectiva.
Edades	A partir de los 12 años de edad.
Descripción de la prueba	Consta de 90 elementos que se agrupan en cuatro escalas: condiciones ambientales, planificación del estudio, utilización de materiales, asimilación de los contenidos. Más una escala complementaria de sinceridad.

Título de la prueba	Escala de ortografía
Autor	Villarejo Mínguez, E.
Factor que mide	Nivel de destreza ortográfica de los alumnos en lengua castellana.
Aplicación	Individual o colectiva.
Edades	9,5 a 13,5 años.
Descripción de la prueba	El instrumento contiene 25 tests de dificultad creciente en igual proporción. El test adecuado será el que la norma señale que se puede obtener el 50% de éxitos.

Título de la prueba	Ortografía-2
Autor	Sección de estudios de test de TEA (1972).
Factor que mide	Conocimientos prácticos de ortografía.
Aplicación	Colectiva.
Edades	10 años en adelante.
Descripción de la prueba	Consta de 50 frases. Algunas están escritas correctamente. Pero en la mayoría se ha introducido una falta de ortografía. El alumno debe indicar cuáles son las faltas ortográficas.

Título de la prueba	DAT - Test de aptitudes diferenciales
Autor	Bennet, G.H., Seashore, H.G. y otros.
Factor que mide	Evaluación de las siguientes aptitudes: verbal, numérica, razonamiento abstracto, rapidez y precisión mecánica y espacial.
Aplicación	Individual o colectiva.
Edades	14 años en adelante.
Descripción de la prueba	Los tests constan de un número variable de elementos (de 40 a 100 según los casos), a los que el sujeto debe de contestar con la elección de una de las alternativas propuestas.

Título de la prueba	Test de aptitudes escolares (TEA)
Autor	Thurstone, L.L. y Thurstone, T.G.
Adaptación	Sección de test de técnicos especialistas asociados, S.A.
Factor que mide	Aptitudes fundamentales para realizar los estudios de B.U.P. y C.O.U. Apreciación del potencial y nivel de capacidad de los alumnos. Para cursar los estudios con éxito.
Aplicación	Colectiva.
Edades	15-19 años.
Descripción de la prueba	Batería de cuatro test: palabras diferentes, series de letras, vocabulario cálculo.

Posibles aplicaciones de los datos obtenidos en los tests de logros o rendimiento en el ámbito de la orientación

Debido al esfuerzo que cuesta realizar estas pruebas, se debe extraer de ellas el máximo rendimiento posible y la información más exhaustiva. De entre los usos más prácticos de los datos en ellas obtenidos pueden destacarse:

1. Promover en el orientado su autoconocimiento y su ubicación respecto a su nivel académico en asignaturas concretas.
2. Ayudar a la hora de tomar decisiones: para pasar a otro nivel, para elegir otro tipo de créditos, para especializarse en una u otra rama académica, para decantarse por una carrera o una profesión, etc.
3. Animar e incentivar el autodidactismo y estudio autodirigido.
4. Para ayudar a comprender las puntuaciones de los tests diagnósticos. De ahí se podrán construir planes correctivos que se basarán en la exploración de los rendimientos irregulares y sus causas.

Interpretación y devolución de los datos en las pruebas de rendimiento

A medida que los alumnos van progresando en los niveles escolares, el orientador deberá recurrir más a las pruebas de logro que a las psicométricas, porque las diferencias en la experiencia personal, los índices de aprendizaje y las oportunidades metodológicas producen diferencias significativas en el rendimiento. Así pues, habrá que:

1. Usar los datos de estas pruebas con enorme cautela.
2. Complementarlo con las puntuaciones emanadas de los profesores y tutores.
3. Investigar cuáles son las pautas o marcos de referencia más generales y no basarse en datos sueltos o únicos.

4. Recordar que los datos de los tests representan a una persona.
5. Recordar que las puntuaciones del test no garantizan, de hecho, que la medida del nivel del logro sea una medida típica o convencional.

Pruebas de aptitudes específicas

Se considera aptitud aquella condición o conjunto de características —heredadas o adquiridas— consideradas sintomáticas de la habilidad de una persona para llegar a adquirir unos conocimientos, unas respuestas o unas competencias. Los tests de aptitud abarcan tanto la inteligencia como el rendimiento, la personalidad, los intereses e incluso otras habilidades o predisposiciones positivas hacia el aprendizaje.

La tipología completa de las pruebas de aptitud cubre un amplísimo rango de la conducta humana que puede fluctuar entre la medida de lo sensorial, lo psicomotor, la velocidad de coordinación, etc., hasta baterías de aptitudes multifactoriales que comprenden aspectos globales, como mecánicos, musicales, artísticos y otros. Horrocks (1963) clasificó los tests de aptitudes en diferenciales (multifactoriales o analíticos), de habilidad compuesta, análogos y representativos de una parcela del mundo laboral. Anastasi propone dos distinciones entre tests de aptitudes y tests de logros o rendimiento. Una distinción sería que éstos miden si los objetivos de las experiencias escolares estandarizadas se han conseguido, como, por ejemplo, los cursos de matemáticas, ciencias sociales, lenguaje, etc., mientras que los tests de aptitudes miden la influencia acumulada de una gran variedad de experiencias diarias. Otra distinción radica en el uso de cada tipo de test. Los de aptitudes usan los datos para predecir resultados posteriores y se emplean para estimar hasta qué punto las personas van a aprovechar la formación que se les da o van a poder pasar de un grado escolar a otro más elevado. Las pruebas de rendimiento, por otra parte, valen para evaluar el estatus de un alumno al final de un período de entrenamiento.

Descripción de las pruebas de aptitudes específicas más usuales

Titulo de la prueba	Test de memoria
Autor	Sección de estudio de test TEA, S.A.
Adaptación	
Factor que mide	Apreciación de la memoria de tipo lógico, numérico y asociativo.
Aplicación	Individual y colectiva.
Edades	Entre 9 y 14 años.
Descripción de la prueba	Se realizan tres pruebas en las que el sujeto ha de recordar datos, palabras o conceptos que le son propuestos verbalmente.

Título de la prueba	A.M. Test de aptitudes mecánicas
Autor	Equipo I.N.A.P.P.
Adaptación	Aptitud mecánica.
Aplicación	Individual o colectiva.
Edades	14 años en adelante.
Descripción de la prueba	20 problemas a resolver, eligiendo la respuesta correcta de cada una de las cuatro alternativas propuestas.

Título de la prueba	A.T.A.G. Test de aptitud para el trabajo de taller
Autor	Goguelin, P.
Adaptación	Aurora Murga.
Factor que mide	Habilidad manual necesaria para los trabajos de taller.
Aplicación	Individual.
Edades	14 años en adelante.
Descripción de la prueba	La batería consta de 11 subtests clasificados en 4 categorías. 1) test de habilidad manual. 2) test de localizado. 3) test de *coup d'oeil*. 4) test de visualización espacial.

Titulo de la prueba	B.31 y B.32 Test de representación espacial
Autor	Bonnardel, R.
Adaptación	
Factor que mide	Aptitud espacial e inteligencia práctica.
Aplicación	Individual.
Edades	Adolescentes y adultos.
Descripción de la prueba	Estos tests forman parte de la bateria ideada por el profesor Bonnardel para medir la inteligencia práctica. Aplicados junto con los tests; BOD, B22, B43, y B101. Se halla la nota ipo. inteligencia práctica a nivel operacional.

Titulo de la prueba	Palancas. Test de mecánica
Autor	Yela, M.
Adaptacion	Sección de test de técnicos especialistas asociados, S.A.
Factor que mide	Aptitud espacial y comprensión mecánica.
Aplicación	Individual o colectivo.
Edades	14 años en adelante.
Descripción de la prueba	24 elementos gráficos de opción múltiple, cada uno de los cuales es la representación de una serie de palancas combinadas y articuladas. En las que el sujeto deberá averiguar hacia dónde se desplaza una de ellas cuando se aplica una fuerza en otra.

Posibles aplicaciones de los datos obtenidos en las pruebas de aptitudes específicas en el ámbito de la orientación

1. Ayudar a los jóvenes en el tránsito desde la escuela al mundo laboral, cosa que nunca ha sido fácil, pues implica estar preparado para tomar decisiones, conseguir ciertas capacitaciones en aspectos concretos del trabajo, poseer habilidades útiles específicamente exigidas en el mercado laboral, demostrar hábitos laborales especiales y, fundamentalmente, vivenciar actitudes positivas hacia el trabajo. El orientador, para ayudar a los jóvenes en la compleja tarea de planificar su futuro profesional, deberá, con el auxilio de los tests de aptitudes:

   a) Explorar ciertas carencias o potenciales en comprensión verbal, razonamiento aritmético, aptitud espacial administrativa, técnicas musicales, artísticas, manuales, etc.
   b) Ayudarle a reconocer cuáles son sus aptitudes personales en relación con los requisitos ocupacionales, tarea ésta que debe contar con datos tanto subjetivos como objetivos, estandarizados como no estandarizados.
   c) Saber utilizar las baterías de tests multifactoriales para poder predecir diferencias que favorezcan la colocación en diversos puestos de trabajo y la exploración del mundo laboral en general.

2. Los tests de aptitudes musicales y artísticas, en general, sirven para detectar a aquellas personas que no parece que estén sacando provecho de los estudios y que no van a poder realizar una formación superior.
3. Descubrir aptitudes muchas veces escondidas o sumergidas.

Interpretación y devolución de los datos de las pruebas de aptitudes específicas

1. Antes de interpretar los datos, redefinir y replantear los objetivos para los que el test o los tests fueron aplicados.
2. Relacionar puntillosamente los datos de los tests de aptitud con las experiencias educativas, de ocio y laborales del joven orientado, para que pueda ser más fácil la detección de posibilidades ocupacionales futuras.
3. Recordar que el afinar en la elección de una ocupación depende mucho de las puntuaciones obtenidas en los tests de aptitudes. Para ello, el orientador debe estar exhaustivamente informado de los requisitos de las profesiones, además de los deberes, habilidades, funciones y tareas que deberá realizar el trabajador en la profesión u oficio que elija.
4. Estar muy al tanto de que el joven no exprese o asuma niveles de aspiraciones que estén muy por encima o muy por debajo de los datos que arroja la medida de sus aptitudes.
5. Comunicarle los resultados con honradez y franqueza.
6. Observar los principios que Super y Crites (1962) propusieron que había que respetar al informar de los datos: a) Cualquier puntuación debe estar interpretada en función de la norma del grupo; b) Deberá identificarse cualquier conducta que pueda influir negativa o positivamente en los re-

sultados del propio examinado, por ejemplo, resistencia a ser probado, tensión, excesiva atención, etc.; c) Debe anotarse la relación entre las puntuaciones de un test y las de los otros, para detectar las discrepancias, incongruencias, falta de acuerdo, etc., y las posibles consecuencias; d) Las puntuaciones deben servir para hacer intrepretaciones a la luz de los datos personales del examinador: sexo, edad, educación, etc., además de que se refieran, por supuesto, a la norma; e) Las puntuaciones deberían ser interpretadas, en principio, en términos psicológicos, pero después, en términos educativos y vocacionales; y f) Debe redactarse un resumen que sintetice el perfil del orientado incluyendo su potencial educativo y vocacional además, de las responsabilidades que es capaz de contraer.

Los inventarios de intereses de desarrollo profesional

Se considera que los intereses son los incentivadores del aprendizaje, por lo cual conocer su intensidad y dirección es la clave para profundizar en el perfil profesional del orientado. Podría definirse el interés como lo que agrada, preocupa o motiva a la curiosidad. Super (1964) lo clasifica, según el tipo de información que de ellos se reciba, así: expresos, es decir, la expresión verbal del interés es una tarea, un objetivo o una ocupación laboral; manifiestos, o sinónimos de participación concreta y real en una profesión o actividad; comprobados, o medidos objetivamente, diferenciándolos de aquellos medidos a través de inventarios o de estimaciones autoaplicadas; e inventariados, o evaluados a través de las preferencias ocupacionales de una persona. La estimación de los intereses profesionales se lleva a cabo mediante inventarios estandarizados que suelen subdividir los intereses relativos en varias áreas y escalas normativas, con las que una persona pueda determinar la similitud de sus intereses con los de otras personas ya empleadas en ciertas profesiones.

El desarrollo vocacional o profesional viene a ser (NVGA, 1973) «la constelación integrada de factores psicológicos, sociológicos, educativos, físicos y azarosos, que se combinan para ir formando el futuro profesional de un individuo», lo cual comporta que el proceso de profesionalización tiene lugar a todo lo largo de la vida a través de estadios (en el sentido piagetiano) que podrían ser, aproximadamente, conciencia profesional, exploración ocupacional, identidad profesional, toma de decisiones y madurez vocacional. Estos conceptos evolutivos han sido desarrollados por los autores arriba citados, D.E. Super y J.O. Crites, además de por A. Roe (1975) y J.L. Holland (1975). El punto de partida en cualquier formulación de lo que sea el interés profesional y el desarrollo vocacional exige distinguir muy claramente entre aptitud e interés.

Descripción de algunos tests de intereses y de desarrollo vocacional

Título de la prueba	COV - Cuestionario de orientación vocacional
Autor	Gonsalvez Cerdán, A.
Adaptación	
Factor que mide	Intereses hacia los estudios universitarios.
Aplicación	Individual o colectiva.
Edades	Adolescentes.
Descripción de la prueba	A traves de 180 ítems el alumno debe de expresar el grado de interés que la cuestión tiene para él. A los últimos ítems (grado iniciativa, responsabilidad y sinceridad) se responde con sí o no.

Título de la prueba	Temario vocacional TV
Autor	García Yagüe.
Adaptación	
Factor que mide	Intereses vocacionales.
Aplicación	Individual y colectiva.
Edades	A partir de los 1 5 años de edad.
Descripción de la prueba	La prueba permite obtener dos tipos de escalas de intereses: a) escalas puras; b) escalas profesionales.

Tíulo de la prueba	Cuestionario de intereses profesionales
Autor	Thurstone, L.L.
Adaptación	Sección de estudio de tests TEA, S.A.
Factor que mide	Intereses profesionales.
Aplicación	Individual o colectiva.
Edades	A partir de los 14 años de edad.
Descripción de la prueba	Consta de un inventario de profesiones dispuestas por parejas. El alumno debe hacer una elección entre cada dos alternativas.

Título de la prueba	Registro de preferencias de Kuder
Autor	Kuder, F.G. S.R.A. Chicago.
Adaptación	KNS. San José de Calasanz, C.S.I.C.
Factor que mide	Intereses profesionales.
Aplicación	Individual o colectiva.
Edades	A partir de los 15 años.
Descripción de la prueba	La prueba consta de 504 elementos, agrupados en 168 temas de elección forzosa. Las respuestas dadas por el alumno permiten obtener una medida de sus intereses profesionales en 10 amplias áreas.

Título de la prueba	Inventario de intereses profesionales
Autor	Rothwell y miller, K.M.
Adaptación	Isidoro, R.J.
Factor que mide	Intereses profesionales.
Aplicación	Individual o colectiva.
Edades	Adolescentes y adultos.
Descripción de la prueba	La prueba consta de 12 categorías que responden a amplias áreas profesionales. La tarea del alumno consiste en ordenar las profesiones según su preferencia, dando el número 1 a la mas preferida.

Usos y aplicaciones en el ámbito de la orientación

1. Los inventarios de intereses y de desarrollo vocacional se usan para obtener información relevante ante la toma de decisiones tanto académica como profesional.
2. También para confirmar o ratificar algunas de las decisiones tomadas y para estudiar diferentes alternativas nuevas.
3. Como punto de partida antes de enseñar a los estudiantes el contenido, configuración y clasificación de las principales áreas ocupacionales.
4. Hay que ser precavido en su uso, porque a veces emplean vocabulario algo alejado de la comprensión de un joven; a veces se precisa un entrenamiento previo y una traslación a terminología más adecuada; por otro lado, el orientado, a la hora de responder a los ítems del inventario, puede caer en el error de contestar según las preferencias que socialmente son más aceptadas en ese contexto y circunstancias concretas, más que ateniéndose a sus propias preferencias personales.
5. Una interpretación creativa de los inventarios de intereses requiere habilidad para integrar los perfiles resultantes con las aptitudes, motivación y oportunidades del orientado, además de con los requisitos específicos de cada profesión.
6. Este tipo de tests puede aplicarse a grandes grupos, para que luego se abra la puerta a discusiones generales antes de proceder al consejo individualizado, si fuera preciso.

Pruebas de personalidad y autoconcepto

Están diseñadas para medir los aspectos no intelectivos de la psicología individual, adaptación emocional, relaciones sociales, aspectos motivadores de la conducta, rasgos sociales, ascendencia, sumisión, introversión y extraversión, autoestima, autoconcepto, etc. Desde los primeros momentos de su historia se han venido usando tests de asociación libre, de construcción simulada de situaciones, de técnicas proyectivas, y cuestionarios. Su uso es muy complejo porque plantea problemas hasta ahora no resueltos, como la medida de la honestidad con que se responde, si el examinado entiende bien las preguntas; cómo se han de interpretar los inventarios en función del tiempo y el contexto cultural y social y hasta qué punto son fiables y válidos. Los usos más comunes, dentro de la orientación, serían:

1. En orientación y selección profesional, porque la información sobre la personalidad del trabajador puede favorecer la comprensión de su rendimiento laboral, aunque no se han obtenido correlaciones altas en operarios no cualificados y semicualificados.
2. En orientación y selección académica, porque parece que pueden darse una relación predictiva entre rasgos de la personalidad y niveles de autoestima y rendimiento académico posterior.
3. En orientación personalizada o consejo, cuando la problemática lo requiera.
4. El uso de estos tests requiere considerar la gravedad de ciertas posturas éticas, morales y políticas.

Descripción de algunas pruebas de personalidad y autoconcepto

Título de la prueba	MMPI Inventario multifásico de personalidad de Minnesota
Autor	Hathaway, S.R. y McKinley, J.C.
Adaptación	Sección de estudios de tests TEA, S.A.
Factor que mide	Múltiples factores de la personalidad.
Aplicación	Individual o colectiva.
Edades	Adolescentes y adultos.
Descripción de la prueba	Consta de diez escalas básicas y cuatro de validación. Existen ademas cinco escalas adicionales (fuerza del yo, independencia, etc.).

Título de la prueba	16 PF. Cuestionario factorial de la personalidad
Autor	Castell, R.B.
Adaptación	Sección de estudios de tests TEA, S.A.
Factor que mide	Evaluación de 16 dimensiones de la personalidad.
Aplicación	Individual o colectiva.
Edades	A partir de los 15 años.
Descripción de la prueba	Cuestionario en el que el alumno elige la respuesta entre tres proposiciones. Se utilizan normalmente dos escalas A y B cada una de las cuales consta de 187 elementos.

Título de la prueba	PNP cuestionario de personalidad.
Autor	Pichot, P.
Adaptación	Estudios de tests de TEA, S.A.
Factor que mide	Tendencias patológicas en adultos.
Aplicación	Individual o colectiva.
Edades	Adultos.
Descripción de la prueba	La prueba consta de tres partes: Gustos alimenticios. Inventario de personalidad. Conexiones verbales.

Título de la prueba	«Z» test
Autor	Zulliguer, H.
Adaptación	Estudios de tests de TEA, S.A.
Factor que mide	Aspectos de la personalidad.
Aplicación	Individual o colectiva.
Edades	Adolescentes y adultos.
Descripción de la prueba	La prueba consta de tres láminas que valoran la personalidad a través de técnicas proyectivas.

Título de la prueba	EPI - cuestionario personalidad de Eysenck
Autor	Eysenck, H.J. y Eysenck, X.G.
Adaptación	Sánchez Turet y TEA Ediciones, S.A.
Factor que mide	Evaluación de dos grandes dimensiones de la personalidad: neuroticismo y extraversión, y una escala adicional de sinceridad.
Aplicación	Individual o colectiva.
Edades	Adolescentes y adultos.
Descripción de la prueba	El cuestionario tiene la forma habitual de preguntas con posibilidades de contestar sí, no o ? existen dos formas paralelas, a y b.

El diagnóstico del concepto de sí mismo

Aparte de que en las investigaciones no siempre se usa el término autoconcepto (*self-concept*) en el mismo sentido, se han utilizado diseños experimentales completamente opuestos, instrumentos de medida poco fiables, inadecuadamente descritos, a veces incluso imposibles de localizar para su crítica o usados una única vez. O incluso se han asimilado términos completamente diferentes (como autoestimación, Yo, etc.).

Como señala Wylie (1961), otra dificultad en la evaluación del autoconcepto es que el sujeto está en una postura ventajosa para consigo mismo; porque su autoevaluación se hace dentro de una perspectiva fenomenológica que difiere mucho de la evaluación de aquella persona que es juzgada por procedimientos psicológicos experimentales que exigen observadores externos e independientes con criterios también externos de trabajo. La investigación en el campo del autoconcepto opera sin las ventajas de un criterio externo: el investigador no puede comprobar ni controlar la respuesta a un estímulo de manera independiente sin que ésta pase por el tamiz del sujeto que la arroja. Y esto, es obviamente, la consecuencia primera de utilizar un marco de referencia basado en la aproximación fenomenológica del estudio del hombre. Así pues, el autoconcepto deberá ser inferido de la conducta del sujeto, y para los fines experimentales es esencial lo que el sujeto tenga que decir sobre sí mismo basándose en sus experiencias privadas, interpretadas, además, subjetivamente.

Desde el momento en que la teoría fenomenológica parece inapropiada para usar diseños experimentales S-R o causa-efecto en los que la conducta observable (o variable dependiente) pueda ser predicha como función de la variable independiente, la investigación del autoconcepto emplea esencialmente diseños correlacionales. Esta limitación implica que las leyes de causa-efecto no pueden ser demostradas siempre de manera inequívoca. Aunque, según Verplanck (1954), estas limitaciones no son exclusivas de las investigaciones fenomenológicas, sino que también son características de otras teorías de la conducta (entre ellas el mismo conductismo).

Los *ítems* o preguntas que se utilizan para evaluar el autoconcepto pueden influir sobre la puntuación obtenida según se centren en medir una u otra área vital de la persona, un aspecto de la personalidad que se presente exitoso o que, por el contrario, se presente como fracaso. Por ello se hace precisa la redacción de un amplio abanico de cuestiones a preguntar. Partiendo de la base de que cada persona posee varios autoconceptos (académico, social, físico, etc.), se han llegado a construir técnicas bastante perfeccionadas (Brookover, Thomas y Patterson, Baker Lunn, etc.).

Limitaciones de las técnicas de autoevaluación (*self-reports*)

Los psicólogos tienen que inferir el autoconcepto a través de cuestionarios personales o a través de la observación de la conducta del sujeto evaluado. Combs y Soper (1957) han afirmado que, a veces, lo que se creía la medición del autoconcepto, en realidad era la evaluación de los resultados de los cuestionarios. Y repetían que el autoconcepto es cómo la persona se ve a sí misma y, en cambio, las respuestas al cuestionario es lo que el individuo quiere decir acerca de sí mismo a una persona ajena a él. La coincidencia del autoconcepto con las respuestas a un cuestionario o a un inventario está en función de varios puntos:

a) La claridad de la conciencia del individuo.
b) La adecuación de los signos expresivos.
c) La voluntad del individuo de cooperar.
d) Las expectativas sociales intervinientes.
e) El sentimiento del individuo de su suficiencia.
f) Sus sentimientos de la libertad ante las situaciones amenazantes.

Se han hecho esfuerzos para superar las dificultades de los métodos del cuestionario. Notable en este sentido sería la técnica Q-sort de Stevenson (1953). Por ahora, los cuestionarios o inventarios son la única técnica útil para acercarse a la evaluación del autoconcepto.

La fiabilidad y validez de estos instrumentos deben ser muy cuidadas. Como se sabe, la fiabilidad sería el grado en que el instrumento de medida arroja puntuaciones consistentes cuando es aplicado equis veces a los mismos sujetos. Son varios los métodos empíricos para estimar la fiabilidad: la correlación entre las puntuaciones del mismo test pasado diferentes veces (método test-retest); la correlación entre dos formas paralelas del mismo test (método de fomas alternativas) y la correlación entre partes comparables del mismo test (método de mitades), cada uno con sus ventajas y desventajas. En cuanto a la validez como capacidad del test a medir lo que pretende medir, lleva a los investigadores a enfrentarse a la dificultad de definir claramente lo que es el autoconcepto para adecuar la investigación al tipo idóneo de validez (de contenido —para investigar la cual el test deberá constar de ítems que requieran la evocación de respuestas autoevaluadoras—; predictiva —o posibilidad del test para predecir la conducta futura del sujeto, por ejemplo, la puntuación alta en un test del autoconcepto académico debería ser validada por niveles futuros de éxito y de motivaciones académicas—; concurrente, caso especial de la validez predictiva, por la cual la predicción que se hace no se reserva para un futuro mediato, sino para una situación mediata de aquí y ahora —por ejemplo, un joven con actitudes negativas hacia su apariencia física se observa que no se asocia en su conducta social con personas del sexo opuesto—; de constructo, etc.).

En general, son dos los procedimientos generales para evaluar el autoconcepto: sistemas de papel y lápiz por los que el sujeto deberá responder a unos ítems generalmente concediéndoles una puntuación o una jerarquización, y sistemas de observación de la conducta por medio de uno o varios observadores externos. El primer sistema facilita el trabajo colectivo; el segundo se aconseja cuando el estudio del sujeto debe ser individualizado.

a) Inventarios (o self-reports)

a.1) *Escalas de clasificación (rating-scales).* Se proporciona al sujeto un conjunto de afirmaciones acotando una serie de rangos en los que pueden ser clasificables. El individuo deberá señalar en qué clasificación considera que el rasgo le correspondería a su personalidad, a su concepto de sí mismo. Generalmente, estos grados se etiquetan con términos como «nunca», «a veces», «siempre», etc. La escala de clasificación más utilizada es la de Likert.

Ejemplo:

	1	2	3	4	5
Me siento útil	☐	☐	☐	☐	☐
	Nunca	Raramente	A veces	Frecuentemente	Siempre

a.2) *Escalas de control (check list)*; en ellas el sujeto simplemente señala las afirmaciones o adjetivos que mejor cree que le describen. En esencia es una escala de sí-no. Siempre es mejor crear una escala tipo Lickert que esta otra tan simplista.

a.3) *Técnica Q-sort (de clasificación de cartas),* creada por W. Stephenson. Para clasificar el autoconcepto, la técnica más utilizada del Q-sort es un conjunto de 100 ítems extraídos de protocolos terapéuticos y usados por Butler y Haigh (1954). El sujeto debe clasificar en nueve montones estos ítems descriptivos de la personalidad y bastante generales, redactados en una ficha o carta. Esta clasificación en nueve apartados está ordenada en un *continuum* de acuerdo con el grado de intensidad que el sujeto cree que posee de la característica o rasgo descrito. Estos ítems pueden, a su vez, ser nuevamente jerarquizados, también en nueve montones, desde el punto de vista de un criterio completamente distinto, por ejemplo, desde el punto de vista del yo ideal o del yo casi-normal, etc. En la clasificación final luego se concede una puntuación a cada ítem, de 1 a 9, según el montón donde haya sido colocada la carta.

Con este procedimiento es fácil calcular coeficientes de correlación entre varias clasificaciones o entre varios sujetos, etc.

a.4) *Métodos de respuesta sin estructurar o libre,* que exigen del sujeto el completar frases o el escribir una redacción sobre sí mismo. Este sistema, claro está, presenta problemas fundamentales de interpretación y cuantificación de los datos. No obstante, investigadores como Jersild (1952) y Strang (1957) han basado sus experiencias en este sistema.

a.5) *Técnicas proyectivas,* para medir el autoconcepto subconsciente. A pesar de que las investigaciones del autoconcepto inconsciente son bastante limitadas, indican que la mayoría de las personas se evalúan a sí mismas más por la vía inconsciente que por la consciente.

a.6) *Entrevistas,* método éste muy idóneo para el consejo, en los estudios psicoterapéuticos, y preferentemente utilizado por los psicólogos y consejeros no directivos, cuya máxima ejemplificación sería C. Rogers.

Evaluación del concepto de sí mismo a través de la observación

La razón fundamental de la observación de la conducta humana ha sido, tradicionalmente, asegurar que el observador había de ser pasivo y estar separado del observado para no influir en él y no sesgar su conducta, consiguiendo, de ese modo, una percepción lo más objetiva posible de la conducta típica del individuo observado. No obstante, son bastantes los investigadores que defienden que este modo de concebir la observación es muy limitado y restrictivo (Combs, 1965), atentando así las investigaciones del *self-concept.* La completa objetividad en un observador es prácticamente imposible, de tal manera que el enfoque óptimo de una buena observación sería tener como objetivo primordial la objetividad pero dentro de un marco de sensibilidad, experiencia y empatía, teniendo presente que cada observador incluye en sus observaciones significados e inferencias derivadas de sus experiencias pasadas, de sus actitudes y de sus expectativas. Habrá una observación rápida y superficial de lo externo y otra más dirigida a lo interno, a las relaciones de una persona con los semejantes, cómo una persona evita ciertas cosas o busca otras, cómo reacciona, cómo aprueba o desaprueba ciertas circunstancias o acciones, etc. Las observaciones pueden organizarse dando al observador unas listas de control (*checklist*) que cubran varios atributos o varios criterios, pero siempre ese procedimiento será limitador de algunos aspectos que quedarán sin observar, según cuál sea la reacción del sujeto observado.

Instrumentos específicos para la medida del autoconcepto

A pesar de que los instrumentos que aquí se detallan son idóneos para una escala amplia de individuos según los criterios de edad y pertenecen a un rango variado de técnicas —*self-report,* proyectivas, topológicas, de observación directa—, diseñadas para poblaciones de distribución normal, etc., se tiene que tener presente siempre que su aplicación debe ser cautelosa y que deben adaptarse a la sociedad y medio dónde se apliquen si es que se extraen de países o sociedades distintas a la que se está investigando.

La relación de pruebas se subdivide en cinco categorías según R.B. Burns (1979):

1. *Medida general del autoconcepto y de la autoestimación*

1.1. *Inventario de autoestima* de Coopersmith, 1967; escala de rangos; aplicable entre 10 y 16 años. Compuesta de 58 preguntas con fiabilidad de 0,88. Tiene hecha una forma reducida de 25 ítems con correlación de 0,86 con la totalidad de la prueba.

1.2. *Agrupamiento de símbolos del yo social,* de Long, Ziller y Henderson, 1968; representación topológica no verbal, desde los 3 años a la edad. Esta prueba, con sus subpruebas, exige tareas no verbales. Puede aplicarse colectivamente y en un breve tiempo de treinta minutos. Tiene las cuatro variantes: preescolar, adultos, adolescentes y estudiantes. Las ventajas están en que es verbal y que es aplicable a los niños pequeños, aunque sólo es válida para culturas en las que se lee de derecha a izquierda y de arriba abajo. Es un test poco usual, simple e ingenioso. Wylie ha recogido (1974) variados trabajos que demuestran su apreciable índice de fiabilidad.

1.3. *Registro perceptivo,* de Combs y Soper (1963). Es un registro de observación para sujetos de 4 a 7 años. Personal debidamente cualificado debe ir evaluando, en una lista de 39 ítems, agrupados por áreas, las percepciones del niño sobre sí mismo y sobre las otras personas relevantes de su entorno. Cada ítem —descrito y clarificado para guiar al observador— está escalonado en cinco puntos y las áreas que cubre son: percepción del Yo; el Yo como instrumento; el Yo con respecto a los otros niños; el Yo en función del adulto; el Yo y los profesores; el Yo y el currículum escolar; percepción de los otros; percepción de los adultos; percepción de los profesores; y percepción de la escuela.

1.4. *Informe del autoconcepto,* de Combs, Soper y Courson (1963), en forma escalada, para adolescentes, compuesto de 18 pares de afirmaciones positivas y negativas acerca del Yo, ordenadas en escalas de cinco puntos. Ejemplos: «a la gente le gusta tenerme a su lado», «creo que soy una persona animosa», «no me gustan demasiado los deportes y los juegos», etc.

1.5. *Escala de autoconcepto,* de Lipsitt (1958), para niños de 9 a 16 años compuesta de veintidós adjetivos que describen atributos personales, que empiezan por la palabra «yo soy» y que hay que ordenar en una escala de cinco puntos con las suficientes matizaciones: nunca, no muy a menudo, alguna vez, la mayoría de las veces, siempre. Lipsitt la usa para evaluar el Yo ideal y el Yo conocido, sustituyendo, en este último caso, el inicio de la frase por este otro: «Me gustaría ser». Por otro lado, busca la correlación entre las puntuaciones relativas al menosprecio del Yo y a las de la ansiedad (fiabilidad de 0,73 a 0,91 por el método del test-retest). Es una escala que se ha popularizado por su vocabulario sencillo y facilidad de aplicación. Más adelante, con ligeras variaciones, Lewis (1971) la ha adaptado para adolescentes subnormales con bastante éxito (0,88 de fiabilidad).

1.6. *Escala de autoestima,* de Rosemberg (1965), para adolescentes y estudiantes. Trata de hallar un índice unidimensional basado en el modelo de Guttman. Son diez frases (cinco positivas y cinco negativas) para controlar la aquiescencia, puntuadas dentro de cuatro matices:

Señala la casilla que creas que mejor define lo que tú sientes de ti mismo:

	Muy de acuerdo	De acuerdo	En desacuerdo	Muy en desacuerdo
1. Creo que valgo, por lo menos, igual que los otros				
2. En general, creo que estoy fracasando				
3. Creo que tengo algunas cualidades buenas				
4. Soy capaz de hacer cosas tan bien como la mayoría				
5. Creo que no tengo mucho de qué enorgullecerme				
6. Tomo una actitud positiva respecto a mí mismo				
7. En general, estoy satisfecho conmigo mismo				
8. Ojalá fuera más respetuoso conmigo mismo				
9. Ciertamente, a veces me siento inútil				
10. A veces creo que no valgo para nada				

1.7. *«Cómo me veo a mí mismo»*, escala de Gordon (1966), de rangos, aplicable entre 8 y 17 años. Se inspira en las categorías de Jersild (1952) al clasificar redacciones de niños sobre sí mismos. Se evalúan actitudes acerca del cuerpo, emociones, condiscípulos y escuela a través de 40 ítems para preadolescentes y 42 ítems para adolescentes. Los baremos están subdivididos en sexo, raza y clase social. El autor afirma que se precisarían estudios comparativos de la escala con otros instrumentos de conducta observada y con variables del medio del desarrollo para aumentar su fiabilidad (de 0,87 a 0,89). El manual puede adquirirse en Florida Educational Research and Developmental Council, Gainsville, Florida, USA.

1.8. *Indice de autoconcepto para niños (CSCI)*, de la Westinghouse Learning Corporation, gráfico, aplicable entre los 5 y 8 años. Es un inventario de 26 ítems que informan acerca del grado de autoconcepto positivo. Cubre las áreas de aceptación de los padres, reforzamiento positivo en el hogar y en la escuela.

1.9. *Escala del autoconcepto primario*, de Muller y Leonetti (1972), no verbal, para niños de 7 a 10 años muy usado con poblaciones bilingües. Sus

24 ítems, gráficos, presentan por lo menos a un niño representando un papel positivo y, otro un papel negativo. Después de exponer verbalmente una historieta descriptiva acerca de cada ilustración, se invita al niño a rodear con un círculo al niño que se parece más a él mismo. Son ocho los factores evaluados en la escala, con un promedio de 2 a 4 ítems por factor.

Ejemplo:

Factor 5	N.º del ítem	Descripción del gráfico
Visión del sujeto de su Yo fisiológico	13	Niño pequeño-niño grande
	15	Niño pequeño-niño grande jugando jugando
	21	Niño fuerte -niño débil
	23	Niño blanco -niño de color

1.10. *Inventario «yo siento-me siento»*, de Yeatts y Bentley (1968), no verbal, gráfico, para nivel preescolar. Son 40 ítems que tratan de medir cinco dimensiones: adaptación general, ajuste con los semejantes, adaptación en la escuela, física y académica. Cada ítem es una figura en silueta que se relaciona con los sucesos más importantes de la vida de un niño. Se administra individualmente.

1.11. *Indice de ajuste y de valores,* de Bills, Vance y McLean (1951), escala de rangos para estudiantes y adultos; las 124 palabras que hay que ordenar por rangos de cinco matices se han extraído de las listas de rasgos de Allport y Adbert (1936), escogiendo aquellos que parece que se dan con más frecuencia en las entrevistas y que resultan ser claros ejemplos de los caracteres del autoconcepto.

1.12. *Inventario interpersonal* en forma de listado de chequeo para adultos; desarrollado por LaForge y Suczeck (1955), se puede consultar en T. Leardy (1957), *Interpersonal Diagnosis of Personality*, Ronald Press, N. York. Son 128 palabras y frases descriptivas del Yo, del Yo ideal y una medida de la autoaceptación (en términos de la discrepancia entre la descripciones del Yo y del Yo ideal). Distingue cinco niveles de personalidad:

1. Comunicación con los otros.
2. Descripciones conscientes.
3. Simbolismo preconsciente.
4. Inconsciente inexpresado.
5. Yo ideal.

Es un inventario con alta consistencia interna (de 0,95 a 0,97 según Armstrong, 1958).

1.13. *Escala de autoconcepto infantil,* de rangos, para niños de 8 a 16 años compuesta por Piers y Harris (1964) a partir del listado de Jersild (1952) de frases hechas y dichas por niños. Los ítems son sólo declarativos. La escala consta de 80 ítems con respuesta afirmativa o negativa.

Es bastante amplia y cubre áreas como: apariencia física, insatisfacción, aceptación de sí mismo, estatus académico, conducta social, desprecio, etc. La consistencia interna está entre 0,78 y 0,93; la correlación con los niveles de inteligencia son bajos aunque positivos. La escala de Coopersmith sólo correlaciona en 0,36. Es una escala muy usada en Estados Unidos, y ahora está comercializada por la firma Counselor Recordings and Tests. Parece que el paso siguiente será convertir esta escala en dicotómica (respuesta de sí-no) a una escala de cinco puntos.

Ejemplo:

	SI	NO
2. Soy una persona feliz		
3. Me cuesta hacer amigos		
5. Soy inteligente		
6. Soy sucio		
7. Me pongo nervioso cuando el profesor me llama		
9. Cuando sea mayor, seré una persona importante		
15. Soy fuerte		
29. Tengo una mirada atractiva		
43. Ojalá fuera distinto		
57. Soy popular entre los chavales		
70. Me gusta leer		
75. Siempre rompo o destrozo las cosas		
79. Lloro fácilmente		
etc.		

1.14. *Escala Tennessee de autoconcepto,* de Fitts (1955), de rasgos con 5 puntos, para personas de 12 años en adelante. Consta de 100 ítems descriptivos, de aplicación tanto individual como colectiva con dos subescalas. Escala 1: autocrítica (10 ítems): Escala 2: positiva (90 ítems), subdividida en medida de: a) la identidad (qué soy); b) autosatisfacción; c) conducta; d) yo físico; e) yo moral y ético; f) yo personal; g) yo familiar; y h) yo social.

1.15. *Juego de «dónde está»,* de Engel y Raine (1963), inventario escalonado para niños de 8 y 9 años, compuesto de siete dimensiones bipolares. El sujeto tiene que señalar dónde se colocaría en una escala de 5 puntos en forma de una escalera vertical. Las dimensiones son:

1. Verse a sí mismo como bien dotado intelectualmente *versus* falto de dotes.
2. Idem como feliz en oposición a desdichado.
3. Considerarse bien visto por los compañeros *versus* considerarse impopular.
4. Idem valiente *versus* cobarde.
5. Idem físicamente atractivo *versus* nada atractivo.
6. Idem fuerte *versus* débil.
7. Obediente contra desobediente.

1.16. *Escala de autoconcepto de Bledsoe,* de Bledsoe (1964, 1967), para niños de 7 a 16 años. Consta de 30 adjetivos descriptivos de rasgos clasificables en tres puntos. De los 30 ítems, 10 son descritos desde las dimensiones del diferencial semántico de potencia, actividad y evaluación; así como de cada diez, 6 son positivos y 4 negativos. La escala de Bledsoe es, en esencia, una modificación de la adaptación que hizo Lipsitt del Indice de Adaptación y valores de Bill. La fiabilidad por el método del test-retest oscila entre 0,66 y 0,81, y la correlación con escalas de ansiedad son negativas con consistencia de –0,38 y –0,46. Puede ser autoadministrada. El análisis factorial indica que la escala es homogénea en un solo factor, lo cual no es consistente con el supuesto inicial de que los adjetivos reflejan tres dimensiones.

Escala de autoconcepto de Bledsoe (original, sin modificacines)

Así es como soy				Casi	Así es como me gustaría ser	
Casi siempre	La mitad del tiempo	Sólo de vez en cuando		Casi siempre	La mitad del tiempo	Sólo de vez en cuando
______	______	______	Amistoso	______	______	______
______	______	______	Frío	______	______	______
______	______	______	Valiente	______	______	______
______	______	______	Pequeño	______	______	______
______	______	______	Colaborador	______	______	______
______	______	______	Honesto	______	______	______
______	______	______	Jovial	______	______	______
______	______	______	Activo	______	______	______
______	______	______	Celoso	______	______	______
______	______	______	Calmado	______	______	______
______	______	______	Fuerte	______	______	______
______	______	______	Buen deportista	______	______	______
______	______	______	Humilde	______	______	______
______	______	______	Perezoso	______	______	______
______	______	______	Pobre	______	______	______
______	______	______	Despejado	______	______	______
______	______	______	Popular	______	______	______
______	______	______	Util	______	______	______
______	______	______	Limpio	______	______	______
______	______	______	Amable	______	______	______
______	______	______	Egoísta	______	______	______
______	______	______	Torpe	______	______	______
______	______	______	Saludable	______	______	______
______	______	______	Tímido	______	______	______
______	______	______	Lento	______	______	______
______	______	______	Crédulo	______	______	______
______	______	______	Solitario	______	______	______
______	______	______	Educado	______	______	______
______	______	______	Charlatán	______	______	______
______	______	______	Feliz	______	______	______

Purkey la modificó ligeramente y ésta es la versión que describimos, tomada de Hayes y Hopson (1980).

Escala de concepto de sí mismo de Bledsoe (Modificación de Purkey)

Apellidos ....Nombre ....Clase ....Fecha ....

Es preciso que cada uno de nosotros conozca más acerca de lo que parecemos. Esta escala es para ayudaros a describiros a vosotros mismos. No hay en ella respuestas correctas ni incorrectas, puesto que cada persona puede tener ideas diferentes. Responde, pues, a las preguntas de acuerdo a tus opiniones. Es importante que respondas sinceramente.

Reflexiona cuidadosamente y marca la respuesta que dice si tú eres como indica la palabra, casi siempre, aproximadamente la mitad del tiempo, solamente de vez en cuando.

Yo soy así			
	Casi siempre	La mitad del tiempo	Sólo de vez en cuando
1. Servicial			
2. Obediente			
3. Sincero			
4. Reflexivo			
5. Valiente			
6. Prudente			
7. Justo			
8. Mezquino			
9. Holgazán			
10. Astuto			
11. Cortés			
12. Limpio			
13. Amable			
14. Egoísta			
15. Bueno			
16. Colaborador			
17. Alegre			
18. Celoso			
19. Estudioso			
20. Leal			
21. Agradable			
22. Buen deportista			
23. Util			
24. De fiar			
25. Tímido			
26. Feliz			
27. Popular			

1.17. *Inventario canadiense de autoestima,* con dos versiones para niños de 8 a 11 años y para adultos. Escala de rangos de Battle (1976 y 1977) con 60 ítems, 10 de los cuales miden la actitud defensiva y los 50 restantes la percepción individual de las áreas del Yo, de los compañeros, padres y escuela. Algunos ítems se han seleccionado extrayéndolos de otros instrumentos (Gough y Heilborn, 1965, y Coopersmith, 1967).

1.18. *Cuestionario de autoimagen,* de Offer (1974), escala para adolescentes construida como un instrumento de investigación para un trabajo sobre la autoimagen, identidad, relaciones sociales y entorno psicológico de los adolescentes. Son 130 ítems seleccionados de numerosas escalas y de la experiencia clínica, divididos en 10 subescalas que quedan sintetizadas en tres factores por análisis factorial:

Factor I	Estado de los sentimientos
	Tono emocional Cuerpo y autoimagen Relaciones sociales Psicopatología

Factor II	Dominios
	Vocacional-educativo Adaptación superior Dominio del medio externo

Factor III	Relaciones interpersonales
	Moral Control de los impulsos Relaciones familiares

1.19. *Autoconcepto de preescolares,* para niños de 5 a 7 años, de Wuttenberg y Clifford (1964), que usa la técnica de medida de análisis de la verbalización infantil y la técnica proyectiva, y fue construida para investigar las relaciones entre *self-concept* y la habilidad para la lectura. Se grabaron cintas con los comentarios de los niños mientras dibujaban y mientras respondían a un test de frases incompletas. Luego se seleccionaron unidades de pensamiento para su posterior clasificación según constituyeran o no autorreferencias al *self.* Los estudios de proporcionalidad entre las distintas áreas medidas demostraron relaciones superficiales entre autoconcepto y predicción del nivel lector.

Son dos principalmente: el cuestionario «Yo-otros», de Phillips (1951), para estudiantes y adultos de 50 frases, de las que 25 miden actitudes hacia el Yo y 25 hacia los demás utilizando la técnica de la escala de 5 puntos de Likert. Una puntuación alta indica desfavorable actitud hacia el Yo de los otros. La escala total puede encontrarse en la obra de H.E. Shaw y J.M. Wright, *Scales for Measurement of Attitudes*, McGraw Hill, y la *Escala de aceptación de sí mismo y de los otros*, de Berger (1952), también para estudiantes y adultos con dos subescalas basadas en la técnica de Likert; se experimentó con doscientos alumnos de psicología y sociología de primer curso de universidad de muy diferente estatus social, nivel socieconómico e intereses vocacionales.

Ejemplo:

Aceptación de sí mismo y de los otros

Aquí se estudian algunas de tus actitudes. No hay una respuesta correcta para las preguntas, sino que la mejor respuesta es lo que tú crees que es cierto respecto a ti mismo. Deberás responder en tu cuaderno o en tu hoja de acuerdo con este esquema.

1	2	3	4	5
Nada cierto	Ligeramente cierto	Medianamente cierto	Bastante cierto	Totalmente cierto

Técnicas generales

Son técnicas flexibles sin un cuerpo estructurado de ítems. Cada una de ellas puede adaptarse al estilo de muestra y al objetivo del trabajo de cada investigador.

2.1. *Técnica Q,* de Stevenson (1953), Bennett (1964) y Butler y Haig (1954), de clasificación de cartas para personas de 11 años en adelante. El conjunto de frases mejor conocido en el universo de los autorreferentes es el de Butler y Haigh, consistente en 100 frases extraídas de protocolos terapéuticos que se pide que sean clasificadas. Antes de iniciar un consejo no directivo (Rogers y Dymond, 1954), se solicitaba al cliente que clasificara las afirmaciones en dos formas siguiendo ciertas instrucciones. Por ejemplo:

Clasificar sobre el sí mismo: «Clasifique estas cartas para escribirse a sí mismo tal como usted se ve hoy, en dos formas: desde las que son menos parecidas a lo que usted es hasta las que son más parecidas a lo que usted es».

Clasificar sobre el Yo ideal: «Ahora clasifique estas cartas para describir su persona ideal, la persona que usted más desearía ser teniendo en cuenta lo que usted es».

La correlación entre las puntuaciones del Sí mismo y del Yo ideal fue cero en un conjunto de personas sometido a terapia de grupo. Pero se elevó a 0,58 en un grupo de control de personas no terapeutizadas, lo cual demuestra que las personas no tratadas están más satisfechas con su Yo que las otras.

Esta técnica ha sido útil en investigación y en la exploración del *self-concept* en grupos variados: delincuentes, pacientes hospitalarios, estudiantes, etc., y usada ampliamente por C. Rogers, Benett, etc.

2.2. *La técnica del diferencial semántico*, de Osgood, Suci y Tannenbaum (1957) y de Warr y Knapper (1968) —con escalas de rangos para personas de 8 años en adelante—, es un muy flexible y económico sistema de medición de actitudes hacia equis objetos en el ámbito de un solo instrumento. En esencia, el método trata con conjuntos de adjetivos polarizados, por ejemplo: bueno/malo, real/irreal, etc. Al principio de cada elección hay una palabra o una frase estímulo. Por otra parte, los pares de adjetivos son listados como extremos finales de un *continuum* dividido en un número impar de partes (de 5 a 7 en general) para graduar la respuesta. El análisis factorial ha revelado en esta prueba tres factores ortogonales: evaluación —el dominante—, potencia y actividad, por lo que Osgood dedujo que la variable evaluadora es primaria en el pensamiento humano; consiguientemente, Osgood expresó que el diferencial semántico podía usarse como un sistema de medida de actitudes con escalas en que se precisase sólo la dimensión evaluadora.

Dado que el *self-concept* es un conjunto de actitudes hacia el Yo, este sistema del diferencial semántico es muy apropiado para su evaluación.

Normas: «Si usted cree que el concepto escrito en la parte superior de la página está *muy* relacionado con el extremo de la escala, debe escribir una X como sigue:

fuerte :_X_: :___: :___: :___: :___: :___: :___: débil

O así

fuerte :___: :___: :___: :___: :___: :___: :_X_: débil

Si usted cree que el concepto está *bastante* relacionado con uno u otro extremo de la escala (pero no en el extremo absoluto), debe colocar una X como sigue:

activo :___: :_X_: :___: :___: :___: :___: :___: pasivo

O así

activo: :___: :___: :___: :___: :___: :_X_: :___: pasivo

Si el concepto le parece sólo *ligeramente* relacionado con un extremo como opuesto al otro (pero que no llega a ser realmente neutral), marque:

feliz :___: :___: :_X_: :___: :___: :___: :___: desgraciado

O así

feliz: :___: :___: :___: :___: :_X_: :___: :___: desgraciado

Si considera el concepto realmente *neutral*, señale así

amable :___: :___: :___: :_X_: :___: :___: :___: huraño

Concepto: *Yo mismo (o mi Yo)*

Ejemplo de la escala:

Bueno	:___:	:___:	:___:	:_X_:	:___:	:___:	:___:	Malo
Rígido	:___:	:___:	:___:	:___:	:___:	:_X_:	:___:	Flexible
Independiente	:___:	:_X_:	:___:	:___:	:___:	:___:	:___:	Sumiso
Democrático	:_X_:	:___:	:___:	:___:	:___:	:___:	:___:	Autoritario
Desorganizado	:___:	:___:	:___:	:___:	:___:	:___:	:_X_:	Organizado
Cooperativo	:___:	:___:	:_X_:	:___:	:___:	:___:	:___:	No cooperador
Inconformista	:___:	:___:	:___:	:___:	:_X_:	:___:	:___:	Conformista

etc.

Es el mismo investigador quien incluye las escalas específicas que cree relevantes para la hipótesis de su investigación. Para la evaluación del autoconcepto suelen usarse estos conceptos:

Mi Yo tal como soy Yo
Mi Yo tal como me gustaría ser
Mi Yo tal como los otros me ven
Mi Yo como estudiante (o como padre, esposo, maestro, etc.)

En este campo de la evaluación del autoconcepto con el diferencial semántico destacan los trabajos de Hardstaffe (1973), Burns (1975) y Oles (1973).

2.3. *Técnica del repertorio de construcción de roles,* de Kelly (1955), Bannister y Mair (1968), para personas de 10 años en adelante, de enfoque fenomenológico. Permite al orientado generar su propio conjunto de descripciones o constructos más que responder a una serie dada de preguntas impuestas por el experimentador. El objetivo es evocar, extraer el constructo de una persona, de la manera como ella ve el mundo incluyendo el Yo y todas sus manifestaciones. La forma más popular es la de la cuadrícula: se coloca en la abscisa una lista de personas significativas en la vida cotidiana del sujeto. El examinador selecciona tres cuadros simultáneamente (elicitación triádica), señalándolos con un círculo —por ejemplo, Yo mismo, mi mejor amigo, madre—, y pregunta al sujeto que diga qué cosa importante hace iguales a dos de estas personas y diferencia a la tercera. Entonces el constructo así evocado se señala en la ordenada. Se tachan las casillas que se han visto como iguales (madre-mejor amigo). Luego, de entre las restantes personas clasificadas se pregunta a quiénes calificaría de trabajador más que de perezoso (primer polo del constructo) y se tachan las casillas correspondientes.

Figuras que desempeñan un papel

YO	YO tal como me gustaría ser	Padre	Madre	Jefe	Mejor amigo	*Constructos*
○	√		Ø	√	Ø	trabajador-perezoso
Ø	Ø	○	√		√	amable-cruel
○	√	Ø		Ø		dominante-sumiso
√	○		Ø		Ø	emotivo-no emotivo
√			Ø	○	Ø	ansioso-calmado
						etc.

3. *Medición del autoconcepto académico*

3.1. *Escala de autoapreciación*, de Davidson y Greenberg (1967), para niños de 10 a 16 años; consta de 24 ítems previamente experimentados para saber si eran bien comprendidos por muchachos de esas edades. El examinador lee en voz alta las frases o palabras y el niño va señalando cuál de los tres niveles escoge:

Escala de autoapreciación

Creo que soy:			
1. limpio			
2. de una gran ayuda en casa			
3. listo en la escuela			
4. tímido			
5. un pesado			
6. muy bueno en arte			
7. asustadizo			
8. divertido			
9. trabajador			
10. educado			
11. egoísta			
12. de buen ver			
13. perezoso			
14. curioso			
15. perfeccionista			
16. malo			
17. buen deportista			
18. cariñoso			
19. honesto			
20. nervioso			
21. mañoso			
22. malicioso			
23. querido por los demás niños			
24. tan dichoso como los otros			

3.2. *Autoconcepto de aptitud académica*, de Brookover, Erikson y Joiner (1967), para niños desde los 8 años hasta el final de la adolescencia. La escala se centra en el autoconcepto dentro del contexto de la educación. Intenta medir la evaluación que uno hace de sí mismo respecto a su aptitud para las tareas académicas en general y comparándose con los demás. En un área algo más concreta, trata de medir la evaluación que uno hace de sí mismo respecto a una asignatura o materia de estudio concreta (matemáticas, estudios sociales, idioma y ciencias). Los autores, usando un enfoque longitudinal con más de 300 niñas y más de 250 niños, encontraron una relación significativa entre el autoconcepto de la aptitud académica y el logro académico en cada nivel educativo. Y aún más, los cambios en el autoconcepto de la aptitud se reflejaban en los cambios del rendimiento escolar. (Véase al respecto la obra de S. Rodríguez Espinar, Oikos-Tau, 1982.) Existe una forma reducida de seis ítems de elección múltiple, muy usada por Cohen y Cohen (1974) en Inglaterra.

3.3. *Escala de autoimagen académica*, de Baker Lunn (1970), para niños de 9 a 12 años, usada como instrumento e investigación en una batería completa de la NFER, trata de averiguar la visión que los niños más mayores de la enseñanza primaria tienen de sí mismos en términos de rendimiento académico. Debe calificar nueve afirmaciones en una escala de tres puntos. Tiene una consistencia interna de 0,88 (coeficiente alfa).

3.4. *Escala para inferir el autoconcepto*, de Combs y Soper (1963) para estudiantes, escala diseñada para guiar a los profesores y orientadores a inferir cómo cada uno de sus alumnos: a) se percibe a sí mismo; b) sus relaciones con los otros; y c) cómo percibe a los otros. Cualquier puntuación de esta escala debe ser tomada sólo como una guía, pues los autores no han señalado su fiabilidad ni su validez.[1]

1. Los autores citados que no constan en la relación bibliográfica pueden consultarse en las referencias de las obras de R.B. Burns, *The Self-concept*, Longman, Londres, 1979, y de René L'Écuyer, *El concepto de sí mismo*. Oikos-Tau, Barcelona, 1985.

Referencias y bibliografía

BARTOLOMÉ, M. y otros, *Batería de tests de lenguaje para el primer ciclo*, versión castellana, y catalana, CEAC, Barcelona, 1985.
BISQUERRA, R., *Prova objectiva de llengua catalana (POLC)*, CEAC, Barcelona, 1985.
BURNS, R.B., *The Self-Concept*, Longman, Londres. En castellano, en Ed. Paidós, 1979.
CABRERA, F.; ESPÍN, J.V. y RODRÍGUEZ, M., *Medición y evaluación educativa. Fundamentos teórico-prácticos*, PPU, Barcelona, 1993.
CABRERA, F., *Pruebas diagnósticas de lectura, 1.º de EGB*, CEAC, Barcelona, 1986[2].
DUPONT, P., *Manuel de l'Inventaire de Développement professionnel. Adaptation et normalisation*, Faculté d'Education, Université de Sherbrooke, Canadá, 1982.
ESPÍN, J.V., *Lectura, lenguaje y educación compensatoria. Teorías, modelos e instrumentos para la innovación curricular*, Oikos-Tau, Barcelona, 1987.
FORNS, M.ª, *Evaluación psicológica infantil*, Barcanova, Barcelona, 1993.
GARANTO, J., *Las actitudes hacia sí mismo y su medición*, Publicaciones y Ediciones de la Universidad de Barcelona, Barcelona, 1984.
HAYES, J. y HOPSON, B., *La orientación vocacional en la enseñanza media*, Oikos-Tau, 1983.
HOLLAND, J.L., *La elección vocacional, Teoría de las carreras y Técnica de la elección vocacional. Tipos de personalidad y modelos ambientales*, Trillas, México, 1975.
HORROCKS, J.E., *Assessment of Behavior*, Charles E. Merrill, Columbus, Ohio, 1963, pp. 332-334.
L'ÉCUYER, R., *El concepto de sí mismo*, Oikos-Tau, Barcelona, 1985.
MARÍN, M.A., *El potencial de aprendizaje. Aplicaciones al diagnóstico y orientación*, PPU, Barcelona, 1987.
MARÍN, M.A. y BUISÁN, C., *Tendencias actuales en el diagnóstico pedagógico*, Laertes, Barcelona, 1986.
MCCLELLAND, D.C. y BOYATZIS, R.E., «Oportunities for counselors from the Competency Assessment Movements», *Personnel and Guidance Journal*, 1980, enero, pp. 368-372.
National Vocational Guidance Association, *Career Development and Career Guidance, Joint Position Paper*, NVGA, Washington DC, 1973, pp. 6 y ss.
RICE, B., «Brave New World of Inteligence Testing», *Psychology Today*, 1979, *13*, 27-41.
ROE, A., *Psicología de las profesiones*, Marova, Madrid, 1975.
SHERTZER, B. y LINDEN, J.D., *Fundamentals of individual apparaisal. Assessment tecniques for counselors*, Houghton Mifflin, Boston, 1979.
STERNBERG, R.J., «Stalking the IQ Quark», *Psychology Today*, 1979, septiembre, pp. 42-54.
SUPER, D.E., *La psychologie des interêts*, PUF, París, 1964. En castellano, *Psicología de los intereses y las vocaciones*, Kapelusz, Buenos Aires, 1967.
SUPER, D.E. y CRITES, J.O., *Appraising Vocational Fitness*, Harper and Row, Nueva York, 1962. En castellano, *La medida de las aptitudes profesionales*, Espasa Calpe, Madrid, 1966, pp. 663-665.

9
La estimación de los datos del orientado mediante técnicas no estandarizadas

Introducción

La evaluación de las características personales del orientado depende, en gran medida, tanto de la estimación de los datos de su vida interior, emociones, pensamientos e impulsos, como de las características y rasgos más evidentes y exteriorizables, aptitudes, intereses, sociabilidad. Actualmente se admite que la evaluación de una persona no es algo mecánico, ni analítico a ultranza, que intervenga sobre ella como si fuera un objeto mensurable. Sino, todo lo contrario, la evaluación devendría un proceso dinámico que dependería de cómo interactuasen contexto y atributos individuales.

De hecho, la dimensión cuantitativa de un orientado puede deducirse mediante instrumentos como los relacionados en el capítulo anterior. La cualitativa exige el empleo de otras técnicas: observación, registros anecdóticos, escalas, cuestionarios, técnicas sociométricas, autobiografías, diarios de clase, registros acumulativos, entrevistas, y estudio de casos. Por razones de espacio, remitimos al lector a la inmensa gama de libros sobre psicometría, psicología aplicada, psicotecnia, psicodiagnóstico, etc., que exponen exhaustivamente esos recursos instrumentales detallados. Aquí nos detendremos en los tres últimos procedimientos.

Los registros acumulativos o dossiers personales del alumno

Desde una perspectiva perfeccionista, un registro acumulativo es la información organizada y completa, además de evolutiva, de todos aquellos datos que distinguen a una persona de otra. Aunque los registros pueden ser comunes a todos los estudiantes, su flexibilidad debe permitir incluir aquello que se considere definitorio de un solo alumno. Su redacción debe estar tan clara y ordenada que permita a cualquier profesional su lectura e interpretación objetivas, además de la posibilidad de ver la continuidad de los datos y la evolución progresiva del desarrollo individual. Tiempo y espacio deben estar sintetizados para facilitar una visión panorámica y comprensiva, informando al máximo en el mínimo espacio. Además, debe ser un instrumento de ayuda tanto para el propio orientado como para los responsables de su formación.

Partes que debería tener un registro acumulativo

Identificación del alumno u orientado

a) Nombre
b) Fecha de nacimiento
c) Sexo
d) Dirección y teléfono
e) Fecha admisión en el centro escolar

(Uso de estos datos: Que el centro pueda identificar rápidamente al alumno; que se pueda conectar con sus padres o tutores en caso necesario.)

Datos del contexto familiar

a) Nombre del padre
b) Nombre de la madre
c) Nombre del tutor
d) Empleador
d) Nombres y edades de los hermanos
d) Dirección de los padres o tutores
e) Si es bilingüe

(Uso de estos datos: Que escuela y familia puedan cooperar; la escuela tendrá suficiente información como para conocer el marco de referencia probable de las relaciones familiares en un más amplio contexto de la clase social y de las influencias del barrio o sector; conocer los cambios de la vida familiar que puedan afectar la vida emocional del alumno.)

Datos de la asistencia a la escuela

a) Detalle de las ausencias más continuas
b) Detalle de las medidas que se han tomado (legales o no) ante ausencias no justificadas

(Uso de estos datos: Intentar eliminar el absentismo; alertar a la plantilla escolar de posible necesidad de educación correctiva.)

Datos académicos

a) Asignaturas y calificaciones trimestrales y anuales (preferentemente estandarizadas para estar de acuerdo en los límites mínimos y máximos).
b) Resultados de los exámenes
c) Razones por las que se ha elegido o cambiado en materias de enseñanza. Sobre todo en sistemas de créditos
d) Resultado de alguna acción correctiva

(Uso de estos datos: Tener controlado el proceso y el rendimiento del alumno y sus posibles fracasos generales y parciales; ayudarle en la elección de futuros créditos y materias; ayudarle y orientarle en la elección vocacional.)

Resultados de los tests estandarizados

a) Nombre de los tests
b) Forma o versión del test
c) Fecha de la aplicación del test
d) Edad del niño cuando le fue administrado el test
e) Puntuaciones convertidas a deciles o centiles

(Uso de estos datos: Calificar y comparar las aptitudes, rendimiento e intereses del alumno; proporcionarle información para hacer sus planes académicos y vocacionales; obtener una visión global de la efectividad de la enseñanza y de la planificación educativa del centro.)

Características personales y sociales

a) Escala (realizada por el profesor) de las características personales del alumno
b) Escala realizada por el orientador sobre las actitudes familiares
c) Sociograma o sociomatriz del alumno respecto al grupo de clase
d) Autoevaluación de la personalidad del alumno

(Uso de estos datos: Obtener un conocimiento global de aquellas características personales y sociales que van a ser importantes para su futuro educativo y vocacional; tener una información que sirva de punto de partida si es que se precisa ayuda de otros expertos.)

Actividades extraescolares

a) Registro de las actividades organizadas por la escuela, pero que, de hecho, son extracurriculares
b) Registro de otras actividades extra escolares
c) Registro de las aficiones y *hobbys*
d) Registro de alguna experiencia laboral (asesorada por el tutor técnico, por el supervisor de prácticas, etc.)

(Uso de estos datos: Ayudar al alumno a organizar y crear sus planes vocacionales; encontrar caminos para hacer más significativas las asignaturas relacionándolas con los intereses y actividades personales.)

Planes profesionales o vocacionales

a) Anotación de los planes vocacionales del alumno
b) Anotación de los planes vocacionales de sus padres
c) Comentarios de los empleadores

(Uso de estos datos: Ayudar al estudiante a crear planes vocacionales acumulativos y de amplia visión, para que vayan siendo cada vez más realistas y satisfactorios.) *

* Nota: El lector encontrará más información en estos autores (Vid. bibliografía al final del capítulo): Alvarez (1984), Barquero (1971), Buisán-Marín (1987), Knapp (1986), Maloney-Ward (1976), Ministerio de Educación y Ciencia (s/f), Rodríguez (1986 a, 1986 b, 1986 c), Shertzer-Linden (1979) y Strang (1949 y 1953).

I. DATOS PERSONALES

FOTOGRAFIA

Nombre .... Sexo .... Fecha ingreso en la escuela ....

Lugar de nacimiento .... Fecha de nacimiento ....

Dirección 1.ª .... Teléfono ....

Dirección 2.ª .... Teléfono ....

Dirección 3.ª .... Teléfono ....

Hermanos: 1 .... Año nacimiento: 1 ....

2 .... 2 ....

3 .... 3 ....

4 .... 4 ....

Vive con los padres .... Tutores .... Otros ....

Nombre del padre: .... Edad: ....

Profesión: ....

Nivel educativo: ....

Nombre de la madre: .... Edad: ....

Profesión: ....

Nivel educativo: ....

Causas y fecha de los fracasos o crisis del alumno

Fracasos económicos ....

Fracasos en el trabajo ....

Enfermedades ....

Inadaptaciones ....

Comentarios:

Datos personales significativos:

1.º: ....

2.º: ....

3.º: ....

4.º: ....

II. INFORMACION SOBRE LA SALUD

Nombre .... Apellido .... Fecha nacimiento .... Sexo ....

	MES	AÑO	MES	AÑO	MES	AÑO	MES	AÑO	MES	AÑO	MES	AÑO	MES	AÑO	MES	AÑO
PESO																
TALLA																

EXAMENES Y REVISIONES

VISION

MES	AÑO	TIPO	CORRECCION INDICADA

AUDICION

MES	AÑO	TIPO	CORRECCION INDICADA

DENTADURA

MES	AÑO	CORRECCION INDICADA

VACUNAS	**FECHA**
Rubéola	
Polio	
Difteria	
Tétanos	
Etc.	
Etc.	

REVISIONES FISICAS

FECHA			**RAZON PARA LA REVISION**
MES	DIA	AÑO	

III. INFORMACION ACADEMICA

Nombre ....

Fecha nacimiento ....

Fecha																				
Escuela																				
Curso																				
	Asignatura	1.ª Ev.	2.ª Ev.	3.ª Ev.	Final	Asignatura	1.ª Ev.	2.ª Ev.	3.ª Ev.	Final	Asignatura	1.ª Ev.	2.ª Ev.	3.ª Ev.	Final	Asignatura	1.ª Ev.	2.ª Ev.	3.ª Ev.	Final
	Lenguaje																			
	Idioma																			
	A. Ciencias Naturales																			
	B. Ciencias Sociales																			
	C. Matem.																			
	Comentarios: Cursos repetidos Materias a recuperar:					**Comentarios:**					**Comentarios:**					**Comentarios:**				

IV. DATOS DE LOS TESTS

TEST	PD	PC	Z	FECHA	NIVEL ESCOLAR	APRECIACION	PERFIL

OBSERVACIONES:

V. INTERESES, ACTIVIDADES, EXPERIENCIAS, OBSERVACIONES DEL TUTOR Y EL ORIENTADOR

Apellidos .... Nombre .... Escuela ....

Dirección .... Teléfono ....

Areas observadas	Curso 19.. / 19..	Curso 19.. / 19..	Curso 19.. / 19..
Salud y personalidad			
Nivel intelectual y aptitudinal			
Hábitos de trabajo			
Disciplina			
Aptitudes significativas para una asignatura o trabajo			
Actitudes ante la asistencia a la escuela y el trabajo académico			
Rasgos de la personalidad sobresalientes			
Intereses manifestados y evidentes			
Experiencias ocupacionales fuera de la escuela			
Ajuste y adaptación personal y social			
Creatividad			
Defectos físicos importantes			

El estudio de casos como instrumento entre las técnicas estandarizadas y no estandarizadas

El estudio de casos es una metodología comprensiva de recogida y resumen de datos acerca de una persona, con la intención de presentar una visión acumulada tanto de su desarrollo como de las interrelaciones entre diferentes aspectos de su vida. La información con que el orientador debe trabajar proviene, fundamentalmente, de los instrumentos citados más arriba, además de los documentos complementarios, informes de expertos, interpretaciones hechas al efecto y recomendaciones de intervención. En algunas ocasiones, el estudio de casos, termina con un proceso de seguimiento para evaluar si los objetivos han sido o no conseguidos.

El estudio de casos debe ser usado con prudencia, ya que además de resultar caro en tiempo y esfuerzo, está dedicado a aquellos alumnos con problemáticas especiales y notorias, por ejemplo, con problemas en el proceso de aprendizaje, en las relaciones sociales, en orientación profesional u otros. Se trata de obtener un conocimiento en profundidad del orientado con problemas para poder diseñar un modelo interventivo especialmente adaptado a él. Se diferencia claramente del historial personal o anamnesis (más específica) y de la conferencia sobre un caso (o discusión de un caso problema por una parte importante de la plantilla escolar).

Para redactar un estudio de casos no existe una normativa prescriptiva; las variantes son considerables y dependen de los tópicos sobre los que se desea incidir o profundizar. Lo que sí es preceptivo es presentar los hechos más importantes convenientemente ordenados y jerarquizados, y formular un plan sencillo e inteligible de modo que se pueda llegar a la comprensión total u óptima del orientado. Para ser útil, el caso ha de estar escrito con claridad y rigor, objetivamente, con la mínima desviación hacia posibles interpretaciones personales, sin detallar demasiado, sin exponer afirmaciones irrelevantes, con una terminología no técnica y lejos de afirmaciones generalizadoras inútiles.

Ventajas que depara al orientador el estudio de un caso

1. Aísla factores clave en casos en que las situaciones conflictivas devienen confusas.
2. Identifica causas múltiples y conjuntos de factores que pueden contribuir al problema.
3. Produce diagnosis sistemáticas y planes de tratamiento.
4. Puede generar objetivos predictivos.

Desventajas que depara al orientador el estudio de un caso

1. Requiere mucho tiempo y esfuerzo.
2. Puede contener datos inadecuados y obsoletos.
3. Puede atrasar el momento del tratamiento.
4. Corre el peligro de centrar la atención en un solo caso en detrimento del grupo.

Directrices para un estudio de casos en orientación vocacional

El informe

La redacción de un estudio de casos puede estar influida por: 1) la teoría a la que el orientador se va a adscribir para estudiar el caso y 2) por la cantidad de información que se posea de la persona con el problema.

El informe puede dividirse en tres partes; es importante centrarse en datos relevantes del desarrollo vocacional y de las aspiraciones del sujeto. Las líneas generales sirven sólo como esbozo. En cambio, el informe debe aparecer ya en forma de narración o ensayo. Los títulos generales y subtítulos que aparecerán en el esbozo se deben usar para subdividir la presentación.

La selección del sujeto

El sujeto estudio del caso debe tener como mínimo 15-16 años. Cuanto mayor sea y más experiencia tenga, más valiosa será la información. No se debe seleccionar a ninguna persona con la que tengas estrecha relación emocional, como, por ejemplo, amigo, cónyuge, ya que mantener la objetividad es difícil y pueden introducirse variables sesgadas.

Selección de la teoría

Conviene seleccionar las mejores y más idóneas teorías en función de los datos. No se deben forzar los datos para seleccionar las teorías. Ya se sabe que los modelos teóricos son imperfectos. Si fuesen perfectos, pertenecerían a la categoría de hechos.

PARTE PRIMERA

Antecedentes

I. INTRODUCCION

A. *Identificación del sujeto:* nombre, dirección, edad, sexo, estado civil, raza, ocupación, etc.
B. *Fuentes de información:* conducta, observaciones, entrevistas (con el sujeto y con otras personas), examen de sus antecedentes, etc.
C. *Revisión del informe:* métodos y organización; características sobresalientes.

II. HISTORIA PERSONAL Y SOCIAL

A. Desarrollo de la primera infancia.
B. Desarrollo corporal y salud general.
C. Valores dominantes en el hogar (ideales, proyectos, objetivos).
D. Antecedentes educativos y ocupacionales de los padres.
E. Naturaleza de las relaciones con los padres.
F. Aspiraciones paternas para su hijo.
G. Naturaleza de las relaciones con sus iguales y con los mayores.
H. Identificación con figuras importantes de su entorno.
I. Otros factores pertinentes. (Identificarlos.)

III. HISTORIA EDUCATIVA

A. Escuelas y centros donde ha asistido.
B. Actuación y comportamiento académico.
C. Principales asignaturas y currículos cursados.
D. Actividades extracurriculares.
E. Adaptación social a la escuela.
F. Cambios en los principales campos de estudio.
G. Nivel actual (puede ser estimado) en los tests de aptitudes, inventarios de intereses, etc., relacionados con la elección vocacional.
H. Preferencias vocacionales expresadas (a diferentes niveles escolares).
I. Experiencia en orientación.
J. Otros factores pertinentes.

IV. VARIABLES DE PERSONALIDAD

A. Concepto de sí mismo (Super).
B. Rasgos dominantes (rasgos y factores).
C. Necesidades (ROE).
D. Tipo de personalidad (Holland).
E. Valores (toma de decisiones).
F. Otras variables pertinentes (especificar).

V. ENTORNO FISICO, ECONOMICO Y CULTURAL

A. Descripción de comunidades y vecindades previas en las que la persona ha vivido.
B. Descripción de la vecindad actual.
C. Otros factores pertinentes del entorno (especificar).

VI. HISTORIA VOCACIONAL

A. Fantasías ocupacionales en la primera edad.
B. Primeros intereses, *hobbys* y juegos.
C. Trabajos a tiempo parcial, sucesivos, incluyendo las actividades laborales de la infancia.
D. Trabajos a tiempo total. Por qué cogió y abandonó esos trabajos.
E. Intereses, hobbys y actividades de ocio actuales.
F. Evaluación de la persona y de su propio desarrollo vocacional (autoevaluación).
G. Planes y aspiraciones vocacionales actuales.

VII. RELACION CON EL ORIENTADOR

A. ¿Cómo se ha ayudado a esta persona en momentos cruciales en el pasado?
B. ¿En qué medida puede ayudarse ahora a esta persona?

PARTE SEGUNDA

Explicación de las teorías seleccionadas

A. Presentar el nombre de las teorías que mejor se ajusten al caso.
B. Describir los componentes principales de dichas teorías.
C. Discutir sus pros y sus contras.

PARTE TERCERA

Síntesis

A. ¿En qué aspectos esas teorías responden al comportamiento de tu sujeto?
B. Interpretación y prognosis: según las bases del desarrollo vocacional en las que deseas explicar tus hallazgos. ¿Qué inferencias se pueden hacer, teniendo en cuenta cómo el individuo alcanzó su estadio actual de desarrollo vocacional? ¿Qué ves, como prognosis, sobre el desarrollo vocacional futuro de esa persona?
C. ¿En qué aspectos las teorías son inadecuadas o menos adecuadas?
D. ¿En qué aspectos no responde al comportamiento del sujeto? Concrete.
E. Discuta brevemente el modo como otras teorías pueden responder a ciertos comportamientos no tenidos en cuenta anteriormente.

Guía para la estimación de un caso de orientación vocacional, según D.E. Super

Esta guía puede aplicarse a cualquier situación de consejo ya sea vocacional, ya sea personal. También podría usarse con propósitos investigadores. Está diseñada para resumir datos básicos, de la entrevista, de los tests pasados a una persona de modo sistemático. En ocasiones hay que variar el modelo para adaptarlo a los casos especiales.

Título: Estimación vocacional de «........»

Estimación personal: Descripción de la persona en términos de su estatus psicológico, sociológico y físico.

Estatus actual y funcionamiento:

1. ¿Cómo se comporta la persona desde sus peculiares dimensiones? ¿Cuáles son sus aptitudes generales y aptitudes específicas? Sus intereses. Sus características de la personalidad. Sus actitudes. Su base educativa y su rendimiento escolar. Su estatus socioeconómico.
2. ¿Cómo se ajusta esta persona a los diferentes aspectos o áreas de su medio entorno físico y psicológico incluyendo su *self*? ¿Cuál es su *self-concept*, modelo diario de vida (dormir, comer, higiene personal, estudio, trabajo, hábitos recreativos, etc.). Naturaleza y calidad de sus relaciones con sus iguales. Con su familia, con sus profesores, con sus superiores o sus subordinados, con las autoridades genereales (administradores, policía, gobernantes, etc.). ¿Cuál es su nivel general de ajuste o adaptación? ¿Integración de la personalidad? ¿Cuáles son sus mecanismos generales predominantes de ajuste?

Historial evolutivo:

1. ¿Ha tenido alguna enfermedad física significativa que haya afectado su desarrollo psicosocial o le haya marcado con defectos especiales o handicaps?
2. ¿Cuál es la infraestructura familiar de esta persona? Hogar roto o intacto. Si viven los padres. Actitudes paternas (aceptación, concentración, evitación). Identificación paterna. ¿Cuáles eran las relaciones de la persona con sus padres (aceptado como un igual, líder, seguidor de, aislado, etc.)?
3. Intereses y aptitudes tempranas (aficiones, deportes, organizaciones, etc.).
4. Elecciones profesionales tempranas (ocupaciones preferidas, edad de su primera elección, motivos de esa elección, indecisión, etc.
5. Rendimiento y adaptación escolar (niveles, titulaciones, diplomas, actitudes hacia la escuela, materias que más agradan o desagradan, profesores favoritos, etcétera).

Estimación del problema: Identificación del problema del cliente. Evaluación tanto de las potencialidades como de las debilidades o faltas de, por ejemplo: motivación para cambiar, para asumir responsabilidades a la hora de resolver un problema, adaptabilidad y flexibilidad, ecuanimidad y sentido del humor, conducta constructiva e integradora, etc.

Problema vocacional:

1. Clasificación de acuerdo con cualquiera de los sistemas útiles de diagnóstico, corrientes en ese momento.
2. Estimación del concepto vocacional de esa persona (hasta qué punto está comprometida en el propio proceso de toma de decisiones). ¿Cómo percibe las profesiones, como un fin en sí mismas o como un medio para otros fines? ¿Piensa en términos de «o esto» - «o lo otro» cuando se refiere a profesiones u oficios? ¿Cómo razona ante el problema de la elección ocupacional? ¿De manera lógica o psicológica, con o sin falacias distorsionantes?, etc.
3. Evaluar si el problema vocacional personal surge por falta de madurez o por desajustes. Simplemente, es que no sabe cómo escoger una ocupación, o está tan confundido que no puede crear una respuesta correcta.

Factores relacionados con el problema vocacional:

1. ¿Qué papel juega la familia de esta persona en el problema de la elección?
2. ¿Cómo se relacionan su personalidad y su problema de elección?
3. ¿Qué otros factores, tales como los recursos económicos, obligaciones militares, planes matrimoniales, rendimiento académico, etc., son relevantes en este caso?

Estimación prognóstica: Predicciones acerca del futuro comportamental de la persona en el proceso de orientación o en el trabajo escogido.

Consejo vocacional:

1. Motivación: ¿Cuán bien responderá la persona a una orientación? ¿Se preocupará por el problema o esperará que el orientador se lo resuelva? ¿Por qué solicitó orientación? ¿Cuáles son sus expectativas?

2. Conducta a la hora de la entrevista: ¿Cómo responde verbalmente? ¿Estará dispuesto a dialogar o no? ¿Cómo se relacionará con el orientador? ¿Será dependiente, agresivo, reservado, etc?
3. Planes y objetivos orientadores: ¿Qué se puede lograr con esta persona? ¿Se le tendrá que proporcionar un test y cierta información ocupacional o intentará (el orientador) reflexionar sobre el problema vocacional con colaboración estrecha con el cliente? ¿El orientador debería centrarse sólo en el problema vocacional específico del cliente o debería ayudarle a aprender cómo resolver otros problemas vocacionales con los que puede encontrarse en un futuro? ¿Puede ser la orientación por naturaleza vocacional desde un principio o debería estar precedida por una orientación para el ajuste personal? ¿Cómo se puede poner en práctica la mejor orientación? ¿Qué técnicas deberían utilizarse?

Ajuste o adaptación vocacional:

1. Exito: ¿Qué profesiones están dentro de los límites de las capacidades personales del cliente?
2. Satisfacción: ¿En qué profesiones parece que el cliente encontrará más satisfacción? ¿Qué problemas crearía su personalidad en aspectos como hacer el trabajo propiamente dicho, relacionarse con otros, adaptarse a las condiciones físicas del trabajo, reconocer sus aspiraciones y objetivos (dinero, prestigio, reconocimiento, etc.)?
3. Contingencias: ¿Qué factores conocidos podrían afectar adversamente el ajuste profesional futuro de la persona? Ejemplo: servicio militar, boda, deberes profesionales, emigración, promoción lenta o rápida, incompatibilidades entre las obligaciones y la vida social, etc.

Síntesis: Brevísimo resumen del caso que unifique e integre la evaluación personal del problema y vocacional.

Guía para la orientación vocacional de un caso problema, según A. Roe

Diagnosis

A) Interacción padres/hijos (atención directa, de evitación, de aceptación desinteresada o casual).
B) Primeras experiencias (necesidades que han resultado de las experiencias vividas en anteriores ambientes familiares).

Proceso de orientación

1. Estudio de las características de la personalidad en la primera infancia.
2. Ayudar al individuo a:
   a) entender sus necesidades específicas;
   b) identificar las profesiones que puedan satisfacerlas mejor;
   c) dominar los obstáculos que puedan frustrar el desarrollo de las satisfacciones a esas necesidades.
   Psicoterapias, si son niveles muy bajos.

3. Procedimientos y actividades que consigan identificar la estructura de las necesidades psicológicas y compararlas con las distintas ocupaciones.
   a) *Entrevista*
      a.1 para averiguar el potencial de varias profesiones que puedan satisfacer sus necesidades actuales;
      a.2 para desarrollar mejor y más realistamente posible su jerarquía de necesidades.
   b) *Inventarios* de personalidad, de necesidades, de intereses y de aptitudes.
   c) *Evaluación de los antecedentes familiares.*
   d) *Ayudar* al individuo a que sepa usar sus habilidades.
4. Comparación de los datos personales con los requisitos ocupacionales de cada área ocupacional.

Síntesis orientadora

1. Alternativas que se sugieren (según las observaciones de A. Roe).
2. Registro de la toma de decisiones de la persona orientada, anotando cuáles y por qué.

Estudio de un caso de orientación vocacional. Aproximación resolutoria por las teorías de H.B. Gelatt, D.E. Super y A. Roe

A. PLANTEAMIENTO DEL CASO

1. *Introducción*

1.A) *Identificación del sujeto:*
Nombre: Montserrat
Dirección: Barcelona
Edad: 33 años
Sexo: Mujer
Raza: —
Ocupación: Operadora

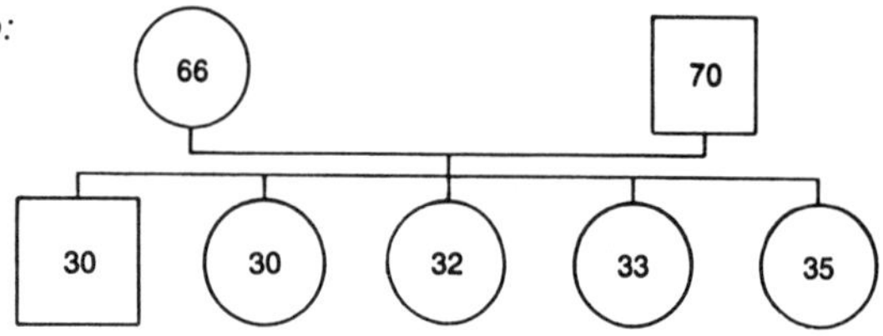

1.B) *Fuentes de información:*
— Entrevistas con el sujeto. Buena predisposición
— Observaciones. Estudio de la conducta
— Entrevistas con amigos

2. *Historia personal y social*

2.A) *Desarrollo de la primera infancia:*
— Normal

2.B) *Desarrollo corporal y salud general:*
— A los nueve años sufrió fiebres reumáticas que durante 2,5 años la mantuvo prácticamente alejada del mundo académico. Estuvo internada por un período de 6 meses.

2.C) *Valores dominantes en el hogar:*

— Existe mucha unión en la familia. Honradez y muy cristianos. La madre ha educado a sus hijas muy rectamente y con un fin determinado: el matrimonio.

2.D) *Antecedentes educacionales y ocupacionales de los padres:*

— Padre: Su nivel educacional bajo (sin estudios primarios). En su pueblo natal ejercía de maestro panadero (por un período de 15 años). Al venir a Barcelona, ingresó en la Compañía de Transportes como cobrador de tranvía. Actualmente se encuentra jubilado.

— Madre: Su nivel educativo bajo (sin estudios primarios). Por un período de 11 años ejerció como prensadora en La Vanguardia y Garbo.

También efectuando trabajos manuales (pegando abanicos, muñecos, etc., en casa). En esta labor participaba toda la familia. Montse afirma que su habilidad manual se debe precisamente a este tipo de ejercicio.

La familia sufría un nivel económico más bien bajo y por este motivo debían aportar todos un poco.

En la actualidad ejerce en sus labores, alternando las dos viviendas en las que habitan (en una se encuentra su marido y cn la otra, ella y su hija).

2.E) *Naturaleza de las relaciones con los padres:*

Buena. Con tolerancias. Montse mantiene una postura de independencia que no siempre consigue, ya que su madre es un tanto autoritaria. Con su padre no existen muchos problemas, ya que la convivencia se reduce prácticamente a sábados, domingos y días festivos que comen juntos. Hay que añadir que Montse sale de casa a las 7 de la mañana y no regresa hasta las 10 de la noche aproximadamente. No va a casa a comer.

2.F) *Aspiraciones por parte de los padres del sujeto:*

Un buen empleo y el marido «ideal».

2.G) *Naturaleza de las relaciones con sus iguales:*

En general, Montse es una persona muy sociable. Reconoce que se lleva muy bien con la juventud (y se ha podido constatar que así es, ya que en todos los centros que ha estudiado siempre ha creado un grupo de trabajo y generalmente se reúnen en su casa), y que no le gustaría parecerse a las mujeres de su trabajo que con su misma edad, o incluso más jóvenes, no sienten inquietudes por nada y todas las actividades que puedan considerar novedosas creen que ya no tienen edad para realizarlas.

3. *Historia educativa*

3.A) *Escuelas y colegios a los que ha asistido:*

— Clarisas (3 a 4 años)
— Salesianas (4 a 7 años)
— San Jorge —estatal— (7 a 8 años)

— Academia Avellaneda (8 a 9 años). Enfermó
— Clarisas Divina Providencia (10 a 14 años). Ingresa en el mundo laboral
— Colegio profesional (14 a 17 años). 3.º Comercio, que no acabó
— Diputación Barcelona (17 a 20 años). Dibujo, matemáticas, lengua y francés
— Rius y Taulet (25 a 26 años). Graduado Escolar
— San Pablo (Autónoma) (26 a 27). Mayores 25 años - Derecho
— San Pablo (Autónoma) (27 a 28). Mayores 25 años - Geog. H.ª
— Ausias March (31 a 33). 1.º a 3.º de Bachillerato

3.B) *Principales asignaturas o currículum:*
Taquigrafía, Historia, Geografía, Religión y Teneduría de Libros.

3.C) *Actividades extraescolares*:
Baloncesto, Catequesis —Hijas de María—, patinar —parque Guëll—, cine, cursos de fotografía, de audiometría, etc.

3.D) *Adaptación social en la escuela:*
En todos los centros que Montse ha estudiado, ha sido considerada como una persona muy sociable; según opinión de sus profesores, ha podido obtener mejores resultados y ha ejercido en muchas ocasiones la función de líder.

4. *Entorno físico socioeconómico y cultural*

4.A) *Descripción de comunidades y vecindades previas en las cuales el sujeto ha vivido:*
— Nace en Barcelona. Vallcarca. Barrio obrero de oficios. Lo recuerda como un ambiente agradable. Hasta los 4 años.
— De los 4 a los 9 años se trasladan a la Trinidad. Barrio obrero (peones) y de población emigrante.
— De los 9 a los 29, en Lesseps.
— De los 29 a los 33, en Gracia.

4.B) *Descripción de la comunidad; vecindad y casa donde vive el sujeto:*
Se trata de Gracia, un barrio catalanista, orígenes muy arraigados. Ambiente obrero selectivo, agradable y tranquilo.
Casa: agradable, tranquila; tamaño: normal, habitación cómoda para el estudio.

5. *Historia vocacional*

5.A) *Fantasías ocupacionales tempranas:*
Le hubiese gustado ser médico.

5.B) *Primeros intereses,* hobbys *y juegos:*
Dibujo, deportes, música, cine, teatro, lectura...

5.C) *Trabajos a tiempo parcial, en sucesión, incluyendo las actividades de trabajo durante la infancia:*
— Ayudó a su madre en los trabajos manuales

— Dependienta pastelería (15 a 25 años) —domingos y festivos—
— Contabilidad (particular) (18 a 20 años) —tardes—

5.D) *Trabajos a tiempo total:*
— A los 14 años ingresó en un laboratorio (donde continúa). Hasta los 18 años, en el dpto. control de recetas médicas S.S. De los 18 a los 21 años, en Contabilidad. De los 21 a los 33 años, en el departamento de correspondencia médica. Todos estos cambios no se han dado por demandas personales, sino que se han producido por estructura de la empresa.

5.E) *Experiencia en consejo y dirección:*
— No ha acudido nunca a la consulta de un orientador.

Planteamiento del problema
Montse tiene intención de volverse a presentar a la prueba de mayores de 25 años, pero presenta algunas dudas. Por una parte le gusta la Historia (Clásica y Contemporánea) y por otra afirma que le atrae mucho la labor de Asistencia Social. Su carácter se adapta mucho a esta última, ya que es muy sociable, humanitaria y las injusticias le incitan a actuar con mucha energía.
Su interrogante se abre porque desea elegir con un mínimo de error, considera que ha perdido mucho tiempo y desea recuperarlo. Existe el problema de que ambas opciones requieren algunos años, y que dentro de ambos períodos Asistencia Social son 3 años, en cambio, Historia serían 5 años.

B. RESOLUCIÓN DEL CASO (SEGÚN H.B. GELATT)

El caso de Montse es un problema de Toma de Decisiones; la teoría de Gelatt es la que más se adapta a las características del problema. Esta teoría, centrada en el asesoramiento individual, nos es válida. Se trata de entablar una relación de ayuda que debe tener en cuenta los siguientes aspectos: aceptación, empatía, comunicación, confianza, preocupación, respeto y abertura. Siguiendo los pasos propuestos por Gelatt (Tolbert, 1981), podremos considerar el siguiente proceso de trabajo y reflexión:

1) *Debe existir un propósito u objetivo:*
a) Deben darse varias alternativas: al menos deben presentarse dos opciones para que pueda existir una elección.
b) Necesidad de tomar una decisión: la persona que decide debe tener una meta o propósito, y debe optar entre diferentes alternativas.
c) Adoptar una decisión secuencial (las personas estamos adoptando continuamente decisiones). Cada decisión cambia la información (o *input*) para posteriores decisiones. Una decisión inmediata supone una mera conciencia de los efectos potenciales sobre las futuras.

El caso de Montse está claro, quiere entrar en la Universidad, pero siente la duda sobre qué opción seguir: Geografía e Historia o bien Asistente Social.

2) *Recogida de Datos:*
El asesor debe contar con todo tipo de información, tanto ambiental como personal. De la primera ya poseemos datos; la segunda se ajustará al problema planteado. Es necesario conocer las aptitudes, influencias y características de la personalidad del sujeto, así como datos relevantes sobre su

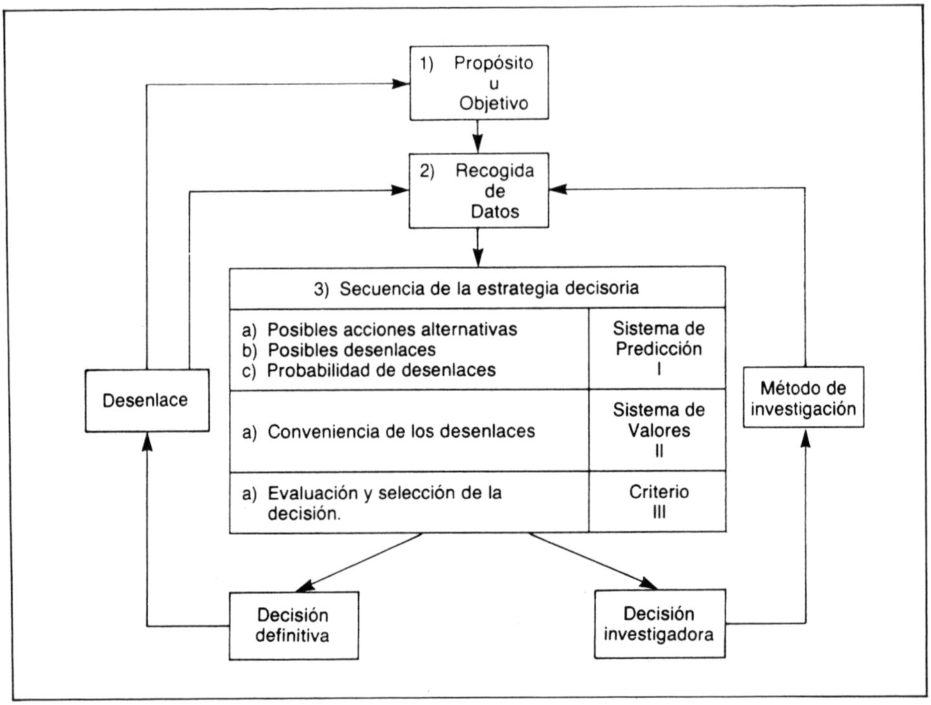

Figura 1. El proceso para la toma de decisiones, según H.B. Gelatt.

inteligencia, aptitudes y adaptación. Estos datos se contrastarán con las diferentes posibilidades e intereses. Este conjunto de informaciones recogerá datos necesarios para plantear el proceso. Deben estar a mano para ayudar al orientado a comprender las opciones que se le brindan. La utilización de los datos es crucial para el proceso si se desea ser operativo.

3) *Secuencia de estrategia* (secuencia de actividades):
   I) *Sistema de predicción.*
      a) *Posibles acciones alternativas:* por lo que puede deducirse, Montse no tiene demasiado claro el tipo de estudios que quiere seguir, pero sí piensa que tiene que ser de tipo social y humano. La gama de éstos puede ser amplia:
      - Filosofía
      - Ciencias de la Educación
      - Psicología
      - Sociología
      - Graduado Social
      - Relaciones Públicas
      - Geografía e Historia
      - Derecho

      Aunque no debemos descartar ninguna de estas posibles alternativas, está claro que Montse se ha centrado en este momento en Geografía e Historia y Asistente Social (pero por su historial se ha observado que sus intereses han fluctuado, incluso, hacia Derecho).
      b) *Posibles desenlaces*: en este punto es cuando Montse debe conocer en profundidad los currículos de estas dos carreras concretas (de las demás carreras será suficiente una visión general).

b1) Debe conocer que Historia es una licenciatura de 5 años, en la que el primer curso es común; en el segundo curso se estudia propiamente lo que es especialidad. El currículum es totalmente diferente en la Universidad Central de Barcelona que en la Autónoma.

b2) Que Asistente Social son 3 años (Diplomatura). Proporcionarle las guías del estudiante respectivas y las monografías profesionales de la Fundación Universidad-Empresa (números 61 y 62) o cualquier libro de información profesional donde se especifiquen un poco los contenidos de los estudios.

c) *Probabilidad de desenlaces*: se deberían tener en cuenta las experiencias académicas de éxito o fracaso, el concepto de sí mismo y el nivel de aspiraciones que Montse tiene. Con esta información se intentará reflexionar en contraposición con las posibilidades que ambas alternativas ofrecen. La utilidad de cada meta (o desenlace) para el orientado es su valor de recompensa.
La probabilidad de cada meta guarda relación con su utilidad.
Existen dos tipos de probabilidad:
- objetiva: o evidencia de la verosimilitud de alcanzar un desenlace.
- subjetiva: la propia estimación del individuo sobre sus probabilidades de éxito, su propia estimación basada en la experiencia, concepto de sí mismo y nivel de aspiraciones. Puede ser similar o bastante diferente de la probabilidad objetiva.

La toma de decisiones se emprende bajo la incertidumbre. Existe el elemento-riesgo y el nivel de aceptación de éste puede variar según cada persona.
El proceso de maximizar la ganancia en el momento de tomar decisiones es un esfuerzo para combinar la probabilidad subjetiva con la utilidad del desenlace para lograr una ganancia máxima.

II) *Sistema de valores*

a) *Conveniencia de los desenlaces:* se deben comparar las metas o fines que desee obtener el orientado desde su propia jerarquía de valores. Aquí, pues, se debería puntualizar si Montse desea cambiar de trabajo y por ello quiere formarse en otro ámbito, o si sus intereses por los estudios universitarios están centrados en su formación integral e intereses culturales; también se deben analizar los pros y contras de los estudios y sus salidas: por ejemplo, que en Historia, en la Universidad Central de Barcelona, existen muchas posibilidades y que desde 2.º curso cada uno se centra en la suya y no se obtiene una visión de conjunto de la Historia a no ser que elija la gama de Historia General, que ocurre lo contrario. Para comenzar estos estudios, se deben tener muy claros los intereses específicos y no dudar en la especialidad, además de que por la gran masificación de esta universidad las salidas son muy reducidas, dedicándose en un 85,5 % a la enseñanza, 2,7 % a la investigación, 3,2 % servicios culturales y 6,5 % a industria y servicio, y también que los estudios de Asistencia Social son 3 años en los que se obtiene una diplomatura centrada fundamentalmente en los intereses sociales y humanos (cosa que Montse ya tiene). Están incluidas las asignaturas de Derecho (ya se ha visto que Montse se presentó a la prueba de Mayores de 25 años por Derecho), de ahí que parece que cumple los requisitos de la orientada. Tiene también asignaturas de tipo administrativo, parecidas a la labor que ella ha desempeñado en su trabajo. Las perspectivas de trabajo pueden ser:

- ejerciendo la profesión libre: mando asesor laboral o social, habilitador en la Seguridad Social, Auditor laboral, representante de las partes en el proceso laboral.
- en el ámbito de la empresa privada: director de personal, jefe de personal, secretaría social, jefe de selecciones laborales.
- ejercicio profesional en los campos de la administración del Estado.
- función docente.

III) *Criterio*

a) *Evaluación y selección de la decisión:* como ya sabemos, cada orientado posee un criterio personal de la elección. En este momento se le debe ayudar a tomar conciencia de los factores que influyen, mirar al futuro y prever las consecuencias.

Deberá aceptar la responsabilidad de su opción, así como sus consecuencias.

Las opciones no siempre son definitivas. Suelen darse posibilidades de cambio. Montse podrá decidirse por continuar investigando posibilidades y usar los nuevos datos en el proceso decisorio, o puede optar por una decisión definitiva. En ambas decisiones se da una realimentación que puede permitirle realizar una posible evaluación que le convenga. Ambos, asesor y asesorado, pueden valorar la utilidad y conveniencia de la opción elegida.

Se puede necesitar una nueva orientación, ya sea para ajustarse a la nueva situación, ya sea para estudiar otras posibles alternativas. Cada decisión adoptada tiene un efecto sobre el futuro. Se van acumulando los datos para nuevas decisiones a medida que las vigentes se ponen en acción.

Gracias a la realimentación, la evaluación la podrá efectuar tanto de la acción como de la estrategia. Una estrategia productiva y satisfactoria se concreta en una forma de abordar las opciones, así como una pauta personalmente satisfactoria de interacción social se convertirá en una parte de la propia personalidad.

La toma de decisiones se ejecuta, pues, de dos maneras:

- se ayuda al orientado a llevar a cabo la decisión y a ejecutarla satisfactoriamente en el nuevo marco;
- el proceso no está acabado hasta haber determinado de forma realista la conveniencia de la decisión.

Este enfoque está adecuado para la evaluación y para demostrar responsabilidades.

B.2) Resolución del caso, según A. Roe

Según A. Roe, sobre los intereses de un individuo influye el hecho de que se hayan satisfecho, desde muy temprana edad, las necesidades e intereses incipientes.

En el caso de Montse parece que esto no se ha dado así. Su tardía decisión para los estudios denota que sus intereses han sufrido un aplazamiento. Esta teoría hace hincapié en los estilos de educación que los padres ofrecen y la influencia que éstos tienen en el futuro desarrollo profesional. Como ya se ha visto, el historial de Montse estaba muy enmarcado por influencias paternas, así como por el nivel socioeconómico de éstos. En este caso se puede decir que las experiencias privativas, en el panorama cultural general, y la posición socioeconómica de la familia han afectado el desarrollo de Montse. En efecto, al comenzar los estudios, la familia no aprobaba su decisión y los intereses iban guiados a formarla para el matrimonio; de ahí que Montse se haya visto abocada a una situación insatisfactoria. En la actualidad, la influencia familiar en el aspecto vocacional/educativo es muy débil, y se puede situar a Montse en el estado de información y autoactualización. La función orientadora debe ser de colaboración para que estas necesidades se vayan satisfaciendo.

Siguiendo la teoría de A. Roe, se puede observar que las expectativas de Montse y sus intereses se centran en labores cuyo eje son la dedicación y la ayuda a otros. Como ya se ha visto, Montse se educó en un ambiente rígido y con una madre «autoritaria».

Por último, hay que resaltar que esta teoría no es muy adecuada a este caso, ya que la influencia familiar, en la actualidad, queda muy relegada, de ahí que pierda todo su valor.

No obstante, observando su trayectoria académica se puede apreciar un cierto desajuste debido a los continuos cambios de centros escolares (por el hecho de continuos traslados de residencia). Este hecho ha influido en Montse, en su «desorientación» que ella misma apunta. Es evidente que actualmente se debe felicitar al orientado por su tesón y voluntad, puesto que con estos antecedentes, sin duda, le ha resultado difícil centrarse en sus objetivos.

B.3) Resolución del caso, según D.E. Super

1) *Estimación del problema:*
Montse se siente actualmente descontenta con su profesión. El hecho de haber incorporado a su labor la tecnología le ha contrariado mucho. Afirma que no le gusta trabajar con el ordenador: «Me irrita, y además me perjudica la vista», «es impersonal y frío...». Se ha planteado en alguna ocasión abandonar su puesto laboral o pedir traslado a otro departamento. Montse trabaja en un laboratorio. Se trata de una multinacional, pero, según ella, la promoción de la mujer no está muy potenciada (suelen ser hombres los que ocupan cargos de dirección). Está muy motivada para realizar estudios universitarios, y duda entre Historia y Asistencia Social. Su carácter es muy extravertido y se trata de una persona muy humana.

2) *Problema vocacional:*
   a) Adaptando el caso de Montse a las secuencias de etapas de vida vocacional establecidas por D.E. Super, podemos fijarlo en la etapa de afirmación, y más concretamente en la subetapa de ensayo, ya

que Montse, a pesar de disfrutar de estabilidad en su puesto laboral, es una persona inquieta y motivada hacia un futuro cambio profesional. (Incluso reafirma la aportación de D.E. Super de que se pueden dar esquemas que no están relacionados con los que actualmente posee.) Esta faceta se encuentra presente en muchos individuos de esta edad, sin que ello implique desajuste o falta de madurez vocacional. Se debe más bien a un hecho educacional. Nos encontramos con una generación que, por diversas causas, no tuvo acceso a una buena formación y asesoramiento adecuado en las edades críticas de la elección, de ahí que muchas personas se equivocaran y se dedicaran a los empleos que en su momento ofrecían más oportunidades monetarias.

Este desajuste sa da por el hecho de que en nuestra sociedad se impone cada vez más la profesionalidad, el avance crea nuevos puestos y suprime otros, lo cual provoca que el individuo se encuentre en desfase con todo el «boom» tecnológico.

Los orientadores debemos tener presentes estas inquietudes e intentar ayudar a los orientados a ir ajustándose a las nuevas demandas y que estos cambios no les sorprendan en inferioridad de condiciones. De ahí se deduce la necesidad de una formación permanente. Según D.E. Super existen cuatro elementos muy importantes en el aspecto del desarrollo:

— etapas vocacionales de la vida;
— madurez vocacional;
— traducir el concepto de sí mismo en concepto vocacional.
— pautas de profesión.

El desarrollo vocacional de una persona depende o responde a sus atributos psicológicos y fisiológicos, así como también a las condiciones ambientales. Para D.E. Super, Montse estaría cualificada para un número diferente de ocupaciones. Efectúa su labor actual con total eficacia (sus superiores se sienten muy satisfechos con ella). Sus experiencias laborales a tiempo parcial también fueron satisfactorias para sus jefes (pastelería y contabilidad).

D.E. Super afirma que la naturaleza de los esquemas de profesión vienen determinados por el nivel socioeconómico, la aptitud mental y las características de personalidad del individuo, así como por las oportunidades que se le brindan. A Montse se le observa muy predispuesta en cuanto a adquirir experiencias, tanto a nivel profesional como académico. En cuanto a su ambiente infantil, el hecho de ser familia numerosa y de recursos económicos más bien limitados, le ha obligado a valorar el aspecto económico más que sus propios intereses. Se ve una clara postura de reafirmar sus intereses e inquietudes y así ir adquiriendo un concepto vocacional de sí misma que en la actualidad no le llena.

Montse necesita sentirse satisfecha con su trabajo y que sus aptitudes, intereses, personalidad y valores se vayan afirmando. Cuando un concepto de sí mismo y el concepto de sí mismo vocacional se hagan congruentes, la satisfacción será superior. Está a punto de *cristalizar su preferencia vocacional.* La labor principal consiste en *especificarla*; una vez efectuado este proceso, deberá *implantarla* en su vida, *estabilizarse, consolidar su estatus* y obtener *avances* en la profesión.

b) Estimación del concepto vocacional: Está totalmente comprometida en el proceso de toma de decisión. Para ella la profesión que elija será como un fin en sí misma, aunque en ocasiones la considera como el medio necesario para poder dedicarse a los demás. Es muy razonable a la hora de plantearse su elección profesional.

c) El problema vocacional surge porque no quiere perder más tiempo, de ahí que desee acertar en lo posible en su elección. Es decir, que sus aptitudes se complementen con las exigencias de la profesión. Aunque Montse no alude el tema «tiempo», no cabe duda de que se siente un poco angustiada ante la idea de que deba transcurrir un período tan largo de tiempo (cinco años Historia) —eso si todo va bien— antes de que pueda dedicarse a algo que siempre le ha entusiasmado, pero que (según ella), por falta de orientación y de planteamiento serios, no ha conseguido.

3) *Factores relacionados con el problema:*

a) La familia en un principio no aprobaba que Montse estudiara; según ellos (sobre todo su madre y hermanas), lo importante era que se casara. Actualmente entienden sus inquietudes y empiezan incluso a animarla. De todas formas, Montse es bastante reservada en casa y no manifiesta abiertamente sus deseos.

b) La personalidad de Montse se adapta más a la opción de Asistente Social.

c) Los factores relevantes: no existen factores, en principio, que puedan inferir en su decisión ya que posee autonomía, tanto económica como de decisión.

4) *Estimación pronóstica:*

Montse responde muy bien a todo tipo de consejos o sugerencias. Es consciente, no obstante, de que es ella la que debe solucionar sus problemas. Solicitó orientación porque desconocía el sistema de acceso a las distintas opciones, así como las exigencias mínimas. Sus expectativas son de éxito, aunque es consciente del esfuerzo, que supone. Su duda radica en decidirse, y que la elección sea la más idónea. Coopera con el proceso y se muestra muy interesada. Se le proporciona información básica de ambas opciones por las cuales siente interés y sobre otras futuras (en relación con las primeras).

Los tests: sus resultados se valorarán con las exigencias de estas profesiones: Será la orientada quien juzgue éstos, por medio de reflexión.

5) *Ajuste o adaptación vocacional:*

Ya que Montse presenta dos alternativas muy definidas, el procedimiento consistirá en estudiar las aptitudes que éstas requieren y compararlas con las que Montse posee. La probabilidad de éxito, sobre todo en Asistencia Social, es muy elevada, y su nivel de satisfacción se verá más realizado, ya que Montse posee una predisposición hacia los demás muy elevada y sobre todo en el ámbito social, con lo cual el concepto de sí misma se verá reforzado, y como D.E. Super dice: a pesar de que éste es relativamente estable desde la edad adulta, se va a cambiar con experiencias, preferencias y competencias vocacionales.

El proceso personalizado de ayuda a través de la entrevista de consejo

Concepto de relación de ayuda

Una vez recogida una serie de datos cuantitativos y cualitativos sobre el orientado, el profesional de la ayuda podrá usar procedimientos altamente individualizados (entrevista) o de orientación en grupo para iniciar el proceso de consejo y apoyo a la persona que así lo solicite. El término «ayuda» o «relación de ayuda» está cargado de *significados individuales* desde el momento en que el ser humano adulto vive varios ámbitos —el del trabajo, la comunidad y las responsabilidades familiares, como mínimo— que exigen una relación de ayuda. Brammer (1973) propone una fórmula para implementar el proceso de ayuda como indica la figura 1.

Dado que, además, el orientado es un ser en evolución, crece y se desarrolla, ayudar se concretaría en *facilitar el crecimiento* de una persona hacia la dirección que ella misma elige: *ésta selecciona los objetivos* de su propio desarrollo, determina *si desea ser ayudada* para ello, y define la ayuda deseada en sus propios términos. El proceso de ayuda debe caracterizarse por un *carácter de voluntariedad,* ya que hacer algo por otro sin su consentimiento sería manipular e, incluso, destruir. A veces la persona que se siente ayudada *pierde autoestima*, porque interpreta que si necesita ser ayudada es que se la considera «poco competente para». Entonces, su actitud ante la labor del orientador podría ir acompañada por sentimientos de dependencia, inferioridad, desamparo, impotencia e insuficiencia que provocarían reacciones autoprotectoras de resentimiento o culpabilidad. La responsabilidad concedida al orientado varía según un espectro de matizaciones previsto por el propio orientador: puede fluctuar entre dos polos, el orientador-guardián y el orientador que cree que, ayudando al otro, lo único que consigue es perpetuar su inmadurez decisoria y su dependencia. En general, la ayuda tiende a hacer al orientado un ser autosuficiente, respondiendo a las preguntas «¿qué capacidad real tiene esta persona para ser independiente?» o «¿cómo puedo yo ser su soporte sin aumentar su dependencia?». Y, también, intentando aclarar el dilema, clásico, de a quién ayudar: a la persona o a la sociedad. La solución intermedia de presentar a la sociedad como modeladora de la conducta del orientado sería válida, siempre manteniendo un difícil equilibrio entre ambos sujetos receptores de la ayuda (Carkhuff, 1969).

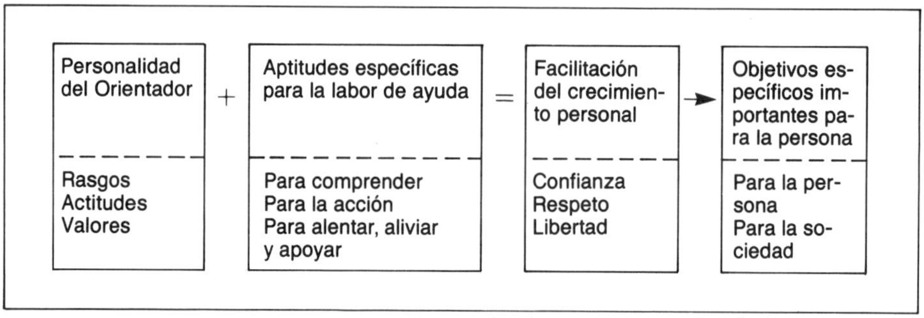

Figura 1. Fórmula para el proceso de ayuda, propuesta por Brammer (1973).

Las posibles actitudes de superioridad originan frecuentemente sentimientos hostiles en el orientado, y por eso es preciso que los motivos y la naturaleza de la ayuda que se le vaya a presentar queden claros para el orientado. No obstante, el consabido principio de que el mismo orientado *debería iniciar la solicitud de ayuda* es algo confuso. Por una parte, no siempre son las palabras las que indican explícitamente que se desea ayuda: son también los gestos, la expresión corporal, la conducta, etc. Y el orientador, atento, debe transmitirle la fe en sus propias potencialidades, darle confianza y creer en su responsabilidad, dominando el medio, proporcionando o creando condiciones de autocomprensión y comodidad personal, y *modelando* conductas que produzcan confianza, o sea, facilitar y apoyar más que enseñar y persuadir.

El proceso de ayuda como dinámica dual

El planteamiento de una sesión de terapia, de grupos de encuentro, de consejo o de T.G. (*training group*) implica generalmente una acción dinámica con más de dos personas; la entrevista, en cambio, sólo admite dos personas unidas o comunicadas por la unicidad (aceptación del orientado por parte del orientador) y los aspectos comunes de interacción amistosa entre ambas. Asimismo, hay un grado relativo de contenidos intelectuales y emotivos por cuanto la relación de ayuda puede tildarse de encuentro emocional que recorre un espectro progresivo desde el sentir al pensar. El entrevistador debe ser consciente del nivel de compromiso emocional emergente en el acto de la comunicación verbal y de sus consecuencias: el orientador puede ser percibido como demasiado distante, no interesado o temeroso, o como demasiado comprometido y falto de objetividad.

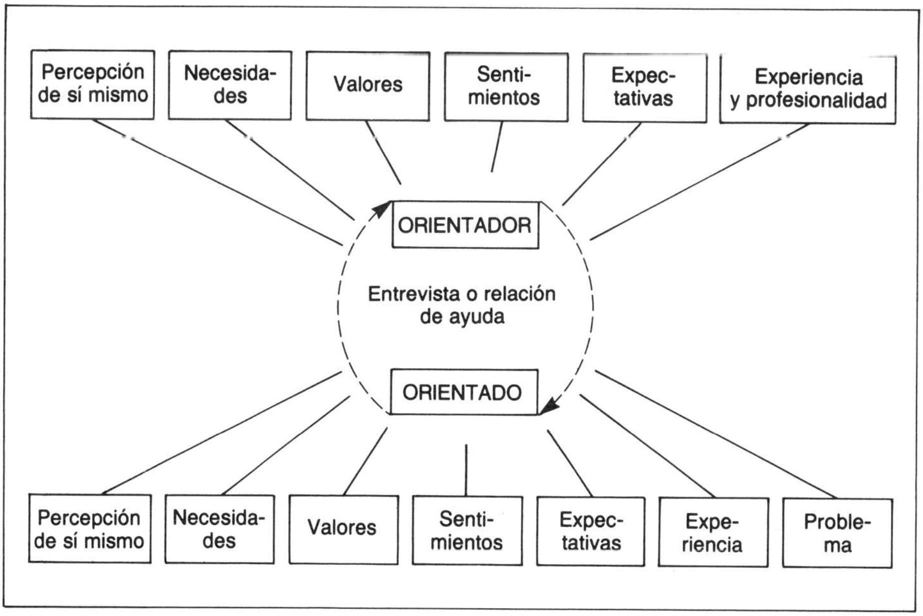

Figura 2. Síntesis de la relación dual, según Brammer (1973).

Ambigüedad o claridad, y confianza o desconfianza, responsabilidad social o personal, libertad o control son otras tantas dimensiones de la entrevista, que puede ver expresada su dinámica como señalamos en la figura 2 (vid. Brammer, 1973).

Los pasos o estadios del proceso de ayuda suelen ser lugar común en cualquier teoría del consejo. No obstante, no siempre coinciden todos, ni en el mismo orden secuencial. La ayuda estará en función de: a) su profundidad y estilo trivial o no de las preguntas del entrevistado y b) del marco teórico desde donde trabaja más cómodamente el orientador —conductismo, psicoanálisis, fenomenología, etc.—. El siguiente cuadro, que muestra el paralelismo entre la entrevista experimentada por ambos sujetos de la acción, es relevante del progreso de los acontecimientos en un proceso natural de resolución de problemas.

El alumno o entrevistado expone un problema, emite un mensaje, trata de traducir su problema en términos de una meta a conseguir, trata de concienciar el proceso de resolución del problema, intentanto dar con la estrategia y el método sistemático. El orientador, por su parte, experimenta o asume las preguntas iniciales, hace unas inferencias preliminares y sugiere unas hipótesis de avance, tratando de estar de acuerdo con los objetivos de su pupilo. Escoge una estrategia de ayuda y, unidos ambos sujetos, se encaminan hacia los objetivos de salida.

PROCESO DE AYUDA BINARIA O BIVALENTE, TAL COMO SE VIVENCIA POR AMBOS INTERLOCUTORES

A	*Comportamiento del orientado* *—Situacion inicial del tema* ¿Cómo expongo mi deseo de ayuda? «Necesito ayuda...» «Tengo un problema...» «Soy desgraciado...» «Algo va mal...» «No puedo actuar...» «No puedo decidir...» ¿Puedo confiar en esta otra persona? ¿En qué me estoy convirtiendo?	*—Situación inicial trasladada a un mensaje básico.* No puedo salir adelante con las demandas de mí mismo, de los otros, de la situación. Necesito más información, más habilidad, más amor, más comprensión...
	Comportamiento del orientador *—Preguntas y reacciones iniciales* ¿Por qué está aquí? ¿Cómo ve él la presente situación? ¿Qué está sintiendo y pensando? ¿Cómo me ve él y cómo percibe esta relación? ¿Cómo es su mundo? ¿Qué desea él de mí?	*Formulando inferencias, intuiciones, e hipótesis.* ¿Qué mensaje está tratando de transmitir? Yo veo su problema principal como... ¿Es esto válido? ¿Puedo encontrar sus aspiraciones? ¿Que información adicional necesito consultar?

B	*Comportamiento del orientado* *Exposición de una meta (generalmente en la forma de «Quiero...)* • Quiero decidir... hacer... planear... • Quiero sentirme más confiado... útil... contento... • Quiero gustar a los otros... que los demás me presten atención... que cambien su actitud hacia mí... que se apoyen en mí...	*Darse cuenta de las necesidades.* • Quiero una relación para explorar mis sentimientos. • Quiero información específica acerca de... • Quiero hablar acerca de mis múltiples opciones... • Quiero tener más opciones a considerar...
	Comportamiento del orientador *—Inferencias y juicios preliminares acerca de las necesidades del orientado.* El orientado necesita una planificación, la resolución de un problema, tomar una decisión. El orientado necesita una relación dirigida a explorar sus sentimientos o a obtener soporte o ayuda. El orientado necesita información. El orientado necesita derivación hacia ayuda especializada.	*—Llegar a un acuerdo para hallar las expectativas del orientado.* Yo puedo... • dar información • escuchar • dar soporte Yo puedo... • relacionarme con el orientado • satisfacer sus expectativas Yo espero del orientado... • llevar a cabo su parte acordada. • que tome responsabilidad para realizar cualquier decisión.
C	*Comportamiento del orientado* *— Experiencia en la estrategia y métodos del orientador.* Me encuentro con el orientador para llegar a los propósitos acordados. Considero lo que hacemos provechoso (o no provechoso) como prueba...	*—Resultados experimentados.* Me siento mejor conmigo mismo Me siento mejor con los otros Mis habilidades han crecido... Me siento mejor en mi situación... Me inscribí en... He encontrado un trabajo como... Me encuentro capaz o apto para...
	Comportamiento del orientador *— Escoger una estrategia de ayuda.* Escojo métodos específicos de entrevista para hallar las necesidades del orientado. Busco una relación de feedback entre el orientado y la afectividad de mi ayuda.	*—Resultados experimentados.* Siento que puedo ayudar a esta persona. Advierto conductas específicas que él ha aprendido, decisiones que ha tomado o planes que ha hecho. Digo sentimientos expresados que él ha experimentado.

Estadios para planificar la entrevista de ayuda: normas

• *Primer estadio, o introducción*, que intenta abrir al orientado las puertas de la entrevista con una relación cómoda y con el mínimo de resistencia. Deberá intentarse construir una base de confianza que capacite a que se solicite la ayuda de manera clara y confortable, tratando de no mixtificar los sentimientos. Claro está que siempre hay un nivel mínimo de resistencia o autodefensa al inicio de la relación de ayuda, así como una inclinación a encubrir los verdaderos objetivos de la comunicación. Las normas culturales —creencia de que solicitar auxilio pueda ser un signo de debilidad e incompetencia, una demostración de falta de independencia, fuerza o sentido común—, la resistencia al cambio natural en cualquier persona o el temor a enfrentarse a los propios sentimientos, son razones de la resistencia que el orientador debe saber cómo demoler. En cuanto aumenta la confianza, disminuye la resistencia. El orientador debe cuestionarse qué hay en él que produce resistencia en su tutelado y comprender que es difícil comprometerse consigo mismo a enfrentarse al cambio y entregarse a la influencia de un orientador (que, aunque intenta ayudar, puede ser percibido como una amenaza a la estimación, integridad y dependencia de sí mismo); que no es fácil confiar en un extraño o ver claramente los propios problemas al principio, pues éstos o parecen demasiado amplios o abrumadores, o excesivamente personales para compartirlos fácilmente con otro. Así pues, para ayudar al orientado a determinar su madurez para la relación de ayuda, el entrevistador debe estar seguro de que aquél es consciente de sus sentimientos; de que desea cambiar su conducta actual ayudándose a sí mismo; de que es consciente de sus potencialidades y limitaciones y de que voluntariamente se presta a ello. De ahí se deduce que el enmarque de la entrevista debe facilitar el inicio de la relación mediante un respeto al estilo individual y al decoro de los implicados, evitando o eliminando distracciones e interrupciones y guardando las distancias prudenciales que señalen las costumbres. Los problemas producidos por el momento cero de la relación deben ser aligerados con el empleo de frases ambiguas («¿Qué crees?»; «Por cierto, ¿tenías algo que decirme?; «Me importa saber cómo piensas», etc.).

• *El segundo paso, o de clarificación,* aconseja el empleo de preguntas que no hagan creer al orientado que se le está juzgando o diagnosticando, pero que permitan entrar en su mundo perceptivo o su marco de referencia. En principio no es fructífero preguntar por qués, sino que se aconseja preguntar «qués» («¿qué crees?», «¿qué sientes?», «¿qué conseguiste?», «¿qué hiciste?»), para determinar hasta qué punto es dueño de su situación problemática o si hay en ella implicadas otras personas o influencias. Seguramente esta fase de la entrevista, bien llevada y conducida con cierta exhaustividad, aclarará quién es el principal sujeto de la orientación y clarificará las razones del cliente, para determinar la conveniencia de su derivación o no a otro tipo de consulta o terapia.

• *El tercer estadio sería la estructuración*, en el cual se explica al orientado por qué se le ofrece la ayuda. La pregunta conductora es: «¿En qué condiciones vamos a trabajar?», de tal modo que ambos comunicantes puedan decidir, al unísono, el proceso y los términos de la entrevista.

• *La relación* sería un cuarto estadio del proceso; su objetivo sería aumentar, de algún modo, la profundidad de la relación y la intensidad de la ayuda, para terminar ésta con una especie de consumo mutuo. Los anteriores pasos serían como un primer contacto, en los cuales el orientado sabe qué deja atrás, qué espera «después de» y que se espera de él mismo. La relación, de hecho, habrá de estar finalmente establecida al finalizar este estadio exploratorio. El silencio es particularmente significativo: una pausa puede significar un acto de resistencia (el orientado no se siente cómodo o confiado), una parada temporal en los mecanismos de exploración de uno mismo; o el final de un pensamiento o de una unidad de discusión.

• En la fase de *exploración*, el orientador juega un papel más activo y asertivo. Ya empieza a ver más claramente lo que el orientado persigue o desea. Dos son los aspectos clave en estos momentos: 1) preguntarse qué cambios son los más apropiados en la conducta del orientador para lograr los objetivos y 2) qué estrategias de intervención serán las más eficaces para lograr cambios. Las actuaciones y técnicas puestas en funcionamiento en este estadio estarían en función de la problemática que presenta el entrevistado (ya sea cercana a su imposibilidad de planificar, de resolver problemas y conflictos interpersonales o intrapersonales, ya sea relativa a su vida académica o profesional) y deben diseñarse para ofrecerle un amplio espectro de habilidades (*skills*) y de estrategias que puedan utilizar selectivamente.

• El estadio sexto, *de consolidación*, intenta apoyarse en las elecciones o alternativas anteriores una vez se han aprendido las técnicas decisorias o de actuación abandonando poco a poco la autoexploración, para, desde ahí, pasar al séptimo estadio de planificación racional de los procesos que permitan al orientado avanzar y terminar solo su andadura, apoyándose en estrategias y métodos específicamente válidos para esta circunstancia (estrategias para la comprensión, para la superación de crisis y para la acción efectiva y exitosa). La *terminación* tratará de resumir y sintetizar, evaluando sobre la base de las hipótesis previas para, si procede, levantar nuevas hipótesis que expliquen los objetivos no resueltos. Al entrevistado se le invita a sintetizar por sí mismo, con un cuestionario escrito, poniéndole cierto límite de tiempo y dejando puertas abiertas a posibles seguimientos.

Metodologías para la formación de las aptitudes del consejero personal

Los modelos de formación de entrevistadores son altamente variados en la actualidad. Los denominados modelos de microorientación, parciales de hecho, que analizan breves o específicos repertorios de habilidades específicas de la comunicación interpersonal, por su propia especificidad dificultan una visión combinatoria de todos los elementos, pero facilitan la elección de alternativas y son más adaptables a las circunstancias concretas. El teórico más reconocido internacionalmente es A.E. Ivey (1972, 1974a, 1974b, 1983, y A.E. Ivey y S.A. Rollin, 1974), que presentó un modelo de formación para el microconsejo según los siguientes elaborados pasos:

1. Ver el vídeo de una entrevista durante 5 minutos para tratar de establecer una línea básica de la conducta del orientador que se está entrenando para ser un buen entrevistador.
2. Leer una descripción de la técnica.
3. Ver el vídeo de varios modelos de habilidades tanto efectivas como erróneas para entrevistar.
4. Volver a ver los 5 primeros minutos del vídeo anotando en una rejilla cómo se usaban las habilidades (si de modo efectivo o erróneo)

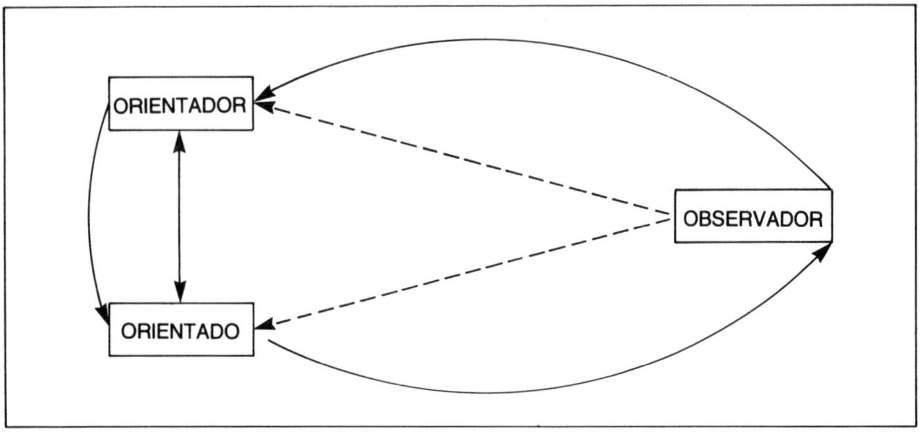

Figura 3. Esquema de un ejercicio de simulación.

5. Discutir los procedimientos con un superior —profesor, o un colega.
6. Completar otra muestra de 5 minutos de vídeo con el mismo orientado para dar al orientador –en– formación la oportunidad de demostrar sus aptitudes.
7. Ir repitiendo este ciclo hasta que se considere que se ha adquirido una capacitación aceptable.

Otros autores (Gordon, 1970; Jung, 1971; Danisch, 1971; Rodríguez, M.L., 1985) proponen sus modelos para optimizar las capacidades y competencias de los orientadores-en-formación, y Jiménez H. Pinzón (1983) aporta un buen manual ejemplificador de la formación de habilidades para el asesoramiento psicológico.

A través de la metodología de simulación o desempeño de papeles (*role playing*) el alumno que se prepara para orientar asume el papel de orientado tratando de identificarse con éste lo más profundamente posible, presentando al entrevistador un problema vivenciado por él. La sesión simuladora puede durar entre 10 y 25 minutos, y debería hacerse ante un grupo trimembre o trío para que exista la posibilidad de un observador objetivo (técnica cercana a la de la triangulación, muy útil en la metodología de la investigación-acción (Cohen-Manion, 1980). Este procedimiento tiene una variante, en la que los tres miembros del grupo simulan rotativamente los tres papeles de orientado, orientador y observador tal como puede verse en la figura 3, donde queda aclarado el proceso de retroalimentación entre los tres componentes del ciclo. Cuando la secuencia entrevistadora ha sido «representada» una vez, se discute y se comenta por el observador; acto seguido, el papel de éste lo asume el orientado, repitiéndose el proceso dos veces más.

El *aprendizaje empírico* o experimental parte de la base de que deben hacerse entrevistas reales y que se debe aprender a la vez que se actúa. Se graba la entrevista y, una vez transcrita y analizada, el principal protagonista y el pequeño grupo de condiscípulos dialogan sobre qué han aprendido de la experiencia, cuáles creen ellos que son las principales habilidades para ayudar y para comunicarse, cuáles son los métodos más apropiados para escuchar, etc. Hay ciertamente unos riesgos, pues no se conocen las consecuencias y queda siempre la sensación de que la labor de ayuda es incompleta. Puede, por lo tanto, plantearse algún problema de tipo ético.

Los *enfoques eclécticos* de estrategia combinada son los que pueden dar más eficacia al proceso de aprendizaje de la entrevista. La situación microsocial (*microcounseling*) es un buen marco de referencia para establecer críticas en profundidad; también es productivo someterse uno mismo a experiencias de autoexploración, ya sea con condiscípulos ya sea con orientadores expertos que supervisen desde muy cerca todas las fases del proceso; practicar tareas de ayuda con colegas, familiares, amigos, o como alumno en prácticas en un gabinete psicotécnico, etc., da, generalmente, buenos resultados.

Clasificación de las habilidades necesarias para ayudar a través de la entrevista

Los principales objetivos del proceso de consejo u orientación personalizada se resumen en tres amplias categorías: 1.ª) saber comprender al otro; 2.ª) saber darle apoyo, soporte y comodidad: y 3.ª) saber inducirle y orientarle hacia la acción por sí mismo.

A continuación se resumen (Brammer, 1973) estas subdivisiones que pueden estudiarse exhaustivamente según el perfeccionamiento que se desee alcanzar en la formación de orientadores.

Habilidades específicas para la entrevista de ayuda	DETALLE DE CADA HABILIDAD
1. Aptitudes para comprender, entender al otro.	1. *Escuchar* 1.1. Atender 1.2. Parafrasear 1.3. Clarificar 1.4. Comprobar las percepciones 2. *Guiar* 2.1. Guía indirecta 2.2. Guía directa 2.3. Centrar 2.4. Preguntar 3. *Reflejar* 3.1. Sentir 3.2. Satisfacer 3.3. Experimentar 4. *Resumir* 4.1. Sentir 4.2. Satisfacer 4.3. Procesar

Habilidades específicas para la entrevista de ayuda	DETALLE DE CADA HABILIDAD
	5. *Confrontar* 5.1. Describir sentimientos 5.2. Expresar sentimientos 5.3. Retroalimentar 5.4. Meditar 5.5. Repetir 5.6. Asociar 6. *Interpretar* 6.1. Explanar 6.2. Preguntar 6.3. Fantasear 7. *Informar* 7.1. Dar información 7.2. Dar consejo 7.3. Sugerir
2. Aptitudes para dar apoyo, soporte, auxilio para superar las crisis.	1. *Apoyar* 1.1. Conectar 1.2. Reafirmar 1.3. Relajar 2. *Intervenir en las crisis* 2.1. Construir esperanzas 2.2. Consolar 2.3. Controlar 3. *Centrar* 3.1. Identificar fuerzas 3.2. Revisar experiencias de crecimiento y desarrollo 3.3. Retomar experiencias clave o importantes 4. *Derivar*
3. Aptitudes para motivar hacia la acción efectiva.	1. *Resolución de problemas y toma de decisiones* 1.1. Identificar problemas 1.2. Cambiar problemas en objetivos 1.3. Analizar problemas 1.4. Explorar alternativas y sus implicaciones 1.5. Planificar el curso de las acciones 1.6. Generalizar a nuevos problemas 2. *Modificar conductas* 2.1. Modelar 2.2. Recompensar 2.3. Extinguir 2.4. Desensitizar

Cuadro 1. Análisis de las tres categorías de habilidades para entrevistar (adaptado de Brammer, op. cit.).

Resumiendo las aportaciones de A. Ivey (1983), las habilidades básicas del orientador para la entrevista de ayuda quedan explicitadas en cuatro grandes categorías, con unas subcategorías que detentan unas funciones fundamentales y otras secundarias:

I. HABILIDAD BÁSICA: *Prestar atención*

Función fundamental	**Funciones secundarias**
• Prestar atención motiva al cliente a explicarse y charlar. Facilita libertad y aperturismo, reduce la verborrea del orientador.	• Comunicar al orientado que tú estás interesado en lo que se va a decir.
• Contrariamente: su falta, puede ser útil para ayudar al otro a hablar menos de temas destructivos o ineficaces.	• Modifica las pautas atentivas para establecer un *rapport* con cada individuo. Todas las individualidades y grupos tienen diferentes pautas atentivas. • Es un recurso cuando te pierdes o te confundes a lo largo de la entrevista. Incluso los orientadores más avezados y profesionales no siempre saben qué está ocurriendo.

I. SUBHABILIDADES

1. *Habilidades para preguntar*

a) *Preguntas abiertas*: las que no pueden ser respondidas con pocas palabras. Motivan a hablar y a dar un máximo de información. Típicamente empiezan con: «¿Cómo?» «¿Por qué?» «¿Podrías?»...

b) *Preguntas cerradas:* pueden responderse con pocas palabras o frases. Tienen la ventaja de que centran la entrevista para conseguir información, pero el peso de la conversación reposa en el orientador. Generalmente empiezan con: «¿Estás...?» «¿Haces...?» «¿Eres...?»

Función fundamental	**Funciones secundarias**
• Usando las preguntas abiertas de manera afectiva se puede esperar del orientado que hable más libremente y abiertamente. Las preguntas cerradas producirán respuestas más cortas, pero proporcionarán al orientador información más concreta y específica.	• Se consiguen especificaciones adicionales del mundo del orientado. • Pueden diagnosticarse, con mayor efectividad, los problemas o preocupaciones del cliente. • Se determina el modo como el cliente habla de su problema (*qué, cómo, por qué*).

• Pueden motivar o desmotivar. Sin embargo, en el método interrogativo el estímulo procede más bien del orientador. El cliente, pues, está dependiendo en su expresión del marco de referencia del orientador.	• Facilita el cierre o la apetura de la charla según las necesidades de la entrevista.

2. *Habilidades para observar al entrevistado*

Función fundamental	**Funciones secundarias**
• Darse cuenta del y conocer al cliente, cómo piensa o se conduce en función de las otras personas y de las situaciones. Este conocimiento permitirá la elección de las habilidades idóneas y de las intervenciones de consejo que facilitarán su crecimiento y desarrollo.	• Conocer los estilos como el cliente percibe su mundo. • Conocer mejor la conducta no verbal del cliente. • Conocer mejor su conducta verbal. • Conocer sus discrepancias, incongruencias, conflictos y contradicciones.

3. *Habilidades para animar, parafrasear y sintetizar*

Función fundamental	**Funciones secundarias**
• El cliente precisa saber que el entrevistador ha *escuchado* lo que le ha querido decir, ha *comprendido* su punto de vista y ha *sentido* su mundo tal como él lo había experimentado. Actitudes motivadoras, redefiniciones, paráfrasis y síntesis, son, casi sin dudarlo, los ingredientes más potentes para ayudar a un cliente a sentirse comprendido.	• Clarificar al cliente lo que ha dicho. • Clarificar —al orientador— lo que ha dicho el cliente. • Ayudar al cliente a detallar más profundamente aspectos de su problema o sus preocupaciones. • Ayudar a un cliente excesivamente charlatán a parar, para no repetirse infinitamente. Aligerar la entrevista y clarificar su dinámica.

4. *Habilidades para captar y reflejar sentimientos*

Función fundamental	**Funciones secundarias**
• Subrayar las palabras del cliente, sus sentimientos y sus conductas. • Hacer explícitos los sentimientos implícitos y clarificárselos al orientado.	• Resaltar, sacar a la luz aspectos específicos adicionales del mundo emocional del cliente. • Ayudar a jerarquizar y ordenar sentimientos ambivalentes o mixtificados. • Desracionalizar. Conseguir visiones realistas.

5. *Habilidades para evocar (deducir) y reflejar los significados, valores y creencias.*

Función fundamental	**Funciones secundarias**
• Encontrar la interiorización profunda de los sentimientos y creencias. Lo que está por debajo de la experiencia vital. • Que el cliente consiga investigar en los aspectos más profundos de su vida.	• Facilitar la interpretación de lo vivido. • Ayudar a explorar valores y objetivos vitales. • Comprender más profundamente la experiencia del orientado.

II.HABILIDAD BASICA: *enfocar o centrar*

Función fundamental	**Funciones secundarias**
• Dirigir el curso de la conversación del orientado. Se trata de reducir al máximo el gobierno o manipulación de la charla.	• Ampliar las perspectivas que del problema tiene el orientado examinándolo desde puntos de vista alternativos. Aumentar la complejidad y el conocimiento de que muchas decisiones vitales son más importantes de lo que al principio parecían. • Aumentar la habilidad para observar dónde centra el cliente su percepción, de una persona o una situación.

Centrarse en el orientado. Cuando las afirmaciones del orientador inciden en el cliente. (Uso de su nombre, del pronombre personal tú —o Vd.—. En el caso del orientado, este enfoque se muestra por una frase con «yo» o en 1.ª persona.)

Centrarse en el orientador: Este pronuncia una afirmación en 1.ª persona o el cliente le llama por su nombre o le apela en 2.ª persona.

Centrarse en la díada (o en un grupo): «Yo-usted» es el tema predominante. En este enfoque se examinan los problemas mutuos. En *counseling* grupal, aparecen los términos «nosotros» o «nuestro grupo», «el grupo», etc.

Centrarse en otros: El sujeto de la frase es otro u otros no asistentes a la entrevista.

Centrarse en tópicos: El sujeto de la frase es un tema, problema, un aspecto problemático de la vida, etc.

Centrarse en lo cultural/ambiental/contextual (CAC): Temas culturales de infraestructura, de fundamentos sociales, o problemas situacionales.

III. HABILIDAD BASICA: *influir y confrontar*

Definición operativa de cada una de las aptitudes para influir.

Habilidad	Función fundamental	Definición operativa
Directivismo (Usar lenguaje corporal, tono vocal y contacto visual apropiados, ser claro y concreto, comprobar si las indicaciones se han comprendido.)	Ayudar al cliente a comprender una tarea y a asegurar una acción.	Indicarle claramente qué acción deseamos que realice.
Consecuencias lógicas (Recompensas, riesgos nuevas obligaciones.)	Concienciar al orientado del impacto de sus acciones, para facilitarle su forma de decisiones futura.	Indicar los resultados más significativos, que pueden ser tanto negativos como positivos.
Autodescubrimiento o (autorrevelación) (Honestidad, autenticidad, uso del tiempo verbal presente, oportunidad.)	Facilitarle su auto-descubrimiento y proporcionarle modelos positivos para que su conducta cambie.	Indicar tus pensamientos y sentimientos al cliente.
Retrospección (Concreta, específica no enjuiciadora, centrada en lo positivo, oportuna.)	Facilitar la exploración y el examen de sí mismo, usando datos de cómo otros ven al orientado.	Proporcionar datos concretos de cómo el orientador u otros ven el problema del cliente.
Interpretación (Reflexión, con una nueva base nuevos marcos de referencia.)	Facilitar al orientado su aptitud para reestructurar sus situaciones vitales y para verlos desde perspectivas bien diferentes.	Darle un marco de referencia alternativo para examinar sus situaciones vitales.
Técnica de Resumen para influir (Integradora, que proporcione bases para la retrospección.)	Capacitar al orientado para que sepa dar unidad, recordar, sintetizar y comprender las frases influyentes del orientador.	Darle un breve resumen sintetizador, de lo que el orientador ha dicho o ha pensado durante la sesión.

Habilidad	Función Fundamental	Definición Operativa
Información, consejo, instrucción, opinión sugerencia, etc. (Clara, específica, relevante.)	Presentar nuevos puntos de vista y nueva información a la atención del cliente.	Trasladar ideas e información del orientador a su cliente.
Confrontación, compensación (1. Identificar incongruencias y mensajes ambiguos; 2. Trabajar hacia la resolución de (1).)	Promover una charla para que el cliente exponga cómo explicaría o resolvería sus propias discrepancias y contradicciones.	*Señalar* las discrepancias, incongruencias, mensajes mistificados en la conducta, pensamiento, sentimientos o interpretaciones.

IV. HABILIDAD BASICA PARA SELECCIONAR, SECUENCIAR Y ESTRUCTURAR

Con sus cinco estadios:

1. Iniciar la relación positiva y estructurar la entrevista.
2. Recoger información, dcfinir cl problema e identificar los puntos valiosos.
3. Determinar los objetivos últimos y saber adónde desea dirigirse el cliente.
4. Explorar las alternativas y enfrentar al orientado con sus incongruencias.
5. Generalizar y transferir esta generalización al aprendizaje.

Cómo analizar una entrevista de ayuda, según el modelo de formación de orientadores ecléctico de «microcounseling» de Ivey y seguidores

Una vez transcrita la entrevista, se procede a analizar uno a uno todos los intercambios entre orientador y orientado, para luego proceder a señalar en la rejilla al efecto, en qué momentos se va dando la aparición de una u otra habilidad. El grupo de orientadores en formación irá discutiendo si procede o no tal cualificación. El entrenador moderará la sesión y clarificará conceptos que no se entienden en un primer momento.

TRANSCRIPCION LITERAL DE UNA ENTREVISTA VIDEO GRABADA (sólo trece intercambios verbales). (Adaptado de A. Ivey, 1983.)

ORIENTADOR 1. ¿Te importa que grabemos esta sesión en vídeo?
orientado 1. No. De acuerdo.

ORIENTADOR 2. ¿Podrías decirme cómo te han ido las cosas?
orientado 2. Bien, las cosas me han ido funcionando bastante bien. Ahora voy a la oficina. Todos los niños me van a la escuela. Parece que todo está en orden. Mi vida parece ir bien, ex-

cepto que ahora estoy en un mundo de hombres, ¡humm!, mi vida es realmente diferente. Yo —...antes trabajaba profesionalmente con mujeres y me desenvolvía en grupos femeninos, y, de hecho, toda mi vida se desarrollaba alrededor de las mujeres. Y ahora trabajo con hombres, he empezado a conocer hombres, y... ¡ejem!... no estoy muy segura de cómo mantener algunas de estas relaciones hombres-mujeres.

ORIENTADOR 3. ¿No estás muy segura de cómo arreglártelas con estas nuevas relaciones?

orientado 3. No, ¡ejem!... hay un hombre que cree que está enamorado de mí. Y la idea de alguien que realmente me quiera y espera que sea «suya»... Como si él quisiera poseerme por el resto de su vida... Esto me hace sentir fatal. Y quizá me equivoco, pero no quiero sentirme poseída. No quiero ser la mujer de alguien.

ORIENTADOR 4. Sólo pensar que alguien de hecho te posea y te controle...

orientado 4. Sí.

ORIENTADOR 5. Te produce —estoy pensando ahora mismo— un sentimiento opresivo. ¿No?

orientado 5. Sí. Y es opresivo. Y me hago una pregunta, supongo porque Vd. es un hombre y sé que es feliz en su matrimonio, —es lo que me pregunto, que no es ésa la manera cómo deberá ser— ¿No? Quiero decir, que un correcto matrimonio no significa que se posean uno al otro. ¿No?

ORIENTADOR 6. Bueno. Si puedo sintetizar ambas cosas, lo que tú estás intentando decir es que este asunto de la pertenencia te ha afectado emocionalmente. Y que al mismo tiempo no estás demasiado convencida de que sea el camino correcto.

orientado 6. Espero que no sea así.

ORIENTADOR 7. Quizás adelantaríamos un poco si me dieras un ejemplo más concreto de lo que está sucediendo.

orientado 7. Bueno. Un ejemplo que clarifique. ¡Ejem!... Este hombre —que se llama George— estuvo muy ocupado durante algún tiempo y yo no le veía. Y todo iba bien. Yo tenía que preparar informes, y además estaba muy atareada con los niños y con mi trabajo. Me iba bien no verle y de repente, deja de estar tan ocupado, me llama y me dice: «¿Hola?» «Ahora mismo vuelvo», eso después de tres semanas de no haberle visto. «Quiero estar contigo. Tengo tres semanas libres y quiero estar contigo el mayor tiempo posible». Yo dije «hey, hey, hey... tengo un caso entre manos y estoy muy ocupada». El dijo: «¡Oh! no quiero interferir, pero me gustaría estar ahí todo el tiempo». Esto no me parece justo.

ORIENTADOR 8. Lo que tú quieres decir es que era correcto no verte cuando él tenía trabajo, pero que cuando lo tenías tú, a él no le importaba.

orientado 8. Es como si mi trabajo no fuera importante y el de él sí.

ORIENTADOR 9. Tu trabajo no es tan importante, pero el de él sí.

orientado 9. Sí. Eso.

ORIENTADOR 10. Lo único que puedo hacer es preguntarte si podrías explicarme un poquito mejor ¿qué es lo que sientes en tu interior? Incluso, ahora mismo, mientras te estás explicando, veo que algo ocurre.

orientado 10. Ahora mismo siento como tensión, siento como si fuera a... Déjeme en paz. Apártese de mí. Está inmiscuyéndose en mi vida. Y, es como si, si... me siento tensa y a la defensiva. Es como... Yo no quiero que nadie entre en mi vida si éste es el camino. Se van a aprovechar. Nadie se va a meter. Pero... (pausa).

ORIENTADOR 11. Ahora mismo estoy captando el sentimiento de que quieres terminar con él, aunque al mismo tiempo oigo algo más. Pero es una cosa casi inaudible.

orientado 11. Inaudible..., pero... no quiero pasar el resto de mi vida sola. ¡Ah!... si quiero relacionarme con un hombre. ¡Ah! Es precisamente ese hombre, o es... ¿es que necesito estar tan distanciada...?

ORIENTADOR 12. ¡Hummm!... (pausa). Paremos un momento y retrocedamos para ver qué hemos estado oyendo hasta ahora. Dices que estás aprendiendo otra vez abogacía. Vale. Pero, el problema principal es el hombre. Y cómo puedes ser tú misma y a la vez una profesional. Y cómo puedes presentarte ante él de modo cálido, humano, de alguna manera. Y englobando todo esto, está el sentimiento de que él lo que realmente busca es controlarte a ti más que permitirte ser tú misma. ¿He entendido (percibido) bien?

orientado 12. Pienso que no, siento que es tanto control como posesión.

ORIENTADOR 13. ¿Posesión, incluso más que control, entonces?

Guión para una entrevista desde una perspectiva múltiple dirigida a un joven (adaptada por Starr-Raykovitz, 1982)

Datos sobre la salud

1. ¿Qué sueles desayunar? (Comer, merendar, cenar, etc.)
2. ¿Cuánto has faltado a la escuela este curso?
3. ¿Con cuánta frecuencia has estado enfermo?

MODELO DE REJILLA PARA EL ANALISIS DE LA ENTREVISTA
(Adaptado de A. Ivey, con permiso)

Número de afirmación del Orientador	Habilidades para el Microadiestramiento																	
	Atender						Influir						Centrar					
	Pregunta cerrada	Pregunta abierta	Motivación	Parafraseo	Reflex. sentimientos	Resumen	Indicaciones	Expres. contenidos	Expres. sentimientos	Resumen	Interpretación	Comun. mutua/directa	Orientado	Orientador	Diada	Otros	Tópico o Tema	Cultura/medio/contex.
1	X												X				X	
2		X												X			X	
3			X										X			X		
4				X									X			X		
5					X								X					
6						X							X			X		
7		X											X					
8				X									X			X		
9			X										X			X	X	
10		X											X					
11				X	X								X	X				
12						X					X		X					
13			X										X					
DEL ORIENTADO																		
1								X									X	
2								X	X				X			X	X	X
3								X	X				X					
4			X										X					
5	X							X	X					X			X	
6			X										X					
7								X					X			X		
8											X		X			X	X	
9			X										X					
10									X				X			X		
11								X	X				X			X		
12								X	X				X					
13								X					X			X		

4. ¿Tomas vitaminas? ¿Con cuánta frecuencia?
5. ¿Tomas algún medicamento en casa o en la escuela?
6. ¿Usas gafas o lentillas? ¿Tienes dificultades de visión cuando miras a la pizarra?
7. ¿Tienes alguna dificultad auditiva?
8. ¿Qué ejercicios físicos sueles hacer? Frecuencia, tipos de ejercicios.
9. ¿Cuántas horas estás en la cama al día? A qué hora te vas a dormir y a qué horas te levantas?

   Etc.

Datos sobre los sentimientos y las emociones

1. ¿Cuáles son las cosas que te hacen sentir feliz?
2. Explícame alguna ocasión en que te sentiste desgraciado.
3. ¿Cúando te sientes más seguro?
4. ¿Qué cosas te gustan?
5. Dime algo que te haga sentir enfadado o de mal humor.
6. ¿Qué cosas te ponen nervioso? ¿Celoso?
7. ¿Qué cosas te relajan y te hacen sentir tranquilo y en paz?

   Etc.

Datos sobre el proceso de aprendizaje y la escuela

1. ¿Te gusta dibujar? ¿Música?
2. Dime algo divertido que te haya ocurrido.
3. ¿Qué piensas sobre tu escuela? ¿Qué asignaturas te gustan más? ¿Cuáles te gustan menos?
4. ¿Qué profesor es tu favorito? ¿Qué es lo que te gusta de él?
5. ¿Qué piensan tus padres de la escuela? ¿Qué piensan tus padres del trabajo que haces en el colegio? ¿Cómo sabes lo que piensan?
6. ¿Qué es lo que te gusta aprender en la escuela?
7. ¿Qué otras cosas te agradaría aprender?
8. ¿Qué materias no te interesan en absoluto?

   Etc.

Datos sobre las relaciones interpersonales

1. ¿Quiénes son tus amigos? ¿Qué es lo que te gusta de ellos?
2. Cuéntame algo sobre tus amigos de la escuela, de fuera de la escuela. ¿Qué te agradaría hacer con ellos?
3. ¿Por qué te gusta tener amigos?
4. Cuando ellos no están de acuerdo, ¿cómo te lo demuestran?
5. Dime algo sobre tu familia: quién vive contigo, qué cosas haces con tus padres, qué cosas te agradaría hacer y no haces, qué cosas buenas y agradables hace tu madre, o tu padre, por ti.
6. ¿Habría algo que tú cambiarías de ellos?
7. ¿Con quién te gustaría más pasar el tiempo?
8. Si tienes hermanos o hermanas, ¿qué cosas te gusta hacer con ellos?
9. ¿En quién confías más? ¿Y menos?

Datos sobre las fantasías, los intereses, etc.

1. ¿Qué es lo que más te gusta de ti mismo?
2. ¿Qué es lo que les gusta de ti a tus amigos?
3. ¿En qué te gustaría cambiar?
4. Describe tu apariencia física.
5. Si pudieras vivir en alguna otra parte, ¿dónde sería?
6. Si pudieras ser otra persona, ¿quién serías?
7. ¿Qué es lo que pretendes en la vida?
8. ¿En qué cosas sueñas?
9. Si pudieras ser un animal, ¿cuál escogerías ser?
10. ¿En qué cosas eres bueno o más hábil?

Datos sobre la necesidad de conocer y saber

1. ¿Qué te dirías a ti mismo de ti mismo?
2. Cosas importantes que querrías saber y que en la escuela no te enseñan; cosas que harías siempre en la escuela. O que no harías. Idem en tu casa. Idem con tus amigos.
3. Cosas en que tú estas seguro. Cosas en que tú te crees incapaz.
4. Qué es lo que hace que alguien sea una buena persona. O mala persona.
5. Si tienes un problema, ¿cómo actúas? ¿Prefieres decidir por ti mismo o alguna otra persona ha de decidir por ti?
6. ¿Qué querrás ser, cuando seas mayor?
7. Explícame algún recuerdo de cuando eras más pequeño.
8. Expón tres deseos: ..., ..., ...
9. Expón tres deseos que no puedan adquirirse con dinero: ..., ..., ...

Datos para la orientación de la conducta, de los hechos y de sus consecuencias

1. Dime cosas que te gustaría hacer. ¿Qué otras cosas no te gustaría hacer en absoluto?
2. ¿Qué cosas harías para que otros fueran felices/ se enfadaran?
3. ¿Qué te gusta hacer cuando estás solo/ con otros?
4. ¿Qué es lo que puedes hacer mejor que cualquier otro?
5. ¿Qué haces cuando otro te provoca?
6. ¿Qué harías si nadie quisiera jugar contigo?
   Etc.

Guión para realizar una entrevista con los padres

El padre de familia, generalmente, no acude a la entrevista para resolver sus problemas sino los de sus hijos. El orientador se encuentra con un adulto que viene a pedirle ayuda para un tercero. Además no le preocupa tanto el porqué ocurre aquello a su hijo, sino qué puede hacer ante esas circunstancias. Manford Sonstegard (1964) propone una guía modelo para que el orientador, fundamentalmente en la enseñanza primaria, escoja de ella aquellos ítems que más le interesan. Así pues, se podrían resumir en diez partes, claramente delimitadas:

I. ¿Bajo qué *condiciones* surgió el problema? ¿A qué edad? ¿Cuánto ha durado?

II. ¿Qué *relaciones* existen entre el niño y sus hermanos?
   a) Lugar que ocupa entre ellos: distribución de chicos y chicas, ¿en qué se parecen, en qué se diferencian?
   b) ¿Con quién se compara él (ella)? ¿Quién le gusta más? ¿Quién le agrada menos?
   c) Naturaleza e importancia de los conflictos, la rivalidad, la competitividad, la sumisión, la rebeldía (si ésta es activa o pasiva).

III. *Influencias del medio*
   a) Familiares; abuelos u otros familiares.
   b) Otras personas que viven en la casa.
   c) Vecinos.

IV. *¿Qué está usted haciendo* respecto al problema?
   a) Explique con detalle la interacción.
   b) Clarifique, si es preciso, qué quiere usted decir con eso.

V. ¿En qué *otros asuntos resalta* su hijo?: en qué condiciones se porta bien o funciona mejor, en qué tiene más éxito.

VI. ¿Cómo es la *rutina cotidiana*?
   a) ¿Cómo se levanta por la mañana?: ¿quién le despierta? ¿Se le ha de llamar más de una vez? ¿Cómo se viste y cómo desayuna?
   b) ¿Qué ocurre cuándo marcha a la escuela?
   c) Describa cómo discurre la comida o la cena.
   d) ¿Qué ocurre cuando se ha de ir a dormir? ¿A qué hora se acuesta?

VII. ¿Qué ocurre cuándo *la familia sale* de casa?: preparación y esfuerzos especiales; ¿qué sucede cuándo se está fuera?

VIII. ¿Cómo son las *relaciones sociales* del niño?
   a) Habilidad para hacer amigos: con los vecinos, con los adultos, con los compañeros de la escuela.
   b) ¿Cuida algún animal doméstico?
   c) ¿Qué actitud demuestra hacia la escuela?: trabajo escolar, relaciones con los demás, cómo se lleva con los profesores y las autoridades escolares.
   d) ¿Qué impresión tiene de su situación familiar? Si ha habido alguna tragedia en la familia, ¿qué métodos disciplinarios se usan, qué tipos de sanciones, qué clase de supervisión, etc.?

IX. ¿Qué piensa el chico de su *futuro*?
   a) ¿Qué quiere ser de mayor? ¿Qué ocupaciones son las de los familiares?

X. ¿Tiene el crío *pesadillas*, sueños pesados, etc.?

Referencias y bibliografía

1. *Para el estudio de los registros acumulativos*

ALVAREZ, V., *Dagnóstico pedagógico,* Alfar, Sevilla, 1984, pp. 87-97.

BARQUERO, V., *El expediente personal del alumno: Registro acumulativo, ficha de clase, documentación necesaria, criterios para su elaboración y archivo,* Escuela Española, Madrid, 1971.

BUISAN, C. y MARIN, M.A., *Cómo realizar un diagnóstico pedagógico,* Oikos-Tau, Barcelona, 1987.

KNAPP, R.H., *Orientación del escolar. Los tests de vida,* Morata, Madrid, 1986.

RODRIGUEZ, M.LL., *L'orientació vocacional a l'escola,* Eumo, Vic, 1986 a, pp. 84-86.

RODRIGUEZ, M.L. y GRAS, M., *Modelos de orientación profesional en el aula,* Oikos-Tau, Barcelona, 1989 b.

RODRIGUEZ, M.L. y otros, *Orientación profesional y acción tutorial en las enseñanzas medias,* Narcea, Madrid, 1986 c.

SHERTZER, B. y LINDEN, T.D., *Fundamentals of individual appraisal,* Houghton Mifflin Co., Boston, 1979.

STRANG, R., *Counseling technics in College and Secondary School,* Harper and Brothers Pb., Nueva York, 1949, pp. 180-233.

STRANG, R., *The role of the teacher in personnel work,* Bureau of Publications, Teachers College, Columbia University, Nueva York, 1953, pp. 393 a 408 y 410 a 451.

2. *Para el estudio de casos*

CASTAÑO, C., *Psicología y orientación vocacional (Un enfoque interactivo),* Marova, Madrid, 1983.

CRITES, J.O., *Career Counseling; Models, Methods and Materials,* McGrawHill Co., Nueva York, 1981.

CRITES, J.O., *Psicología vocacional,* Paidós, Buenos Aires, 1974.

RODRIGUEZ, M.ª L., *Teoría y proceso de la orientación educativa,* Promociones Publicaciones Universitarias, Barcelona, 1986.

ROE, A., *Psicología de las profesiones,* Marova, Madrid, 1972.

SUPER, D.E., *Psicología de la vida profesional,* Rialp, Madrid, 1962.

TOLBERT, E.L., *Técnicas de asesoramiento en orientación profesional,* Oikos-Tau, Barcelona, 1981.

3. *Para el estudio de la técnica de la entrevista*

BENJAMIN, A., *The helping interview,* Houghton Mifflin Co., Boston, 1981[3].

BOY, A.V. y PINE, G.J., *El consejero escolar: un nuevo concepto,* Narcea, Madrid, 1976.

BRAMMER, L.M., *The helping relationship. Process and skills.* Englewood Cliffs, New Jersey, 1973, pág. 2.

COHEN, L. y MANION, L., *Research methods in Education,* Croom Helm, London, 1981 (Capítulo II, págs. 208-223).

DYER, W.W. y VRIEND, J., *Técnicas efectivas de asesoramiento psicológico,* Grijalbo, Barcelona, 1980.

IVEY, A.E., *Intentional interviewing and counseling,* Brooks Cole, Monterey, 1983.

IVEY, A.E., *Microcounseling: Interviewing Skills Manual,* Springfiels, Ill.: C.C. Thomas, 1972.

JIMENEZ, H. y PINZON, F., *Técnicas psicológicas de asesoramiento y ayuda interpersonal (counseling),* Narcea, Madrid, 1983.

JUNG, C. *et al., Leader's Manual: Interpersonal Communications,* Copy Print Center, Portlan, 1971.

MUCHIELLI, R., *L'entretien de face à face dans la rélation d'aide,* Les Editions ESF, París, 1980. En castellano en Ediciones El Mensajero, Bilbao.

RODRIGUEZ, M.ª L., «Modelo de capacitación de orientadores basado en el desarrollo de capacidades y competencias. Sugerencias para planificar las prácticas de los alumnos universitarios de 2.º y 3.er ciclos», AEOEP, *Boletín de Información,* 1985, V, *4,* febrero, 59-81.

STARR, J. y RAYKOVITZ, J., «A Muntimodel Approach to Interviewing Children», *Elementary School Guidance and Counseling,* 1982, *16,* 4, abril, 267-277.

10
Metodologías y estrategias para desarrollar un programa de acción tutorial. Funciones del tutor y funciones del orientador

Características de la acción tutorial

La obra de Lázaro-Asensi, al basarse en el concepto general de orientación como educación y proceso, delimita los momentos críticos, fases y relaciones con el proceso de aprendizaje, esforzándose en definir la tutoría desde diferentes acepciones; lo hace exhaustivamente (pp. 63-94) señalando roles o papeles, funciones (según objetivos generales de la clase, las necesidades del alumnado, las relaciones de comunicación establecidas entre los protagonistas de la educación, etc.) del tutor, por lo que remito al lector a esta importante obra.

Sin embargo, es bueno repasar los intentos definitorios que múltiples profesionales de la orientación hispanos han hecho estos últimos veinte años para intentar delimitar el concepto de tutor y de tutela. Bernardo (1972) dice que «la tutoría consiste en el despliegue completo de todos los medios y posibilidades dirigidos a la ayuda de un alumno concreto». Esta afirmación presupone la creencia en la educación personalizada, en la singularidad de las personas y en la dinámica inacabada de vida. Lo mismo podría significar la definición de Sánchez, quien, en uno de sus innumerables acercamientos a la esencia de la labor tutelar, nos dice: «Tutoría es la acción de ayuda al alumno —individualizada o en grupo— que el profesor puede ejercer además y en paralelo a su propia acción como docente». O «aquello que un profesor celoso de su labor puede hacer en el campo de la orientación en relación con el grupo de alumnos que le ha sido encomendado». Esta aproximación supone que la ayuda no ha de ser manipulación, sino respeto a la singularidad del alumno, que es para todos y no sólo para unos pocos y en todos los niveles, que se debe incidir en el aspecto físico y mental, social, académico y emocional, que debe ser el resultado de una labor en equipo con la familia, los profesores, el alumno y el Departamento de Orientación (1972, 1978).

El profesor valenciano Benavent (1977) aduce que el tutor es quien se ocuparía de las relaciones con los alumnos considerados como personas y como grupo, y de la relación con el equipo orientador además de con la familia, extendiéndose detalladamente en un abanico de funciones que se encuadran en esta propuesta marco. El tutor como elemento personal y funcional del proceso educativo con funciones de defensa, ayuda, preocupación, resolución de problemas de la clase, de mediación o representación, etc., es defendido por González (1978). Para finalizar, es interesante reflexionar sobre la postura de González Simancas (1980), quien textualmente dice que «el tutor no se distingue del profesor en la enseñanza media», porque el tutor entendido al estilo de los autores arriba citados sólo cabe en la enseñanza general básica. Para González Simancas, los alumnos «de enseñanza media ya deben de ser capaces de elaborar su propia síntesis personal» y el contacto con su profesor por vía del trabajo intelectual ya cumple los requisitos de la función tutorial. Añade que el profesor de enseñanza media ha de instruir con intencionalidad formativa, o sea, orientando. Para ello, propone, el profesor debe estar comprometido con su profesión, mostrar actitudes positivas hacia la orientación y estar capacitado pedagógica y técnicamente.

Capítulo aparte merece la legislación española sobre función tutorial. La Ley General de Educación del año 1970, las Ordenes Ministeriales de 16 de nov, 1970 y 2 de dic. del mismo año, encauzan la tutoría en la escuela elemental como orientar la evaluación del alumnado, conectar con las familias, orientar el trabajo en equipo, redactar las actas de evaluación y comunicar los resultados del progreso aprendiz a los padres; en cuanto a las enseñanzas medias, el Real Decreto 264/1966, BOE 28 nov. 1977, recomienda y normativiza las funciones tutoriales de: dirigir el aprendizaje, ayudar a superar sus dificultades, coordinar la labor educativa del grupo clase y guiar al alumno hacia los objetivos de la madurez personal y la orientación vocacional. Otro tanto se desprende de la LOGSE.

De todo lo expuesto se deduce fácilmente que el tutor es un profesional auxiliar del orientador; el consultante que, deseando mejorar ciertos aspectos personales, profesionales y escolares de los alumnos a su cargo, solicita consulta al equipo de orientadores (Rodríguez, 1986).

La acción tutelar o tutorial: objetivos y funciones

La ayuda que se espera del tutor, según se recoge de entre la normativa antes señalada, se centraría en orientar la evaluación de los alumnos, descubrir aptitudes e intereses, facilitar el desarrollo y la recuperación académica, valorar metodologías y procedimientos didácticos, examinar la adecuación de los contenidos de los programas y la consecución de objetivos y, finalmente, fomentar las relaciones entre las familias y el centro. Ordenando estas demandas, podrían resumirse en: intervención sobre alumnos, intervención sobre otros profesores e intervención sobre los padres de familia.

1. Intervención tutelar sobre los alumnos

Exige un diagnóstico previo del estado de cosas para saber cómo resolver problemas de capacidad intelectual, memoria y creatividad; para conocer mejor ciertos posibles transtornos de la personalidad —crisis, complejos, inestabilidad, neurosis, inseguridad—; para detectar deficiencias expresivas y lingüísticas; para prevenir problemas de rendimiento académico y de adaptación familiar, escolar, social y personal; para proponer acciones sustitutivas de carencias varias y para iniciar un estudio del proyecto vocacional del futuro trabajador. Es evidente que la tarea diagnosticadora no está en manos del tutor, sino que debe venir dada previamente por el psicólogo o el equipo de orientación. Conocido el punto de partida, el auxilio o ayuda que el tutor puede ofrecer al orientador se delimitaría a cuatro aspectos vitales del alumno: la orientación personal, la orientación escolar, la orientación profesional y la orientación para el tránsito desde la escuela al mundo de la vida activa. Señalaré —listándolas— las posibles actuaciones que un centro puede programar en su programa de acción tutorial, con la aclaración de que muchas de ellas no se podrán poner en práctica por causas obvias y por falta de medios y de infraestructura:

a) *Coadyuvar a la orientación personal de los alumnos*

Areas sugeridas:

Formación integral y educación personalizada.
Enseñar a conocerse y aceptarse a sí mismo.
Saber qué significa ser ciudadano, trabajador, responsable.
Desarrollar actitudes de responsabilidad y autorrealización.
Conocer cuál es la salud física y biológica de uno mismo.
Conocer cuáles son las propias aptitudes, qué significan y dónde conducen las actitudes, los intereses y las motivaciones.
Distinguir y detectar rasgos fundamentales de la personalidad, jerarquía de valores, criterios personales y capacidad crítica.
Conocer y ser consciente de los niveles de rendimiento escolar relacionados con las aptitudes que se poseen o no.
Examinar y ser conscientes de las dificultades personales, necesidades afectivas, seguridad, sentido de la independencia, etc.
Aprender cómo resolver conflictos derivados de la genuina manera de ser.
Saber cómo enfrentarse a los propios fracasos y errores.
Aleccionar sobre cuándo y por qué debe solicitarse la ayuda de un orientador o especialista.
Saber distinguir y ser consciente de cuál es el ambiente familiar en el que se está inserto, entorno social y contexto socioeconómico.
Desarrollar la capacidad para relacionarse consigo mismo, con las otras personas y con los compañeros de trabajo.

b) *Coadyuvar a la orientación escolar de los alumnos*

Areas sugeridas:

Cómo mejorar las condiciones óptimas para el aprendizaje.
Aprender técnicas de individualización de la enseñanza.
Fomentar actitudes positivas hacia el estudio.
Promover la opcionalidad curricular, ampliando las alternativas académicas y planificando con mucha antelación.
Asesorar y orientar los procesos de aprendizaje: técnicas y hábitos de estudio, técnicas de reflexión y autocrítica, técnicas de expresión, etc.

Estudio atento del historial académico del alumno, para efectuar estudios de seguimiento, llevando al día el expediente académico.
Velar por la integración del alumno a la clase y viceversa, proporcionando canales de comunicación activa y espontánea.
Orientar las sesiones de evaluación del grupo, detectar los cambios de nivel en la clase y coordinando en los otros profesores.
Velar por la cohesión del grupo y por los grados de participación y colaboración, intermediando entre el grupo/grupo, grupo/entorno y grupo/claustro de profesores.
Procurar el cumplimiento de las normas disciplinarias del aula, cambiando conductas no deseables y ganándose la confianza.

c) *Coadyuvar a la orientación profesional o vocacional*

Areas de trabajo que se sugieren:

Procurar enseñar al alumno a elaborar su propio proyecto vocacional, guiándole en el análisis de su realidad académica y del futuro mundo profesional.
Colaborar a resolver sus problemas vocacionales y prevocacionales.
Asesorarle vocacional y profesionalmente.
Hacer más significativa la información profesional y ocupacional.
Explicarle el proceso, contenido y formas de la toma de decisiones, tanto para la vida como para la profesión.
Procurar que el aprendizaje de la toma de decisiones se vaya integrando progresivamente en el currículum escolar.
Ofrecer datos lo más exhaustivamente posible sobre el sistema educativo y el sistema laboral que rodea al alumno, analizando qué significan los requisitos profesionales y en qué se relacionan con las materias de estudio en el centro escolar.

d) *Coadyuvar a la orientación para la crisis de transición escuela/trabajo*

Antes de proceder a listar las posibles áreas de trabajo sugeridas para el tutor, merece la pena hacer una introducción sobre el estado actual de la problemática de la transición, lo mismo en la Comunidad Europea que en otras partes del mundo. Orientadores, tutores y profesionales de la enseñanza media deben conocer hasta qué punto este tema afecta la labor orientadora y de guía. En efecto, la política de la CE para atender a los jóvenes que están pasando a la vida adulta y al trabajo, puesta en marcha por la Oficina IFAPLAN en Bruselas, ha movido a todos los países de la CE a remodelar tanto sus políticas educativas como ciertas funciones empresariales; políticas educativas en cuanto que, desde 1980, se tiende a la reforma de las enseñanzas secundarias en todo el mundo, y funciones empresariales en cuanto a la oferta, progresivamente creciente, de experiencias y prácticas laborales específicamente diseñadas para los jóvenes aprendices. Esta doble tendencia desemboca en una acción común, por lo general cristalizada en lo que venimos denominando sistemas de formación en alternancia.

Organismos oficiales, tanto de ámbito estatal como de ámbito local o autonómico, se aprestan a buscar soluciones que hagan más eficaz y pragmático, más realista incluso, ese salto desde la escuela al trabajo. Proliferan en nuestro país los esfuerzos de los profesionales de la Formación Profesional (de segundo grado sobre todo), de los Institutos de Ciencias de la Educación y de las sociedades relacionadas con la Orientación Escolar y Profesional, de las instituciones con poder en política educativa —ya sean autonómicas, ya sean municipales, etc.—, todos ellos coincidientes en el objetivo común de formar a los jóvenes en toda una serie de habilidades básicas que les habiliten para engarzar lo aprendido en la teoría escolar con las exigencias prácticas de la labor empresarial, concretadas en puestos de trabajo específicos y tareas especializadas.

El aumento del paro y la rapidísima evolución del mercado laboral en toda la sociedad occidental son un auténtico reto para los servicios de orientación tanto escolares como profesionales. Es justamente en estas circunstancias cuando se impone la necesidad de organizar servicios continuados de orientación que eviten que un joven, presionado por la necesidad, escoja un trabajo o una tarea profesional que no desea o para la que no está habilitado o inclinado. En realidad, el que esto ocurriera empobrecería a medio plazo al país que no cuidara ese aspecto. Las circunstancias socioeconómicas actuales no aconsejan el derroche de aptitudes y talentos que se produciría al encaminar a esos jóvenes hacia caminos equivocados. Cuanto más limitadas y escasas son las oportunidades laborales, más importancia cobran los Servicios de Orientación Profesional que faciliten a ese joven el planteamiento (o replanteamiento) de su proyecto vital.

En Estados Unidos y en 1972 (algo más tarde en algunos países europeos) se inició un movimiento de alerta ante la crisis laboral, y fue en esa época cuando surgió con enorme fuerza la propuesta denominada educación vocacional (*careers education* o *éducation pour la carrière*) que aún continúa y que propone una formación para la futura vida profesional del joven escolar (Hoyt, 1972; Rogers, 1984). Fundamentalmente, esa educación vocacional —muy distinta de la orientación profesional— se instala en los programas educativos para garantizar el aprendizaje de la toma de decisiones, el conocimiento del trabajo, la reflexión sobre uno mismo como futuro ciudadano trabajador, etc., previendo, con la suficiente antelación, los fracasos y las lagunas de los períodos de transición, cuando ya es tarde para reaccionar. No se puede dejar para el final el hecho de que un joven tome la decisión más importante de su vida (la laboral), sino que hay que formarle progresivamente en las habilidades básicas que le permitan hacer uso de su madurez decisoria, de modo responsable y en el momento oportuno. De hecho, todos los profesionales están de acuerdo en que la elección ocupacional o profesional empieza mucho antes de que llegue el momento de abandonar la escuela.

Siguiendo esta argumentación, en Europa, y desde los inicios de los primeros planes del IFAPLAN, completados con los planes PETRA, algunos orientadores (Banks, 1985) sugieren que en cada país se implementen proyectos pilotos de orientación personalizada y grupal, diseñados para cubrir los cuatro componentes básicos y prioritarios expuestos a continuación:

1. Que la orientación se centre y se introduzca en las materias del estudio y en los currículos de los centros escolares o empresariales

Este componente exige, de hecho, que la orientación no pueda sobrevivir por sí misma como actividad diferenciada de la educativa o como un añadido más a la actividad escolar. Se impone la infusión de los conceptos vocacionales (y provocacionales) en el conjunto programático y disciplinario de las materias de enseñanza secundarias (Rodríguez, Delgado, Estruch, Quero, Riart, 1989) tanto del bachillerato como de la formación profesional, para ir clarificando a los propios jóvenes el concepto difuso de intereses profesionales, de valores ocupacionales, de aptitud y de actitud, etc., entre otros. Así, la orientación pasaría de ser una actividad periférica (Watts, 1980) a ser un aspecto central en la planificación curricular. Admitido el relevante papel de la orientación profesional (o de la educación vocacional) en el seno de las diferentes disciplinas y a través de una cuidada programación, los estudiantes a punto de saltar al mundo laboral podrían ser atendidos en varios aspectos de urgente inexcusabilidad:

a) Tomar conciencia y conocer sus propias posibilidades.
b) Conocer las posibilidades y salidas después de la escolaridad.
c) Saber cómo tomar decisiones.
d) Conocer y comprender el mundo del trabajo y el papel del trabajo en su futura vida adulta.

Es difícil animar al profesorado de los centros de formación a que enfoquen sus materias de enseñanza relacionándolas con las características y exigencias de la vida ocupacional. Pero no imposible si estos profesores fueran guiados y aleccionados por el orientador profesional y por las instancias políticas que programan los marcos curriculares. Los diferentes proyectos piloto que ahora mismo se están desarrollando en diferentes países de la CE tratan de conseguirlo mediante estrategias como éstas:

a) Hacer que los profesores del centro participen en la clarificación de las relaciones entre el trabajo de orientación y los programas escolares.
b) Coordinación de las funciones orientadoras en el conjunto de las programaciones, para hacerlas más eficaces.
c) Tratar de que el papel del orientador devenga progresivamente al de tutor para la transición, especialmente encargado de motivar a los profesores a relacionar sus materias con los conceptos de transición.
d) Conseguir unas competencias y un estatus para el orientador profesional, para poder ejercer con autoridad moral y profesional una labor de consulta con sus colegas docentes y para definir y coordinar cualquier iniciativa interdisciplinaria.

Integrar la orientación profesional en el currículum no es sencillo, no es sólo una frase: es una acción sistemática, compleja, altamente sofisticada y exige la labor de equipo en todos los centros, refrendada por los equipos que programan los contenidos de la enseñanza.

2. Información profesional completa, accesible y gratuita

Otra de las funciones reservadas al orientador profesional, que no al tutor, es la elaboración, difusión y crítica de los recursos de información profesional. Se ha de partir de la base de que la Información Profesional suele adolecer de muchos defectos que la hacen aburrida y onerosa: hablan de oficios y carreras tópicas y tradicionales, presentan la información con un estilo rígido y árido, olvidan señalar bastantes aspectos de la vida laboral (estilo de vida aparejados, niveles salariales, ocasionales de promoción, requisitos previos, etc.) y carecen de atractivo y amenidad. Estos defectos deben ser subsanados, procurando hacer la I.P. más completa, más estructurada, fácil y atractiva. Sobre todo accesible a los bolsillos más pobres y cercana a los intereses de cada grupo de usuarios (Rodríguez, 1986), con alta carga de significación para las mentes jóvenes y sensibles de los adolecentes. En defintiva, más personalizada y más integrada en las representaciones mentales de esas personas entre 16 y 25 años.

Tratando de evitar ese cúmulo de deficiencias, algunos de los proyectos piloto antes mencionados han editado folletos y librillos muy centrados en la información local, y han incentivado a los propios jóvenes a recoger, por sus propios medios, toda la información que consideraban útil y significativa en función de sus propios problemas. Además han procurado que se dispensara en ambientes más informales y mediante metodologías activas y participativas. Es evidente que la Información Profesional vía ordenador cumple muchos de los requisitos mencionados, añadiendo, además, el atractivo de una metodología novedosa; otra cosa más compleja es la orientación vocacional por computadora, difícilmente alcanzable aún por los países menos favorecidos económicamente y sin un contingente de orientadores profesionales dedicados exclusivamente a esa tarea. De hecho, actualmente está implantándose en Canadá, Dinamarca y Holanda.

En Cataluña y algunas otras comunidades autónomas, el ingente esfuerzo que realizan instituciones y particulares se reduce a la publicación y divulgación de breves guías o sencillos folletos que explican qué vías pueden seguirse al acabar los estudios primarios: algunos de estos organismos (Generalitat de Catalunya, por ejemplo) están programando una información exhaustiva de las vías académicas y profesionales a todos los niveles educativos.

3. *Posibilidad de recibir ayuda individualizada o consejo*

Aceptando que la orientación es un proceso, una intervención puntual al final de un período crítico o un par de entrevistas de ayuda, no merece el nombre de orientación profesional. Sólo se alcanzan cotas mínimamente plausibles de eficacia si el proceso orientador es un *continuum* donde la ayuda individual (además de las anteriores funciones apuntadas en 1 y 2) ocupa un lugar privilegiado. En esta dimensión, el orientador deviene un facilitador o animador del joven en la tarea de tener que tomar decisiones ocupacionales. Sería denominado, más bien, el tutor u orientador para la transición, y debería ser reconocido en el centro escolar o en la empresa como un recurso al que acudir o un consultor del resto de la plantilla o de los directivos (véase algo más sobre la labor consultora en Rodríguez, 1987). Se consigue así, además de un clima de confianza y de comprensión una eficacia en el desarrollo de las habilidades para el trabajo, a nivel personalizado.

En los países donde existe el equipo orientador inserto en los centros, esta consultoría puede distribuirse o designarse entre diferentes profesionales, lo mismo de la escuela que de la empresa o taller. En caso de no existir orientador institucionalizado, deben adoptarse medidas urgentes que compensen estas deficiencias y aseguren la competencia orientadora.

4. *Que comunidad y equipo orientador colaboren conjuntamente*

Escuela y comunidad deben trabajar conjuntamente para que los jóvenes adquieran el realista concepto de qué es la vida profesional. En este sentido hay dos vías de colaboración escuela/comunidad: las experiencias laborales (*work experiences*) y los planes alternativos o en alternancia de los jóvenes que están aprendiendo un oficio o una profesión. Las experiencias laborales se institucionalizan más desde la escuela hacia fuera y, en cambio, el sistema en alternancia incide más en la empresa o industria. La experiencia laboral permite a la gente que se inicie en tareas laborales reales, pero sin que llegue a detectar una verdadera identidad de obrero o trabajador; de hecho, está «empleado» por un corto período de tiempo y no recibe dinero de parte del empleador. En Europa se dan tres esquemas fundamentales: a) experiencias laborales destinadas a los alumnos que asisten a la escuela obligatoria, generalmente la primaria; b) experiencias dirigidas a alumnos de la secundaria y de la superior; y c) experiencias diseñadas para personas que han abandonado la escolaridad y que, fuera de las enseñanzas regladas, han abandonado en su intento de encontrar trabajo.

Los objetivos para la orientación del adolescente en su transición escuela/trabajo pueden sintetizarse en los siguientes (según Watts, 1983): 1) *Motivar:* haciendo que los currículos escolares sean más significativos desde el momento en que se acercan más los contenidos de la enseñanza a la realidad laboral: 2) *Desarrollar capacidades socioeducativas:* capacitando al alumno a que adquiera habilidades, conocimientos y comprensión desde la perspectiva laboral; 3) *Ayuda al desarrollo vocacional,* auxiliando al joven a saber escoger su futura ocupación, indicándole las diferencias entre mundo escolar y laboral, ampliándole el abanico de ocupaciones a su alcance, dándole la oportunidad de probar sus preferencias y a comprometerse en alguna de ellas; 4) *Anticipar:* preparándole a vivir y sufrir las inconveniencias del trabajo y también las satisfacciones; 5) *De colocación,* facilitando sus relaciones con el empleador que más adelante puede ofrecerle un puesto de trabajo; 6) *De custodia:* como alternativa a los alumnos que abandonaron su escolaridad primaria o que nunca se adaptaron a ella.

Los sistemas de formación profesional en alternancia o duales son la solución más novedosa actualmente en Europa, aunque tienen muchos inconvenientes en los países en que los sindicatos no son fuertes y no pueden controlar la aportación de los empresarios en la educación de los aprendices. Los proyectos IFAPLAN (1985) y PETRA publican todos los hallazgos y los informes intermitentemente para mantener informadas a ambas partes (escuela y empresa) de los progresos de esa experiencia piloto en los países de la Comunidad Europea.

Areas sugeridas de trabajo:

Concienciar a los alumnos de la gravedad del paro y desempleo.
Exponer los cambios de orientación en el mundo laboral.
Examinar las posibles alternativas laborales cercanas.
Educar para la carrera vital futura en cooperación con el orientador.
Educar y formar para las habilidades para la vida o para la supervivencia, etcétera.

2. Intervención tutelar sobre los profesores y los demás tutores

Esta cooperación pretende el intercambio eficaz de información sobre el alumno y la cooperación amistosa para conseguir la mejor marcha del grupo clase.

Areas sugeridas de trabajo:

Conocer lo que otros profesores saben de un alumno o de un grupo de alumnos para enfocar mejor los problemas.
Dar sugerencias para el mejor funcionamiento de las clases.
Orientar sobre temas que van surgiendo sobre la marcha: evaluación, programación y metodologías didácticas.
Ayudar a programar y a planificar las asignaturas.
Auxiliar en el planteamiento de las actividades de recuperación.
Ayudar en los procesos de seguimiento del progreso del alumno.
Facilitar datos cuando son requeridos.
Dinamizar los grupos.
Contribuir a redactar las normas y estrategias disciplinarias.
Presidir las Juntas de Evaluación y cambiar impresiones.
Informar sobre diferentes situaciones de alumnado: situación económica, social, personal, familiar, etc.
Coordinar los tiempos de esparcimiento.

3. Intervención tutelar sobre los padres de familia

Planteada para comprender mejor al alumno, invita a trabajar en las siguientes áreas sugeridas de trabajo:

Conocer la estructura familiar, las relaciones con los hijos, las relaciones fraternas, etc.
Obtener datos de la familia.
Solicitar ayuda para esclarecer problemas.
Orientar a los padres sobre las responsabilidades educativas de sus hijos.
Sugerir envíos o derivaciones a otros especialistas.
Motivar a colaborar.
Ser el enlace entre los padres y la escuela, el ambiente familiar y el centro escolar.
Mantener reuniones con los padres.
Asesorarles técnicamente sobre la didáctica y sus variaciones, la nueva pedagogía y los avances de la psicología.
Informarles sobre las características personales de sus hijos, los problemas afectivos y el rendimiento académico.
Vencer resistencias a incorporarse a la vida del centro.
Ganarse su confianza.

Delimitación de las funciones propias del tutor y de las que deberían estar reservadas al orientador: Sugerencias metodológicas

«La relación de inclusión —si se da— ha de ser forzosamente de la tutoría dentro de la orientación» (Sánchez, 1976). Esta frase, profundamente meditada por su autor, es la que mejor define cuál es la relación profesional entre los dos protagonistas del proceso orientador. En efecto, el tutor sólo habrá de actuar parcialmente en aspectos de orientación personal, escolar, profesional o de transición. Si existe un gabinete de orientación en el centro, el tutor no deberá en absoluto inhibirse, sino todo lo contrario, pedir ayuda y guía. El tutor debe conocer empíricamente a sus alumnos; está en buena disposición para poderles auxiliar y se sobrentiende que ha recibido una preparación específica para conocer y actuar sobre el alumno y para conocer y actuar sobre el grupo. Del Departamento de Orientación el tutor pediría:

1. Asesoramiento y formación sobre técnicas tutoriales siempre que vaya a enfrentarse a la resolución de problemas psicológicos, sociales o pedagógicos.
2. Información y orientación sobre la teoría de las técnicas de estudio.
3. Guía para cumplimentar e interpretar los registros acumulativos.
4. Ayuda para pasar e interpretar técnicas sociométricas.
5. Información sobre las características psicopedagógicas de sus alumnos.
6. Coordinación de los planes, conjuntamente con el orientador, para programar trimestralmente sus actuaciones y estrategias (García, 1977).

En definitiva, el encuentro entre ambos se impone. Como se impone también la cuidadosa formación del tutor ante la reforma de las enseñanzas medias y ante los cambios del mundo laboral.

La coordinación de funciones y la yuxtaposición de actividades están sugeridas en las siguientes tablas:

TABLA COMPARATIVA DE LAS ACTIVIDADES Y FUNCIONES PROPIAS DEL TUTOR Y RESERVAS AL ORIENTADO O EQUIPO ORIENTADOR. ESQUEMA DEL DESARROLLO

	Tutor sobre alumno ←	*Orientador sobre tutor*	
Or. personal Or. escolar Or. profesional	Individualmente	considerados	Or. personal Or. escolar Or. profesional
Or. personal Or. escolar Or. profesional	Colectivamente	considerados	Or. personal Or. escolar Or. profesional
	Tutor sobre profesores	*Orientador sobre tutor*	
Or. personal Or. escolar Or. profesional	Individualmente	considerados	Or. personal Or. escolar Or. profesional
Or. personal Or. escolar Or. profesional	Colectivamente	considerados	Or. personal Or. escolar Or. profesional
	Tutor sobre familias	*Orientador sobre tutor*	
Or. personal Or. escolar Or. profesional	Individualmente	considerados	Or. personal Or. escolar Or. profesional
Or. personal Or. escolar Or. profesional	Colectivamente	considerados	Or. personal Or. escolar Or. profesional

DESARROLLO PORMENORIZADO DE LA TABLA COMPARATIVA

Tipo de orientación.	Labor del tutor sobre los alumnos individualmente considerados	Labor del Equipo de Orientación o del Orientador sobre el tutor o tutores
ORIENTACION PERSONAL	1) Organizar actividades para conocer los conceptos de «aptitud», «intereses», «valores», «personalidad», «contexto social», etc. 2) Crear un clima de estudio y unas actividades aprendices para formar al alumno en la toma de decisiones vitales, escolares y profesionales. Hacer ejercicios y evaluarlos. 3) Fomentar algún momento de reflexión y desarrollar actividades para explicarle cómo puede conocerse mejor a sí mismo, tanto desde el punto de vista físico, como social y psicológico.	1) Proporcionar guía, teorías y metodología sobre cómo una persona puede llegar a conocer los rasgos y circunstancias de la personalidad. Conceptos simples de psicología. 2) Adiestrar al conjunto de tutores del centro sobre el concepto —genérico— de toma de decisiones, metodologías para su enseñanza, guías autoaplicadas y recursos. 3) Diseñar actividades y recursos para su aplicación sobre cada alumno. Explicitar los procedimientos más idóneos para aplicar una intervención sobre el conocimiento de sí mismo.

Tipo de orientación.	Labor del tutor sobre los alumnos considerados como grupo	Labor del Equipo de Orientación o del Orientador sobre el tutor o tutores
ORIENTACION PERSONAL	1) Desarrollar conceptos como «criterio personal», «escala de valores», «actitud crítica y autocrítica», «concepto de mí mismo», etc. 2) Organizar actividades de aprendizaje de la relación interpersonal: ventajas y desventajas, adaptación al otro, autoestima, etc. 3) Enseñar qué significa ser un grupo, cómo aceptarse, qué tipos de grupos existen, etc.	1) Sintetizar teorías sobre el conocimiento de uno mismo, como grupo; proveer de fichas de trabajo y actividades adecuadas. 2) Adiestrar al tutor sobre técnicas y teorías de la comunicación humana. Planificar y programar actividades de aprendizaje por objetivos; proporcionar recursos evaluadores. 3) Proveer de referencias sobre las condiciones de la orientación en grupo. Proporcionar esquemas sencillos para desarrollar dinámicas de grupo. Solicitar retroinformación.

Tipo de orientación.	Labor del tutor sobre los alumnos individualmente considerado	Labor del Equipo de Orientación o del Orientador respecto del tutor
ORIENTACION ESCOLAR	1) Saber cumplimentar e interpretar algunos apartados del registro personal del alumno, fundamentalmente los relacionados con el rendimiento escolar en su perspectiva evolutiva (o sea, a lo largo de toda la escolaridad).	1) Proporcionar un modelo de registro personal lo más explicativo y exhaustivo posible; cumplimentando con la ayuda del tutor aspectos concretos; responsabilizarse de su archivo y actualización.
	2) Auxiliar en la elección de créditos académicos, en la elección de actividades extraescolares y de ocio.	2) Proponer un estudio de todas las alternativas posibles; conectar con los recursos de la Administración Educativa y de la sociedad entorno. Mantener al día el centro de recursos de la información académica.
	3) Ayudar a resolver problemas de aprendizaje en el aula (sobre todo de las materias instrumentales) y ayudar a aprender las técnicas de estudio.	3) Informar sintéticamente sobre conceptos mínimos de Didáctica General; Didácticas Especiales; Teorías del aprendizaje; Tratamiento de las dificultades del aprendizaje y Educación compensatoria. Proporcionar instrumentos para detectar y diagnosticar los errores en el aprendizaje. Estudiar los resultados del pase de dichos instrumentos y explicarlos al tutor. Crear y redactar fichas de recuperación y metodologías de intervención sencillas. Detectar los niveles de dominio de las técnicas de estudio y pensamiento crítico. Proveer de guías para aprender dichas técnicas.
	4) Auxiliar a los alumnos no adaptados o no integrados al grupo o a la institución.	4) Proveer de recursos para detectar la inadaptación y para reeducar socialmente al alumno.

Tipo de orientación.	Labor del tutor sobre los alumnos considerados como grupo	Labor del Equipo de Orientación o del Orientador respecto del tutor
ORIENTACION ESCOLAR	1) Aprovechar alguna de hora de tutoría para desarrollar socialmente al grupo.	1) Proporcionar un listado de técnicas alternativas para dinamizar el grupo; favorecer el uso de la prensa diaria en la escuela; proponer la realización de murales, periódicos, juegos de simulación, autobiografías, etc.
	2) Aprovechar la enseñanza de las diferentes materias o asignaturas para hacer significativo el proceso de aprendizaje.	2) Proponer un listado de sugerencias para ver de relacionar las materias de enseñanza con mundos significativos para el joven: arte, música, sexo, ocio, excursionismo, creatividad, aficiones, experimentos, fantasías, trabajos, etc.
	3) Reforzar la comprensión de las técnicas de estudio desde el punto de vista colectivo.	3) Auxiliar al tutor sobre cómo discutir en gran grupo uno de los tópicos o técnicas de estudio. Ofrecerle alternativas para dirigir la discusión.
	4) Reflexionar sobre las diferencias individuales de las personas que pertenecen a un grupo y sus consecuencias sobre el rendimiento académico, la adaptación escolar y social, la disciplina, el respeto mutuo, etc.	4) Ofrecer al tutor alguna técnica útil de *life-kills* (habilidades para la vida) de fácil aplicación y manejo. Programar una serie de guiones para educar al grupo en el concepto de diversidad. Crear fichas de trabajo para la educación de las diferencias y el respeto a la persona diferente.

Tipo de orientación.	Labor del tutor respecto al alumno considerado individualmente	Labor del Equipo de Orientación o del Orientador respecto del tutor
ORIENTACION PROFESIONAL Y ORIENTACION PARA LA TRANSICION ESCUELA/TRABAJO	1) Tratar de ayudar al alumno para que relacione sus características personales con el mundo de las ocupaciones. (Visión muy global).	1) Proporcionar al tutor pautas comparativas, listas de sugerencias, clasificaciones ocupacionales cercanas a nuestra cultura, tanto generales como detalladas.
	2) Poner en práctica alguna lección que enseñe a relacionar las propias características (intereses, aptitudes, habilidades, rasgos de la personalidad, valores, contexto sociocultural, etc.) con las características ocupacionales.	2) Proveer al tutor de guiones, guías autoaplicadas, unidades de exploración, etc., para trabajarlas en clase. Utilizar y enseñar a usar recursos sencillos, baratos y de fácil alcance (prensa, dibujos, fotografías, anuncios, collages, etc.).
	3) Dedicar una sesión tutorial a relacionar la elección de los créditos y de los estudios con el futuro trabajo. Incidir sobre la irreversibilidad de algunas elecciones y sobre la gravedad de algunas decisiones.	3) Tener a disposición del tutor un centro de recursos muy actualizado sobre información profesional (folletos, guías, libros, manuales, clasificaciones ocupacionales, directorios, etc.). Conectar al tutor con los recursos de la comunidad.
	4) Explicar sintéticamente el significado de la educación para la carrera vital y la crisis de la transición escuela/trabajo.	4) Poner al alcance las últimas tendencias de la Orientación Profesional (careers guidance, careers education) y orientación para la transición. Explicitar algunos de los modelos europeos y otros elaborados en comunidades españolas.
	5) Introducir al alumno en el mundo del trabajo, explicándole cuáles son las técnicas más idóneas para él.	5) Proporcionar materiales sugiriendo técnicas de trabajo individualizado y guías de aplicación autodidáctica.

Tipo de orientación.	Labor del tutor respecto al alumno considerado individualmente	Labor del Equipo de Orientación o del Orientador respecto del tutor
ORIENTACION PROFESIONAL Y ORIENTACION PARA LA TRANSICION ESCUELA/TRABAJO	1) Exponer las relaciones entre las características personales y los requisitos de las profesiones y oficios.	1) Proveer de un guión para el desarrollo de una clase convencional en gran grupo; transparencias, murales, juegos simulados, juegos prevocacionales, incluso alguna película de un descubridor, inventor, aventurero, etc., que relacione su trabajo con el estilo de vida. Proveer al autor de guías de orientación autoasistida para: conocerse a sí mismo, conocer el mundo de las profesiones, conocer cómo tomar decisiones prevocacionales, etc.
	2) Organizar varias sesiones para conocer el mundo del trabajo.	2) Guión y listado de posibles sugerencias metodológicas para comparar ambos ámbitos. Programar y crear guías autoaplicadas para que el grupo de alumnos pueda explorar el mundo laboral. Se recomienda una guía por objetivos para poder evaluar mejor el aprendizaje.
	3) Visitas a lugares de trabajo y conferencias dispensadas por expertos y profesionales.	3) Proporcionar al tutor un guión exhaustivo para preparar la visita: antes, durante y después; asimismo, una escala evaluadora para poder controlar el trabajo del alumno visitante y sus conclusiones Organizar y planificar la conferencia.
	4) Velar por la posibilidad de que los alumnos puedan realizar convenios de prácticas laborales, experiencias a tiempo parcial, prácticas en talleres, etc.	4) Exposición a los tutores de las alternativas que la administración y las autoridades académicas proporcionan a las escuelas e institutos para la realización de prácticas en régimen dual (escuela/empresa). Modelos de convenios y contratos. Conexiones con el INEM, Servicios Autonómicos, Servicios Municipales, empresas, etc.

Tipo de orientación.	Labor del tutor respecto de los padres, individualmente considerados	Labor del Equipo de Orientación o del Orientador sobre el tutor
ORIENTACION PERSONAL	1) Saber interpretar y llevar un registro de los datos sobre la dinámica familiar y las relaciones entre sus componentes, sintetizando significados y prioridades. 2) Entrevistar a los padres con problemas. 3) Solicitar ayuda al orientador para la resolución de casos problemáticos, aceptando trabajar en equipo durante el proceso.	1) Organizar y poner en práctica la recogida de datos sobre la familia; usar técnicas diagnósticas y/o proyectivas si es preciso. 2) Seleccionar y/o crear instrumentos y recursos idóneos para la recogida de información: escalas de actitudes, de observación, registros, cuestionarios, guiones para la entrevista, etc. 3) Entrevistar, ayudando al tutor, a padres que precisen ayuda más personalizada. 4) Ofrecer alternativas para resolver casos a la luz de los datos recogidos.

Tipo de orientación	Labor del tutor respecto de los padres considerados como grupo	Labor del Equipo de Orientación o del Orientador sobre el tutor
ORIENTACION PERSONAL	1) Dictar conferencias y charlas sobre temas que los padres o el orientador consideren prioritarios: a) Sensibilización de los padres como dobles sujetos de la función orientadora (receptores y dispensadores de orientación). b) La crisis adolescencial. c) Problemas juveniles y adolescentes (ocio, drogadicción, sexualidad, etc.).	1) Organizar las conferencias y charlas, previo estudio de las necesidades. 2) Dinamizar grupos de encuentro y trabajo con los padres que lo soliciten. 3) Proveer al tutor de esquemas y guiones para las charlas y las conferencias. 4) Solicitar una evaluación cualitativa de dichas intervenciones grupales sobre los padres.

Tipo de orientación	Labor del tutor sobre los padres individualmente considerados	Labor del Equipo de Orientación o del Orientador sobre el tutor
ORIENTACION ESCOLAR	1) Si el alumno no sabe elegir o no termina de decidirse, informar a los padres sobre las alternativas en la elección de créditos, guiándoles concienzudamente.	1) Facilitar al tutor la legislación, normativa y disposiciones legales que regulen la elección de los créditos académicos, entregándole un breve dossier con: a) Cuadros sinópticos. b) Alternativas de créditos y tipos. c) Resumen de la legislación. d) Gráficos comparativos entre diferentes elecciones crediticias. e) Cuadro sinóptico de las consecuencias de haber elegido o no tales créditos, etc.
	2) Tener al día a los padres sobre la dinámica aprendiz de sus hijos: niveles de rendimiento escolar, dificultades más llamativas de aprendizajes, organización de su tiempo personal de estudio, etc.	2) Resumir, en lenguaje inteligible para los padres, los niveles de rendimiento del alumno, sus principales problemas de aprendizaje, el estado actual del dominio de las técnicas de estudio personal, etc. Resumir esquemas de acciones correctivas.
	3) Indicar posibles alternativas en los créditos: compensatorios, enriquecedores, reversibles, su temporalización y mejor distribución, y sus consecuencias sobre el futuro inmediato (académico o laboral).	

Tipo de orientación.	Labor del tutor sobre los padres considerados como grupo	Labor del Equipo de Orientación o del orientador sobre el tutor
ORIENTACION ESCOLAR	1) Información en gran grupo de qué significan los créditos, su filosofía y cómo hacer de ellos el mejor uso.	1) Idem punto 1, apartado anterior.
	2) Sensibilizar a los padres, como grupo, sobre su función auxiliar del profesorado en lo que concierne a ayudar en la resolución de las dificultades del aprendizaje, clima de trabajo en casa, eliminación de distractores, apoyo personal al hijo, etc., para implicar a los padres en las horas en que el niño o joven no asiste a la escuela o instituto.	2) Crear guías para la orientación de padres especificando tareas a realizar y actividades concretas que los padres podrían ir discutiendo en pequeños grupos, en grupos de encuentro, etc., facilitados por el centro o la asociación de padres.

Tipo de orientación.	Labor del tutor sobre los padres individualmente considerados	Labor del Equipo de Orientación o del Orientador sobre el tutor
ORIENTACION PROFESIONAL Y PARA LA TRANSICION	1) Coadyuvar con el orientador en la puesta en marcha de un programa de orientación profesional, en su aspecto concreto de dirección y guía a padres. 2) Auxiliar en aspectos como: a) Sensibilización a las familias sobre la gravedad en la toma de decisiones académica y profesional. b) Informar profesionalmente con cierta exhaustividad. c) Iniciar tutorías sobre casuísticas especiales y a solicitud paterna. d) Llevar a cabo las entrevistas de consejo al final del ciclo o curso.	1) Proveer al tutor del calendario y distribución del Programa de Orientación Profesional. 2) Proveerle de todos los instrumentos y recursos que deberá usar para su comunicación con las familias. 3) Estar a disposición de los padres en caso que lo soliciten, etc.

Tipo de orientación.	Labor del tutor sobre los padres considerados como grupo	Labor del Equipo de Orientación o del Orientador sobre el tutor
ORIENTACION PROFESIONAL Y PARA LA TRANSICION	1) Dictar alguna conferencia o charla sobre el sentido de la orientación profesional y los problemas de transición al trabajo. 2) Auxilio y ayuda a los conferenciantes que pueden exponer sus experiencias profesionales a los padres. 3) Oferta de alternativas ocupacionales, académicas, de ayuda (becas, becas salario, planes de prácticas en convenio con organismos de la administración, empresarios, etc.) de la localidad.	1, 2, y 3) Idem apartado anterior. 4) Proveer al tutor de guiones para las charlas. 5) Organizar las conferencias dadas por personas externas al centro. 6) Poner a disposición del tutor los recursos comunitarios, de la administración o de entidades privadas sobre ayudas, becas, bolsas de viajes, etc.

(Nota: En todo este modelo, la orientación profesional y para la transición se encontrará mucho más ampliada en las obras de la autora citadas en la bibliografía de este capítulo).

Tipo de orientación.	Labor del tutor respecto al profesor individualmente considerado	Labor del Equipo Orientador o del Orientador sobre el tutor
ORIENTACION PROFESIONAL Y PARA LA TRANSICION	1) Ayudar al profesor a comprender los factores que inciden en la elección académica y ocupacional de uno o varios alumnos. 2) Aclarar el uso y funcionamiento de las guías de autoorientación y heteroorientación prevocacional y vocacional. 3) Explicar cómo relacionar las asignaturas con los conceptos prevocacionales o vocacionales. 4) Reflexionar y tratar de aquellos casos que van a abandonar los estudios y van a pasar al mundo laboral.	1) Explicitar qué factores inciden en la elección académica y vocacional y cuáles son más significativos en ese contexto. 2) Tener preparados los diferentes tipos de guías para la exploración del mundo laboral, para la toma de decisiones, para la información académica y ocupacional, etc. Asimismo, las guías metodológicas para el tutor. 3) Explicar qué tipos de mecanismos programadores y didácticos favorecen el desarrollo de los conceptos vocacionales en los currículos.

Tipo de orientación.	Labor del tutor sobre los profesores considerados como grupo o colectivo	Labor del Equipo de Orientación u Orientador sobre el tutor
ORIENTACION PROFESIONAL Y PARA LA TRANSICION	1) Reforzar y explicitar las sugerencias que se han recibido del equipo de orientación sobre los problemas que comporta la elección de créditos académicos, ocupacionales y el paso del mundo escolar al del trabajo: a) Presentando el programa de actuación en orientación profesional. b) Explicando las metodologías y recursos. c) Ofreciendo ayuda en reuniones o encuentros colectivos sobre dichos temas.	1) Tener a punto todo el Programa de Orientación Profesional o escolar-profesional (depende de si se trata de la enseñanza media o de la elemental). 2) Tener diseñados, redactados y editados todos los recursos de papel y lápiz, de aplicación individual o colectiva. 3) Idem con otro tipo de recursos. 4) Coordinar reuniones triangulares entre profesores, tutores y equipos de orientación.

Tipo de orientación.	Labor del tutor sobre el profesor individualmente considerado	Labor del Equipo de Orientación o del Orientador sobre el tutor
ORIENTACION ESCOLAR	1) Ante un problema docente o discente, sugerir cambios metodológicos o de contenido.	1) Tener preparadas alternativas metodológicas para las diferentes asignaturas. Poner a disposición del tutor diferentes programaciones: currículos mínimos, medios de enriquecimiento, compensatorios, etc.
	2) Informar al profesor que lo solicite sobre la dinámica y estructura interna del grupo/clase.	2) Tener dispuesto el estudio sociométrico del grupo, después de aplicar alguna técnica idónea.
	3) Auxiliar en la solución de los problemas de aprendizaje, académicos, disciplinarios, de adaptación, etc.	3) Proveer al tutor de tests diagnósticos y de sus resultados para estudiar las causas de las dificultades del aprendizaje en cualquiera de las materias (sobre todo de las instrumentales). Proporcionar unidades didácticas para la recuperación, pedagogía correctiva y reeducación de cualquiera de las deficiencias detectadas. Organizar grupos de crecimiento personal, de análisis transaccional y otras metodologías, para optimizar la adaptación y la acomodación.

Tipo de orientación.	Labor del tutor sobre el profesor considerado colectivamente	Labor del Equipo de Orientación o del Orientador sobre el tutor
ORIENTACION ESCOLAR	1) Coordinar las actividades generales del curso: excursiones, visitas, salidas, programas compensatorios, técnicas de estudio, actividades extraescolares, etc.	1) Proporcionar medios facilitadores para esta coordinación.
	2) Coordinar las sesiones de evaluación.	2) Proporcionar los últimos hallazgos sobre la medida y evaluación en los centros de enseñanza media; breves ideas sobre la construcción de pruebas para evaluar diferentes materias; cómo racionalizar la recogida de datos de las evaluaciones; cómo interpretarlos integradamente; cómo extraer consecuencias metodológicas de las evaluaciones; proporcionar diferentes modelos evaluadores.

Tipo de orienta-ción.	Labor del tutor sobre el profesor individualmente considerado	Labor del Equipo de Orientación o del Orientador sobre el tutor
ORIENTACION PERSONAL	1) Siempre que se le pida, informar sobre un alumno determinado. 2) Colaborar en la búsqueda de soluciones a problemas personales.	1) Facilitar datos sobre un alumno determinado, facilitando la interpretación de los registros personales y los datos psicológicos. Ofrecer alternativas al caso. 2) Proponer vías de envío o referencia para los casos más graves. Conectar con diferentes profesores para solucionar ese caso. Explicar los modelos de entrevista de ayuda. Devolver los datos al profesional que los precise, interpretándolos. Conectar con los padres si es necesario. Entrevistar al alumno si es necesario.

Tipo de orienta-ción.	Labor del tutor sobre los profesores considerados como grupo	Labor del Equipo de Orientación sobre el tutor
ORIENTACION PERSONAL	1) Sintetizar y coordinar el conjunto de juicios y observaciones que, sobre un alumno o grupo de alumnos, tienen diversos profesores. 2) Cooperar con los demás profesores a resolver problemas de un alumno o grupo de alumnos (personales, familiares, de adaptación, drogas, predelincuencia, etc.).	1) Ofrecer al tutor pautas sintetizadoras de la sesión coordinadora de varios profesores. Sencillas, de fácil interpretación y donde queden registrados los datos más significativos. Acumulativas. 2) Ofrecer un esquema de trabajo, calendario, lugar del encuentro, etc., a los profesores que deseen reunirse para tratar de un problema; guión que incite a sintetizar lo tratado. Aleccionar sobre cómo se desarrollan los diarios de clase, los registros anecdóticos, las escalas de observación de la conducta, los tests sobre el concepto de sí mismo y la autoestima, etc.

Referencias y bibliografía

ATHERLEY, L.G., *Educational Reforms in the World,* Comunicación presentada al Seminario Internacional de la AIOSP, celebrado en Dubrovnick (Yugoslavia) del 23 al 28 de septiembre de 1985, 22 pp.

BENAVENT, J.A., «La función del tutor en la EGB», *Revista de Ciencias de la Educación,* 1977, *92,* 560-567.

COSTAR, J.W., «Classroom teachers in the classroom guidance program, *International Journal for the Avancement of Counseling,* 1980, *3,* 147-159.

CREAN, D., *An Owerview and index to the transition education case studies»,* Deakin University, Victoria, Australia, 1983, 55 pp.

CHAMBERS, S., *et al., Planning Report. Career Education in Government Post-Primary Schools,* Ministry of Education, Schols Divisons, Melbourne, 1986, 70 pp.

EUROPEAN CULTURAL FOUNDATION, *Between School and Work,* ECF, Institute of Education, Amsterdam, 1976, 200 pp.

GARCIA, A., «La tutoría en educación general básica», *Vida Escolar,* 1977, 191-192, octubre, pp. 9-12.

GENERALITAT DE CATALUNYA, *Experimentació del primer cicle d'ensenyaments secundaris, Vol III: Orientació, tutoría i Avaluació,* Barcelona, junio 1985.

GIBSON, R.L., *et al., Development and Management of Counseling Programs and Guidance Services,* MacMillan Pb. Co., Nueva York, 1983, pp. 45-73.

GONZALEZ, J.A., «El tutor ideal de nuestros alumnos», *Revista de Ciencias de la Educación,* 1978, 94, 269-281.

HOYT, K.B. *et al., Career Education: What it is and how to do it,* Olympus Pb. Co., Salt Lake City, Utah, 1972, 190 pp. Es la obra más importante para fundamentar los principios y las estrategias de la educación vocacional.

KEMMIS, S. *et al., Transition and Reform in the Victorian Transition Education Program* (The final report of the Transition Education Case Study Project), Transition Education Advisory Committee, Victoria, 1983, 273 pp.

LAZARO, A. y ASENSI, J., *Manual de orientación escolar y tutoría,* Narcea, Madrid, 1987.

LITTER, K. (Ed.), *Aspects of Education: The transition from School to Work, Journal of the Institute of Education,* The University of Hull, n.° 5, marzo, 1967, monográfico, 108 pp.

MOOR, C.H., *From School to Work, Effective Counseling and Guidance,* Sage, Londres, 1976, 191 pp.

PELLICER, C. *et al., Objetivos del trabajo en la tutoría dentro de la reforma de las enseñanzas medias,* Comunicación presentada al I Congreso de Orientación Escolar y Profesional, Actas, Madrid, pp. 8-10.

RAMOS, V.J., «Aspectos organizativos de la función tutorial», *Vida Escolar,* 1976, 183-184, pp., 99-102.

RODRIGUEZ, M.ª L., *Teorías y Proceso de la Orientación Educativa,* Promociones Publicaciones Universitarias, PPU, Cooperativa Sant Jordi, Universidad de Barcelona, 1986 (428 pp.).

RODRIGUEZ, M.ª L. y GIL, T.N., *Modelos de intervención en orientación educativa y vocacional,* PPU, Universidad de Barcelona, 1985.

RODRIGUEZ, M.L. y GRAS, M., *Modelos de orientación profesional en el aula,* Oikos-Tau, Barcelona, 1986.

RODRIGUEZ, M.ª L., DELGADO, L., ESTRUCH, I., QUERO, J.M. y RIART, J., *Orientación profesional y acción tutorial en las enseñanzas medias,* Narcea, Madrid, 1989, 319 pp.

ROGERS, B., *Careers Education and Guidance. A. Handbook and guide to careers education, guidance and training,* CRAC, Cambridge, 1984, 160 pp.

SANCHEZ, S., «Sentido de la tutoría», *Vida Escolar,* 1976, 183-184, 87-102.

SANCHEZ, S., «La tutoría y la orientación», *Patio de Escuelas,* 2, 1978, 63-76.

WATTS, A.G., *Work Experience and schools,* Heinemann Educational Books, Londres, 1983, 259 pp. En los anexos expone las direcciones de empresas y editoras que publican libros, folletos, unidades didácticas, etc., para implantar las experiencias laborales en el ámbito escolar. Libro muy útil como fuente de recursos.

11
Organización y planificación de los programas de orientación. Estrategias y metodologías

Introducción

La integración de los servicios de orientación en el seno de una institución educativa exige el replanteamiento de la dinámica diaria del centro, además de la reflexión previa de los siguientes principios que deben presidir toda intención reformadora:

1) Considerar que la orientación es un proceso continuo que ha de desarrollarse a través de unos servicios específicos y altamente profesionalizados. 2) El programa de orientación bien planificado ha de ser relevante y congruente con las necesidades y características del alumnado al que va dirigido; ha de estar coordinado con el conjunto de los servicios institucionales, y estar supervisado y dirigido por orientadores bien preparados y competentes. 3) Debe ser lo suficientemente ágil como para permitir flexibilidad y adaptación a los cambios de las oportunidades sociales. 4) Dada su dinamicidad, ha de admitir la posibilidad de una evaluación continua del sistema, la investigación de ciertos subsistemas y la formación permanente de sus profesionales; y 5) La orientación deberá considerarse como una parte más del conjunto de proyectos educativos dirigidos a todos los alumnos.

Cualquier programa diseñado para alcanzar objetivos amplios y a largo plazo deberá respetar la existencia de varias áreas ineludibles:

a) Servicio para la recogida de datos y el análisis de las personas que habrán de ser orientadas.
b) Servicio de información profesional y académica.
c) Servicio de consejo y entrevista.
d) Servicio de consulta para administradores, profesores y padres.
e) Servicios de orientación grupal y colectiva.
f) Servicios de colocación y seguimiento.

Las fases que pueden sintetizar el proceso reflexivo a la hora de organizar racionalmente los servicios de orientación, así como los conceptos en ellos incluidos, quedan explicados más gráficamente en el siguiente cuadro (Fig. 1):

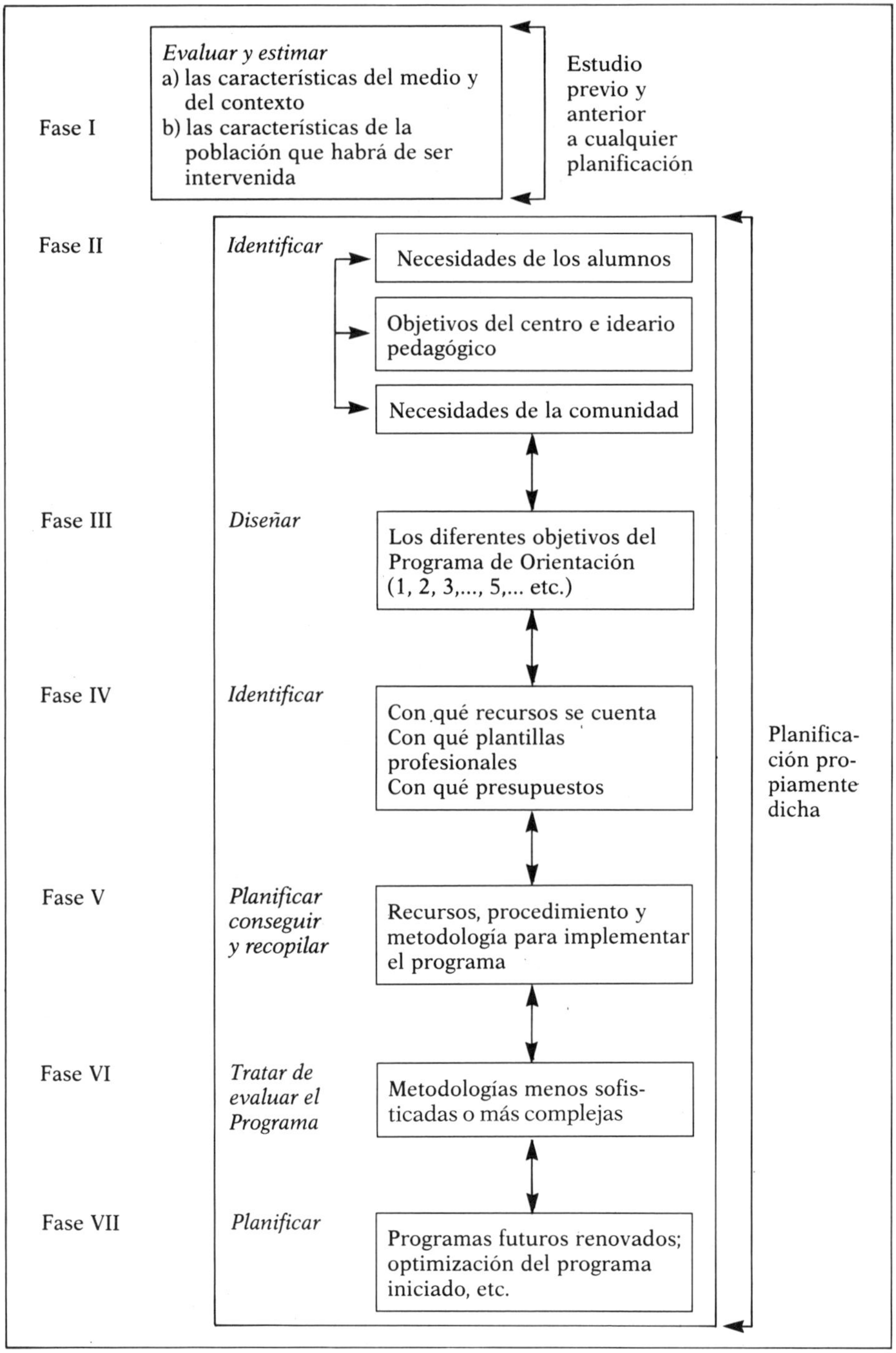

Figura 1. Fases y contenidos de una planificación de los servicios de Orientación.

La institucionalización de un programa de orientación mínimamente ambicioso no es sencilla. A continuación remito al lector al estudio de un guión que corrige, amplía y perfecciona el que proponemos en el área de orientación, de la Facultad de Pedagogía (Universidad de Barcelona), coordinada por el Dr. D.S. Rodríguez, que facilita la recogida de datos previa a la organización y planificación de los programas. Pero todo responsable de su puesta en marcha deberá saber dirigir y organizar con eficacia, tomar decisiones complejas, coordinar las tareas de los demás profesores y profesionales de la ayuda, identificar y usar recursos comunitarios, evaluar el desarrollo del programa y mantener al corriente de todo —lo positivo y lo negativo— a los protagonistas de la labor orientadora.

En la bibliografía final se encontrarán más directrices para la organización de los programas de orientación, fases a seguir y pasos detallados. Aquí, lo que interesa es explicitar cómo se puede proceder al estudio del contexto escolar donde se desea instalar un programa de orientación y las sugerencias que pueden tenerse en cuenta para profundizar en el marco de las necesidades. Después presento algunos modelos, de muy diverso estilo, animando al estudioso que consulte el Anexo bibliográfico de esta obra, donde se refieren libros y trabajos que exponen otros también útiles y adecuados al contexto español.

Guión descriptivo previo a la organización y planificación de un servicio o programa de orientación en un centro

Antes de crear los servicios de orientación en un centro es aconsejable desarrollar un exhaustivo estudio de su estructura, dinámica organizativa y características específicas, que garantice la efectiva adaptación de las actividades de orientación a su contexto específico. Este estudio podría atenerse al siguiente guión:

Pauta para el estudio previo delas características y necesidades de una institución en la que se desea adaptar un programa de orientación.	Ejemplos y sugerencias de los tópicos que deben explicitarse y definirse.
FASE I *A) Estudio de la dinámica sociológica del centro* **a.1) Marco general**	
Descripción geográfica	Ubicación, datos del distrito o población, nivel cultural de sus habitantes, tipos de vivienda, clase social predominante, datos estadísticos más relevantes.
Descripción socioeconómica	Densidad de población, procedencia, habitantes en edad laboral, tipos de profesionales más comunes, clasificación del nivel de la zona.
Descripción educativo-cultural	Número de escuelas y centros educativos, tipos de enseñanza (privada o pública), niveles educativos, zonas deportivas y de actividades no escolares sino culturales en general. Centros juveniles y de ocio. Planos de ubicación de los mismos.

a.2) Marco escolar	
Apunte histórico de la evolución del centro o institución	Organismos fundadores. Evolución por años de su desarrollo, número de alumnos intervenidos a lo largo de los años, locales, estructuración y mejora de los mismos, incidencias dignas de mención.
Situación actual del centro	Dirección, tipo de centro, niveles de enseñanza impartidos, tipo de actividades que desarrolla, número de alumnos, aspectos económicos, financiación, descripción arquitectónica, espacios, instalaciones.
a.3) Aspectos de dinámica familiar	
Tendencias demográficas	Media de hijos en la familia, índice de natalidad, nivel económico.
Procedencia de otros distritos	De la misma localidad. De otras localidades. Medios de transporte.
Tipología y distribución de las profesiones de las familias	Clasificación por sectores (comercio, oficina, técnicos, especialistas, liberales, etc.). Porcentaje de hombres y mujeres que trabajan, índices de paro.
a.4) Relaciones y proyección externa del centro educativo	
Relaciones familia/escuela	Objetivos de cooperación entre la escuela y la familia. Tipos de relaciones organizadas por parte del centro o por parte de la asociación de padres. Reuniones planificadas y periodicidad. Canales normales de cooperación. Existencia o no de la escuela de padres.
Relaciones escuela/comunidad	Tipo de participación de la escuela en la zona. Si es centro abierto o no. Distribución y horarios de actividades extraescolares. Servicios prestados a la comunidad y viceversa. Actividades con proyección hacia el barrio o localidad. Tipos de actividades: música, clases, vídeo-forum, fiestas, verbenas, actos religiosos, civiles, colonias de verano.
B) Estudio de la estructura y organización de la institución	
b.1) Propuestas educativas propias y definitorias del centro	Tipos de formación, ideario pedagógico que se propone, dimensiones formativas, estilos y sistemas educativos, metodologías aconsejadas, políticas educativas subyacentes al ideario pedagógico, programación de la acción orientadora, servicios especializados que se ofrecen, opciones sociopolíticas, etc.
b.2) Organos de gobierno y gestión de la institución	Criterios de participación, grados y distribución de las responsabilidades, organigrama del funcionamiento del centro, relaciones de *staff* y de jerarquía, órganos unipersonales, colegiados y claustro de profesores.
b.3) Organización de la dinámica educativa e instructiva	Funciones del profesor, del tutor, del coordinador del ciclo, del coordinador de tutores, departamentos que existen, reglamento de régimen interior, etc. Relaciones entre el centro y la asociación de padres: responsabilidades culturales, educativas, recreativas. Recursos docentes, características del profesorado.
C) Estudio de los resultados de la instrucción, la evaluación y la educación	
c.1) Criterios para proceder a la evaluación formativa y sumativa	En cada materia de enseñanza (Matemáticas, Sociales, Lengua Española, plástica, Ciencias Naturales, segunda lengua, etc.) Formas de evaluar que cada profesor emplea, sistemas de recogida de datos, etc.

c.2) Niveles medios de las calificaciones escolares	Análisis de los niveles, evolución de las calificaciones de cada grupo, elaboración de cuadros estadísticos de discrepancias por cursos y por asignaturas, asignaturas más cercanas a los niveles y necesidades de recuperación, materias con mayor índice de suspensos, aumentos y disminuciones de dichos índices, frecuencias de cada tipo de calificación, etc.
c.3) La comunicación de los resultados de las calificaciones de la instrucción y del progreso del alumnado	Sistemas de comunicación de las evaluaciones a los padres, tipos de hojas de control, reuniones conjuntas, sistemas preventivos y correctivos, casos especiales, entrevistas *ad hoc,* participación del tutor, etc.
c.4) Toma de decisiones en los momentos de elegir futuros estudios, ramas o ingreso en el mundo del trabajo	Profesiones que los alumnos conocen mejor, profesiones por las que se sienten más inclinados, número de ocupaciones y oficios conocidos, expectativas, gustos y estereotipos profesionales, concepto de la finalidad de sus estudios, madurez para la toma de decisiones, conocimiento de sus condicionantes para su futuro profesional, elecciones académicas más frecuentes, alumnos que no se deciden, niveles de indecisión profesional o académica, influencias exteriores: padres, compañeros, profesionales, cuestionarios que la institución pasa a estos alumnos para detectar las tendencias de la elección académico-vocacional.
c.5) Actividades de esparcimiento y organización del tiempo libre	Análisis de las frecuencias en diferentes actividades de esparcimiento, estudio de actividades más comunes, ocio en días laborales y en días festivos, actividades más bien en grupo y más bien en solitario, pertenencia a asociaciones, grupos, entidades recreativas, estadísticas glogales. Conciencia del significado del uso del tiempo libre, etc.
c.6) Estudio de los hábitos de trabajo intelectual, de las habilidades para estudiar y de la aptitud y madurez lectora	Actitudes favorables o desfavorables hacia el estudio: porcentajes de alumnos en uno y otro caso, descripción de las condiciones de estudio para la media del grupo clase, análisis de las situaciones favorecedoras y obstaculizadoras para el estudio en el centro y en el hogar, consulta de libros y recursos, análisis de los procesos que cada alumno usa para estudiar bien o mal, equilibrio entre el tiempo de estudio y tiempo del ocio, labor tutorial respecto a la educación de los hábitos de estudio, potenciación de la lectura y de la actitud hacia la lectura, etc.
D) Cómo discurre y se desarrolla el binomio aprendizaje/enseñanza en el centro	
d.1) Horarios y calendarios de las actividades cotidianas	La labor del jefe de estudios, la distribución de las asignaturas en horas, períodos semanales, y partes de la jornada, opiniones y preferencias del profesorado, necesidades del alumnado, resolución de conflictos, horarios definitivos.

d.2) Estructura y relaciones dentro del grupo clase	N.º de alumnos, formación de subgrupos, criterios de diferenciación, clasificación y agrupamiento, tipo de relaciones entre los componentes del grupo, elección de delegados o representantes, comunicación fuera del aula, etc.
d.3) Calidad de la relación entre el profesorado y los alumnos	Estilos y modos personales de relación, presencia del profesorado en los momentos críticos, el profesor/tutor y su rendimiento y eficacia, características relacionales de los distintos profesores, relaciones entre el grupo de profesores, interdisciplinariedad, sistemas de envío de unos profesores a otros.
d.4) Apreciación de la conducta, urbanidad y disciplina	Sistemas de orientación preventiva, sistemas de orientación directa, reglamento disciplinario (si lo hay o no), momentos dedicados a la reflexión personal, sistemas de sanciones, coordinación entre los diferentes estamentos para el cumplimiento de las normas. Labor del psicólogo, si lo hay.
d.5) Organización y planificación de la dinámica correctiva	Actividades de recuperación por materias, por alumnos o por grupos. Directrices que se siguen para la planificación de los programas correctivos y preventivos, cómo se resuelven problemas de aprendizaje, de retraso o de inmadurez. Sistemas de envío para alumnos que requieren correcciones más profundas de las habituales en el alumno medio.
d.6) Estimación de las características personales y contextuales de los alumnos	Historial familiar, historial académico, hoja de registro individual, quién y cuándo cumplimenta el dossier del alumno, cómo son los registros individuales de los alumnos, cómo se devuelven los resultados tanto al alumno como a sus padres y profesores, qué aspectos se tienen en cuenta en estos registros, cada cuánto tiempo se revisan y actualizan, etc.
E) Análisis de los servicios de orientación escolar y/o profesional	
e.1) Organización del servicio	Si está organizado. Si no lo está. En el caso primero: quién lo dirige, si hay labor de equipo, personal que lo compone. Situación, recursos, presupuestos. Si no existe, cómo debería organizarse en función de las necesidades del centro (personales, materiales, sociales, ideológicas, etc.).
e.2) Oferta de los servicios	Al equipo docente, a los alumnos, a las familias, recursos con los que se cuenta, periodicidad y temporalización, contenido de los servicios, actividades, medios e instalaciones.
e.3) Estudio especial de la acción de los tutores	Temporalización, programación de las actividades, tareas específicamente reservadas al tutor. Estudio especial de la habituación de los alumnos al estudio: técnicas, hábitos y actitudes ante el estudio. Qué colaboración puede y debe aportar la institución a este programa de educación de las actitudes positivas hacia el estudio intelectual.

e.4) Cómo describir las necesidades de un centro educativo en función de la futura organización de un programa de orientación	Necesidades de los *alumnos:* reeducación, recuperación, técnicas de estudio, orientación académico-vocacional, información profesional, orientación personal. Necesidades de las *familias:* información profesional y formación. Necesidades de los *profesores:* formación permanente, conceptos sobre organización, concepto de acción tutorial, motivación a la creatividad y a la iniciativa curricular.
F) Propuesta de los servicios de orientación idóneos al centro en función de los apartados A, B, C, D y E, antes detallados	Planificación y diseño de modelos concretos.

Sugerencias para la planificación de diferentes modelos de orientación escolar y/o profesional

Propongo al lector cuatro modelos, inmersos fundamentalmente en el ámbito escolar. Todos ellos han sido diseñados y puestos en marcha a lo largo del currículum de formación de orientadores en la Universidad de Barcelona (España). Sus autores pueden detallar más exhaustivamente el desarrollo de los servicios y los recursos empleados.

A) Programa sugerido de información académico-profesional

Objetivo general n.º 1
INFORMAR de la puesta en marcha de un programa de orientación de «Información académico-profesional» en el Centro para los alumnos de 8.º EGB.

OBJETIVOS ESPECIFICOS	CONTENIDO	ACTIVIDADES	TEMPORALIZ.
1. Que el alumno adquiera conciencia de que ha de tomar una decisión académico-profesional importante en su vida y sienta la necesidad de estar bien informado para ello. 2. Que valoren el servicio que se pone en marcha. 3. Que adquieran una visión global del programa a desarrollar durante todo el curso. 4. Conseguir que se sientan motivados para una participación activa en el programa.	Finalidad, proceso y significado del programa.	Para los alumnos: Charla informativa en horas de tutoría por parte del personal que va a llevar a cabo el programa. Para los tutores: Explicar el programa y su finalidad en una reunión. Para los padres: Enviar una circular informativa a través del chico a todos los padres de 8.º E.G.B.	PRIMERA QUINCENA DE OCTUBRE

Objetivo general n.º 2
Recoger y actualizar datos en un registro acumulativo y lograr que el alumno adquiera un mejor conocimiento de sí mismo.

OBJETIVOS ESPECIFICOS	CONTENIDO	ACTIVIDADES	TEMPORALIZ.
1. Conocimiento de la nueva situación del grupo de 8.° E.G.B.	Análisis horarios escolares, profesores, calendario escolar, notas de 6.° y 7.°, informes académicos, informes psicológicos, informes médicos.	Recoger toda la información en un registro acumulativo preparado *ad hoc.*	2.ª QUINCENA DE **OCTUBRE**.
2. Búsqueda de todos los datos personales del alumno.	Datos personales y datos familiares.	Pasar un cuestionario para que lo rellene el propio alumno.	2.ª QUINCENA DE **OCTUBRE**.
3. Conseguir un conocimiento del alumno lo más objetivo posible.	Informes de los psicólogos del centro: tests de inteligencia, aptitudes, personalidad, rendimiento.	Ayudar a los psicólogos en el pasado de pruebas: tests, inventarios, cuestionarios... Recoger los informes y trasladarlos al registro del alumno.	HASTA LA 2.ª QUINCENA DE **ENERO**.
4. Ayudar al alumno a conocerse a sí mismo y contrastar su conocimiento personal con el obtenido en las pruebas.	Intereses. Estudios y ocupaciones. Tendencias vocacionales. Valores.	Preparar cuestionarios y pasarlos a los alumnos para su rellenado. Realizar entrevistas con alumnos, profesores y tutores.	HASTA LA 1.ª QUINCENA DE **FEBRERO**.

Objetivo general n.º 3
INFORMAR a los alumnos y a los padres de las alternativas educativas después de 8.°. INFORMAR sobre los diversos centros donde pueden realizar la Enseñanza Profesional.

OBJETIVOS ESPECIFICOS	CONTENIDO	ACTIVIDADES	TEMPORALIZ.
1. Dar a conocer a los alumnos el sistema educativo actual.	— Organigrama del sistema educativo actual.	— Explicar con audiovisuales el Organigrama del sistema educativo actual.	DURANTE TODO EL MES DE **MARZO**

2. Dar a conocer a los alumnos el plan de estudios de BUP y FP. 3. Facilitar información clara en cuanto a becas y otro tipo de ayudas.	— Formación Profesional: Estructuración. Ramas y especialidades. Convalidaciones con BUP. — BUP. Estructuración. Plan de estudios. Ciencias o Letras. — Becas y ayudas al estudio.	— Realizar una charla-coloquio. — Visitar algún centro de FP. — Escuchar a algún profesor de FP y a algunos alumnos de la escuela profesional en una rueda de preguntas. — Realizar una rueda de preguntas a algún profesor de BUP, en la que intervengan también alumnos de esta etapa. — Presentar y comentar documentación escrita y bibliografía sobre el tema: INEM, MEC, etc.	

Objetivo general n.º 4
INFORMAR a los alumnos y a los padres sobre las diferentes ocupaciones profesionales partiendo de los intereses del alumno.

OBJETIVOS ESPECIFICOS	CONTENIDO	ACTIVIDADES	TEMPORALIZ.
1. Dar a conocer a los alumnos los diferentes campos profesionales. 2. Proporcionar las distintas clasificaciones que existen actualmente. 3. Dar a conocer el plan de estudios de la Enseñanza Profesional y las materias que integran cada curso en sus diversas especialidades.	Pasos a seguir en la elección profesional. Técnicas para acercar al alumno a las diferentes profesiones. Clasificación de las profesiones por intereses. Cualidades que se requieren para cada una.	Trabajo en grupos recogiendo información a través de los padres, periódicos, etc., sobre las diferentes profesiones. Aportación en clase de conocimientos y detalles sobre las nuevas profesiones. Realizar en grupo diversas clasificaciones de las profesiones según diferentes criterios.	A LO LARGO DE TODO EL MES DE **ABRIL**

4. Inculcarles la elección de profesión guiados más por la realización personal que por los beneficios económicos. 5. Dar a conocer el mundo laboral actual: niveles de empleo y desempleo, formas de acceso al trabajo.	Plan de estudios de la Enseñanza Profesional. Centros Oficiales de Información.	Darles a conocer diversas publicaciones sobre la materia, especialmente las del PPU, EDEBE, INEM, Generalitat, D.G. de la Juventud y Promoción Social y Cultural. Charlas informativas. Visitas a centros de trabajo y escuelas profesionales.	

* Propuesto por los orientadores E. Baigorri, R. M.ª Ferré y S. Domíngez para el Centro del Santo Angel (Barcelona), curso 1987-1988 (con la supervisión de la autora de esta obra, desde la Universidad de Barcelona).

B) Algunas sugerencias para planificación de un programa de técnicas y hábitos de estudio*

NIVEL EDUCATIVO: SINTESIS GLOBAL DEL PROCESO ORIENTADOR

	COD.	ACTIVIDAD	COD.	OBJETIVO	COD.	RECURSOS
A: ALUMNOS	A-1	Charla sobre los conceptos e importancia de las T.H.E.	0-1	• «Romper el hielo» 1er contacto. • Constatar lo que ellos entienden sobre T.H.E. • Darles un conocimiento teórico, mediante una autorreflexión. • Motivarles.	R-1	Guión de la charla.
	A-2	Sesión para preparar al alumno ante la batería de pruebas.	0-2	Reducir la ansiedad.	R-2	Guión de la sesión.
	A-3	Inicio del pase de pruebas.	0-3	Medir el nivel inicial. Exploración para: a) Diagnosis. b) Evaluación del proyecto.	R-3	Listado de la batería de tests.

* Reproducción parcial del programa propuesto por los orientadores I. Morales y F. Tejero, curso 1986-1987 (con la coordinación y supervisión de la autora de esta obra, desde la Universidad de Barcelona).

T: TUTORES	T-1	Presentación del trabajo a desarrollar.	0-1	Proporcionar información y realizar una llamada a la colaboración y participación.	R-1	Guión de la presentación.
	T-2	Presentación de la técnica del horario. Discusión de su adecuación, factores intervinientes y requisitos.	0-2 0-1	• Complementar el programa de T.E. que se está realizando con los alumnos. Presentando cada técnica una semana antes a los profesores que a los alumnos.	R-2	• Guión general de las actividades que se llevaron a cabo en la presentación de cada técnica.
F: FAMILIA	F-1	Charla de presentación y explicación sobre el programa a desarrollar.		Proporcionar información y realizar una llamada a la colaboración.	R-1	Guión de la presentación.

1.ª TECNICA: —el horario—

OBJETIVO GENERAL: Que el alumno capte la importancia de planificar el tiempo de estudio adecuadamente.

	COD.	ACTIVIDAD	COD.	OBJETIVO	COD.	RECURSOS
A: ALUMNOS	A-4	Realización de un horario por grupos, puesta en común y discusión sobre la adecuación del horario (en función del tiempo disponible, de las características...).	0-4	Permitir, mediante la discusión, ser más consciente de la necesidad de adecuación del horario a las propias características y de la planificación real del tiempo.	R-4	Guión de la discusión y de los aspectos a tener en cuenta en la valoración.
	A-5	Explicación de un esquema teórico sobre la elaboración de un horario.	0-5	Conocimiento de una base teórica que le permita realizar un horario adecuadamente.	R-5	Modelos de planificación de horarios.
	A-6	Elaboración de un 2.º horario individual comprometido.	0-6	Comprobar si el individuo ha asumido, de forma correcta, la técnica del horario.	R-6	Lista de aspectos a tener en cuenta en la valoración.

T: TUTORES	T-3	Seminario sobre aspectos y fundamentos del aprendizaje y T.H.E.	0-3	Situar el «estudio» en el marco del aprendizaje.	R-2	1. Guión del debate sobre algunos aspectos fundamentales que pueden influir en el aprendizaje. 2. Organigrama-esquema del proceso de aprendizaje.
	T-4	Complementar un cuestionario sobre aspectos de la técnica del horario y discusión.	0-4	*Ya citado.	R-4	*Ya citado.
	T-5	Presentación de la técnica de lectura.	0-5	Sensibilizar sobre la importancia de que el alumno planifique su tiempo y sobre diferentes factores que influyen en la planificación adecuada.	R-5	Cuestionario sobre el horario.
F: FAMILIA						

TECNICA: —La toma de apuntes—

OBJETIVO GENERAL: Capacitar al alumno para una mejor estructuración de la información oral que percibe.

	COD.	ACTIVIDAD	COD.	OBJETIVO	COD.	RECURSOS
A: ALUMNOS	A-14	Explicación sobre un tema; el alumno tomará notas y apuntes de lo que se explica, y posteriormente completará un cuestionario personal de reflexión. Análisis y puesta en común del trabajo sobre el cuestionario personal y grupal.	0-14	a) Proporcionar a los alumnos unas orientaciones prácticas sobre cómo aprovechar mejor las explicaciones en clase. b) Reflexionar sobre la atención y concentración en las explicaciones, factores que las facilitan y aquellos que las dificultan. c) Aprender a captar las ideas principales en función de una explicación.	R-14	Ejemplo de cuestionario personal.
	A-15	Ejercicios sobre toma de apuntes.	0-15	Proporcionar a los alumnos unas orientaciones prácticas sobre la técnica de tomar notas o apuntes en clase.	R-15	Modelos de ejercicio sobre la toma de apuntes.

T: TUTORES	T-7	Pase de un cuestionario sobre las funciones del autor y de los profesores en T.H.E.	0-7	Sensibilizar sobre la importancia del desarrollo y optimización de las T.H.E. Motivación a la cooperación.	R-7	Cuestionario sobre las funciones del tutor y de los profesores en las T.H.E.
	T-8	Presentación de la Técnica: Resumir-sintetizar.	0-8	• Ya citado.	R-8	• Ya citado.
F: FAMILIA	F-3	Charla sobre la importancia de las condiciones materiales y ambientales familiares en el rendimiento académico de sus hijos.	0-3	Mentalizar a los padres de la necesidad e importancia de crear el clima adecuado para el estudio.	R-3	Guión de la charla sobre condiciones ambientales y familiares.

TECNICA: —Resumir-sintetizar—

OBJETIVO GENERAL: El aprendizaje en extraer y discernir información, y distinguir lo fundamental de un texto de lo más insustancial.

	COD.	ACTIVIDAD	COD.	OBJETIVO	COD.	RECURSOS
A. ALUMNOS	A-16	Presentación de una ficha-guía para realizar un resumen.	0-16	A partir del análisis de cómo los alumnos realizan un resumen de un texto, proporcionarles unas orientaciones prácticas para resumir y sintetizar textos y lecciones con eficacia.	R-16	Ficha-guía para realizar un resumen.
	A-17	Realización de ejercicios para resumir y sintetizar (poner título) diferentes textos.	0-17	Entrenarles en la práctica de resumir y sintetizar textos.	R-17	Ejemplos de textos y ejercicios de resumen y síntesis.
T: TUTORES	T-9	Presentación de la técnica: subrayado.	0-9	• Ya citado.	R-9	• Ya citado.
	T-10	Sesión de evaluación de la marcha del programa.		Efectuar una evaluación sumativa que permita el feed-back.		

TECNICA: —Esquemas—

OBJETIVO GENERAL: Desarrollar en el alumno:
—la capacidad de síntesis
—la capacidad de subordinación, relación y clasificación de ideas.

	COD.	ACTIVIDAD	COD.	OBJETIVO	COD.	RECURSOS
A: ALUMNOS	A-20	Análisis del esquema de un texto, previo a la lectura.	0-20	Apreciación por sí mismo de la información que subyace en un esquema.	R-20	Ejemplo de un texto con su esquema.
	A-21	Explicación sobre la técnica para realizar esquemas y sobre los diferentes tipos.	0-21	a) Impartir unas orientaciones teóricas al alumno en la construcción de esquemas. b) Conocimiento de diversas clases de esquemas (de llaves, de árbol, decimal, de flechas).	0-21	1. Ficha-guía sobre cómo se hace un esquema. 2. Modelos sobre diferentes tipos de esquemas.
	A-22	Intercambiar y traspasar de un tipo de esquema a otro.	0-22	Interpretación adecuada de los datos que proporcionan los esquemas.	0-22	Ejemplo de ejercicio de traspasar de un modelo a otro.
	A-23	Realización del esquema de un texto utilizando los diferentes tipos.	0-23	a) Comprobar y poner en práctica los conocimientos del alumno y su aprendizaje en la construcción de esquemas. b) Relacionar el esquema con la lectura.	0-23	Modelo de texto sencillo a esquematizar.
T: TUTORES	T-13	Presentación de la técnica de construcción de gráficos.	0-13	• Ya citado.	R-13	• Ya citado.
F: FAMILIA	F-5	Entrevistas con los padres que estén interesados.	0-5	a) Ampliar infomación. b) Tratar casos particulares.		

TECNICA: —¿Cómo enfrentarse a un examen?—

OBJETIVO GENERAL: Obtener un rendimiento correcto y óptimo del estudio.

	COD.	ACTIVIDAD	COD.	OBJETIVO	COD.	RECURSOS
A: ALUMNOS	A-31	Puesta en común sobre los factores que influyen y las estrategias diferentes que permiten obtener el máximo rendimiento de un examen.	0-31	a) Mostrar diferentes tipos de estrategias que pueden resultar adecuadas para la resolución de exámenes. b) Llegar al conocimiento de factores que pueden influir de manera positiva o negativa en la resolución.	R-31	1. Lista de factores que influyen en la resolución de un examen. 2. Ficha-guía que ayude a resolver adecuadamente un examen.
	A-32	Realizar un plan de trabajo de repaso.	0-32	a) Autorresponsabilizar al alumno, con vistas a tener asimilada la materia de estudio a la hora de la evaluación. b) Evitar el «atracón final» que tanto altera la emotividad y la memoria.	R-32	Ejemplo de plan de trabajo de repaso.
	A-33	Realizar un cuestionario.	0-33	Conducir a una reflexión alrededor de cuestiones que favorecen el rendimiento en las pruebas de evaluación.	R-33	Cuestionario sobre hábitos de examen.
T: TUTORES	T-17	Presentación de la técnica de estudio de una lección.	0-17	• Ya citado.	R-17	• Ya citado.
	T-18	Análisis del I.H.E.	0-18	Evaluación conjunta del programa.	R-18	Guión de aspectos a analizar en el contraste del nivel inicial y el final.
F: FAMILIA						

TECNICA: —¿Cómo realizar un trabajo?—

OBJETIVO GENERAL: —El trabajo individual
—El trabajo en equipo

	COD.	ACTIVIDAD	COD.	OBJETIVO	COD.	RECURSOS
A: ALUMNOS	A-36	En función de un ejercicio práctico: 1. Explicación sobre las técnicas de recogida de datos. 2. Explicación sobre la técnica de sistematización de los datos. 3. Explicación sobre las técnicas de la elaboración escrita del trabajo. 4. Análisis de los trabajos monográficos presentados.	0-36	Orientar a los alumnos en las diversas técnicas que son necesarias para redactar trabajos monográficos.	R-36	Documentos: 1. «¿Cómo redactar un trabajo monográfico? (Pautas a seguir)
	A-37	Presentación y comentario, mediante la participación activa del alumno, del documento: «Trabajo en equipo».	0-37	Dinamización del trabajo en equipo.	R-37	Documento: «Trabajo en equipo».
T: TUTORES	T-21	Presentación de la técnica sobre la exposición en público.	0-21	• Ya citado.	R-21	• Ya citado.
	T-22	Discusión grupal del desarrollo del programa (aspectos más positivos y negativos, organización...).	0-22	Evaluación conjunta del programa.	R-22	Guión sobre la discusión y preguntas.
F: FAMILIA	F-6	Cumplimentar un cuestionario valorativo sobre el programa.	0-6	Evaluación conjunta del programa.	R-6	1. Cuestionario valorativo sobre el programa.

TECNICA: —¿Cómo exponer en público?—

OBJETIVO GENERAL: Educar, preparar a los alumnos para que sean capaces de transmitir oralmente cualquier mensaje con la mayor eficacia.

	COD.	ACTIVIDAD	COD.	OBJETIVO	COD.	RECURSOS
A: ALUMNOS	A-37	Charla explicativa sobre: 1. Aspectos materiales y estilísticos de la expresión oral. 2. Programación del mensaje oral.	0-37	Proporcionar una base teórica y una serie de consideraciones sobre aspectos importantes a tener en cuenta en la exposición oral.	R-37	Documento-guía sobre «la preparación y emisión del mensaje oral».
	A-38	Realizar una práctica.	0-38	Provocar una reflexión sobre los pasos a seguir en la programación del mensaje oral.	R-38	Ficha-guía: «Hablar en público, pensar en privado».
	A-39	Charla-coloquio sobre cómo se ha desarrollado el programa y conclusiones finales.	0-39	Evaluación conjunta del programa.	R-39	Guión de la charla valorativa.
T: TUTORES	T-22	Elaboración de un proyecto, plan o programa de implantación de las T.H.E. dentro del currículum escolar y adecuado a los diferentes niveles educativos.	0-22	Planificación, entre tutores u orientadores, de cara a la IMPLANTACION REAL de las T.H.E. dentro de los programas escolares.	R-22	Documentos de diferentes programas.
F: FAMILIA	F-6	2. Discusión a raíz de los resultados del cuestionario y la repercusión del programa sobre el rendimiento de sus hijos.			R-6	2. Guión de la discusión.

C) Sugerencias para un programa de orientación para la transición escuela/trabajo, relacionado con un curso integral de Formación Industrial Básica (FIB)*

OBJETIVOS GENERALES

a) Desarrollo de aptitudes profesionales básicas.
b) Cualificación profesional.
c) Orientación profesional y/o formativa individualizada.
d) Promoción de iniciativas individuales y colectivas.
e) Estimulación de los recursos humanos potenciales.
f) Reorganización del tiempo libre.

CONTENIDOS DEL PROGRAMA

1. Conocimiento del entorno local y comarcal.
2. Estudio de los diferentes ámbitos profesionales: sectores económicos y grupos profesionales.
3. Legislación social y laboral básica: Estatuto de los Trabajadores, Leyes de Protección por Desempleo, Medidas de Fomento al Empleo.
4. Análisis de las posibilidades del mercado de trabajo: trabajador por cuenta propia, trabajo asociado, trabajo por cuenta ajena.
5. Procesos productivos industriales: materias primas y transformación.
6. Procesos productivos artesanales: materiales, su uso y elaboración.
7. Dinámica del sector servicios: tendencias de desarrollo.
8. Alternativas socioculturales que ofrecen las instituciones a los jóvenes.
9. Dinámica de grupos:
   - confección de currículum inicial;
   - desarrollo de entrevistas de selección;
   - análisis de casos prácticos de entrevistas;
   - estudio de actitudes y comportamientos;
   - modificación de hábitos desde el punto de vista profesional,;
   - objetivos inmediatos y mediatos; medios asequibles;
   - teoría del ensayo-error; aspectos positivos del fracaso.
10. Calificación profesional:
    - inteligencia práctica;
    - razonamiento abstracto;
    - aptitudes perceptivas;
    - destreza motora:
    - intereses y actitudes.
11. Información profesional:
    - ámbitos profesionales;
    - formación reglada y/o ocupacional;
    - autoformación;
    - nuevo tratamiento del tiempo;
    - nueva redacción de currículum según aptitudes.
12. Realización de prácticas concertadas con empresas.

* Propuesto por la orientadora Teresa Cornejo y supervisado por la autora de este libro desde la Universidad de Barcelona (curso 1986-1987). Se ha usado, totalmente desarrollado, en los cursos de Formación Ocupacional del INEM.

NECESIDAD: Integrar al joven en su entorno

OBJETIVOS	DESARROLLO DEL CONTENIDO	MODOS DE TRABAJO	RECURSOS
1. Conocer el edificio donde habita	1.1. Dibujo comentado según criterio previamente expuesto por el profesor.	Individual.	1.1. Dibujo y ficha de criterios, cartulina, colores, bolígrafos, lápices, folios
2. Conocer el barrio	2.1. Plano interpretado según criterios profesionales y de servicios: Ayuntamiento, Oficinas de Empleo (INEM), Locales asociativos, Biblioteca, Empresas, Oficinas, Cine, Comercios, Mercado, Teatro, Esplais, Zonas Deportivas, etc.	Equipo. Puesta en común.	2.1. Plano del barrio.
3. Conocer la localidad	3.1. a) Recogida de Datos: Naciones, Porcentajes de población activa/parada, Nivel Socio/Económico, Panorama de la vida profesional, Procedencia de la población, Densidad, Historia de la Localidad, Principales industrias y Comercios, Problemas (carencias...) Etc.	Equipo.	3.1. a) Elaborar un dossier: *Documentación:* Ayuntamiento, INEM, Industrias,... *Material:* Mapas, libros informativos de la población, colores, fotos, pegamento, bolígrafos, cartulina, chinchetas, etc. *Encuestas:* elaborados por ellos / bajo criterio anteriormente / discutido en clase.
	b) Criticarlos o comentarlos desde el punto de vista ocupacional.	Equipo.	b) Elaborar un mural.
	c) Contraste entre esta época y otras con la intención de que sepan diferenciar los índices de desempleo, industrialización, etc.	Individual. Puesta	c) Elaborar gráficas manejando porcentajes, etc. Libros de Ciencias Sociales, adaptados al nivel al que van dirigidos (FP 1, Graduado escolar)
	d) Resumen de las características geográficas, económicas y humanas.	Individual.	d) Redacción.
	e) Comentar algún resumne.	Puesta en común.	
4. Desear y conseguir una conducta socialresponsable.	4.1. Con toda la información que posee, se motivará al grupo a que adopte una postura crítica ante los déficit o ventajas de su barrio e incitarle a incidir en las posibles mejoras que considere de interés. Pedir alternativas y comentarlas en grupo.	Individual. Puesta en Común.	
5. Adquirir un conjunto de valores y un sistema ético para guiar esta . conducta	5.1. Fomentar posturas más positivas y reflexionar acerca de su necesidad. * En estas actividades se tendrán en cuenta las diferentes dinámicas de grupo para activarlas y motivarlas.	Equipo.	
6. Reorganizar el tiempo libre	6.1. a) Aprovechando las anteriores actividades de recogida de datos, el joven poseerá unos documentos e información que de algún modo le obligarán a reflexionar, el profesor aprovechará esta situación para obtener datos de interés: • tiempo que dedica a la búsqueda de empleo. • a lectura, espectáculos, visitas a empresas u oficinas, al INEM, etc.	Individual.	b) Elaborar ficha de recogida de datos (incluyendo los que consideremos de más interés, teniendo en cuenta las características del grupo al que va dirigido).
	b) Una vez obtenidos estos datos, se expondrán en grupo y se comentarán criticando o favoreciendo los que de algún modo significativo aparezcan en el grupo.	Equipo. Puesta en común.	
7. Informarles acerca de /las diferentes alternativas socioculturales/ institucionales e intentar que utilicen con fines formativos.	7.1. a) Con la información que ya poseen de los servicios, exponer las diferentes actividades culturales que se pueden llevar a cabo y motivarles a que inicien algunas de ellas	Equipo.	Presentar diferentes proyectos de otras localidades (folletos, fotografías, noticias,...).

NECESIDAD: que los jóvenes conozcan sus aptitudes, intereses, valores y expectativas, y saber relacionarlas con los requisitos laborales.

OBJETIVOS	**DESARROLLO DEL CONTENIDO**	**MODOS DE TRABAJO**	**RECURSOS**
1. *Descubrirse a sí mismos* (aptitudes intelectuales y específicas, habilidades, limitaciones y todo lo que ello conlleva, intereses personales y profesionales), y aceptarse.	1.1. Efectuar un sondeo al grupo sobre los intereses profesionales individuales. Una vez obtenido, tratar las aptitudes requeridas, estatus de las mismas,... enfocado de tal modo que sean ellos mismos los que opinen sobre los requisitos que debe poseer una persona para ejercer	Individual.	1.1. Fotocopias, folletos, monografías, auto-biografías,libros, boletines, artículos, guías, periódicos, información financiera (becas, ayudas, créditos), materiales usa-dos en el servicio militar, etc.
2. *Ayudarle a contrastar, objetivamente, sus tendencias vocacionales con sus capacidades reales.* 3. *Descubrir por ellos mismos las causas de sus fracasos (escolares o laborales).* 4. *Conseguir una imagen realista de sí mismo que le permita planear su vida futura.* 5. *Capacitarle a la toma de decisiones.*	1.2. Se efectuará una exploración por medio de tests.	Individual.	Determinar según grupo y características.
6. *Desarrollar las aptitudes* profesionales básicas.	6.1. Habilidades y técnicas: • Razonar, propensión al aprendizaje continuo, leer, escribir, calcular, técnicas (varias), tecnologías elementales. 6.2. Habilidades personales y sociales: • Sociales, valores laborales, comunicación: hablar/ escuchar, conocer otro idioma, comunicación no verbal, símbolos, y salud y seguridad. 6.3. Conocimientos acerca de la vida laboral: • el mundo del trabajo, encontrar un trabajo, supervivencia y desarrollo en el empleo, salarios, exigencias, exámenes, contratos, derechos y deberes... 6.4. Por medio de «dinámica de grupos», ofrecer estrategias favorecedoras para la iniciación de la búsqueda de un empleo: 6.4.1. Currículum: a) Método de descubrimiento heurístico: confección de un currículum, corrección de alguno característico o significativo, confección del currículum correcto. b) Tipos de currículum, apartado, datos personales, énfasis en términos de trabajo...	Individual. Puesta en común.	Phillips 66, fotocopias de diferentes modelos de currículos y entrevistas,
	6.4.2. Entrevista: a) Proceso, tipos, desarrollo, desarrollo de entrevistas de selección... b) Análisis de casos prácticos.	Individual.	Grabaciones de entrevistas y ejemplos.

OBJETIVOS	DESARROLLO DEL CONTENIDO	MODOS DE TRABAJO	RECURSOS
	6.4.3. Actitudes y comportamientos. Exponer en grupo las actitudes que consideren de más interés para obtener mejores resultados en el mundo laboral. Comportamientos diferentes ante un mismo hecho. 6.4.4. Hábitos. Pasar algún cuestionario de hábitos (resaltando las cuestiones que más nos interesen conocer), y a partir de ahí intentar cambiar los inadecuados y reforzar los positivos. Relacionar los hábitos con el trabajo: cómo incide en la forma de vida de una persona una determinada tarea. Hacerlos conscientes de sus situaciones reales, ayudarles a superar sus expectativas, dentro de un plano realista., estudiar al grupo, qué experiencia laboral poseen, etc. Partir de la realidad para crear los objetivos. 6.4.6. Teoría del ensayo-error, aspectos positivos del fracaso. Seguiendo la actividad anterior, analizar las actividades laborales y qué aspectos positivos ha proporcionado al individuo.		
7. Motivar las iniciativas que puedan surgir.	7.1. Presentar las diferentes posibilidades del mundo del trabajo: a) Cta. propia. Ayudas, consejos estudio de mercados, estadísticas, asesoramiento, etc. b) Trabajo asociado. Cooperativas: Organización, Sociedad Coordinadora Cooperativa (España y Cataluña), Ayudas, Grupos autónomos de trabajo. c) Cta. ajena. Cómo encontrar trabajo, dónde, consejos, etc.		

NECESIDAD: De obtener orientación profesional y/o formativa individualizada (formación reglada, ocupacional y en el trabajo.

OBJETIVOS	DESARROLLO DEL CONTENIDO	MODOS DE TRABAJO	RECURSOS
1. Conocimiento de laimportancia de la elección profesional.	1.1. Repercusiones de la elección profesional: • en el empleo/desempleo; • en el éxito/fracaso; • en el disfrute/aborrecimiento; • en todos los aspectos de la vida; • cómo una sociedad democrática utilizará su mano de obra.	Equipo. Puesta en común.	1.1. Presentar biografías de personajes de diferentes ámbitos (cine, literatura, políticos...).
2. Ofrecer una información básica para acercar al jóven al mundo laboral (local/ comarcal o bien nacional o autonómico)	2.1. Puntos importantes a tratar: • primeros puestos de empleo de la juventud; • principales oportunidades de empleo contenido de las profesiones principales (recoger información, leerla, visitar empresas, hablar con profesionales...); • fuentes de información actualizada; • legislación laboral.	Equipo. Puesta en común.	2.1. Fotocopias de: Ley de Protección por Desempleo. Medidas de Fomento de Empleo. Los contratos en prácticas y para la formación vienen regulados por Real Decreto-Ley 1361/1981, 317, BOE 11/IV/1981. Ministerio de Trabajo, Compendio práctico sobre/empleo (1976). Estatuto de los trabajadores, Ley 8/1980 e 10/3/80.

NECESIDAD: Acercar a los jóvenes a los procesos productivos industriales (materias primas y fabricación) y artesanales (materiales, uso y fabricación) de forma real

OBJETIVOS	DESARROLLO DEL CONTENIDO	MODOS DE TRABAJO	RECURSOS
1. Acercarles al mundo laboral para formar una imagen real	1.1. Efectuar cursos básicos según necesidades (nivel, intereses, etc., del grupo). Estos cursos podrían combinarse con prácticas concertadas con la empresa. Ofrecer un guión a la empresa de los objetivos esperados e intentar adaptar ambas actividades (teoría práctica).	Equipo.	1.1. Vídeos, libros de divulgación de Ciencias Sociales (FP, BUP, etc.).
	1.2. Evaluar los resultados obtenidos por los alumnos.		1.2. Ficha evaluación.
	1.3. Por medio de una visita. Anteriormente se habrá elaborado para ficha de observaciones, discutida en clase bajo un criterio muy estricto para así obtener el máximo de rendimiento, donde el alumno anotará los datos requeridos. Grupos profesionales: División global de las ocupaciones (OIT), tipos de subdivisión (decimal, racimos...).	Equipo.	1.3. Visitas a industrias. Ficha elaborada para la observación
	1.4. Que sepa conseguir información ocupacional (o en general por sí mismo en las diferentes fuentes a su alcance. Con la distinta información que han recogido, elaborar una ficha que recoja los puntos más importantes de empresas, instituciones, etc., que puedan ser de interés en el futuro. (Explicar la importancia de mantener esta información actualizada: teléfonos, persona responsable (jefe personal, director, dirección...)		1.4. Opciones al terminar los distintos ciclos del sistema educativo. Ministerio de Trabajo y Seguridad Social INEM (Madrid, 1984)
2. Conocer las vías de formación laboral reglada.	2.1. Se presentará la información previa a la inserción laboral, así como las alternativas de formación existentes.		2.1. Libros: «Decide tu futuro profesional». Información de todos los estudios y carreras desde todos los niveles educativos. Tomos I y II (González, A., Linaje, E.) Dpto. Formación, Colegio Padre Mañanet.
3. Conocer las vías de formación laboral reglada.	3.1. Se presentará la información: Concepto de formación ocupacional, la formación inicial 0. relación con el empleo, las posibilidades y el plan FIP (Plan Nacional de Formación e Inserción profesional).		
4. Conocer las vías de información en el trabajo.	4.1. Se expondrá la información sobre la formación en el puesto de trabajo, en escuelas taller, en contrato de formación y la formación permanente. * En estos apartados se incidirá en la información que más interese al grupo (detalle de todos los servicios del INEM (contratos, ayudas, etc)).		

D) Modelo sugerido para planificar los servicios de orientación profesional al término de la escolaridad primaria*

Presentamos, con este modelo, la posibilidad de orientar a los alumnos que están terminando sus estudios en la escuela elemental obligatoria y que todavía no conocen a fondo las posibilidades que les depara una escolaridad posterior, ya sean los estudios de Formación Profesional, ya sean los del bachillerato o de cualquier otra enseñanza no reglada.

El modelo se centra en inducir libremente al alumno hacia una autoorientación, para que por sí mismo pueda y desee tomar la decisión que cree mejor le conviene. La toma de decisiones debe haber sido trabajada desde el ciclo inicial de la escolaridad. Y será en octavo cuando el alumno deberá transferir los conocimientos que ha adquirido sobre esta libertad de pensamiento y de acción a la toma de decisiones vocacionales.

Para organizar bien el servicio de orientación con este objetivo prioritario, se deberían tener en cuenta los factores intervinientes en el proceso de toma de decisiones. En principio, el alumno deberá estar *exhaustivamente informado* tanto profesional como académicamente, conociendo las posibilidades profesionales que la sociedad, el mundo laboral y la ley de la oferta y la demanda le ofrecen, y los requisitos y niveles de rendimiento que los estudios exigen.

En segundo lugar, debe poseer un abanico de datos sobre sus *condiciones personales y familiares* que condicionarán el rendimiento, las posibilidades de éxito o fracaso y la continuidad de los estudios y en las profesiones. Ese conocerse a sí mismo implica ser consciente de las potencialidades, así como de los impedimentos —físicos, psíquicos, mentales, familiares y aptitudinales— que le son característicos e identifican. Son los padres y el tutor escolar los responsables de informar a su pupilo de todos estos extremos, y de evaluar la importancia de los intereses personales y profesionales del mismo.

La incidencia de las *posturas de la familia.* Las presiones o la tolerancia ante la libertad de tomar la propia decisión de su hijo es pieza clave en este proceso. La familia también debe estar muy bien informada y conocer los procesos evolutivos de los adolescentes, así como sopesar fríamente las *posibilidades económicas* para soportar ciertos tipos de estudios largos y en función de las salidas profesionales en un futuro inmediato.

El *medio* en que se desarrolla la vida y la escolaridad del alumno de octavo de EGB es también muy condicionante. Hay que abrirle todas las puertas al muchacho para que pueda gozar de los beneficios y recursos que la comunidad le ofrece. Por ejemplo, *casals d'esbarjo* (casas para el ocio), clubs juveniles, centros excursionistas, utilización de la prensa diaria, emisiones radiofónicas sobre orientación profesional, colonias de verano, etc.

Todos estos componentes van tomando forma y son el sustrato de la decisión última por la cual el alumno se decantará por unos u otros estudios o por el trabajo.

Podría resumirse esta organización de principios en el cuadro de la figura 1. A continuación, y por meses, se sintetiza el proceso orientador en el que trabajan cinco sujetos (equipo orientador, tutores, alumnos, padres y directivos) con expre-

* Propuesto por la autora, María Luisa Rodríguez, Profesora de Orientación en la Universidad de Barcelona.

sión de los materiales mínimos que se precisarían. La periodicidad durante el curso es solamente orientativa, y deberá adaptarse a cada escuela, localidad o estilo de trabajo. Se señalan con doble línea las actividades de tipo grupal y con línea vertical única los de orientación individualizada o personalizada.

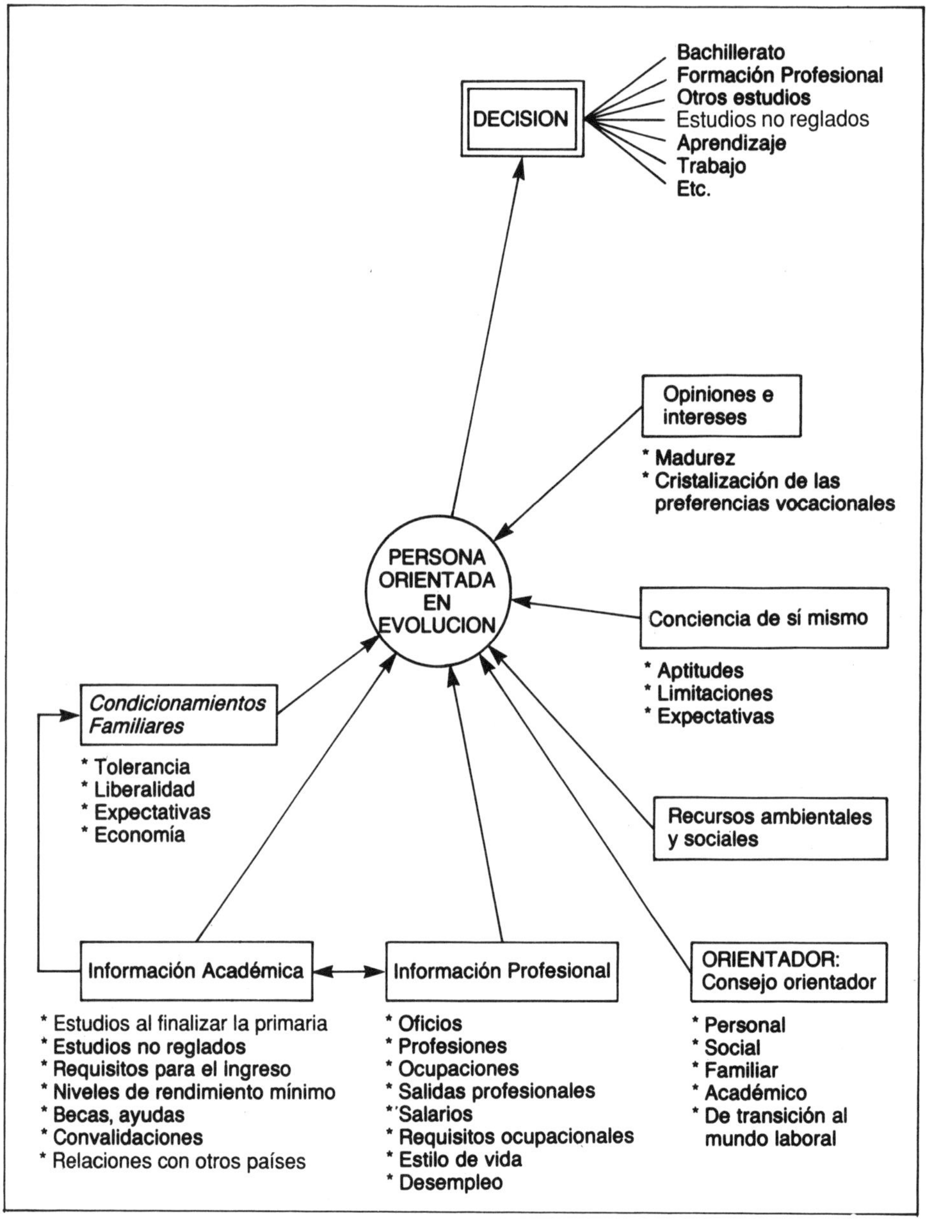

Figura 1. Proceso de ayuda orientadora al finalizar el ciclo de enseñanza primaria.

SEMANA	1.ª SEMANA						2.ª SEMANA						3.ª SEMANA						4.ª SEMANA					
DIA	**L**	**M**	**M**	**J**	**V**	**S**	**L**	**M**	**M**	**J**	**V**	**S**	**L**	**M**	**M**	**J**	**V**	**S**	**L**	**M**	**M**	**J**	**V**	**S**
EQUIPO ORIENTADOR -1-			Información al alumno de qué finalidades tiene el servicio de Orientación 1+3		Preparación de los materiales para orientar (test, cuest., reg., etc., 1)				Contacto con los tut. 1+2		Charlas a los padres 1+4				Redacción material p. orient. padres 1									
TUTORES -2-		Redacción cuestionarios de tutoría 2													Preparación para las entrevistas 2+3									
ALUMNOS -3-						Charla sobre qué es la orientación 1+3							Un día de motivación para pasar los tests 1+3					Pase de tests, inventarios, cuestionarios, etc. 1+3						
PADRES -4-											Asistencia charla con equipo Or. 1+4					Iniciación entrevistas solicitadas para los padres (casos especiales) 1+2+4								
DIRECTIVOS -5-		Presentación del curso 1+2+3+4+5																	Revisión materiales 1+5+6					
MATERIALES Y DOCUMENTACION -6-	• Batería mínima de tests estandarizados: Medida de la: inteligencia aptitudes factoriales (verbales, numéricos, espaciales) de personalidad de intereses de adaptación y ajuste de concepto de sí mismo de hábitos de estudio • Cuestionarios previos a la tutoría • Guía para la presentación del curso																							

MES NOVIEMBRE

SEMANA	1.ª SEMANA						2.ª SEMANA						3.ª SEMANA						4.ª SEMANA					
DIA	L	M	M	J	V	S	L	M	M	J	V	S	L	M	M	J	V	S	L	M	M	J	V	S
EQUIPO ORIENTADOR -1-			Visita a un centro industrial 1+3+5					Corrección de las baterías de tests y de los inventarios 1									Discusión de casos especiales con los tutores, sobre los alumnos problemas 1+2							
TUTORES -2-	Inicio de las tutorías sobre información profesional 2+3																Discusión de casos especiales para centrar los problemas del alumno 2+1					Infor. Profesional 2+3		
ALUMNOS -3-	Infor. Profesion.		Visita a un centro industrial 3+1																					
PADRES -4-			Entrevistas casos especiales 1+4													Entrevistas casos especiales 1+4								
DIRECTIVOS -5-			Vis. a centro 1+3+5										Consulting 1+5											
MATERIALES Y DOCUMENTACION -6-	• Guías de Información profesional: Folletos, librillos, monografías, guías del INEM (Instituto Nacional de Empleo; de la Caja de Ahorros, del Instituto Municipal de Educación, del MEC (Ministerio de Educación y Ciencia). • Guías de orientación profesional y académica editadas para los alumnos de Bachillerato por la Direcció General d'Ensenyament Mitjà de la Generalitat de Catalunya: «Orientaciones para el alumno de Bachillerato» y «Conocimiento del mundo profesional» (bilingüe). • Esquemas y organigrama de la educación en España.																							

SEMANA	1.ª SEMANA						2.ª SEMANA						3.ª SEMANA						4.ª SEMANA					
DIA	L	M	M	J	V	S	L	M	M	J	V	S	L	M	M	J	V	S	L	M	M	J	V	S
EQUIPO ORIENTADOR -1-		Estudio e interpretación de los datos arrojados por las baterías psicopedagógicas 1																						
TUTORES -2-	Estudio casos esp. y con problemas 1+2								Información profesional 2+3															
ALUMNOS -3-		Asistencia al centro de recursos vocacionales 3							Información profesional															
PADRES -4-			Entrevistas casos 1+4						Entrevistas casos 1+4															
DIRECTIVOS -5-	Contactos con centros educativos y profesionales para realizar nuevas visitas																							
MATERIALES Y DOCUMENTACION -6-	• Datos obtenidos por los tests • Documentación sobre psicometría. Bibliografía • Guías para el proceso de orientación por medio de la entrevista • Guías de información profesional • Emisiones de Catalunya Ràdio (FM 106.8 Mhz) Orientacion Profesional para escolares • Libros (veáse anexo a este Modelo para guías e instituciones)																							

MES ENERO

SEMANA	1.ª SEMANA						2.ª SEMANA						3.ª SEMANA						4.ª SEMANA					
DIA	L	M	M	J	V	S	L	M	M	J	V	S	L	M	M	J	V	S	L	M	M	J	V	S
EQUIPO ORIENTADOR -1-								Iniciación registro acumulativo 1+2+3						Iniciación técnicas de observación del alumnado 1+2+4										
TUTORES -2-			Infor. sobre la labor de tutor 2+4								Colaboración registro acumulativo 1+2+3			Colaboración observación del alumnado 1+2+4								Inicio tutorias individuales 2+3		
ALUMNOS -3-				Infor. Académica 2+3												Infor. Académica 2+3						Visita a un centro industrial		
PADRES -4-			Entrevistas casos 1+4							Colaboración registro acumulativo 1+2+3					Entrevista casos 1+4	Colaboración observación de los hijos 1+2+4								
DIRECTIVOS -5-	• Recogida de datos sobre la Información Académica • Contactos con instituciones educativas																							
MATERIALES Y DOCUMENTACION -6-	• Guión para criticar y preparar la visita a un centro • Guías sobre alternativas de estudios al finalizar la enseñanza primaria • Modelos de registros acumulativos • Modelos de técnicas de observación: Registros anecdóticos fichas y escalas de observación cuestionarios no estandarizados * (Véase el modelo n.º 2 de esta Guía)																							

SEMANA	1.ª SEMANA						2.ª SEMANA						3.ª SEMANA						4.ª SEMANA					
DIA	**L**	**M**	**M**	**J**	**V**	**S**	**L**	**M**	**M**	**J**	**V**	**S**	**L**	**M**	**M**	**J**	**V**	**S**	**L**	**M**	**M**	**J**	**V**	**S**
EQUIPO ORIENTADOR -1-		Elaboración del diagnóstico de cada alumno a lo largo del mes 1																						
TUTORES -2-				Infor. académica 2+3							Tutor. individuales 2+3					Infor. académica 2+3							Tutor. Individuales 2+3	
ALUMNOS -3-				Infor. académica		Trabajos individuales sobre lo que se ha aprendido. Elección y estudio de alternativas 3+2+1+4										Infor. académica		Trabajos individuales sobre lo que se ha aprendido. Estudio de alternativas 3+2+1+4						
PADRES -4-			Entrevistas casos 1+4												Entrevistas casos 1+4					Conferencia sobre las características del adolescente y sus problemas 4+5				
DIRECTIVOS -5-	Contactos con ex alumnos que estén en la actualidad trabajando, para organizar conferencias profesionales.																			Conferencia sobre la adolescencia 4+5				
MATERIALES Y DOCUMENTACION -6-	• Pautas y circulares para las convocatorias a las reuniones. • Documentos sobre titulaciones académicas, convalidaciones, salidas profesionales, cursos de adaptación, becas y ayudas, planes de estudio. • Bibliografía sobre la clasificación de las ocupaciones. • Directorios de centros escolares, públicos y privados, de enseñanza media y formación profesional y otros estudios; sobre oposiciones de grado medio, etc. • Todo lo necesario para organizar un centro de recursos mínimo.																							

MES MARZO

SEMANA	1.ª SEMANA						2.ª SEMANA						3.ª SEMANA						4.ª SEMANA					
DIA	L	M	M	J	V	S	L	M	M	J	V	S	L	M	M	J	V	S	L	M	M	J	V	S
EQUIPO ORIENTADOR -1-		Coordinación con tutores para el estudio de los diagnósticos personales 1+2															Estudio específico con tumores de casos (se añade la información de los padres) 1+2							
TUTORES -2-		Coordinación con equipo orientador para el estudio de los diagnósticos personales 1+2															Estudio específico con equipo orientador de casos (se añade la información de los padres) 1+2							
ALUMNOS -3-			Entrev. diagnósticas 1+3						Entrev. diagnósticas 1+3					Entrev. diagnósticas 1+3							Entrev. diagnósticas 1+3	Visita a centro de F.P.		
PADRES -4-																								
DIRECTIVOS -5-	*Consulting* con el Equipo orientador a lo largo de todo el mes																							
MATERIALES Y DOCUMENTACION -6-	• Redacción de las conclusiones de los diagnósticos • Redacción de las conclusiones y orientación propuesta a los casos específicos • Guiones para las entrevistas diagnósticas																							

SEMANA	1.ª SEMANA						2.ª SEMANA						3.ª SEMANA						4.ª SEMANA					
DIA	L	M	M	J	V	S	L	M	M	J	V	S	L	M	M	J	V	S	L	M	M	J	V	S
EQUIPO ORIENTADOR -1-			En-trev. diag-nós-ticas 1+3						En-trev. so-bre toma de deci-sio-nes 1+3						En-tre. so-bre toma de deci-sio-nes 1+3						En-trev. so-bre toma de deci-sio-nes 1+3			
TUTORES -2-	Deberán atender las demandas de los padres y los alumnos a lo largo de todo el mes, en un día fijo de la semana 2+4																							
ALUMNOS -3-	Entrevistas personales con el orientador a lo largo de todo el mes 1+3																							
PADRES -4-	Los padres, a la luz de los resultados de las entrevistas diagnósticas y de toma de decisiones, podrán solicitar una entrevista de consejo con los tutores u orientadores 4+1+2																							
DIRECTIVOS -5-	Conexión padres para que asistan a la conferencia sobre Información Profesional 4+5																							
MATERIALES Y DOCUMENTACION -6-	• Dossiers del alumno • Cuestionarios respondidos por los padres • Opiniones de los tutores (escalas de observación, registros anedóticos, etc.)																							

MES MAYO

SEMANA	1.ª SEMANA	2.ª SEMANA	3.ª SEMANA	4.ª SEMANA
DIA	L M M J V S	L M M J V S	L M M J V S	L M M J V S
EQUIPO ORIENTADOR -1-	Idénticas actividades que el mes anterior	1+3	Inicio de la evaluación del programa de orientación 1+2 (M–J); Sesiones de orientación y consejo grupal (from V)	1+3
TUTORES -2-	Idénticas actividades que el mes anterior	2+4	Inicio de la evaluación del programa de orientación 2+1 (M–J)	
ALUMNOS -3-	Entrevistas con tutores y orientadores	1+3	Sesiones de orientación y consejo grupal (from V)	3+1
PADRES -4-				
DIRECTIVOS -5-			Inicio de la eval. del prog. de Orientación 1+2+5 (M–J)	Claus. prog. Or. 1+2+3+4+5 (S)
MATERIALES Y DOCUMENTACION -6-	• Perfil para la evaluación del programa orientador			

Referencias y bibliografía

1. Bibliografía sobre la organización de los programas de orientación vocacional

ALVAREZ, M. (Coord), *Orientació d'estudis i vocacional a l'EGB*, ICE-UB, Barcelona, 1989.
CLEATON, D.R., y FOSTER, R.J., *Practical Aspects of Guidance 2.* The Organisation of School Guidance Work, Career Consultants, Richmond, 1982.
ENGELKES, J.R. y VANDERGOOT, D., *Introduction to Counseling*, Houghton Mifflin, Boston, 1982.
GIBSON, R.L. y MITCHELL, M.H., *Introduction to Guidance*, McMillan, Nueva York, 1981.
GIBSON, R.L. *et al.*, *Development and Management of Counseling. Programs and Guidance Services*, McMillan, Nueva York, 1983.
HERR, E.L. y PINSON, N.M. (Eds.), *Foundations for Policy in Guidance and Counseling*, American Personel and Guidance Association, 1982.
LEONARD, G.E., *Developmental Career Guidance in Action*, Wayne State University, Michigan, 1965.
MITCHELL, A.M. y SAUM, J.A. (Eds.), *A Master Plan for Pupil Services*, Personnel and Guidance Association, California, 1972.
MYERS, G.E., *Principles and Tecniques of Vocational Guidance*, McGraw-Hill Book Co., Nueva York, 1941.
RODRIGUEZ, M.L. y GIL, N., *Modelos de intervención en orientación educativa y vocacional. Organización de los Servicios y Recursos*, PPU, Barcelona, 1986.
SMITH, H.M. y ECKERSON, L.O., *Guidance Services in Elementary Schools*, Office of Education, Washington, D.C., 1965.
SULLIVAN, H.J. (Ed.), *Accountability in Pupil Personnel Services: A Process Guide for the Development of Objectives*, Personnel and Guidance Association, California, 1971.
UNESCO, *Studies in Technical and Vocational Education*, 1985, 11. Monográfico: *The Organisation of Educational and Vocational Guidance Services*.

2. Bibliografía para el programa de hábitos y técnicas de estudio

ALBERICIO, J.J. y VIGUES, M., *Metodología del trabajo escolar. Un sistema práctico para los alumnos del ciclo superior de E.G.B.*, Ediciones Prensa Escolar, Monográfico N.° 1, Boletín Cyq, Barcelona, 1981.
ALVAREZ VILLAR, J., *Lecciones de Psicología del aprendizaje para educadores*, Miñón, Valladolid, 1976.
BRUNET GUTIERREZ, J.J., *Cómo programar las Técnicas de estudio en E.G.B.*, Ediciones San Pío X, Madrid, 1983, y *Tutoría con adolescentes*, San Pío X, Madrid, 1989.
CARMAN, Robert A. y ROYCE ADAMS, W., *Habilidad para estudiar. Guía práctica para mejorar el rendimiento escolar*, Limusa, México, 1982.
COLL, R.-VICENT, *Introducción a la Metodología del estudio*, Mitre, Barcelona, 1984.
DE LA TORRE TOMAS, M.C., *Técnicas de estudio*, Anaya, Madrid, 1983.
DEPARTAMENT D'ENSENYAMENT, *Mòduls de tècniques d'estudi: Qüestions generals. La Lectura*, Generalitat de Catalunya, Barcelona, 1986.
IBAÑEZ BENET, R. y LOPEZ ANDRADA, B., *Eficacia en el estudio*, Anaya, Madrid, 1983.
JUAREZ E., y ECHEGARAY, M., *Estudio dirigido. Técnicas del trabajo intelectual*, Kapelusz, Buenos Aires, 1975.
LAFOURCADE, P., *Evaluación de los aprendizajes*, Cincel, S.A., Madrid, 1979.
MADDOX, H., *Cómo estudiar*, Oikos-Tau, Barcelona, 1979.
MAGER, Robert F., *Desarrollo de actitudes hacia la enseñanza*, Martínez Roca, S.A., Barcelona, 1985.
MINISTERIO DE EDUCACION Y CIENCIA, *Elaboración de instrumentos para la evaluación de aspectos básicos del rendimiento escolar en 8.° curso de EGB*, Servicio de Publicaciones del MEC, Madrid, 1981.
MUÑOZ ORTEGA, G. y CUENCA ESTEBAN, F., *Técnicas de trabajo intelectual (EGB, BUP, FP)*, Editorial Escuela Española, S.A., Colección Práctica Educativa, Madrid, 1982.
OBIOLS, A.G., *Cómo estudiar. Metodología de aprendizaje*, Plus Ultra, Biblioteca Pedagógica, Buenos Aires, 1980.
PASCUAL MARTIN, J., *Aprendo a estudiar*, Pascal, S.A., Madrid, 1983.

RIART i VENDRELL, J., *Las técnicas del tiempo de estudio personal (Guía de estudio para estudiantes de 13 a 16 años)*, Oikos-Tau, Barcelona, 1984.
RODRIGUEZ, M.ª L., *Teorías y proceso de la orientación*, PPU, Cooperativa Sant Jordi, Universidad de Barcelona, 1986.
ROTGER AMENGUAL, B., *Las técnicas de estudio en los programas escolares*, Cincel-Kapelusz, Madrid, 1981.
UBIETO ARTETA, A., *Técnicas básicas para el estudio*, Instituto de Ciencias de la Educación, Zaragoza, 1981.
WOLFGANG, REIDMANN, *Casos y ejercicios sobre Técnicas de Trabajo Individual*, Ediciones Deusto, S.A., Bilbao, 1982.

12
La evaluación de los programas de orientación

Concepto y evolución de la evaluación de programas

Hoy día coexisten distintas teorizaciones sobre el concepto de evaluación de programas, aunque los años sesenta fueron el punto de inflexión entre la denominada evaluación tradicional y nueva metodología evaluadora. Según cita Colás (1993), definiciones integradoras podrían ser las de Mateo (1991) y Talmage (1982). Mateo define: «Por evaluación de programas se entiende el proceso contextualizado de aplicar procedimientos científicos para recoger, analizar e interpretar información válida y fiable que conduzca a la evaluación de dichos procesos y se oriente a la toma de decisiones»; Talmage aserta: «El objeto de la evaluación es emitir un juicio sobre la bondad de un programa para ayudar a una toma de decisión y servir a una función política». Sean cuales fuesen los componentes clave de la evaluación de programas, el metodológico y el conceptual-teorético, siempre deberán interpretarse de un modo muy abierto para evitar soluciones y resultados restrictivos.

La evaluación es necesaria si se desean mejorar los programas de intervención. Para ello es obligado revisar periódicamente desde una perspectiva crítica el funcionamiento de un programa o de un servicio. La mejora de la actuación pedagógica u orientadora avanzará cuando se planteen preguntas como «¿Dónde estamos?» «¿Qué hemos hecho hasta ahora?» «¿A dónde queremos llegar?» Evaluando se podrá, asimismo, enfrentar el equipo de trabajo o la plantilla de orientadores a las presiones externas ejercidas ya sea por personas ya sea por organizaciones e instituciones que, progresivamente, descentran el objetivo o la meta inicial de los planificadores.

La evaluación de programas se usa también para tomar decisiones acerca de la estructura de un programa o de la incidencia que tiene sobre la sociedad. Desde si están cumplimentando los objetivos que se propusieron hasta si los orientadores están desempeñando realmente las funciones que se les atribuyeron. También al evaluar se están examinando cuáles son las verdaderas necesidades de los estudiantes y cuáles son aquellas que a lo largo de la intervención no se han satisfecho. Los datos resultantes (retroalimentación) indicarán cómo modificar y optimizar la labor del programa orientador, diseñando de nuevo las responsabilidades de todos los actores y midiendo los éxitos y los fracasos de las intervenciones (Gibson y Mitchell, 1981).

A pesar de la estricta necesidad de evaluar, las nuevas metodologías que definen la evaluación de programas de los años noventa se están desarrollando aún muy precariamente, ya que es difícil cambiar la práctica y salirse de los planteamientos tradicionales arraigados (Amorós, 1993, p. 51). La escasez de programas evaluadores vendría dada por dos razones principales: 1) Porque hay muchos planteamientos interventivos que carecen de objetivos concretos o están oscuramente definidos; y 2) Porque algunos orientadores consideran la evaluación como algo amenazador y que puede atacar su competencia y su reputación (Burck y Peterson, 1975).

Tradicionalmente, la evaluación trata de estimar el funcionamiento de un programa centrándose en la evaluación del progreso hacia los objetivos previamente definidos, casi siempre contando con la comparación con ciertos criterios preestablecidos. Ciertas evaluaciones tendrían una calificación de internas —cuando están insertadas en el mismo programa— y externas —cuando dependen de agencias, asociaciones, programas externos comparando los resultados con los de otros programas aceptables en ese mismo ámbito educativo.

Un enfoque práctico sería el de D.L. Stufflebeam (1971), que considera la evaluación como un proceso que provee de información a aquellas personas que van a tomar decisiones. En su aportación (CIPP = contexto, *input*, proceso, producto), afirma que la evaluación es el proceso a lo largo del cual se diseña, se obtiene y se provee de información útil y de datos objetivos que ayuden a los que van a decidir para que estén en condiciones de ver el valor relativo y juzgar las alternativas que les van a servir para tomar dichas decisiones. Sugiere varios puntos clave:

1) La evaluación se organiza en función de la toma de decisiones, por lo que la información que se busque ha de ser útil para ello.
2) La evaluación es un proceso cíclico y continuo, y debe ser puesta en marcha mediante una programación sistemática.
3) El proceso de evaluación incluye tres pasos que son su base metodológica: diseño, obtención de datos y ofrecimiento de éstos. Diseñar y proveer de datos son actividades complementarias y requieren la colaboración mutua entre evaluador y persona que decide.

Wellman (1970) afirma que el último objetivo de la evaluación es proporcionar aquellas clases de información precisas para predecir la probabilidad de que se dé un objetivo concreto cuando un proceso específico de orientación se use en una situación particular con un determinado tipo de estudiante. Zaccaria (1969) identifica varios tipos comunes de evaluación de los servicios de orientación:

1) Por *criterios externos*, el programa se evalúa en términos de su práctica global. Se admite que si el programa contiene prácticas adecuadas es un programa aceptable. 2) Por *seguimiento*, los orientados son evaluados a través de varios criterios una vez han abandonado sus estudios. Se asume que un buen programa orientador tendrá resultados beneficiosos sobre el estudiante en lo que repecta a su éxito, su satisfacción, su adaptación, etc. 3) Según la *opinión del cliente*, por la cual se pregunta a los estudiantes que evalúen los servicios que han recibido del programa de orientación. Se admite que la orientación eficaz quedará reflejada en la satisfacción del cliente por la orientación recibida. 4) La *opinión de los expertos* y especialistas que evalúan el programa de orientación en términos de un examen de las facilidades del programa. 5) Si se utiliza la evaluación según el sistema de las

técnicas específicas, se asume que el programa puede ser mejor evaluador si la investigación de su eficacia se centra en las prácticas y los resultados. 6) Estimando los *cambios dentro del grupo,* es decir, procediendo a la investigación clásica de comparación con un grupo control y otro que ha sido intervenido.

Desde una perspectiva sistemática, de lo que se trata es de buscar una relación entre el proceso de orientación (*input*) y las realizaciones conductuales del orientado (*output*). Para poder determinar la fuerza de tal relación se deben considerar ciertos aspectos en el modelo sistemático:

a) *Necesidades:* Los diferentes estadios de desarrollo por los que pasan los orientados, determinan sus necesidades en los distintos niveles evolutivos y, por lo tanto, las metas de orientación.

b) *Objetivos:* Que surgen de las necesidades del orientado, deben estar planteados en términos globalizadores y de conducta.

c) *Proceso:* O tratamiento que se refiere a las actividades concretas puestas en funcionamiento para alcanzar los objetivos.

d) *Variables referidas al orientado:* Lo que indica la necesidad de usar frecuentemente cortes cruzados (transversales) para determinar los efectos diferenciales del proceso sobre los grupos orientados a causa de su sexo, nivel socioeconómico, cultura, aptitudes, intereses, etc.

e) *Variables referidas a la situación concreta:* Los procesos orientadores pueden tener diferentes efectos si se organizan sobre diferentes situaciones. Lo que funciona en una escuela puede no funcionar en otra; todo está en función del contexto (escuela rural o urbana, primaria o secundaria, técnica o humanista, etc.).

f) *Variables referidas al producto:* Definidas por objetivos conductuales específicos, que presentan, en la mayoría de los casos, metas a corto, medio y largo plazo.

g) *Retroalimentación:* Que exige una evaluación continua, que permita la reestructuración o redefinición de las actividades orientadoras a medida que se estima su impropiedad o ineficacia.

Principios fundamentales y funciones de la evaluación

Considerando la evaluación como el proceso de estimar el valor o la eficacia de un programa o una actividad, se estimula la validez de una sistemática evaluadora al considerar previamente estos condicionamientos:

1. Hay que reconocer, desde el principio, cuáles son las metas y objetivos del programa de orientación.
2. Hay que establecer los criterios válidos de medida, concretos y no vagos o ambiguamente constituidos.
3. Hay que ver si esos criterios se han aplicado válidamente ya sea por profesionales competentes en técnicas de medida y evaluación, ya sea por profesionales que conozcan a fondo los programas escolares de orientación más usuales.
4. La evaluación debe comprometer a todas las personas que se consideran partícipes del programa o están afectadas por él (plantillas de orientadores, miembros del organigrama general, directivos, comunidad, entidades que ofrecen su soporte, etc.).

5) Requiere seguimiento y procesos de retroalimentación.
6) Es más afectiva si se planifica dentro de un proceso continuo, con planes específicos y con responsabilidades asignadas y asumidas.
7) La evaluación debe centrarse y dar importancia a lo positivo.

Los *principios básicos* de la evaluación se resumen en unas reglas ciertamente simples sin demasiada complicación, pero que han de ser respetadas estrictamente. Por un lado, los objetivos de un programa de orientación han de estar claramente definidos y en esa definición converger la opinión y el acuerdo de administradores, directivos, orientadores, familias y alumnos. Todo el mundo debe estar de acuerdo en qué se espera y qué no se espera de la orientación. Una vez definidos los objetivos, se han de seleccionar criterios válidos de medida de la consecución de esos objetivos, si puede ser, ordenados por su importancia. Finalmente, la evaluación ha de ir, como una lanzadera, de atrás adelante, pasando de la evaluación a la mejora y a la transformación de sus estructuras. Es lo que Bartolomé (1993) denomina comprensión y transformación cuando habla de investigación cualitativa. Los informes finales de las evaluaciones deben estar al alcance de todos los actores de la orientación y deben acentuar tanto los puntos positivos como los negativos, sugiriendo cambios en el mismo proceso evaluador (metaevaluación).

Las *funciones* de la evaluación de programas pueden considerarse desde dos perspectivas distintas:

a) *Desde el punto de vista externo*, en función de los planes y objetivos políticos e institucionales, evaluar serviría para:

1) Conseguir datos empíricos e información sobre las características del programa; 2) Arrojar datos que expliquen los efectos globales del programa, es decir, proporcionar una evaluación sumativa; 3) Con el estudio reflexivo de los resultados, planificar y decidir nuevas políticas de intervención que faciliten la innovación, la diseminación y la información a los usuarios; 4) Auxiliar en la toma de decisiones sobre disponibilidad de recursos y racionalización de medios; y, 5) Poner sobre el tapete el análisis de los costos para de ahí deducir la rentabilidad económica del programa.

b) *Desde el punto de vista interno,* la evaluación permitirá:

1) Comprobar si el programa logra cumplir sus objetivos para variarlos o no; 2) Proveer de información rigurosa sobre la marcha del programa y sobre la necesidad de readaptaciones; 3) Analizar comprensivamente el programa, para ver si es efectivo, qué posibilidades y limitaciones tiene y cómo reaccionar ante determinadas situaciones.

Modelos sugeridos para la evaluación de los programas de orientación

Rebollo (1993) resume muy ordenadamente los modelos y tipos de evaluación de programas. Nos dice que, desde los años veinte, en que evaluar es una actividad intencionada y estructurada, hasta los cuarenta rige el concepto de evaluación del rendimiento escolar. De los cuarenta a los setenta predomina la evaluación como investigación empírica positivista que usa técnicas estandarizadas para recoger y analizar los datos. A partir de los años setenta se introduce el paradigma cualitativo y, por tanto, se implica a los participantes en las investigaciones en la evaluación de sus actuaciones. De alguna manera, hoy contamos con los siguientes modelos: a) Los modelos objetivistas, que incluyen: la evaluación basada en objetivos de R.W. Tyler, la planificación evaluativa de L.J. Cronbach y el modelo CIPP de D. Stufflebeam. Entre los modelos subjetivistas se identifican: la evaluación respondiente de R.E. Stake, la evaluación iluminativa de M. Parlett y D. Hamilton, y la evaluación democrática de B. McDonald; también algunos colegas españoles (Colás, Martínez y otros) ofrecen el modelo crítico de evaluación, identificándolo como «un proceso de recogida de información que fomenta la reflexión crítica de los procesos y conduce a la toma de decisiones pertinentes en cada situación específica». El orientador R. Sanz describe exhaustivamente los modelos más significativos en una obra de gran impacto en España y muy útil para el orientador que trabaja en la organización de los departamentos de orientación en secundaria y en formación profesional (Sanz, 1990).

M. Harry Daniels, en un sintético y clarificador artículo, describe comparativamente varios sistemas, clases o modelos de estimación del producto orientador. Siguiendo las aportaciones de E.R. House, ya publicadas en 1978, la naturaleza de las dimensiones críticas pueden clasificarse en cinco apartados: 1) principal población evaluadora; 2) asunciones consensuadas sobre las que la evaluación debería basarse; 3) metodología empleada para reseguir la evaluación; 4) objetivo central de la evaluación; y 5) preguntas que el mecanismo evaluador se propone resolver o contestar. De ahí, sugiere al lector del cuadro sinoptizador de la taxonomía de House en la página 298, figura 1.

La selección de una metodología apropiada descansa en el planteamiento de los siguientes presupuestos (siempre según Daniels, figura 2):

1. Propósito u objetivo de la evaluación.
2. Preguntas que el evaluador intentará responder.
3. Qué principios fundamenta el orientador.
4. A quién se responsabiliza del proceso evaluador.
5. Cuál o cuáles son los mejores métodos para obtener respuestas a las preguntas planteadas.
6. Si el orientador/evaluador tiene capacidad técnica para llevar a cabo la evaluación.

A partir de ahí sugiere un metamodelo que puede servir como instrumeno para comparar y evaluar la efectividad y utilidad de diferentes modelos (Fig. 1). En este esquema del modelo se comprueba que la selección de una evaluación apropiada precisa la consideración de la aplicabilidad (por ejemplo, estudiar sus restricciones internas) y la utilidad (por ejemplo, restricciones externas) de las alternativas disponibles. Después, que un evaluador decide evaluar un programa (1), debe tomar una decisión sobre el método apropiado de evaluación (2). Al tomar esa decisión, el evaluador debería considerar ambas restricciones (3) y (4) que afectarían la evaluación del problema y las respuestas a preguntas altamente relevantes (3a, 3b, 3c, 4a, 4b, 4c, etc.). Basándose en las respuestas a dichas preguntas, el evaluador sería capaz de seleccionar el modelo de evaluación más apropiado para las circunstancias específicas (5). Los últimos escalones comprenden la puesta en marcha del modelo (6) y las modificaciones programáticas basadas en la evaluación (7), que podrían requerir otra decisión de evaluar el programa (1).

Figura 1. Taxonomía de los modelos de evaluación más significativos, según E.R. House

CLASES DE MODELOS	AUDIENCIAS PRINCIPALES	OBJETIVOS GENERALES	ASUNCIONES CONSENSUADAS	METODOLOGIA	PREGUNTAS TIPICAS
Análisis de sistemas	Economistas, directivos	Eficacia del programa	Objetivos, causas y efectos, variables cuantificadas	Análisis de costos	¿Se han alcanzado los efectos esperados?
Objetivos conductistas	Directivos, psicólogos	Productividad Accountability	Objetivos preespecificados, variables cuantificadas	Objetivos conductuales; tests de logros	Los estudiantes han logrado los objetivos? El profesor ha trabajado e intervenido?
Toma de decisiones	Administradores	Eficacia, control de calidad	Objetivos generales; evaluación de criterios	Informes, cuestionarios, entrevistas	El programa ¿es efectivo? ¿Qué partes son eficaces?
Objetivo libre	Consumidores	Elección del usuario, utilidad social	Consecuencias, criterios de evaluación	Análisis lógico, control de las desviaciones	¿Cuáles son todos los efectos del programa?
Acreditación	Colegas profesionales	Aceptación profesional	Panel de pares, procedimientos y criterios para la evaluación	Autocrítica, panel	¿Cómo calificarían los colegas de la misma profesión ese modelo?
Crítica convencional	Conocedores, usuarios	Niveles alcanzados	Críticas, niveles de crítica	Revisión crítica	Un crítico, ¿aprobaría este programa?
Adversario	Jurado, público	Resolución	Procedimientos, jueces	Procedimientos cuasi legales	¿Cuáles son los argumentos a favor y en contra de este Programa?
Transacción	Clientes practicantes	Comprensión	Negociaciones Actividades	Estudio de casos, entrevistas, observaciones	¿Qué parece este programa cuando es examinado por diferentes personas?

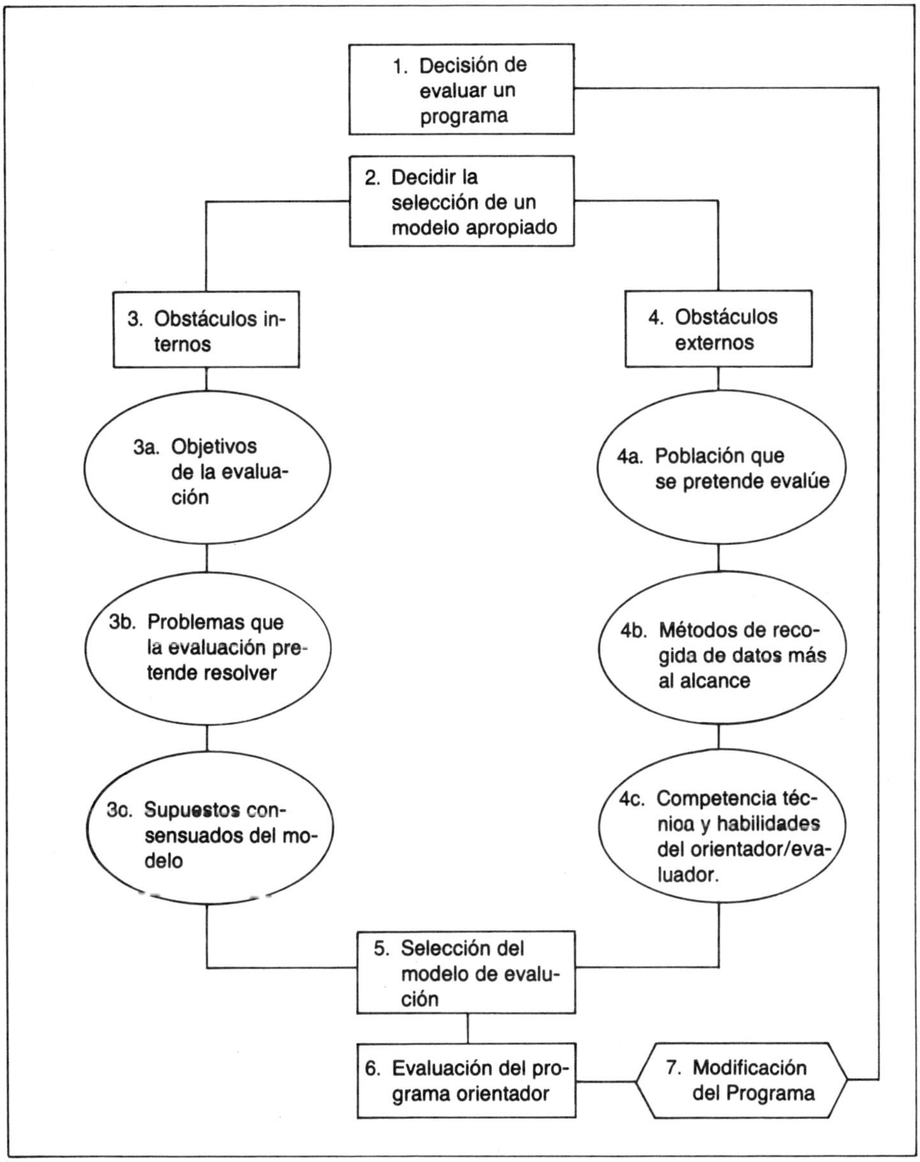

Figura 2. Metamodelo sugerido por M.H. Daniels y otros para la evaluación de programas.

El desarrollo de un diseño evaluador

Evaluar sería, según D.J. Trantow (1970), «un esfuerzo por determinar qué cambios ocurren como resultado de un diseño planificado comparando los cambios actuales (resultados) con los cambios deseados (objetivos planificados) e identificando el grado en que la actividad es responsable de esos cambios».

Aquí, el término clave es planificar. Sin planificación previa no hay evaluación. Lo mismo si no se han diseñado unos objetivos claros. Existen una serie de evidencias que nos dirán si los objetivos se han alcanzado o hasta qué punto se están alcanzando:

— *Valoraciones* de la ejecución de los alumnos por parte de los profesores, padres, orientadores o empresarios.
— *Juicios* de personas expertas sobre si los objetivos del programa se han alcanzado.
— Estudios de seguimiento de cómo los estudiantes y/o clientes pueden ser capaces de planificar, tomar decisiones, hacer estimaciones de sí mismos acertadamente, etc., después de haber sido expuestos a un programa de orientación.
— *Escalas de actitud* del estudiante o del cliente acerca de ellos mismos o de las actividades de exploración del mundo laboral o profesional.
— *Fichas* explicativas de las reacciones de la plantilla escolar ante los cambios de conducta del alumno a lo largo de la aplicación de un programa de orientación.
—*Opiniones* del orientado de cómo su conducta ha sido modificada o mejorada como resultado de su aplicación del programa de orientación.
— *Cambios* en la conducta social, escolar, etc., y otros índices relacionados con los objetivos de la orientación.
— *Puntuaciones* de tests estandarizados de orientación vocacional (madurez vocacional, desarrollo profesional, madurez cognitivo-vocacional, madurez para la planificación profesional, etc.).

Según Herr y Cramer (1979), un sistema de evaluación tendría que tener en cuenta:

a) Si el programa, como conjunto y globalmente considerado, está consiguiendo sus objetivos, es decir si se tienen datos de los logros del estudiante *antes* de instalarse un programa de orientación y se cuenta con datos similares *después* de haber vivido ese programa (evaluación sumativa).
b) Si los procesos y actividades individuales diseñados para conseguir los objetivos específicos se están llevando a la práctica tan o más eficazmente que otros procesos o actividades posibles (evaluación formativa o procesual). Si se buscan respuestas sobre si los objetivos individuales se lograron efectivamente mediante las técnicas con ellos relacionadas, si ciertas actuaciones concretas son más eficaces con unos subgrupos que con otros o qué actividades o técnicas del programa son más eficaces, para qué propósitos y con qué grupos. Dichos autores proponen una secuencia lógica fundamentante de una sistemática evaluadora:

1. Identificar claramente las metas y definir los objetivos.
2. Escoger los criterios evaluadores.
3. Establecer niveles de ejecución o estándares.
4. Especificar los elementos del programa y sus límites.
5. Diseñar el tipo de evaluación que se usará, quién está comprometido en ella, cuál será el muestreo y cuál el calendario de evaluación.
6. Recogida de datos.
7. Análisis de los datos.
8. Interpretación de los datos.
9. Informes y datos inteligibles para los interesados.

Para K. Keen y N. Stewart (1989), el proceso que se sigue en el desarrollo de un programa es el que se usa en el proceso evaluador. En resumen:

1. Una *estimación de las necesidades*, que permitirá establecer metas y objetivos claros y razonables, y que después pueden ser evaluados. Este análisis puede obtenerse por inventarios, encuestas y análisis de fichas de opinión.
2. Diseño, revisión y mejora del programa en sí mismo. Esto comporta el establecimiento de un plan para evaluarlo que mida y detecte el proceso de la orientación hacia la consecución de sus objetivos.
3. Especificación de los datos que deberán ser recogidos, cómo se recogerán, quién los recogerá.
4. El plan deberá señalar cómo utilizar los resultados de la evaluación .

La metodología más frecuente en evaluación inicial, formativa y evaluativa es harto conocida. En síntesis citaremos: los enfoques experimental y de estudio de casos, la opinión de expertos, las técnicas de autoevaluación y de observación, la entrevista, los análisis documental, de costos y los estudios de seguimiento.

Ejemplo de los apartados que debe tener una rejilla de recogida de datos para la evaluación de programas*

- Matrícula por cursos.
- Plantilla de orientadores, incluyendo cualificaciones, tiempo que se asigna a la orientación, n.º de alumnos por orientador.
- Presupuesto para orientación, consejo y tests.
- Equipamiento físico para la orientación, el consejo y el testing.
- Personal de secretaría y administrativo (de oficina).
- Visión global de las actividades del consejero u orientador.
- Supervisión profesionalizada de la or., el consejo y el testeo (plantilla).
- Información acerca del estudiante, incluyendo identificación, familia, salud, historial escolar, historial educativo, planes profesionales, procedimientos para recoger, registrar y usar la información sobre la población estudiantil.
- Materiales educativos y de información profesional.
- Resumen de los contactos de counseling.
- Inventario de las actividades de orientación en grupo.
- Inventario de la información sobre orientación dada a los profesores y otros miembros de la plantilla escolar.
- Opiniones del consumidor, incluyendo la de anteriores estudiantes (ex alumnos, padres y profesores).
- Utilidad de los registros de las entrevistas con el orientador.
- Competencia del orientador.
- Funciones específicas de orientación de cada miembro de la plantilla orientadora.
- Estudio de los costos en relación con la eficacia.

* Adaptado de F.E. Wellman y D.D. Health (TWIFORD, GUIDANCE, COUNSELING AND TESTING, Dept. of Health Education and Welfare, Office of Education, Washington DC, 1961).

Ejemplo de inventario para evaluar un programa de orientación escolar

CRITERIOS	*SI*	*NO*
1. Se han recogido datos apropiados para iniciar el programa estimando:		
a) la comunidad o área ambiental	_____	_____
b) características organizativas	_____	_____
c) necesidades de la población a que va dirigido	_____	_____
2. Los datos han sido recogidos y organizados para interpretar y determinar:		
a) las necesidades prioritarias de la población estudiantil	_____	_____
b) para ofrecer una lista de prioridades	_____	_____
c) los objetivos y metas relevantes para el programa	_____	_____
3. Los objetivos del programa de orientación se han determinado y entendido por:		
a) la plantilla de orientadores	_____	_____
b) otros especialistas de la ayuda	_____	_____
c) la institución escolar	_____	_____
d) los políticos o administradores	_____	_____
e) los padres	_____	_____
f) los alumnos mismos	_____	_____
4. Estos objetivos son congruentes con la globalidad de los objetivos de la institución escolar.	_____	_____
5. Hay un programa planificado para llegar a conseguir los objetivos.	_____	_____
6. La planificación de este programa desde una dinámica cooperativa, comprende:		
a) la plantilla de orientadores	_____	_____
b) otros especialistas de la ayuda	_____	_____
c) la institución	_____	_____
d) los administradores	_____	_____
e) los padres y/o la comunidad	_____	_____
7. El programa en sí mismo comprende:		
a) la plantilla de orientadores	_____	_____
b) otros especialistas	_____	_____
c) la plantilla docente	_____	_____
d) las personas y recursos de la comunidad	_____	_____
8. El programa de orientación escolar está bajo la dirección de un profesional titulado en orientación.	_____	_____

9. El programa presupone que se da a los alumnos:
   a) interpretaciones periódicas de sus registros escolares, incluyendo las puntuaciones de los tests estandarizados ______ ______
   b) una base para identificar y practicar buenos hábitos de estudio ______ ______
   c) comprensión de las relaciones entre la preparación escolar e instructiva y las oportunidades futuras profesionales ______ ______
   d) integración de las asignaturas con la información ocupacional ______ ______
   e) participación en actividades de or. vocacional ______ ______
   f) participación en actividades especiales de desarrollo de las relaciones humanas ______ ______
   g) participación en orientación en pequeño grupo ______ ______
   h) posibilidad de tener orientación personalizada con un orientador ______ ______

10. El programa provee de:
    a) trabajo cooperativo con las autoriades académicas para poder ofrecer apropiadas actividades de información y estrategias de desarrollo ______ ______
    b) contactos con las agencias comunitarias y su personal ______ ______
    c) conferencias y grupos de trabajo con los padres ______ ______
    d) recursos materiales para los profesores, padres y alumno ______ ______

11. El programa se evalúa sobre una base previa. ______ ______

12. Esta evaluación supone el compromiso de:
    a) la plantilla o equipo orientador ______ ______
    b) otros especialistas ______ ______
    c) la administración escolar ______ ______
    d) las autoridades académicas ______ ______
    e) los alumnos ______ ______
    f) otros (consultores, padres, recursos comunitarios, etc.) ______ ______

13. Los resultados de la evaluación se usan para estudiar el rendimiento, la planificación y la mejora. ______ ______

14. Las realizaciones y actividades del programa tienen su canal informativo y sus resultados son dados a conocer a:
    a) la administración escolar ______ ______
    b) las autoridades académicas ______ ______
    c) otros especialistas ______ ______
    d) los padres ______ ______
    e) personal comunitario interesado ______ ______

Modelos de rejillas para evaluar los programas de orientación

Modelo A. (Exige sólo respuestas binarias de sí (se da), o no (no se da).)

IDENTIFICACION DEL MODELO: AUTOR/ES: FUENTE DE EXTRACCION: NOMBRE DE LOS EVALUADORES:

CRITERIOS PARA EVALUAR UN PROGRAMA DE ORIENTACIÓN	*SI*	*NO*
Fundamentación teórica		
• El modelo se basa en un paradigma concreto.	_____	_____
• Es realmente congruente con el paradigma.	_____	_____
Estudios realizados		
• Se ha efectuado un estudio del entorno.	_____	_____
• Se han estudiado las características de la población a la que va dirigido el programa.	_____	_____
• Se conocen las necesidades prioritarias.	_____	_____
• Se ha realizado un estudio del centro teniendo en cuenta:		
— Personal docente y no docente	_____	_____
— Servicios de los que dispone	_____	_____
— Distribución física	_____	_____
— Actividades escolares y extraescolares que se realizan	_____	_____
— Metodología que se emplea	_____	_____
Necesidades		
• Quién determina las necesidades:		
— Orientador/es	_____	_____
— Padres	_____	_____
— Profesores	_____	_____
— Alumnos	_____	_____
— La institución	_____	_____
— Otros, quiénes........	_____	_____
• Las necesidades se centran en un grupo concreto:		
— Alumnos	_____	_____
— Padres	_____	_____
— Profesores	_____	_____
Objetivos y programa		
• Se han definido unos objetivos claros.	_____	_____
• Los objetivos responden realmente a las necesidades.	_____	_____

- Los objetivos del programa han sido establecidos por:
  — Los orientadores ______ ______
  — La institución escolar ______ ______
  — Políticos o administradores ______ ______
  — Padres ______ ______
  — Los propios alumnos ______ ______
- Estos objetivos se adecuan a los objetivos globales del centro. ______ ______
- Se ha elaborado un programa para la consecución de los objetivos. ______ ______
- Quién ha elaborado el programa:
  — Orientador ______ ______
  — Tutores ______ ______
  — Profesores en general ______ ______
  — Padres ______ ______
  — Alumnos ______ ______
  — Otros, quiénes........ ______ ______
- Quién lo ha llevado a cabo:
  — Orientador/es ______ ______
  — Tutores ______ ______
  — Padres ______ ______
  — Profesores ______ ______
- A quién va dirigido:
  — Tutores ______ ______
  — Profesores ______ ______
  — Padres ______ ______
  — Alumnos ______ ______
  — La comunidad ______ ______

Actividades

- Las actividades se detallan en el programa. ______ ______
- Se dispone de materiales específicos para cada actividad. ______ ______
- Los recursos a utilizar:
  — Se establecen al elaborar el programa ______ ______
  — Se van incorporando según las necesidades ______ ______
- El material a utilizar:
  — Ha sido elaborado por los orientadores ______ ______
  — Se utilizan tests y pruebas estandarizadas ______ ______
  — Se aprovechan materiales al alcance de todos ______ ______
- Están cubiertos los costos del programa: ______ ______
- Quién financia el programa:
  — El centro ______ ______
  — La administración ______ ______
  — Los propios orientados ______ ______
  — La APA ______ ______

Evaluación del programa

- Se han marcado unos criterios previos de evaluación.
- Se trata de una evaluación:
  — Comunitaria
  — Discontinua
- Quién evalúa el programa:
  — Otro/s orientador/es
  — Padres
  — Profesores
  — El propio orientado
- Es repetible el programa.
- Se utiliza la adecuación objetivos-resultados.
- Una vez evaluado el programa, se dan a conocer los resultados.
  Tras la evaluación se da un feed-back
- Las actividades que se llevan a cabo son:
  — Individuales
  — En grupo
- Las actividades están integradas en el currículum.
- Se posee un registro de cada individuo.
- Comprende actividades sobre la optimización del aprendizaje y los hábitos de estudio.
- Se ayuda al conocimiento de sí mismo.
- Comprende la toma de decisiones.
- Existen actividades destinadas a conocer los intereses y aptitudes de los sujetos.
- Se da información completa sobre el mundo laboral:
  — Cómo buscar un trabajo
  — Legislación laboral
  — Sindicatos
  — Diversas profesiones y trabajos
  — Condiciones físicas y actitudes hacia el trabajo
  — Cómo solicitar un trabajo
- Se contempla la posibilidad de realizar otras actividades no previstas en el programa en caso necesario.

Temporalización

- Se contempla una temporalización de todas las actividades.
- Esta distribución tiene en cuenta las prioridades y necesidades de los sujetos.
- Se trata de una temporalización flexible.

Recursos y financiación

- Se dispone de los recursos humanos y materiales necesarios para desarrollar el programa.

Modelo B. (Puede exigir respuestas graduadas entre el máximo y el mínimo.)

ORGANIZACION DEL MATERIAL Y LOS RECURSOS	*SI*	*NO*
1. Se cuenta con locales adecuados para llevar a cabo actividades de orientación.	______	______
2. Existe material informativo.	______	______
3. Se cuenta con biblioteca o material de consulta de orientación profesional y vocacional.	______	______
4. El centro dispone de material de análisis del alumno:		
— Individual	______	______
— Colectivo	______	______

METODOLOGIA Y OBJETIVOS

1. Qué tendencia se utiliza en el modelo escogido:		
— Analítica	______	______
— Psicométrica	______	______
— Psicopedagógica	______	______
2. La orientación que se desarrolla en el centro es:		
— Individual	______	______
— Colectiva	______	______
3. Se sigue un proceso por etapas en el modelo.	______	______
4. El proceso de orientación está integrado en el currículum.	______	______
5. A quién va dirigida la orientación:	______	______
— Personas problemáticas	______	______
— Personas normales	______	______
— Personas superdotadas	______	______
6. Conoce el orientador las alternativas del sistema educativo.	______	______
7. En qué grado se informa a la familia.	______	______
8. En qué grado se informa a los alumnos.	______	______
9. Se tiene en cuenta la situación y el contexto socioeconómico.	______	______
10. Conoce el orientador las expectativas familiares y personales.	______	______

11. Técnicas empleadas para la obtención de información por parte del alumno:
    — Tests
    — Cuestionarios
    — Entrevistas
    — Otras

12. Qué características del alumno se estudian al emplear esas técnicas:
    — Aptitudes
    — Personalidad
    — Inteligencia
    — Intereses
    — Otras

13. Quién toma la decisión:
    — Alumno
    — Orientador
    — Padres
    — Otros

14. Ha habido entrevista final en la toma de decisiones

PERSONAL ORIENTADOR

1. Quién o quienes llevan a cabo el proceso orientador:
   — Profesor
   — Tutor
   — Orientador
   — Otros (especialistas)

2. Existe una formación específica del personal orientador para llevar a cabo las funciones necesarias:
   — Profesor
   — Tutor
   — Orientador
   — Otros (especialistas)

3. El orientador es capaz de estimular al alumno.

4. El orientador responde a las necesidades del cliente.

5. El orientador responde a las necesidades del programa.

6. El orientador es capaz de evaluar los recursos existentes.

7. Mantiene informados a los padres sobre la tarea orientadora llevada a cabo. ______ ______

8. Sabe informar vocacionalmente y profesionalmente a:
— Padres ______ ______
— Alumnos ______ ______
— Profesores ______ ______

9. Dispone de tiempo necesario para llevar eficazmente el proceso orientador:
— Dedicación exclusiva ______ ______
— Compartida con docencia ______ ______

10. Mantiene contactos individuales con:
— Padres ______ ______
— Alumnos ______ ______
— Profesores ______ ______
— Instituciones ______ ______

PERSONAL ORIENTADO

1. Existe una información inicial y suficiente cuando ingresa el alumno. ______ ______

2. Existe un proceso de seguimiento del desarrollo, en general de cara al alumno. ______ ______

3. Grado de aceptación por parte de los alumnos de la labor orientadora. ______ ______

PADRES O TUTORES

1. Los padres aceptan y se interesan por un buen programa de orientación. ______ ______

2. Participación en actividades relacionadas con la orientación. ______ ______

3. Han encontrado facilidades por parte del equipo orientador. ______ ______

4. Han colaborado con recursos. ______ ______

ACTIVIDADES

1. Se han realizado contactos con el mundo profesional:
— Visitas ______ ______
— Entrevistas profesionales ______ ______
— Coloquios ______ ______
— Documentación ______ ______

2. Se han realizado contactos con el mundo educativo:
   - Visitas ______ ______
   - Entrevistas profesionales ______ ______
   - Coloquios ______ ______
   - Documentación ______ ______

EVALUACION

1. Ha habido aceptación en la labor orientadora:
   - Alumno ______ ______
   - Padres ______ ______
   - Profesores ______ ______

2. Grado de conocimiento del mundo sociolaboral:
   - Sociolaboral ______ ______
   - Escolar ______ ______

3. Qué grado de conocimiento tiene el alumno de sí mismo:
   - Aptitudes ______ ______
   - Personalidad ______ ______
   - Inteligencia ______ ______
   - Intereses ______ ______
   - Otras ______ ______

4. Quién ha de tomar la decisión final:
   - Alumno ______ ______
   - Padres ______ ______
   - Profesores ______ ______

TEMPORALIZACION

1. Se desarrolla:
   - Mensualmente ______ ______
   - Trimestralmente ______ ______
   - Anualmente ______ ______
   - Por ciclos ______ ______

FINANCIACION

1. Sobre quién recae:
   - Instituciones ______ ______
   - Padres ______ ______
   - Centro ______ ______
   - Otros ______ ______

Modelo C. (Pauta basada en el modelo evaluativo de R. Pérez Juste, con permiso del autor.)

I. Momento inicial: Evaluación del programa en sí mismo

1. Calidad intrínseca del programa

1.1. Contenido del programa:

1. ¿Se han explicitado las bases científicas y sociopsicológicas del programa?
2. El tratamiento dado a los acontecimientos, temas o teorías ¿es adecuado/distorsionado/desequilibrado?
3. ¿Están actualizados o desfasados los contenidos?
4. Los contenidos incluidos ¿se consideran relevantes desde perspectivas científicas, sociales, psicológicas y pedagógicas (valor formativo)?

1.2. Calidad técnica del programa:

5. ¿Se incluyen en el programa objetivos, actividades, medios —entre ellos, la metodología— y sistema de evaluación?
6. La formulación de los elementos anteriores ¿es adecuada para orientar tanto la enseñanza como el aprendizaje?
7. ¿Se puede considerar que los objetivos son congruentes con los planteamientos científicos-curriculares, con las demandas sociales y con las características evolutivas de los destinatarios?
8. ¿Se da coherencia interna entre los diversos elementos del programa y de ellos en relación con los objetivos?
9. ¿Se da adecuación del programa a las características diferenciales —motivación, intereses, capacidad— del alumnado?

1.3. Evaluabilidad:

10. La información contenida en el programa de cara a su posterior evaluación ¿se considera suficiente, relevante y adecuada?
11. ¿Se dispone de información clara y precisa sobre aspectos metodológicos y de contenido del programa?

2. Adecuación al contexto

12. ¿Se da un funcionamiento democrático, participativo e implicativo del centro, así como corresponsabilidad en las tareas?
13. Los profesores responsables del programa ¿funcionan en auténtico equipo?
14. ¿Se da cooperación con las familias cuando es necesaria para el desarrollo del programa?
15. ¿Se dan reuniones con profesores de cursos anteriores de cara a la planificación del nuevo programa?

16. ¿Existen datos (registros, informes, actas...) en el centro sobre las necesidades y carencias de los alumnos?
17. ¿Se cuenta con sistemas de detección de necesidades y carencias del alumnado, tales como pruebas de carácter diagnóstico, entrevistas...?
18. ¿Se ha previsto un sistema de ajuste inicial a las carencias y dificultades detectadas, tales como clases de recuperación, sistemas de monitores...?

3. Adecuación al punto de partida

19. ¿Responde el programa a demandas de los interesados?
20. ¿Están previstos los espacios, momentos en el horario, recursos y personal, necesarios para su desarrollo?
21. ¿Existen en el centro los medios necesarios para un correcto desarrollo del programa?
22. ¿Se encuentran capacitados los responsables para el desarrollo del programa?
23. ¿Está prevista la temporalización del programa?
24. ¿Se realizan reuniones del equipo de profesores responsables del programa?
25. ¿Se da entre el equipo de profesores, y en el centro en general, un trabajo de tipo cooperativo?
26. ¿Ha sido aprobado el programa por el equipo?
27. ¿Apoyan el programa el claustro de profesores, los padres y demás personal implicado/afectado?

II. Segundo momento: Proceso aplicación del programa

1. Puesta en marcha del programa

28. La metodología utilizada ¿resulta adecuada para el desarrollo de los objetivos del programa?
29. ¿Muestran los alumnos interés/motivación hacia las actividades del programa?
30. ¿Se aprecia corrección en la secuencia de las actividades programadas?
31. ¿Se detectan desfases significativos en la temporalización prevista?
32. ¿Se respeta la planificación en lo referente a espacios, tiempos, apoyos y recursos?
33. Los niveles parciales de logro ¿se consideran alejados de, o acomodados a, los propuestos?
34. ¿Se da rigidez/flexibilidad en la aplicación del programa?

2. Marco de aplicación del programa

35. ¿Se aprecian conflictos y tensiones entre el personal del centro que puedan repercutir en el desarrollo del programa?
36. Las relaciones con el alumnado ¿se pueden calificar de cordiales o de problemáticas?

37. ¿Se detecta algún conflicto entre los objetivos y/o planteamientos del programa con los del proyecto educativo o con los de otros profesores del equipo o del centro?
38. ¿Se da concordancia entre la organización y disciplina del aula en que se desarrolla el programa y el sistema organizativo y disciplinar del centro?
39. ¿Se da un clima de confianza en el éxito por parte de alumnos y profesores?

III. Tercer momento: Evaluación final del programa

1. Medida y logros

40. ¿Se han tomado precauciones para asegurar la calidad técnica de las pruebas con que se apreciarán los niveles de logro del programa?
41. ¿Se planificaron las pruebas y demás instrumentos elaborados para la recogida de datos, en el momento de diseñar el programa, a fin de asegurar la máxima coherencia con los objetivos?
42. ¿Se recurre a técnicas variadas de recogida de datos, acordes con la diversidad de objetivos?
43. ¿Se especificaron los criterios de calificación y de los niveles de logro del programa?

2. Valoración

44. ¿Se especificaron, de modo claro y preciso, los criterios y las referencias para valorar los resultados?
45. ¿Se aplican los criterios y las referencias de conformidad con las previsiones y con las exigencias técnicas?
46. ¿Se dispone de información, rica y matizada, sobre los momentos inicial y procesual del programa, como base para valorar los resultados?

3. Continuidad

47. El estilo imperante entre los responsables del programa ¿es participativo y colaborativo, o directivo y autoritario?
48. ¿Existe un proceso institucionalizado de evaluación, de forma que los resultados se plasmen en nuevos procesos programadores?
49. ¿Se asignan tareas concretas a los diferentes responsables de los cambios a introducir?

El orientador y las destrezas investigadoras que le capacitan para evaluar y diseñar nuevos programas

El profesional de la orientación habrá de poseer ciertas *destrezas investigadoras:* leer investigaciones que estimulen su actitud heurística; saber relacionar teoría y práctica para inducir nuevas vías de trabajo; conocer las teorías que se han construido y que han sido probadas; operativizar los constructos de la investigación para plantear hipótesis; relacionar éstas y sus tesis para controlar las variables; conocer los modos de fiabilización y validación de las hipótesis; saber escoger el tipo de diseños experimentales adecuados a cada caso; saber cómo desenvolverse en los procesos previos de muestreo, recogida de datos, distribución de los grupos experimentales, de control, etc.; saber temporalizar las mediciones; definir las variables sin ambigüedad; analizar estadísticamente los datos cuantitativos; conocer las estrategias o metodologías de la investigación cualitativa; distinguir claramente entre los diferentes tipos de investigación (descriptiva, de campo, de laboratorio, correlacional, comparativa, casual, experimental, histórica, longitudinal, evaluativa, investigación-acción, etc.), etc.

Por otra parte, deberá decantarse por la metodología investigadora *cualitativa o la cuantitativa*, o, en su caso, por una solución mixta (estudio de casos, por ejemplo; frente a diseños intensivos, N = 1, series temporales, diseños combinados, observación participante, etc.), teniendo presente que existen toda una serie de cuestiones previas a la investigación, en el ámbito de la orientación (educativa y vocacional) tales como que hay dificultades en definir la noción de orientación; que falta una explicitación concreta de los objetivos de la orientación; que aún sigue habiendo deficiencias y malentendidos en la presentación de los objetivos de la orientación; que a veces hay desacuerdos graves en cómo se solucionan los problemas prácticos de la orientación; etc. Y, por lo tanto, que se precisan trabajos de investigación dirigidos a solventar estas deficiencias. En este sentido, tanto A. Kargulowa como C.E. Thoresen vienen a estar de acuerdo en estas deficiencias y en la necesidad de crear nuevos modelos de investigación y de orientarse hacia criterios multidimesionales[1].

Es importante recabar de la administración o de las organizaciones ayuda y colaboración para iniciar procesos de evaluación de programas de orientación y de formación. El de orientador deberá conocer, pues, el concepto de evaluación y sus diferencias respecto al de investigación; qué es la investigación evaluativa; qué pretende la evaluación curricular; cuáles son las condiciones previas al planteamiento de un programa evaluador, modelos de evaluación (CIPP, enfoque médico, modelo económico, modelo de evaluación discrepante, adversario transaccional, respondiente, etc.); estado actual de la evaluación en orientación; problemas de metodologías evaluadoras de amplio espectro, recomendaciones de última hora, principios éticos y/o morales que deben presidir la toma de decisiones en la política educativa ante los resultados de una evaluación; concepto de metaevaluación y, sobre todo, ejemplos de programas evaluativos de orientación, con especial incidencia en la rendición de cuentas (*accountability*).

Los mínimos de un programa evaluador aplicado a la orientación educativa

La evaluación debe ser producto de una serie de objetivos convenidos o pactados, además de un concepto de orientación interdisciplinaria y colaboradora entre varias instancias y organismos (escuela, padres, empresa, etc.). La complejidad de

1. Véase A. Kargulowa, «Preparatory Questions Concerning the Research of Educational Guidance», *International Journal of the Advancement of Counseling,* 1982, *5*, 87-94, y C.E. Thoresen 1969, «Relevance and Research in Counseling, *Review of Educational Research,* 1969, *39*, 263-281.

la orientación educativa hace que antes de evaluar los resultados de un programa o un conjunto de intervenciones, y, por tanto, de decidir cómo variar los planteamientos previos de un programa dado, hay que preguntarse: ¿Quién va a decidir? ¿Por qué se toma esa decisión? ¿Cómo se decidirá? ¿Hacia qué objetivos: objetivos relacionados con el orientado, con el proceso orientador, con las metodologías de la orientación, con la organización de la orientación? ¿Qué resultados se pretenden con un programa de orientación? ¿De qué tipo son y cuáles: cualitativos, cuantitativos? ¿Con qué indicadores se va a trabajar? ¿Cómo se recogerán y estimarán los datos? ¿Cómo se registrarán y presentarán? ¿Se van a aceptar los objetivos? ¿Por qué? ¿Cómo se deberán restablecer los nuevos objetivos de un programa de orientación o de formación?, etc. El gráfico adjunto puede aclarar el proceso cíclico de una evaluación de la orientación:

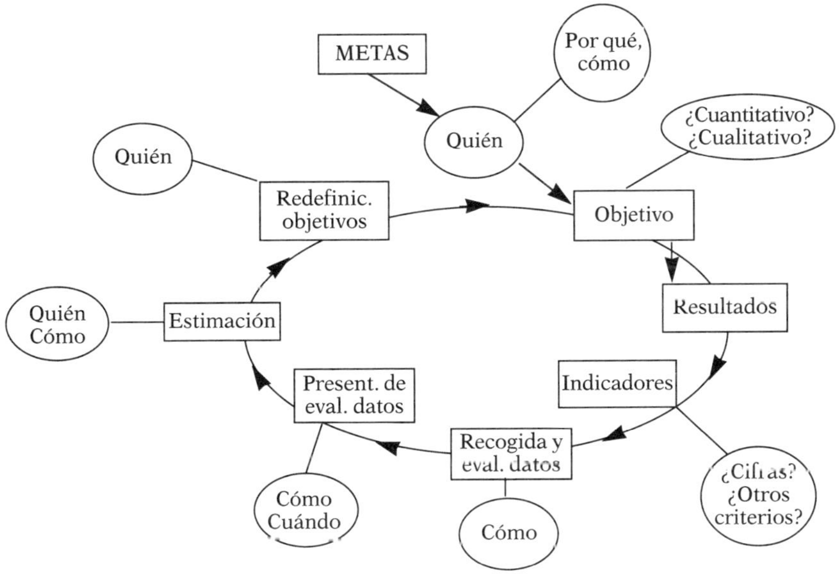

La didáctica recomienda facilitar al orientador novel algunos diseños de cómo evaluar o procedimientos para ejecutar exhaustivamente una evaluación completa de un programa. Es muy útil el desarrollado por S. Kemnis (1981):

Inventario de ideas para diseñar una evaluación

Objetivos

Para documentarse e informarse
Para justificar el programa
Para rendir cuentas
Para desarrollar una política decisoria
Para planificar y ubicar recursos
Para dirigir y supervisar
Para validar y acreditar

Para estimar el impacto
Para mejorar
Para conseguir soporte

Audiencias

Desarrollo de grupo
Participantes actuales o potenciales en el programa; usuarios y consumidores
Plantilla de soporte del programa
Administradores del programa
Política relevante y grupos de interés
Productores de programas alternativos o competidores.

Problemas subyacentes al programa

Obligaciones y deberes
Detección de las expectativas del público
Calidad educativa: provisión, materiales, procedimientos
Calidad educativa: procesos curriculares
Calidad educativa: resultados y sus consecuencias
Valores e intereses
Organización del programa
Replicabilidad y efectos
Costos
Aplicabilidad
Impacto
Necesidades y deseos
Problemas de salud y de seguridad
Problemas legales

Recursos

Información existente
Experiencia, instrumentos y procedimientos
Presupuestos
Tiempo y calendario
Recursos adicionales
Recursos no financieros
Personas interesadas
Servicios con los que se puede contar
Evaluación de los costos

Problemas de supervisión y control

El papel de la evaluación
Conflictos potenciales entre valores e intereses de las diferentes partes implicadas en la evaluación y en el programa
Estructuras de poder en el programa y la evaluación
Flujos informativos
Procedimiento de control de la información
Derechos relevantes y significativos en la evaluación
Fuentes potenciales de desvío o sesgo

Evidencia

Datos descriptivos
Datos de juicio o valor

Recogida de los datos

Consideraciones de estrategia y control de calidad
Técnicas de recogida de datos y marcos metodológicos

Análisis e interpretación

Métodos comparativos
Métodos cuantitativos
Métodos historico-críticos
Análisis financiero
Análisis directivo
Control de la adecuación de las interpretaciones

Informes

Consideraciones estratégicas
Tipos de informes
Formatos de los informes

Referencias y bibliografía

ALKIN, M.C., «Evaluation theory development», *Evaluation Comment*, 1969, *2*, 2-7.
ALVAREZ, V., *Orientación educativa y acción orientadora. Relaciones entre la teoría y la práctica*, Editorial EOS, Madrid, 1994.
AIDIPE, «Metodologías en el diagnóstico y evaluación en los procesos de intervención educativa», *Revista de Investigación Educativa*, 1991, *9*, 17, 49-82. Número monográfico.
AMOROS, P. (Coord.), *Metodologia d'intervenció en medi obert*, Generalitat de Catalunya, Centre d'Estudis Jurídics i Formació Especialitzada, Barcelona, 1993, 51-57.
BARTOLOME, M. (Coord.), *Investigación cualitativa en educación*, número monográfico de la *Revista de Investigación Educativa*, 1992, *20*, 2.° semestre, 220 pp.
BURCK, H.D. y PETERSON, G.W., «Need: More evaluation, not research», *Personnel and Guidance Journal*, 1975, *53*, 563-569.
CABRERA, F., DONOSO, T. y MARIN M.A., *Manual de formación pedagógica básica para formadores*, PPU, Barcelona, 1993.
COLAS, P. y REBOLLO, M.A., *Evaluación de programas. Una guía práctica*, Editorial Kronos, Sevilla, 1993.
DANIELS, M.H. y otros, «A meta-model for evaluating counseling programs» *The Personnel and Guidance Journal*, 1981, *59*, 9, 578-582.
ESCUDERO, J.M. y MORENO, J.M., *El asesoramiento a centros educativos. Estudio evaluativo de los Equipos Psicopedagógicos de la Comunidad de Madrid*, Comunidad de Madrid, Consejería de Educación y Cultura, Dirección General de Educación, Madrid, 1992.
GIBSON, R.L. y MITCHELL, M.H., *Introduction to Guidance*, MacMillan, New York, 1981.
GIBSON, R.L. y otros, *Development and management of counseling programs and guidance services*, MacMillan, New York, 1983, 324-325.
GYSBERS, N.C. *et al.*, «Improving School Guidance Programs: A framework for Program, Personnel and Results Evaluation», *Journal of Counseling and Development*, mayo/junio, 1992, *70*, 565-570. Número monográfico sobre evaluación de programas.
HERR, E.L. y CRAMER, S.H., *Career guidance through the life span*, Little, Brown and Co., Boston, 1992[4].
JOHNSON, S.K. y WHITFIELD, E. AS., *Evaluating guidance programs*, American College Testing, Ca., 1991.
KEENE, K.M. y STEWART, N.R., «Evaluation: Rx. for counseling program growth», *The School Counselor*, 1989, *37*, *1*, 62-66.
MATEO, J., *El proceso evaluativo*, Universidad de Barcelona, Barcelona, 1991. Material inédito.
MIDKIFF, R.M. y BURKE, P., «An action research strategy for selecting and conducting program evaluations», *Psychology in the Schools*, 1987, *24*, abril, 135-144.
PEREZ JUSTE, R., *Evaluación de programas de orientación*, ponencia presentada al V Seminario Iberoamericano de Orientación, Tenerife, 13-16 de mayo de 1992. Actas de la Asociación Española para la Orientación Escolar y Profesional, 1993, 46-66.
REPETTO, E., *Evaluación de programas de orientación*, en Alvarez, V. y otros, Metodología de la Orientación Educativa, Alfar, Sevilla, 1987.
SANZ, R., *Evaluación de programas en orientación educativa*, Pirámide, Madrid, 1990.
STUFFLEBEAN, D.L. *et al.*, *Educational Evaluation and Decision Making*, Peacock, Itasca. III, 1971.
TALMAGE, H., «Evaluation of Programs», *Encyclopedia of Educational Research*, The Free Press, MacMillan Pb. Co., Inc., New York, 1982.
TRANTOW, D.J., «An introduction to evaluation: Program effectiveness and community needs» *Rehabilitation Literature*, 1970, *31*, 2-10.
VALDIVIA, C., *La orientación y la tutoría en los Centros Educativos: Cuestionario de evaluación y análisis tutorial (CEAT)*, El Mensajero, Bilbao, 1992.
ZACCARIA, J., *Approaches to guidance in contemporary education*, International Textbook, Scranton, 1981.

13
La orientación comparada desde la perspectiva internacional

Generalidades

Los estudios de orientación comparada han adquirido una nueva dimensión en este mundo actual de comunicaciones rápidas que crean tendencias paralelas en diversas culturas. Estos sistemas de comunicación aumentan tanto la sensibilidad como la apertura interculturales, al tiempo que clarifican los sistemas de valores.

Principios históricos de la orientación y organismos internacionales

En la época de F. Parsons, iniciador del movimiento de la orientación profesional, la sociedad americana se caracterizaba por una cultura-mosaico y por distintos y variados estilos de vida (inmigración abundante, distintas etnias, guetos, discriminaciones, etc.). De ahí que la orientación surja más bien como un movimiento filantrópico que se reservaba la preocupación por problemas profesionales y vocacionales, y por la dedicación a la juventud inadaptada que, además, desconocía a fondo el lenguaje y la cultura sajones. Desde ese momento se admite que debería haber relaciones estrechas con los responsables de la orientación de otros países. En efecto, en 1951 la UNESCO colaboró en el establecimiento de la AIOSP (Association Internationale d'Orientation Scolaire et Professionnelle) con sede en Luxemburgo. La American Personnel Association (APA) fue miembro de la AIOSP, y a partir de ese momento los contactos internacionales se fueron haciendo más frecuentes. Desde 1966 muchos orientadores americanos han asistido a congresos celebrados en Europa (IRTAC, AIOSP, NICEC, etc.) y, por otro lado, las literaturas norteamericana y europea sobre orientación van mostrando su conciencia de un enmarque internacionalista.

Necesidad del comparativismo en orientación

Hay varias razones que fundamentan una perspectiva comparativista en el desarrollo de la filosofía y los modelos de la orientación (Drapela, 1975):

1. Los orientadores tratan con clientes provenientes de mundos y culturas varios, se dan cuenta de que hay muchos intereses y preocupaciones a los cuales tienen que estar abiertos, referentes tanto a nuevas ideologías como a nuevos modelos de conducta. De ahí que el aislamiento cultural y la mentalidad provinciana sean graves obstáculos en el desarrollo profesional de un futuro orientador. Cuanto más abierto esté el orientador al amplio repertorio de experiencias (profesionales y culturales), tanto más amplia será su visión del mundo contemporáneo y de la vida actual.
2. Un orientador sólo podrá comprender la significación de los movimientos sociales de su propio país si conoce las tendencias similares en otros países.
3. El rápido cambio de información entre distintos continentes tiende a estimular desarrollos paralelos incluso en sociedades muy dispares. Esta interdependencia es fácilmente demostrable: a partir de los años sesenta surgió cierta moral basada en la conciencia individual más que en la conformidad con las reglas o el respeto a la autoridad (*american way of life*). También en otros países ocurrió lo mismo, tanto en toda Europa occidental (Francia, especialmente) como en el bloque soviético (Checoslovaquia). Durante los años setenta se pudo presenciar otro desarrollo social de alcance mundial: la interdependencia clara de todos los humanos a nivel global. Cualquier acontecimiento en un punto del globo puede movilizar a cualquier habitante de cualquier lugar. Los cambios de actitudes, las tendencias, para bien o para mal, son comunes, afectan a todos como constituyentes de una unidad global (la reciente crisis energética podría ser un ejemplo dramático de esa interdependencia). En esas circunstancias, los responsables de la orientación no pueden ignorar lo que ocurre en el resto del mundo. El mercado laboral futuro no tendrá en cuenta las fronteras vocacionales y seguirá un grado de coordinación internacional del empleo (modelo bastante útil, como se ha comprobado en Europa, por ejemplo, la República Federal Alemana tiene oficinas de colocación en ocho países, incluidos Portugal, Turquía o Marruecos).

Lo que puede pedirse prestado de las otras experiencias

Desde 1975 se vienen publicando en revistas especializadas (por ejemplo, *The Personnel and Guidance Journal*) artículos donde se exponen puntos de vista de varios países respecto a la orientación en USA que fluctúan desde la alabanza total a la crítica feroz. Pero de ellos se deduce que el intercambio internacional de personal especializado es importante, porque:

a) así los orientadores se ven a sí mismos como les ven otros, y
b) porque así los demás les ayudan a hacerse conscientes de la semejanza y diferencia en los propios sistemas de valores y costumbres con respecto a los demás países, poniendo al día y rejuveneciendo las distintas labores profesionales.

Tres ejemplos pueden ser definitorios, además de tópicos:

1. *La igualdad de los sexos:*
   Es conocido el hecho de la discriminación femenina en el mercado laboral. En este sentido podría aprenderse mucho de los países del bloque soviético. Por ejemplo, en la URSS aproximadamente el 75 % de los médicos

son mujeres, mientras que en USA lo son sólo un 10 %. Las profesiones típicamente «masculinas» en ciertos países capitalistas (ingeniería, metalurgia, agronomía) están mucho más abiertas a las mujeres en la sociedad socialista. El problema de la reconciliación de la mujer con su papel profesional ha tratado de solucionarse (pero no se ha llegado a resolver del todo) con la creación de numerosas guarderías y los seguros de parto y maternidad.

2. *La orientación vocacional coordinada*:
Sería otra idea útil del sistema germano: los orientadores no están ligados directamente a la escuela, pero actúan a través de un sistema o red de oficinas gubernamentales de empleo, coordinadas y centralizadas por el Instituto Federal del Empleo. También es posible la orientación vocacional por correspondencia, a través de un libro de cupones para solicitar orientación vocacional gratuita, o para obtener datos sobre a qué lugares acudir. La orientación es prácticamente individualizada y de autoevaluación. No obstante, las ideas que nacen de la *comparación de datos de la orientación* pueden ser un arma de dos filos; tienen su lado positivo y su lado negativo, por lo cual, lo que se toma prestado de otros países debe ser seleccionado, desechando peligros y adoptando modelos positivos.
3. *La clarificación de valores:*
Otro objetivo concreto de la orientación comparada está ligado a la actual tendencia hacia el esclarecimiento de valores. El estudio de ideologías, tradiciones culturales, modelos de orientación distintos a los nuestros evita que nos volvamos rutinarios, que nos quedemos en técnicos (más que en profesionales) al preocuparnos de lo cotidiano y pragmático de nuestro trabajo, y nos ayuda a describir aspectos positivos de las otras culturas, juzgando los modelos del carácter nacional desde sus propios marcos de referencia más que evaluándolos en términos de nuestra propia subjetividad. Así se incrementa la conciencia intercultural, la tolerancia ante el pluralismo ético y se forma una actitud abierta hacia varias subculturas y estructuras axiológicas heterodoxas de nuestra sociedad. (Frente a las actitudes racistas, pequeños grupos étnicos, sutiles discriminaciones, actitudes ante las mayorías silenciosas, diferencias raciales de las clases desfavorecidas, etc.)

El compromiso con la orientación comparada

Hay varios caminos para que el orientador se interese por la orientación comparada. Por ejemplo, adquiriendo información previa, antes de visitar un país, acerca de su estilo de vida, su cultura, sistema social, educación y orientación. Incluso en aquellos lugares donde la orientación no se ha institucionalizado, hay establecidos modelos familiares, religiosos o educativos que contienen elementos básicos de orientación. Los jóvenes reciben todo tipo de ayuda para su desarrollo social, su estructuración de los valores, su preparación para una carrera y para un oficio.

Por otro lado, muchos idiomas reconocen la diferencia entre educación, orientación y asesoramiento. Todos los esfuerzos orientadores tienen algo en común y están relacionados funcionalmente. Tratan de conseguir una adaptación de los jóvenes a su sociedad entorno y a sacar el mayor provecho de sus vidas en el mercado de su propia cultura. (Sin embargo, hay diferencias sobre qué se entiende por «adaptarse» a la sociedad según el país y las ideologías.) Por lo tanto, hay que entresacar de entre los datos comparativos los contrastes y diferencias de los enfoques orientadores. Es también importante la conexión con otros profesionales de la orientación de los países que se van a visitar. Las direcciones de estos colegas se extraen de las asociaciones internacionales (APGA, AIOSP, IRTAC, etc.), notificando qué desea conocer de ese país, qué centros desea visitar, etc.

La orientación comparada como un estudio graduado

No se puede esperar demasiado una colaboración internacional de los orientadores cuya formación profesional no incluya en sus programas los estudios comparados en orientación. Los prerrequisitos actitudinales deben irse creando a lo largo de los currículos de los orientadores en formación. El enfoque más actualizado de los últimos estudios sobre orientación comparada hecho en la APGA se inspira en los principios metodológicos de G. Bereday: los datos estadísticos y documentales se combinan con datos de las actitudes culturales, valores, características étnicas, que inspiran los sistemas de la orientación de los diferentes países. Cuando en ese enfoque se yuxtaponen los modelos de orientación extranjeros con los del propio país, se está en condiciones de identificar los paralelismos y los contrastes para evaluar el modelo extranjero en función de las normas del propio país, de identificar tanto sus debilidades como sus puntos fuertes, y de decidir si algunas de sus características son aplicables al trabajo propio y si —haciéndolo— se pueden esclarecer los objetivos profesionales. De una encuesta pasada a los estudiantes que han cursado el curso de orientación comparada de la APGA en la Universidad de Florida se han obtenido datos que indican que el alumno:

1. Ha conseguido mayor realismo al conocer estilos de vida de países extranjeros y estilos de orientar diferentes.
2. Ha aprendido a estimar y a interesarse por las estructuras axiológicas diferentes a la suya.
3. Ha descubierto inesperadas similitudes entre los modelos sociológicos americanos y los de países extranjeros y ha identificado problemas sociales paralelos.
4. Ha visto incrementada su objetividad al tratar de enjuiciar las ventajas y desventajas de los sistemas orientadores de su propio país.

Todos estos principios concurren en señalar que hay unos criterios básicos a considerar cuando desean compararse esquemas organizativos en orientación. Estos puntos exigen el examen detenido de las tendencias que en el ámbito de la pedagogía comparada, existen para el estudio de los movimientos orientadores de los diferentes países. Existen unas once corrientes que podrían ser sintetizadas según la relación adjunta:

IDENTIFICACION DE LA CORRIENTE	CONCEPTOS Y CENTROS DE INTERES DESARROLLADOS POR ESA TENDENCIA
Considerar la orientación en el marco del progreso técnico, económico y social.	— Interdependencia entre escuela y sociedad. — Organización de la enseñanza y sus relaciones con el proceso democratizador. — Organización de la enseñanza y progreso económico. — Contenidos de la enseñanza y progreso socio-económico.
Considerar la orientación del niño y del joven en función de su medio próximo.	— La orientación de los estudios largos en función del origen social de los escolares y la categoría socio-profesional de su familia. — Estudios prolongados hacia las tres vertientes más comunes en Europa y América (estudios modernos, clásicos y técnicos). — *Handicaps* vividos por los alumnos de origen social humilde. — Abandono de los estudios largos.
Estudiar la orientación del niño en función de las características generales del medio escolar.	— Estructura de las instituciones escolares. — Métodos didácticos. — Condiciones evolutivas de las características generales del medio escolar.
Organizar la orientación en función de las personas y/o instituciones responsables de la misma.	— La orientación como responsabilidad de los profesores y maestros o del personal especializado, formando equipo y que comportaría una preparación general especial. — Estudio de la orientación en función de su proceso histórico y evolutivo (orientación profesional en primer lugar, educativa, como consecuencia de ella). — Organización de los servicios de orientación especial para escolares con problemas de comportamiento, aprendizaje, personales, de autoconcepto, psicomotores, etc., de muy distinto enfoque según los países.
Orientar en función de los medios que se ponen para la práctica de la orientación.	— Conocimientos del sujeto orientado a través de las calificaciones, exámenes escolares, registros acumulativos, contactos con los padres, entrevista personal, métodos psicotécnicos, exámenes médicos etc. — Información al orientado y a su familia, por parte del responsable de la orientación, por los medios de comunicación social, dentro del currículum escolar, con la entrevista individual (counseling), etc.
Estudiar la orientación en función de las etapas clave en que ésta se realiza.	— Durante la escolaridad primaria. — A través de los exámenes de admisión a las enseñanzas medias. — A través de la selección a las universidades. — Al principio de la enseñanza superior teniendo presentes las perspectivas de empleo y económicas.
Estudiar la orientación en función de los fundamentos filosóficos o teorías que la basan.	— Enfoques racionalistas. — Teorías del aprendizaje aplicadas al consejo. — Efectos psicoanalíticos del consejo. — Enfoques perceptivos-fenomenológicos del consejo — Psicoterapia existencial. — Posturas eclécticas y obras.
Estudiar la orientación comparando los países en que está institucionalizada	— Aproximación a la orientación cross-cultural. — Aportación de las Asociaciones Internacionales. — Aplicación a los diferentes planes de estudio y estructura de cada país o región.
Estudiar la orientación comparando los currículums que se deben cursar para obtener la capacitación adecuada como orientador y consejero.	— Reflexión sobre las teorías curriculares. — Integración de la orientación en los currículums intra y extraescolares. — Contribución de profesores y tutores — Didáctica comparada.
Estudiar la orientación por las normas legales, los estatutos del orientador y por las normas deontológicas de cada país o estado.	— Normativas y estándars ético. — Colegiación y sindicación. — Exámenes y prerrequisitos para cursar estudios de Orientación y counseling.
Tomar medidas para atenuar las desigualdades educativas relacionadas con el medio.	— Orientación compensatoria. — Programas de prevención e intervención primaria. — Políticas democratizadoras.

La orientación escolar y profesional en los países de la Unión Europea

Introducción

La Comisión de las Comunidades Europeas ha demostrado desde hace tiempo un gran interés por animar a los diferentes Estados miembros a crear servicios efectivos de orientación educativa y profesional (véase Decisión del Consejo 63/266/EEC, OJ. N.º 63, 20/4/63; Recomendación de la Comisión 66/484/EEC, OJ. N.º 66, 24/8/66) y ha promovido, desde 1975, la redacción de distintos informes y programas de acción sobre el estado de la orientación: por ejemplo, programas de transición desde la escuela a la vida activa, programas PETRA, medidas para combatir el desempleo, etc., que deberán ser desarrollados con la ratificación del Tratado de Maastricht.

Estructuras básicas generales

1. *Características principales de la orientación en los diferentes Estados miembros*

Todos los países, debido a la diferencia tan grande de sus sistemas educativos (véase el completísimo estudio de Fernández, A., Martínez, J.R. y otros, 1993), presentan modos muy distintos de planificar la orientación. Las características fundamentales de la orientación en cada uno de ellos, se describe muy sintéticamente a continuación:

Alemania

- Servicio de orientación educativa en escuelas y universidades centrado en los psicólogos escolares y en los profesores/tutores (*beratungslehrer*) de la secundaria y en los consejeros de estudiantes en las universidades.
- Programas de orientación profesional curricular (*arbeitslehre*) en las escuelas.
- Orientación profesional ofrecida formalmente por el Instituto Federal de Empleo (*Bundesanstalt für Arbeit*), que también se ocupa de los centros de información profesional en muchas áreas.
- Algunos servicios de voluntariado, que incluyen iniciativas de las iglesias y de organizaciones de caridad.

Bélgica

- Centros psico-médico-sociales (PMS), a menudo dedicados a varias escuelas, ofrecen orientación educativa y orientación profesional, además de servicios de consejo médico hasta los 21 años. No se ofrecen servicios de colocación; y se destaca el uso de tests psicométricos. Los orientadores participan en los consejos de clase tomando decisiones acerca de la elección académica de los alumnos.
- Centros de información, orientación e iniciación sociolaboral para desempleados en la comunidad francófona.
- También existen centros de orientación universitaria y centros de información para la juventud.

Dinamarca

- Potentes servicios de orientación en las instituciones escolares. Los orientadores trabajan con los profesores en la *folkskole* y, a veces, a tiempo parcial en otras instituciones.
- Los municipios proveen de orientación educativa y profesional a todo joven durante dos años después de que abandone la escuela, hasta los 19 años de edad.
- El Servicio Público de Orientación Profesional, basado en el Servicio Público de Empleo, ofrece servicios de orientación a cualquier edad.
- Los sindicatos están más implicados en la orientación que en cualquier otro país.

España

- Servicios de orientación en algunas escuelas, basados en un sistema tutorial o en un sistema apoyado por agentes externos, aunque los especialistas en orientación están ahora justamente siendo colocados en algunas escuelas dependientes de territorio MEC.
- Centros de Orientación y Empleo (COIE) en número limitado, para la información de los estudiantes que terminan los estudios universitarios y en cooperación con el INEM.
- Servicio de orientación profesional permanente del INEM especialmente dirigido a desempleados.
- Orientación organizada por las comunidades autónomas con competencias en materia de educación y formación profesional. Fundamentalmente, se destacan Canarias, Cataluña, Comunidad Autónoma de Andalucía, Comunidad Valenciana, Galicia, Navarra y País Vasco.

Francia

- Los principales servicios de orientación educativa se ubican en los Centros de Información y Orientación (CIO), con un fuerte énfasis en las decisiones educativas y formativas (no se ofrecen servicios de colocación). Se trabaja mucho con tests y se participa en los consejos de clase tomando decisiones educativas acerca del alumnado.
- Servicio de orientación profesional limitado, centrado fundamentalmente en la colocación, ofrecido por la Agencia Nacional de Empleo (ANPE) bajo los auspicios del Ministerio de Trabajo.
- Centros de consejo local, información y orientación (PAIO) y Misiones Locales para jóvenes desempleados.

Grecia

- Programas de educación para la carrera en las escuelas, con profesores tutores que dedican una tercera parte de su horario docente a orientar.
- Responsabilidad de la orientación educativa traspasada por el Ministerio de Trabajo a la Organización para el Empleo y Mano de Obra (OAED). Limitado número de orientadores.

Holanda

- En las escuelas y otras instituciones educativas, los tutores o profesores de orientación (*dekanen*) proporcionan servicios de orientación profesional, a menudo colaborando con mentores y otros profesores.
- Nuevas Oficinas de Orientación para la Educación y el Empleo (AOB) ofrecen servicios de orientación a individuos y a escuelas, sobre la base contractual de la Organización de Servicios de la Mano de Obra.

Irlanda

- La mayor parte de los servicios de orientación educativa están localizados en el ámbito educativo. En las escuelas, el sistema se basa en la dedicación exclusiva a tiempo completo de los orientadores.
- Algunos elementos de orientación se incorporan a los programas de formación del FAS (Autoridad para la Formación y el Empleo).

Italia

- Algunos coordinadores de los servicios de orientación educativa asignados a distritos escolares.
- Se introduce una nueva estructura tutorial en las universidades, conjuntamente con los coordinadores de orientación.
- Los centros de orientación y los servicios de información para jóvenes funcionan a nivel regional, provincial y local.
- Hay más voluntariado y agencias privadas que en cualquier otro Estado miembro.

Luxemburgo

- Los principales servicios de orientación educativa son, en su acepción más amplia, muy parecidos al modelo francés, con un gran énfasis en las decisiones educativas de los alumnos y en la participación en el consejo de clase.
- El servicio de orientación profesional funciona a través de la Administración para el Empleo y es muy utilizado por los aprendices.

Portugal

- El servicio de orientación en algunas escuelas, basado en psicólogos escolares que no son profesores y que están coordinados en unidades regionales (*núcleos*). En otros casos, según el antiguo sistema, los orientadores se extraen del campo de la docencia. Se está de acuerdo en integrar mejor las estructuras, pero aún no se ha conseguido.
- Provisión limitada de orientación profesional a través del Instituto de Empleo y Formación Profesional, fundamentalmente para jóvenes que han abandonado su escolaridad.

Reino Unido

- Educación para la carrera en instituciones educativas, llevadas a cabo por profesores/tutores o por otro tipo de profesores.
- Servicio de Orientación, que opera localmente pero bajo la responsabilidad del Departamento de Empleo. Ofrece servicios de orientación profesional particularmente a aquellas personas que van a entrar o van a dejar la institución escolar.
- Universidades y otras instituciones de enseñanza superior tienen sus propios servicios de consejo y orientación dirigidos a sus alumnos.
- Hay servicios de orientación para adultos en algunas regiones o comarcas.
- Hay más agencias privadas que en la mayoría de los Estados miembros.

Diferencias más significativas entre los trece países

A) Desde la perspectiva de la *ubicación* de los servicios, en algunos casos, como son Dinamarca, Grecia o Portugal, la orientación está centrada únicamente en las instituciones educativas; en otros casos, como Bélgica, Francia o Italia, se ofrece la orientación desde agencias externas a las escuelas, aunque pueden poseer la potencialidad de ofrecérsela también a gentes que hayan dejado el sistema educativo. En Alemania tiene más incidencia la orientación desde las instituciones de trabajo y mercado laboral.

B) Respecto al punto central de la orientación, se pueden detectar tres tipos de orientación: la orientación educativa, la orientación profesional y la orientación personal y social. En algunos países (fundamentalmente Alemania) hay una clara distinción entre los servicios de orientación educativa y los de orientación profesional. En otros casos, por ejemplo Bélgica e Irlanda, las tres formas de orientación se desarrollan paralelamente desde una agencia externa; en otros países se da más importancia a la orientación educativa que a la profesional, o por lo menos a la orientación dentro del sistema educativo para personas enroladas en los sistemas de educación formal (por ejemplo, España, Francia, Italia, Luxemburgo). En todos los países, la orientación profesional es la única que se desarrolla en organismos dedicados al mercado laboral.

C) Desde la perspectiva de las *actividades* que se realizan, se detecta, a lo ancho de la Unión Europea, un amplio abanico de acciones:

- *Información* o provisión a los usuarios de datos objetivos y fácticos.
- *Estimación* o juicio diagnóstico sobre la idoneidad del usuario para efectuar y asumir ciertas opciones.
- *Consejo*, dando sugerencias desde el conocimiento y la experiencia del orientador.
- *Orientación personalizada (counseling)* o ayuda a los usuarios a explorar sus propios sentimientos o pensamientos acerca de su situación concreta y actual, o acerca de las opciones que tiene abiertas ante él, o acerca de las consecuencias de sus elecciones.
- *Educación para la carrera* o provisión de programas de experiencias planificadas, dirigidas a desarrollar en los usuarios de la orien-

tación habilidades, conceptos y conocimientos que les ayudarán a tomar elecciones profesionales más efectivas.

- *Colocación*, ayudando a los usuarios a conseguir entrar en un puesto de trabajo concreto.
- *Negociación*, negociando directamente con las instituciones, abogando por aquellas personas con especiales dificultades y barreras para entrar en el trabajo.
- *Retroalimentación*, evaluando si se han conseguido los objetivos que se había propuesto la acción orientadora.
- Seguimiento, conectando con los usuarios, una vez han sido orientados, para comprobar qué ha sucedido con ellos y qué otro tipo de ayuda precisan.

Desde este planteamiento, algunos países, por ejemplo Alemania, están muy bien desarrollados en términos de servicios de información. En otros países aún debe implementarse y desarrollarse mucho más, pues no llega a todos los usuarios (España, Grecia, Irlanda, Portugal). En algunos países, como Bélgica, Francia, Alemania, Luxemburgo y España, la orientación educativa se basa mucho en el diagnóstico, usando a menudo técnicas psicométricas, desdibujando, en cierto modo, la clara distinción que se hace en otros entre diagnóstico para orientar y diagnóstico para seleccionar a los alumnos.

En Bélgica, Francia y Luxemburgo la entrevista individual tiende a basarse principalmente en la oferta de consejo, para ofrecer recomendaciones basadas en el enjuiciamiento diagnóstico. En cambio, en Dinamarca, Portugal o Reino Unido hay más interés en usar la entrevista para el *counseling*, de modo que se pueda facilitar al cliente su propia toma de decisiones desde una perspectiva no directivista.

Por lo que se refiere a la educación para la carrera, Alemania, Dinamarca, Grecia, Portugal y Reino Unido se han esforzado en integrar los programas de educación para la carrera en los currículos educativos. La mayoría de estos programas incluyen actividades de experiencias laborales y de visitas profesionales. La colocación es monopolio de un ministerio en países como Alemania e Italia, ya que no se puede ofrecer desde ningún otro servicio. En Bélgica y Francia, el servicio de colocación está totalmente aislado de otros servicios de orientación. Es, precisamente, el caso contrario del Reino Unido, que corre con todo desde un mismo servicio.

D) También existen diferencias en cuanto al *control administrativo* y *el financiamiento*. Los servicios que se centran en las agencias de mercado laboral tienden a ser administradas por los gobiernos centrales, aunque en algunos casos, como España, dependen ya en un alto porcentaje de las administraciones autonómicas. Los servicios centrados en lo educativo también están controlados en su mayoría por los gobiernos centrales, aunque en Alemania, Bélgica, España, Francia, Italia, y Portugal, las autoridades regionales y locales intervienen en alto grado. Finalmente, en algunos países tiene mucha importancia el voluntariado.

La tabla siguiente sipnotiza el estado de la orientación en varios países de la CE (1987).

La orientación escolar y vocacional en algunos países de la CE

BELGICA	Centros Psico-Médico-Sociales (*CPMS*) —más centrados en la vida escolar—. Oficinas de Orientación Escolar y Profesional (*OPS*).	Ministerio de Educación y Cultura.	4-21 años. Alumnos a todo lo largo de la escolaridad.	Entrevistas, complementadas por tests psicométricos. Trabajo en grupo, participación en los consejos de clase dando recomendaciones para la elección educativa.	Niveles parecidos al de directores o profesores de escuelas secundarias. Estatus de funcionarios con categoría de personal docente, científico. Consejero-director (psicólogo). Consejero (pedagogo), asistente social, enfermera y médico.
	Centros de Orientación Universitaria.	Universidades.	Principalmente para alumnos de 18 a 26 años.	Entrevistas, servicios de información educativa o profesional.	
	Servicio de acogida, observación y orientación.	Ministerio Empleo y Trabajo.	Jóvenes desempleados menores de 25 años.	Cursos de orientación incluyendo entrevistas y tests psicométricos. Comunicados con el Servicio de Colocación (*ONEM*, Departamento Nacional de Ocupación).	Psicólogo y ayudantes en psicología.
DINAMARCA	Servicio de orientación hecho por el profesor.	Municipales.	De 14-17 años, alumnos escuelas públicas.	Profesores de soporte. Entrevistas. Programas curriculares.	Profesores-orientadores en las escuelas públicas. Orientadores educativos en otras instituciones educativas. A tiempo parcial.
	Servicios de Orientación a la Juventud.	Municipales.	De 16-18 años, jóvenes que no son cubiertos por otros servicios.	Entrevistas, envío a otros servicios. Cooperación con otro personal de la orientación.	
	Servicio Público de Orientación Vocacional.	Estado (Servicios de Empleo Público).	Todas las edades, tanto empleados como desempleados.	Entrevistas. Trabajos en grupo. Centros de Información. Colaboración con el Servicio de Colocación. Coordinación con otros Servicios de Orientación.	
FRANCIA	Centros Información Orientación (*CIO*) —Unidades de Información y Orientación en cada *distrito escolar—.	Ministerio Educación Nacional.	Todas las edades (principalmente de 11-18). Jóvenes a punto de abandonar la escuela. Aprendices.	Observación de los alumnos y preparación para las decisiones. Entrevistas. Participación en los consejos escolares. Servicio de información, en profesiones y formación.	1. *Elèves Conseillers:* funcionarios del Estado (previo para ser Consejero de Orientación. Formación dos años). 2. Consejeros de Orientación (posesión del *CAFCO:* Certificado Aptitudes para Funciones Consejero de Orientación —mayores de 30 años y 5 años de experiencia—). 3. Directores del *CIO* (Consejeros de Orientación). 4. Inspectores de Información y Orientación (elección entre los directores y consejeros de orientación).

	NOMBRE DE LA INSTITUCION	CONTROL ADMINISTRATIVO	CLIENTE	PRINCIPALES SERVICIOS	PERSONAL Y CRITERIOS SELECCION
FRANCIA	Agencia Nacional para el Empleo (*ANPE*). Asociación para la Formación Profesional de Adultos (*AFPA*).	Ministerio de Trabajo	Más de 16 años. Conjunto de la población (especialmente a los desempleados).	Entrevistas, algún trabajo en grupo. Servicios de información para el empleo y la formación. Administración de los carnets de paro.	
ITALIA	Centros de Orientación en Universidades.	Autoridades regionales.	Más de 18 años. Alumnos en el último curso secundaria y educación superior.	Sesiones en grupo. Entrevistas individuales Servicios de información.	
	COSP, Centros de Orientación Escolar y Profesional	Ministerio Publica Instruzione —Distritos—.	Escuelas medias inferiores (11-14) estatales y superiores. Padres, docentes, organismos escolares, asociaciones del mundo del trabajo, consorcios sanitarios del territorio, centros de estudios.	Servicio de información sobre posibilidades escolares y el mercado laboral (distribución de obras sobre la situación local, conferencias ilustrativas, información individualizada a través de la ventanilla, visitas guiadas. Información de las salidas profesionales.	Director (competencia de especialista) Psicólogo Consejero de orientación Psicometrista Asistente social Pedagogo Médico Sociólogo Investigador Psiquiatra Coordinador de actividades Personal secretaría.
REINO UNIDO DE LA GRAN BRETAÑA	Servicio de Orientación Vocacional.	Autoridades Locales Educativas.	14-18 años. A punto de dejar las instituciones escolares.	Entrevistas. Trabajo en grupo. Servicios de información, colocación. Comunicación con el trabajo.	
	Servicio de Orientación Vocacional en la enseñanza superior.	Institutos superiores y politécnicos. Universidad.	18-21 años. Alumnos de universidades politécnicas e institutos superiores.	Entrevistas. Trabajos en grupo. Servicios de información. Relación con el trabajo. Colocación.	
	Centros ocupacionales.	Comisión de los Servicios de la Mano de Obra.	Todas las edades.	Entrevistas. Colocación.	

	NOMBRE DE LA INSTITUCION	CONTROL ADMINISTRATIVO	CLIENTE	PRINCIPALES SERVICIOS	PERSONAL Y CRITERIOS SELECCION
REINO UNIDO DE LA GRAN BRETAÑA	Servicio de Orientación Educativa para adultos.	Varios.	Todas las edades.	Entrevistas. Servicios de información.	
	Agencia Servicios de Ocupación (*ESA*) —Nacional—.	Ministerio Ocupación (*MSC*): Comisión de los Servicios de Mano de Obra.			
	Servicio de Orientación Ocupacional, *OGS* —depende de la *ESA*—.			Elaborar la información utilizada en los servicios estatales o locales.	
	Unidades de Orientación *OGU* —dependen del *OGS*—. Relación directa con los *Job Centers* y Oficinas de Ocupación Job Centers (actividades específicas de colocación).			Facilitar documentación e información para la orientación. Orientación en la elección de una profesión a personas que se incorporan a la vida laboral. Aprenden una nueva profesión o desean reciclarse.	Director. Orientador. Administrador.
	Servicio para la Elección de Carreras (*Careers Service*) —a través de las Oficinas de Area—.	Autoridades Locales de Educación (*LEA*).	14-18 años. Ambito escolar. A los centros educativos: *Careers Teachers*.	Orientación profesional. Colaboración y consulta con los *Careers Teachers* (elaboración de un programa de educación vocacional, charlas con profesores, padres y alumnos sobre la elección profesional...).	Orientadores (*Careers Officers*). Técnicos de Ocupación. Administrativos.
REPUBLICA FEDERAL ALEMANA	Oficina Federal del Trabajo.	Organismo de derecho propio.			
	IAB (Instituto sobre Mercado de la Ocupación) —depende de la *OFT*—.		Profesores de la orientación	Asesoramiento a los profesores de las oficinas de colocación y relación con otros organismos de la administración.	Cuadros dirigentes. Psicólogos y otros agentes. Consejeros de Orientación Profesional para disminuidos. Consejeros de Orientación Profesional en general. Consejeros de Orientación Profesional para titulados con diploma de estudios secundarios y escuelas superiores.
	Oficinas de Ocupación los *Länder* —dependen de la *OFT*—.		Estudiantes y trabajadores	Investigación sobre el mercado de trabajo para informar al personal de las oficinas.	
	Oficinas de colocación —dependen de los *Länder*—. Oficinas auxiliares —dependen de los *Länder*—.			Información y orientación individual. Orientación profesional.	

Referencias y bibliografía

Bibliografía general útil para el comparativista

ALBA ALONSO, J. de, «Algunos aspectos de la evolución histórica de la orientación en Europa», *Revista Española de Pedagogía,* 1969, *108*, octubre-diciembre, 359-365.

AUBREY, R.F., «Historical development of guidance and counseling and implications for the future», *The personnel and guidance journal,* 1977, LV, *6*, febrero, 288-295.

BINGHAM, W.C., *A cross-cultural analysis of transition from school to work,* UNESCO, París 1986, 94 pp.

BOROW, H., *Career guidance for a New Age,* Houghton Mifflin, Boston, 1973, 3-39.

BREWER, J.M., *History of vocational guidance,* Harper and Brothers, Nueva York, 1942.

COMMISSION DES COMMUNAUTES EUROPÉENNES, *Exposés sur les activités d'orientation professionnelle et des services de main d'oeuvre des États membres de la Communauté,* Luxemburgo, 1971.

DRAPELA, V.J., «Comparative Guidance through International Study», *The Personnel and Guidance Journal,* 1975, *53,* 6, 438-445.

DRAPELA, V.J., *Comparative Guidance: A new Approach to Counselor Education,* Paper presented at 1972 SACES Convention, Biloxi, Mississippi.

DRAPELA, V.J. y otros, *Guidance in other countries,* University of South Florida, Tampa, 1977, 98.

HERR, E.L., «Guidance and Counseling in the Schools: Perspectives on Past, Present and Future», *Guidepost,* 1979, *14*, 51-54.

HERR, E.L. (Ed.), *Vocational Guidance and Human Development,* Houghton Mifflin and Co., Boston, 1974, 63-79.

HOXTER, H.Z. (Ed.), *The forms, methods and techniques of Vocational and Educational Guidance. International Case Studies*, UNESCO, París, 1984.

MOSER, L.E. y MOSER, R.S., *Asesoramiento y orientación*, Paidós, Buenos Aires, 1968, 17-22.

NAVILLE, P., *Théorie de l'orientation professionnelle,* Gallimard, París, 1972. (En castellano en Alianza Editorial.)

PATTERSON, C.H., «Cross-cultural of intercultural counseling or psychotherapy», *International Journal for the Advancement of Counseling,* 1978, *3*, 1, 231-247.

PERRET, J. y otros, *La orientación profesional,* Biblioteca de Ideas y Estudios Contemporáneos, M. Aguilar Editor, Madrid, s/f. 20-29.

RATZ, J. (Ed.), *Actes du Deuxième Congrès Mondial des Sociétès d'Education Comparée: L'efficacité et l'inefficacité des écoles secondaires,* Ginebra, 1974.

RODRIGUEZ, M.ª L., The integration of careers education into the school curriculum, n.º monográfico de *Prospects*, revista de la UNESCO, vol. XVIII, n.º 4, 1988 (68), dedicado al tema: Open file on Vocational Guidance and Counselling in Schools from an International Perspective, en prensa.

RUS, V., *La orientación profesional en la Comunidad Europea,* Universidad de Alcalá de Henares, Madrid, 1993. Trabajo en Investigacion. 472 pp., más Anexos.

RUTTMANN, W.J., *Orientación profesional,* Labor, Barcelona, 1926, 130-150.

SHERTZER, B. y STONE, S.C., *Fundamentals of Guidance,* Houghton Mifflin Co., Boston, 1973, 453-465.

WATTS, A.G., GUICHARD, J., PLANT, P. y RODRIGUEZ, M.ª L., *Los servicios de orientación académica y profesional en la Comunidad Europea*, Oficina de Publicaciones Oficiales de las Comunidades Europeas, Luxemburgo, 1994.

WEHRLY, B. y otros, «Counseling and Guidance Issues from a Worldwide Perspective: An Introduction», *The Personnel and Guidance Journal,* 1983, abril, número monográfico de Orientación Comparada.

Nota: Las publicaciones periódicas españolas *Cuadernos de Pedagogía* y *Profesiones y Empresas*, y la revista francesa *L'Orientation Scolaire et Professionelle*, publican intermitentemente artículos monográficos descriptivos de la orientación en diferentes países. También puede consultarse, al mismo efecto, la revista *International Journal for the Advancement of Counseling.*

Bibliografía para el estudio de los países más significativos

Bélgica

CEE, *La orientación profesional*, CEE, Bélgica, 1975.

COMMISSION DES COMMUNAUTÉS EUROPÉENNES, *Exposé sur les activités d'orientation professionnelle dans la Communauté*, Bruselas, 1976.

COTTON, P., *Educational and Vocational Guidance Services in Belgium*, European Commission, Brussels, 1993.

DOSSIERS PMS, *L'orientation professionnelle et Sociale depuis 1945*, 1978, *1*, diciembre, Groupe pour une analyse des Centres PMES et OSP.

RODRIGUEZ, M.ª L. y RAMBOUX, MC., *Fundamentos y organización de los servicios psicomédicos-sociales en Bélgica*, 1979, 15 de marzo, Seminario Permanente de Orientación Educativa, Instituto de Ciencias de la Educación, Departamento de Pedagogía Experimental, 15.

SIRON, R., «La practique des centres psycho-médico-sociaux», *Bulletin de Psychologie scolaire et d'orientation*, 1977, Bruselas, *XXV*, 69-102.

España

BENAVENT, J.A., «Los programas de orientación en las enseñanzas medias», *Perspectivas pedagógicas*, Barcelona, 1975, *35-36*.

ESCOLANO, A., «Nuevas perspectivas en los estudios de orientación», *Vida Escolar*, 1976, *183-184*, noviembre-diciembre, 5-8.

FORNS, M. y RODRIGUEZ, M.ª L., *Reflexiones en torno a la orientación educativa*, Oikos-Tau, Barcelona, 1977, 84 y ss.

GARCIA YAGÜE, J., «La orientación escolar como aventura pedagógica: antecedentes y problemas», *Vida Escolar*, 1976, *183-184*, noviembre-diciembre, 9-14.

LAZARO, A. y otros, «El desarrollo de la orientación institucional en España», *Revista de Educación*, 1982, *270*, 159-188.

RODRIGUEZ, M.ª L., BENAVENT, J.A.; *et al.*, *Educational and Vocational Guidance Services in Spain*, European Commission, Brussels, 1993.

Cataluña

MIRA Y LOPEZ, E., «Laboratori psicomètric», *Anals de l'Institut d'orientació Professional de Barcelona*, Barcelona; 1920.

RODRIGUEZ, M.ª L., *Fonaments i prospectives de l'orientació professional a Catalunya*, Laertes, Barcelona, 1987.

Estados Unidos de América

NORRIS, W., «Highlights in the history of the national vocational guidance association», en Farwell, C.F. y Peters, H.J., *Guidance reading for counselors*, Rand McNally, Co., Chicago, 1960, 111-116.

SHERTZER, B. y JACKSON, R., «School Counseling in America and England», *Comparative Education»*, 1969, *5*, *2*, junio, 143-148.

Francia

GIRALD, A. y VASTIDE, H., «L'orientation et la sélection scolaire dans la France contemporaine», en A. Gras, *Sociologie de l'Education*, Larouse, París, 1979, 275-282.

GUICHARD, J., *Educational and Vocational Guidance Services in France*, European Commission, Brussels, 1993.

HUTEAU, M. y LAUTREY, J., «Les origines et la naissence du mouvement d'orientation», *L'orientation scolaire et professionnelle*, 1979, 8, *1*, 3-43.

LEON, A., *Psycopédagogie de l'orientation professionelle*, PUF, París, 1957.

OSTLUND, L.A., «INETOP: vocational guidance in France», *Personnel and Guidance Journal,*, 1958, XXXVI, abril, 566-570.

REUCHLIN, M., *La orientación escolar y profesional,* Oikos-Tau, Barcelona, 1972, 103-117.
ROGER, Y., «Le cycle d'observation et d'orientation», *L'education en Europe,* Conseil d'Europe, Estrasburgo, II, 7, 1967, 21-94.
VOGUE, A. de, *L'orientation,* Armand Collin, París, 1973, 16-22.

Gran Bretaña

BRITISH INFORMATION SERVICES, *Schools in Britain,* Londres, 1978.
CAREERS SERVICE BY THE DEPARTAMENT OF EMPLOYMENT, *The work of the Careers Service,* Her majesty's Stationery Office, 1978, 20.
DEPARTAMENT OF EDUCATION AND SCIENCE, *Careers Education in Secondary Schools,* Education Survey, 18, Londres, 1973.
HAWTHORN, R. *Educational and Vocational Guidance Services for the 14-25 age-group in the United Kingdom,* Commission of the European Communities, 1993.
STEWART, L.H., «Guidance and counselling in British Schools: Some observations», *International Journal for the Advancement of Counseling,* 1980, *3,* 35-42.
WATTS, A.G. y HERR, E.L., «Career(s) Education in Britain and the USA: Contrast and Common Problems», *British Journal of Guidance and Counseling,* 1976, 4, *2,* 129-142.

Republica Federal Alemana

ERLET, B.J., *Educational and Vocational Guidance Services in Germany,* European Commission, Brussels, 1993.
OFICINA DE PRENSA E INFORMACION DEL GOBIERNO FEDERAL DE BONN, *Réalités Allemnades,* Ed. Lexikon, Institut Berfelsman, Gütersloh, 1979.

Suiza

AIGSPE, *L'orientation professionnelle en Suisse,* Nürnberg, 1982.
CLAPES, A., *La Orientación escolar y profesional en la Suiza Francesa,* Seminario Permanente de Orientación Educativa, Instituto de Ciencias de la Educación, Departamento de Pedagogía Experimental, Barcelona, 1979.

14
Los servicios de orientación escolar y profesional en España

Introducción general

La orientación escolar y profesional en España, aunque se viene regulando desde 1940, no ha alcanzado la madurez que tiene en otros países europeos. Seguramente, los efectos de una guerra civil fueron la causa de la inevitable desaparición o deterioro de todos aquellos servicios que habían sido creados entre Madrid y Barcelona entre 1908 y 1936. En Barcelona, y dentro del marco institucional de la Mancomunidad de Catalunya, se organizó el entramado de la orientación vocacional a principios de siglo (Brewer, 1942; Rodríguez, 1986), lo que convirtió a España en uno de los países pioneros en materia de orientación profesional.

A pesar de estos prometedores inicios, hoy día está costando mucho reorganizar el movimiento proorientación, y aunque la voluntad de los especialistas y autoridades de la política educativa es grande, existe una sensación de caos, de poca coordinación de los servicios, de falta de profesionalidad (la orientación educativa y profesional no está institucionalizada en el país, por lo cual los pedagogos y los psicólogos licenciados en la Universidad no suelen ejercer la especialidad de orientación para la que se capacitaron) y de necesaria descentralización. La estructura actual de comunidades autónomas en que se está replanteando la dinámica política española, provoca una clara y demostrable tendencia a la creación de servicios de orientación independientes de Madrid.

A nivel de Estado Español, se detectan dos servicios, los Servicios Provinciales de Orientación Escolar y Vocacional (*SOEV*) y los Institutos de Orientación Educativa y Profesional (*IOEP*), dirigidos a alumnos de diferentes centros oficiales de enseñanza, es decir, dos tipos de servicios que dependen jurídicamente del Ministerio de Educación y Ciencia; mientras que son también dos los otros servicios que dependen del Ministerio de Trabajo: los Centros de Orientación e Información de Empleo (*COIE*) y los Servicios Técnicos de Orientación Profesional del INEM, además de ciertos planes coyunturales dentro de este Instituto Nacional de Empleo.

Distintas dinámicas presentan las políticas orientadoras de las comunidades autónomas que parecen ser más operativas, funcionales y modernas que las estatales, aunque tampoco cuentan con presupuestos adecuados. Así pues, el cuadro sinóptico del conjunto de servicios podría ser el que sigue:

1. *En el ámbito de la Educación Primaria*

Servicios Provinciales de Orientación Educativa y Vocacional (SOEV). Dependen jurídicamente del Ministerio de Educación y Ciencia, Dirección General de Educación Básica y, en las provincias, de las Delegaciones Provinciales del MEC y del Servicio de Inspección Técnica de Educación. Entre sus actividades y funciones están: orientación personal, escolar y vocacional de los alumnos; asesoría y ayuda al profesorado; información y orientación a padres y familias; y trabajos e investigación sobre los procesos de aprendizaje.

2. *En el ámbito de la Educación Secundaria y de la Formación Profesional*

Institutos de Orientación Educativa y Profesional (IOEP), dependientes del Ministerio de Educación y Ciencia y, orgánicamente del Instituto Nacional de Orientación Educativa y Profesional, que sería el coordinador a nivel estatal. Entre sus funciones se destacan: orientación educativa; orientación profesional; orientación especializada para personas excepcionales; estudio individual de los alumnos y coordinación de las tareas de orientación en los centros civiles y militares.

3. *En el ámbito de la Educación Superior*

Centros de Orientación e Información (COIE) para jóvenes recién regresados de las Universidades en busca de su primer empleo. Dependen jurídicamente del Ministerio de Educación y Ciencia y del de Trabajo a la vez. Tratan de aconsejar y ayudar a los graduados universitarios a buscar y encontrar su primer empleo; colaboran en la coordinación de las necesidades de la Universidad y de la empresa; informan; ayudan a la inserción laboral y realizan continuos contactos con la realidad del mundo empresarial.

4. *En ámbitos no específicamente escolares*

Servicios Técnicos de Orientación Profesional (STOP) para personas de 14 a 25 años y más, dependientes del Ministerio de Trabajo y cuyas funciones primordiales son: colocación; atención a los demandantes de empleo; atención especial a grupos minoritarios y desfavorecidos, conocimiento del mercado laboral; ayuda en la integración al mundo laboral e inserción en el mundo del trabajo; clasificación ocupacional y selección de personal para trabajos y cursos de formación ocupacional.

Plan Nacional de Formación e Inserción Profesional, para jóvenes de 16 a 20 años contratados para la formación y dependientes del Ministerio de Trabajo con funciones de: apoyo formativo para jóvenes y para parados de larga duración; inserción profesional de jóvenes solicitantes de empleo; enseñanza en alternancia —dual— de alumnos de Formación Profesional y jóvenes que están cumpliendo su servicio militar y formación profesional para la reconversión en el medio rural.

Programas de Apoyo a la creación de Empleo. Para las mismas edades que el anterior y dependiente del mismo organismo, trata de procurar apoyo al empleo en cooperativas y sociedades laborales; promover iniciativas locales de empleo; integrar laboralmente al minusválido; contratar a mujeres y poblaciones subrepresentadas y promocionar el trabajo autónomo.

Servicios de Orientación Vocacional y Educativa dependientes de estructuras estatales educativas

Disposiciones legales favorecedoras de la orientación hasta 1987

En los recientes planes de estudio de las enseñanzas a cualquier nivel en el Estado Español constan prolijamente los detalles de los contenidos propios de la educación y la formación dirigidas a medio y largo plazo a la inserción del alumno en el futuro mundo del trabajo (Díez Hochleitner y otros, 1980), pero nos costaría mucho más encontrar reglamentos, sugerencias y normativas referentes a cómo deben aplicarse los currículos al desarrollo de ese alumno como persona útil, ciudadano trabajador y ser libre para la toma de decisiones responsables; es decir, no se contemplan, a la hora de la verdad, las funciones y los papeles del orientador escolar ni del orientador vocacional que, de hecho, habrían de servir de nexo entre la filosofía de los planes formativos y los objetivos laborales del joven estudiante o no. La innovaciones en materia de política educativa española sí tuvieron en cuenta la introducción de mayores posibilidades de cualificación técnica en los niveles inicial y medio, estructurando un sistema educativo tal que pudiera responder, en sus resultados, a las cambiantes necesidades de cualificación para el trabajo, pero, desde luego, no se crearon ni dotaron económicamente unos servicios mínimos de orientación escolar o profesional que coordinaran cualificación profesional con demanda laboral.

Disposiciones legales hay muchas; menos son las realidades de su puesta en práctica. En la Ley General de Educación de 4 de agosto de 1970 (1973), el artículo 9.4 contempla la necesidad de una adecuada orientación educativa y profesional concebida como «un servicio continuado a lo largo de todo el sistema educativo» para atender «a la capacidad, aptitud y vocación de los alumnos y facilitar su elección consciente y responsable». Muchos otros apartados y artículos de esta Ley propugnan lo mismo, pero los españoles apenas hemos visto hechos realidad estos artículos (consúltense los siguientes: 5.2, 5.4, 9, 9.3, 9.4, 11, 11.3, 11.5, 15.1, 15.2b, 17.2, 18.1, 18.2, 19.2, 19.3, 22, 22.3, 23.c, 27.3, 32, 33, 34, 35, 37.3, 50, 109.1, 111.1, 125, 125.2, 127, 127.1, y muchos otros a lo largo de cuya redacción se insiste en la necesidad de la orientación escolar y profesional a cualquier nivel y en cualquiera de sus posibilidades). Por otra parte, autores varios, reconocidos pedagogos y especialistas en orientación (Aznar, 1982; Díaz, 1976; Fuentes-Amblés, 1976; García Yagüe, 1976, 1978; González, 1976; Lázaro, 1982; Rodríguez Espinar, 1985; Rodríguez Moreno, 1986; Sanz, 1982), y desde hace muchos años, vienen publicando y exponiendo —infructuosamente y como voz que predica en el desierto— la necesidad de cubrir la abismal distancia entre lo legislado y la escasez de asistencia orientadora real en la franja educativa y social española.

No obstante, no puede negarse que se han ido haciendo intentos parciales de puesta en práctica e implantación de las leyes que directa o indirectamente desembocan en el desarrollo de la orientación profesional. Por ejemplo: Decreto

2480/1970 de 22 agosto 1970 (*BOE,* 7 septiembre 1970), Orden Ministerial 16 noviembre 1970 (*BOE,* 25 noviembre 1970), Resolución de 25 noviembre 1970 (*BOE* 3 diciembre 1970), en los que se regula la evaluación continua del rendimiento educativo en la enseñanza primaria; Decreto 147/41 de 28 enero 1971, con el que se crea el Gabinete de Orientación Escolar y Vocacional en el seno del MEC; OM de 31 julio 1972 (*BOE,* 31 agosto 1972), en la que se establecen los servicios de orientación en el Curso de Orientación Universitaria; OM de 30 noviembre 1975 (*BOE, 20 de diciembre 1975),* en la que se propone el Reglamento provisional de los Centros de Formación Profesional y cuyos artículos 69 y 70 contemplan el Departamento de Orientación; Real Decreto 264/1977, de 21 de enero 1977, que contempla de soslayo alguna alusión a la orientación, cuando aprueba el Reglamento Orgánico de los Institutos Nacionales de Bachillerato; OM de 30 de abril 1977 (*BOE,* 13 mayo 1977), que crea los Servicios Provinciales de Orientación Escolar y Vocacional (*SOEV*) centrados en la enseñanza primaria; Ley Orgánica 5/1980 de 19 junio 1980 (*BOE,* 27 junio 1980), por la que se regula el Estatuto de Centros Escolares y en cuyos artículos 2.2, 27.2e y 36e se mencionan funciones de orientación escolar y vocacional; Real Decreto 2689/1980 de 21 noviembre (*BOE,* 26 diciembre 1980*),* que regula los Institutos de Orientación Educativa y Profesional (IOEP) asignándoles la función de orientación educativa y profesional, entre otras; OM de 28 septiembre 1982 (*BOE,* 6 octubre 1982) y Real Decreto 504/1985 (*BOE,* 17 abril 1985), por los que se regula su funcionamiento; OM de 10 noviembre 1982 (*BOE,* 25 noviembre 1982), por la que se estructura el Servicio de Orientación Educativa y Profesional en el Patronato de Promoción de la Formación Profesional.

También, y tímidamente, se apuntan ciertos servicios de tutoría en la enseñanza universitaria (OM de 29 marzo 1983, *BOE,* 9 abril 1983) sin que lleguen a concretarse en orientación profesional. A raíz del *Proyecto para la Reforma de la Enseñanza, Propuesta para debate,* o libro blanco del MEC, Madrid, 1987, han surgido dos órdenes ministeriales favorecedoras de la institucionalización de la orientación en centros piloto, que podrían iniciar un esperanzador desarrollo del artículo 18 de dicho proyecto.

Disposiciones legales favorecedoras de la orientación desde 1987

En 1987, el Ministerio de Educación y Ciencia publicó el *Proyecto para la Reforma de la enseñanza: Propuesta para debate,* cuyo artículo 18 trata por entero sobre la orientación como derecho del alumno. Define el concepto de orientación y de autoorientación, y prevé el uso de medios y la posibilidad de crear un *Departamento de Orientación (DO)* en los colegios u otros centros de enseñanza. Por vez primera, un documento legal contemplaba la creación de una red sectorial de *Equipos Psicopedagógicos de Apoyo (EPA).* Sus funciones se resumieron en prevenir, suministrar orientación compensatoria y dar apoyo técnico. Dos años después se publicó otro texto sobre la orientación educativa. En su capítulo 15 establecía una lista de treinta puntos que hacían hincapié en los elementos citados más arriba, describiendo con más detalle algunos de ellos entre los que se incluían la función del tutor, la organización de las servicios de orientación, la preparación profesional del consejero y la coordinación entre todos aquellos que participan en la orientación (MEC, 1989). En 1990, el Ministerio publicó un documento clave, abierto a la opinión pública, compuesto por cinco partes: 1) principios básicos de la orientación; 2) funciones tutoriales; 3) Departamentos de Orientación en los centros de enseñanza; 4) Equipos Interdisciplinarios; y 5) medidas de las autoridades gubernamentales sobre el desarrollo y la organización de los servicios y de la formación de consejeros.

Estos tres documentos representaron la base de las disposiciones sobre orientación educativa y profesional de la LOGSE.

La descripción de la LOGSE, que fue considerada positivamente, fue el resultado de varias disposiciones legales anteriores, desde 1987 hasta 1990, que facilitaron la experimentación de los servicios de orientación escolar. El Ministerio permitió la introducción de departamentos de orientación en centros de enseñanza primaria y secundaria para verificar la eficacia de sus futuras disposiciones. Además pidió en varias ocasiones, mediante varias órdenes ministeriales publicadas en el *BOE* del 6/6/87, del 3/3/88, del 7/4/89, del 20/11/90, del 27/2/90 y otros, que se organizaran departamentos experimentales. Una vez aprobada la ley, se publicó el Real Decreto 968/1991, sobre *Ordenación del Sistema Educativo,* cuyo artículo 18 informaba sobre el establecimiento de servicios de orientación educativa especializados. El Real Decreto 1700/1991 (*BOE,* del 2/12/1992) marcó el inicio de la presencia de personal de orientación profesional en los centros de enseñanza. Este decreto legislaba la existencia de puestos de trabajo en servicios psicológicos en los centros de enseñanza secundaria.

Principales servicios de orientación en España

Los servicios de orientación que funcionan actualmente en España están controlados por un cierto número de autoridades diferentes: el Ministerio de Educación y Ciencia, el Ministerio de Trabajo y Seguridad Social, el Ministerio de Asuntos Sociales, las comunidades autónomas y por iniciativas privadas.

1. Servicios de orientación dependientes del Ministerio de Educación y Ciencia

1.1 *Servicios Provinciales de Orientación Escolar y Profesional*

En la Orden Ministerial de 30 de abril de 1977 encontramos el anteproyecto de la creación de los *Servicios Provinciales de Orientación Educativa y Vocacional (SOEV),* que todavía siguen funcionando hoy en día, si bien se están incorporando a las nuevas estructuras de orientación apuntadas por la LOGSE[1]. Los SOEV aportan servicios de orientación fuera de los centros de enseñanza para alumnos de centros de enseñanza primaria, están dirigidos por *Inspecciones de Enseñanza Básica,* a cuyo mando está un inspector que supervisa el trabajo del consejero. Sus principales objetivos son:

1. Los actuales consejeros de orientación de los SOEV gradualmente irán adquiriendo el nivel de los consejeros de orientación de los centros de enseñanza secundaria a través de un proceso administrativo más bien complejo. Véase la Orden Ministerial del 22/3/1988, que establece el marco legal para dotar a los consejeros de los SOEV de puestos de trabajo en los nuevos centros de enseñanza primaria (*BOE,* del 29/3/1988). Todo el proceso de readaptación lo describe Benavente (1989).

a) suministrar una orientación educativa, profesional y personal en los momentos críticos de la escolaridad;
b) proporcionar ayuda y apoyo al personal docente de las escuelas de enseñanza elemental en el desempeño de sus funciones tutoriales; y,
c) dar información a los padres, a los alumnos y a los profesores sobre las posibilidades que ofrece una formación suplementaria y sobre las oportunidades profesionales en los ámbitos local y nacional (Rodríguez Moreno, 1978).

El personal de estos servicios está formado por profesores de los centros, licenciados en ciencias de la educación o en psicología. Su nombramiento como consejeros de orientación tiene carácter de «destino provisional», no les permite conservar su trabajo como profesores y, sin embargo, no les proporciona, a cambio de sus nuevas responsabilidades, una paga adicional significativa. Los objetivos se alcanzan por medio de distintos procedimientos, siendo los más importantes: la realización de casos prácticos, las consultas de los tutores sobre procesos de aprendizaje y sobre programas de planificación de la orientación, el diagnóstico psicológico, etc. Los porcentajes estadísticos anuales sobre el desarrollo y la expansión de los SOEV muestran un aumento de ambos puntos en los últimos cuatro años y actualmente en muchas provincias hay más de diez o doce consejeros en cada SOEV. Así, el número de consejeros por estudiante ha bajado de uno por cada 800 a 1 por cada 450.

Dado que la creación de los SOEV nació de ciertas disposiciones legales, aprobadas en 1977, que estipulaban la integración de los alumnos «diferentes» en las escuelas tradicionales, y que el urgente tratamiento de las necesidades relativas a los alumnos minusválidos y a los alumnos con problemas de aprendizaje y de conducta, los SOEV a menudo descuidaron los servicios de orientación para alumnos que carecían de problemas especiales. Así, la francamente limitada orientación que recibieron consistió en folletos informativos, guías para actividades simples para tutores (la mayoría relativas a los hábitos de estudio) e información educativa y profesional sobre qué dirección tomar después de la escolaridad obligatoria. Los SOEV sólo funcionan en centros públicos.

Si bien la falta de medios y de personal de orientación ha estado a la orden del día en estos servicios, el trabajo de los psicopedagogos que han estado trabajando en los SOEV durante los últimos quince años (véase, por ejemplo, Lázaro, 1983) ha tenido una honda repercusión en la reorganización de este campo realizada por el Ministerio. En los años 90, el Ministerio ha decidido crear los Departamentos de Orientación en los centros de enseñanza. Este hecho representa otro punto cumbre en el desarrollo de la orientación en España. A partir de ahora, el tutor ya no será la única persona responsable de la orientación; el consejero del Departamento de Orientación de las escuelas establecerá las líneas maestras de actuación.

1.2. *Equipos Multidisciplinarios*

En 1982 se crearon los *Equipos Multidisciplinarios,* como resultado de la *Ley de Integración Social de los Minusválidos* (Ley 13 de 1982, *BOE* del 30/4/82), que fomentaba la educación de los minusválidos y su integración en centros de enseñanza tradicionales. Los profesionales a cargo de la orientación tienen un contrato de trabajo y pueden ser psicólogos, pedagogos, asistentes sociales o logopedas. Sus funciones, conforme a la Orden Ministerial 9/9/82 (*BOE* del 15/9/92) incluyen:

a) la evaluación multidimensional de las necesidades y aptitudes del sujeto de la Enseñanza en Régimen Especial; y,
b) la creación de programas de desarrollo individual.

1.3. *Departamentos de orientación en los centros de enseñanza primaria y secundaria*

Las actividades mencionadas anteriormente ya no se adecuan a las necesidades de la orientación. Por lo tanto, desde 1986, la *Dirección General de Renovación Pedagógica* del MEC invitó a que se presentaran propuestas experimentales para el desarrollo de *Programas de Orientación en Centros de Enseñanza Primaria y Media.* Estos programas respondían a la filosofía institucionalizadora de la orientación (véase Lázaro, 1990) que más tarde se reflejaría en la LOGSE (1990), e intentaban orientar a las futuros consejeros de orientación de la LOGSE hacia la investigación sobre la orientación empírica y experimental. En 1992 se establecieron en muchos centros los *Departamentos de Orientación,* siendo, conforme al MEC, lugares institucionales donde se llevan a cabo las funciones de orientación y de tutoría, junto con las funciones de un currículum adaptado y diferente. Estas funciones deberían ser llevadas a cabo dentro de la organización general del Plan de Estudios del centro para permitirles funcionar desde un punto de vista educativo (MEC, 1992a; 1992b).

El personal que trabaja en estos departamentos varía, dependiendo de los diversos parámetros que se dan en los centros de enseñanza secundaria, si bien existe un personal tipo que incluye a profesores especializados en pedagogía y en psicología, en los ámbitos técnico y científico y en las áreas social y lingüística, así como a expertos en formación profesional que configuran el equipo de orientación. Conforme a la Orden Ministerial de 27 de abril de 1992 (*BOE* del 8/5/92), las funciones de los DO deben incluir:

a) la orientación educativa y profesional a los alumnos;
b) la colaboración y el asesoramiento a los tutores sobre la planificación de actividades para desarrollar la función de tutoría;
c) la colaboración con tutores para prever y detectar dificultades educativas o problemas de aprendizaje, e intervenir para resolver estas dificultades o problemas;
d) la colaboración con otros departamentos que atienden a alumnos con dificultades de aprendizaje y la colaboración para diseñar y aplicar programas de adaptación individualizada;
e) la intervención en decisiones sobre la evaluación y promoción de los alumnos que participan en programas de adaptación individualizada;
f) el asesoramiento al comité de coordinación educativa sobre aspectos psicopedagógicos y metodológicos, y sobre el desarrollo del plan de estudios;
g) El suministro de información a los alumnos, directamente o a través de tutores, sobre el mercado de trabajo y sobre las opciones de carrera profesional ligadas a la enseñanza secundaria; y,
h) La colaboración en el asesoramiento a alumnos al final de la Enseñanza Secundaria Obligatoria.

Los Departamentos de Orientación actúan simultáneamente en las áreas relativas a:

— todo el colectivo de alumnos;
— ciertos alumnos (conforme al art. 23 de la LOGSE);
— al centro de enseñanza; y,
— a varios profesores, con una serie de funciones que van desde las más generales hasta las más específicas.

1.4. *Equipos Interdisciplinarios de sector*

Estos equipos trabajan fuera de los centros de enseñanza y están organizados por áreas (barrios, distritos, zonas, etc.). Están formados por varios profesionales: psicólogos, pedagogos, asistentes sociales, especialistas en lenguaje y algunos doctores.

Existen tres tipos:

a) los *equipos generales,* que llevan a cabo actividades en la enseñanza obligatoria;
b) los *equipos de atención temprana,* centrados exclusivamente en la educación infantil (hasta los 6 años); y
c) los *equipos de actuación específica,* complementarios de los anteriores y que trabajan sobre las minusvalías de desarrollo y físicas.

Sus funciones se pueden dividir en tres grupos:

1. las de *prevención y desarrollo*, para identificar las mejores maneras de utilizar los medios de la zona; evaluar a los estudiantes psicopedagógicamente; elaborar, adaptar, distribuir y ofrecer material e instrumentos psicopedagógicos o de apoyo; colaborar en el desarrollo de programas de formación para padres; cooperar en campañas de prevención; y, promover la integración del centro en el contexto social;
2. las de *investigación e innovación,* que se desarrollan a través del análisis, estudio y evaluación del sistema educativo y a través de la participación en actividades dirigidas a establecer y diseñar programas innovadores y experimentales y que usen nuevas técnicas (Sobrado, 1990b); y,
3. las de *asesoramiento y formación*, que se desarrollan colaborando con centros de enseñanza y otras instituciones para desarrollar el plan de estudios, evaluar los cursos de formación, etc., así como promoviendo la colaboración y el intercambio de experiencias entre centros de enseñanza sectoriales (Rodríguez Moreno y Borrell, 1989; Col.legi Oficial de Doctors, 1992).

Los datos estadísticos de 1991 mostraban la siguiente situación: existían 459 Departamentos de Orientación en los centros de enseñanza primaria y 475 en los centros de enseñanza secundaria; 807 profesionales estaban contratados para los Equipos Multidisciplinarios y se contrataron 514 funcionarios para los SOEV. En 1992, 400 psicopedagogos cubrieron, por oposición, las vacantes de «pedagogía y de psicología» de los centros de enseñanza secundaria. Se ha llegado a un acuerdo definitivo para contratar cada año, de modo satisfactorio, personal de orientación hasta que la enseñanza secundaria obligatoria funcione totalmente en 1999, tal como estipula la LOGSE.

2. Servicios de orientación dependientes del Ministerio de Trabajo y Seguridad Social

2.1. *Oficinas de Empleo del INEM*

El Ministerio de Trabajo y Seguridad Social controla y organiza servicios de orientación profesional a través de un organismo independiente, denominado Instituto Nacional de Empleo (INEM). Este instituto trata de ayudar a las personas que buscan trabajo (Ministerio de Trabajo y Seguridad Social, 1991). Sus oficinas centrales están en Madrid y su red de oficinas[2], repartidas por las cincuenta provincias españolas, seguriá ofreciendo, hasta que vayan desapareciendo en los próximos meses (véase el Apartado VII), los siguientes servicios:

1. los correspondientes a una oficina de colocación;
2. formación profesional y perfeccionamiento;
3. concesión de subsidios de desempleo; y
4. orientación profesional.

El servicio de orientación profesional del INEM está al alcance de todos los trabajadores españoles inscritos en cualquiera de las Oficinas de Empleo, así como de todos los extranjeros que trabajan legalmente en España. Los grupos de población a los que atienden más a menudo son:

— los jóvenes que buscan su primer empleo;
— los desempleados de larga duración;
— las mujeres;
— los trabajadores mayores de 45 años;
— los trabajadores afectados por un exceso de mano de obra en sus empresas;
— las personas en situación económica precaria; y
— las personas que pertenecen a grupos sociales marginales.

El INEM da orientación profesional individual y a grupos, organiza cursos diseñados para proporcionar motivación y orientación, facilita información técnica a los demandantes de empleo y ofrece sesiones individuales de perfeccionamiento. El INEM trabaja, sobre todo, en cuestiones de cualificación profesional, realizando clasificaciones de ocupaciones, información, de orientación profesional y sobre la elección de una profesión.

En 1985 se inició un proceso de reoganización de los antiguos *Centros de Orientación Profesional del INEM* que funcionaban desde 1976, eliminándose muchos de ellos. Mediante la creación del ya mencionado *Plan Nacional de Formación e Inserción Profesional (PNFIP)* surgieron las Oficinas de Empleo del INEM en

2. Sin embargo, estas oficinas están siendo transferidas a las comunidades autónomas. Véanse, por ejemplo, los Reales Decretos 1576 y 1577 de 18 de octubre de 1991 (*BOE* del 8/11/91).

casi todas las ciudades españolas. Las oficinas del INEM trabajan para los desempleados que buscan un empleo ayudándoles a estudiar y a participar en los programas relativos a la colocación en el mercado de trabajo, a la formación para un empleo concreto, a la formación mediante la práctica del trabajo y el autoempleo (establecimiento de empresas, cooperativas, etc.) (Espina, 1990). La organización de los servicios ofrecidos es muy compleja e intrincada, pero, en breve, el trabajo llevado a cabo por las oficinas del INEM podrá quedar reducido a servicios de colocación, de formación y de ayuda al autoempleo.

2.2. *Centros de Orientación e Información de Empleos (COIE)*

Estos centros forman parte a la vez del INEM y de una Universidad, estando regidos por acuerdos celebrados entre el INEM y el Ministerio de Educación y Ciencia (Resolución de la Dirección General del Instituto Nacional de Empleo 12/82, *BOE* del 24/2/82; Real Decreto Ley 36 de 16 de noviembre de 1978, *BOE* del 18/11/78; Ley Básica de Empleo 51/80; y Título Cuarto de la Ley general de Educación de 1970). Además funcionan como parte integrante de una red nacional y suministran información profesional y servicios de colocación para estudiantes del último año de carrera (Rodríguez Docavo y Peces, 1989). Están presentes sólo en las universidades Complutense y Autónoma de Madrid. Aconsejan a los licenciados universitarios para ayudarles a encontrar un empleo que les permita utilizar los conocimientos y la formación adquiridos en la Universidad. Entre sus actividades específicas se incluyen:

a) programas de enseñanza dual que combinan el trabajo con los estudios;
b) programas de cooperación educativa;
c) cursos sobre técnicas de búsqueda de empleo;
d) encuentros entre la Universidad y la Empresa; y
e) cursos de cualificación y especializados, celebrados en colaboración con organizaciones empresariales y otras.

A pesar de que los servicios de orientación son una más de sus funciones, en realidad suministran más información que nadie y, además, recogen datos y establecen contactos dirigidos a la colocación. Cierto número de estudios han puesto de manifiesto que los COIE adoptan enfoques teóricos muy ambiciosos, que pocas veces se corresponden con la realidad. Por ejemplo, en 1989, las universidades que afirmaban contar con programas de orientación admitieron en una encuesta que el personal que se ocupa de ellos estaba compuesto por auxiliares administrativos y voluntarios y no por profesionales de la orientación, y que en el 50 % de los casos sólo tenían asignadas una o dos personas (Rodríguez Moreno y de la Torre, 1989). La opinión de la mayoría de los profesionales de la orientación es unánime al reconocer que en los casos en los que existen COIE, éstos cuentan con muy poco personal y con unos medios operativos y materiales limitados (véase Díaz Allué, 1990, p. 132). De hecho, se ha iniciado un movimiento para señalar las deficiencias de los COIE. La Fundación Universidad Empresa, algunos masters y acuerdos entre la Universidad y la Comunidad Europea, empresas, laboratorios y cajas de ahorro, etc., han servido de complemento a las labores de orientación y al panorama de colocación de la Universidad (Benavent, 1991; Alonso, 1983).

3. Servicios de orientación dependientes de las principales comunidades autónomas

3.1. *Los servicios de orientación de la Comunidad Autónoma Valenciana*

Los *Servicios Psicopedagógicos Escolares (SPE)* de Valencia se rigen por los Decretos 53 de 18 de abril de 1989 y de 24 de junio de 1992 (*DOGV* de 30/6/92). Los consejeros de orientación son profesores licenciados en Psicología o en Ciencias de la Educación que, para acceder a sus plazas, pasan por un concurso de méritos. En los centros de enseñanza secundaria funcionan, bajo la responsabilidad de su director, más de 500 servicios. Estos se coordinan mensualmente con el trabajo desempeñado por los consejeros de orientación de enseñanza primaria.

El Ministerio de Cultura, Educación y Ciencia de la Generalitat Valenciana (Gobierno de la Comunidad Autónoma Valenciana) financia totalmente los SPE. Sus usuarios son los profesores del centro, sus alumnos y sus familias. Las estrategias de intervención se negocian con los centros, definiendo qué actividades son responsabilidad de los tutores y cuáles del Departamento de Orientación. El Ministerio considera los medios y los materiales como material de apoyo e incluyen: material de consulta para los tutores; material de transición; el *Sistema de Autoayuda Vocacional (SAV)*; la guía *Tú Decides* y técnicas sociométricas por ordenador.

Existen relaciones entre el Ministerio de Cultura, el Ministerio de Educación y Ciencia, el Ministerio de Trabajo de Valencia, el Departamento de Formación Ocupacional y sus servicios y el programa PETRA de ámbito local. En cuanto a las relaciones con Europa, se debe citar la participación en la Feria de la Orientación de París «SESAME», dirigida a estudiantes franceses que deseaban venir a España, y a hijos de emigrantes españoles residentes en Francia interesados en informarse sobre las posibilidades existentes para trabajar y estudiar en España. También existe un intercambio con consejeros de orientación de la región de Champagne-Ardenne.

Merece la pena mencional la Orden de 2 de junio de 1990 (*DOGV* de 2/9/90) que regula el funcionamiento de los *Programas para la Animación y promoción de la Educación de Adultos (EPA)* y se refiere al *Subsistema de Orientación y Apoyo Psicopedagógico* para adultos. Este último está dividido en niveles y trata de fomentar actividades específicas de formación para adultos. El apartado 1.2.2. (Plan para Actividades de Tutoría), subapartado (d), reseña cuáles son los criterios de tutoría, entre los que se incluyen: planificar la formación y actividades personales, educativas y profesionales para alumnos, y en especial para aquellos que deben tomar decisiones (Fossati, 1991a).

Las tendencias relativas a la orientación existentes en la Comunidad Valenciana se centrarían en: reforzar la orientación académica para fomentar la orientación psicopedagógica en los procesos de aprendizaje, orientar a la gente sobre la transición hacia diferentes programas de formación o hacia el mercado de trabajo (Consejo Social UP Valencia, 1991) y en coordinar las actividades de orientación de cada centro de un modo más eficaz (Fossati, 1991b; Fossati y Benavent, 1991).

También existe un acuerdo entre la Universidad de Valencia, la Diputación de Valencia y los Ayuntamientos de la provincia para proporcionar prácticas de orientación, pagadas y oficialmente reconocidas, a estudiantes de cuarto o quinto cursos en consejería. Los departamentos de Filosofía y de Ciencias de la Educación también participan en este proyecto.

3.2. *Servicios de orientación de la Comunidad Autónoma Canaria*

En 1986, el Decreto 157 de 24 de octubre de ese año establecía los *Equipos Psicopedagógicos,* responsabilidad de la *Dirección General de Promoción Educativa* y de la *Inspección de Enseñanza Primaria.* La Orden de 13 de agosto de 1990 (*BOCAC,* de 29/8/90) rige el funcionamiento del *Servicio Técnico de Orientación Escolar y Profesional (STOEP),* que opera en escuelas de enseñanza primaria y secundaria para apoyar el total desarrollo del estudiante, contribuyendo a prevenir dificultades de aprendizaje y atendiendo a las posibles disfunciones personales u ocupacionales a través del asesoramiento y de intervenciones de distintas personas que forman parte de la comunidad educativa. Sus funciones incluyen: coordinar al personal, orientar a los alumnos sobre temas educativos y profesionales cuando atraviesen momentos críticos en su educación, aconsejar a los profesores sobre sus funciones de tutoría, informar y aconsejar a la familia, desarrollar proyectos de investigación, y coordinarse con otros servicios afines de la zona, tales como los *Equipos Multidisciplinarios.* Los medios son escasos; cada consejero tiene asignada una zona desproporcionadamente extensa de las Islas Canarias, debiendo trabajar para varios centros.

Existe la necesidad de promocionar a los Equipos Psicopedagógicos, especialmente para conseguir una coordinación y una definición de los medios y de los objetivos mayores. Dada su situación geográfica en un archipiélago, existe una tendencia a proponer alternativas distintas de las opciones ofrecidas por el MEC: por ejemplo, la creación de *Centros de Apoyo Educativo Comarcal (CAEC)* que centralizan los recursos, se ocupan de la formación continua de los profesores, suministran información y evalúan los resultados de la orientación.

3.3. *Servicios de orientación de la Junta de Andalucía*

Los servicios de orientación actuales tienen su origen en varias disposiciones legales en vigor desde 1983. Estas incluyen el Decreto 238 de 23/11/1983 (*BOJA* de 3/12/83), que instauró los *Equipos de Promoción y Orientación Educativa (EPOE),* (EPOE, 1988); la Resolución de 1 de septiembre de 1989 (*BOJA* 15/9/89) que definía sus funciones; y la Orden de 27 de julio de 1992 (*BOJA* de 8/8/92) sobre la organización y funcionamiento de los *EPOE,* de los *Equipos de Atención Temprana y Apoyo,* y de los *Servicios de Apoyo Escolar* (Alvarez *et al.*, 1992).

A parte de los EPOE, los *Departamentos de Orientación (DO)* se establecieron de forma experimental en 1991 para centros de enseñanza primaria y secundaria, y son responsabilidad de la *Dirección General de Ordenación Educativa* de la *Consejería Andaluza de Educación y Ciencia.* Están formados por un consejero (licenciado en Psicología o en Ciencias de la Educación) y por los tutores del centro; los dirige un *Jefe de Estudios.* Las principales funciones de orientación de los distintos servicios de Andalucía son:

a) orientar académica, psicopedagógica y profesionalmente a los alumnos, sobre todo con respecto a las opciones educativas y sobre la transición a la vida profesional;
b) prestar una atención especial a las necesidades educativas;
c) compensar las desigualdades; y
d) realizar labores de atención temprana y de prevención.

Los usuarios de los DO son alumnos, padres de alumnos y profesores de los centros de enseñanza. El Ministerio dicta los criterios para su funcionamiento, haciendo hincapié en la importancia de crear y llevar a cabo un plan de orientación, actividades de tutoría y de aplicar los programas de intervención sobre orientación.

El Decreto 2 de 14 de enero de 1992 (*BOJA* de 15/1/92) estableció los *Programas de Formación Profesional Ocupacional de Adultos,* incluyendo: actividades de formación para los desempleados, en especial para los menores de 25 años; programas de formación en pequeñas y medianas empresas en varios sectores económicos andaluces; formación para grupos con problemas de colocación; etc. El capítulo VI, art. 20.2 del Decreto establece que estas actividades de formación deberán ir acompañadas por una fase de información profesional y sobre orientación que sirva de complemento, y que deberá contener, por lo menos, información: sobre las posibilidades de empleo, generadas por la formación y por la orientación sobre técnicas de búsqueda de empleo recibidas; sobre las posibilidades de autoempleo, y sobre estrategias de búsqueda de empleo basadas en las condiciones y prácticas económicas actuales (Consejería de Educación, 1991).

Estos servicios están ligados, en primer lugar, a los *Equipos de Apoyo Externo* de la zona y a los *Centros de Profesores (CEP).* Un intento para unir fuerzas ha provocado la existencia de una tendencia hacia una mayor cooperación con los organismos locales y con la administración laboral de cara a colocar a los jóvenes en el mundo del trabajo o a fomentar la enseñanza continua. También están relacionados institucionalmente con empresas para ayudar a que los jóvenes conozcan las oportunidades de empleo y tomen decisiones al finalizar sus estudios. Está previsto que los actuales *Equipos de Apoyo* se conviertan en el futuro en *Centros de Recursos para la Orientación y Apoyo* (Alvarez *et al.*, 1991).

3.4. *Servicios de orientación del País Vasco*

El Decreto 154 de 14 de junio de 1988 (*BOPV* de 24/6/88) reglamentó la creación y el funcionamiento de los Centros de Orientación Educativa (*Pedagojiazko Aholkularitza-Tegien, PAT*) del Gobierno vasco. Este Decreto estableció la creación de los servicios de orientación dentro del marco de innovación educativa existente, considerándolos como un sistema de apoyo para la educación general. Los servicios son el resultado del transferimiento de los consejeros de orientación de los SOEV, que llevaban ejerciendo su profesión en el País Vasco desde 1977, y de los *Institutos de Orientación Educativa y Profesional* del Ministerio de Educación y Ciencia. El *BOPV* define los PAT como instrumentos educativos regionales para la innovación y para la mejora de la educación, concebidos como servicios de apoyo del nivel preuniversitario.

Los servicios están distribuidos por zonas geográficas y dependen de la *Delegación Territorial de Educación* y de la *Dirección de Renovación Pedagógica* del *Departamento de Educación, Universidades e Investigación.* La *Inspección Técnica* puede supervisarlos en ciertos casos.

Sus funciones relacionadas de un modo más directo con la orientación incluyen:

a) ofrecer a los centros de enseñanza un servicio permanente de documentación e información y proporcionarles medios pedagógicos y material didáctico; y

b) suministrar a los centros unos servicios de apoyo de orientación que respondan a las necesidades de la actividad territorial y de otros aspectos de la orientación escolar, cuyas deficiencias conocen los PAT.

Están organizados en torno a las siguientes áreas de actividad:

1. educación especial;
2. normalización del lenguaje;
3. equipamiento audiovisual; y
4. orientación educativa.

Cada área de actividad debe tener un jefe de área. El acceso a los puestos de trabajo a que dan lugar es mediante concurso público de méritos, en el que participan funcionarios cualificados que son profesores no universitarios.

Un mes después, la Orden de 27 de Junio de 1988 (*BOVP* 8/7/88) creó 22 centros de orientación sectoriales. El personal de cada centro está compuesto por una media de seis profesionales: el director, dos pedagogos para el *Equipo Multiprofesional* que depende de éste, un psicólogo, un experto técnico y un experto en lengua vasca. La Circular de 23 de abril de 1992 estableció subvenciones para promover el desarrollo de proyectos de orientación pedagógica en los centros de enseñanza secundaria, y la Resolución de 8 de junio de 1992 creó cursos de formación para consejeros de orientación destinados a este tipo de centros, cuya duración es de 290 horas de trabajo por año (Gobierno vasco, 1992). Entre 1988 y 1992, los miembros del personal de orientación del PAT recibieron formación continua en programas de formación subsiguientes (también existen programas de formación intensiva) organizados por el Gobierno vasco, que incluían: estudio del diseño y de la adaptación de los planes de estudios, formas de hacer más significativo el aprendizaje, trabajo en grupo, toma de decisiones, etc.

Con respecto a la orientación de adultos, existen algunas fundaciones que han suscrito acuerdos de colaboración con la Cámara de Comercio, Industria y Navegación de Bilbao para proporcionar orientación profesional a los jóvenes y a sus familias, incluyendo proporcionar una respuesta a sus preguntas y a la resolución de dudas sobre las opciones de empleo. Este tipo de fundaciones —por ejemplo, la Fundación Novia Salcedo para la Promoción de la Juventud— promueven la creación de bases de datos, proporcionan información sobre becas, ofrecen ayuda financiera y becas, elaboran guías para la preparación de oposiciones organizadas por el Gobierno vasco, etc., y han organizado servicios de orientación para personas físicas, Ayuntamientos y empresas, coordinando la oferta y la demanda, y promoviendo programas de fomento del empleo. En el País Vasco existe una larga tradición de intercambio de experiencias de orientación pedagógica entre centros.

3.5. *Servicios de orientación de la Comunidad Autónoma de Galicia*

En esta comunidad, las tareas de orientación se llevan a cabo fundamentalmente a través de:

— los Equipos Psicopedagógicos de Apoyo Escolar (*Equipos Psicopedagóxicos de Apoio a Escola, EPSA*), regulados por la Orden de 8 de agosto de 1985 (*DOG* 3 /85);

— los Departamentos de Orientación en Centros de Enseñanza Primaria (*Departamentos de Orientación en Centros de Ensino Xeral Básico*), que son voluntarios y están regulados por la Orden de 15 de junio de 1991; y
— los Proyectos Experimentales de Orientación Educativa de la Enseñanza Media (*Proxectos Experimentais de Orientación Educativa no Ensino medio*), que se conceden a través de concurso público (Sobrado, 1992).

Los EPSA funcionan en los centros de enseñanza primaria y están formados por profesores, psicólogos y especialistas en audición y lenguaje. Estos servicios se hallan bajo la responsabilidad de la *Dirección General de Educación Básica,* y los coordina a nivel provincial un inspector/director. Existen 32 EPSA y una media de siete a diez personas compone su personal.

Sus funciones incluyen prevenir, realizar una detección temprana de deficiencias y traumas, crear programas de desarrollo individual y suministrar información a padres, profesores y estudiantes sobre las posibilidades de estudio y las perspectivas de empleo. También deben coordinar las actividades de orientación desarrolladas en los centros de enseñanza primaria.

La selección de consejeros de orientación se realiza a través de una oposición en la que participan profesores de enseñanza primaria y secundaria, licenciados en Ciencias de la Educación o en Psicología. Estos deben contar con tres años de experiencia en la enseñanza. Los salarios que reciben son los mismos que los de los profesores del mismo nivel administrativo y cuentan con muy pocos incentivos económicos. Los consejeros a menudo se dedican exclusivamente a sus tareas de orientación.

Los Proyectos Experimentales llevan implementándose desde 1988. Hoy en día se han desarrollado 51 proyectos, distribuidos entre las siete zonas geográficas de Galicia. Entre otras cosas, son responsables de:

a) coordinar, apoyar y suministrar asistencia técnica a las actividades de orientación y tutoría proporcionadas por los profesores en los centros;
b) proporcionar orientación pedagógica y profesional, individual y diversificada para preparar a los estudiantes a la autoorientación en el presente y en el futuro; e,
c) informar y asesorar a los estudiantes sobre las distintas opciones educativas y profesionales de que disponen.

También preparan materiales para suministrar información sobre las alternativas del empleo y del estudio, y recientemente, han empezado a informar sobre las posibilidades existentes en la Comunidad Europea. Todos los profesores de orientación participan en sesiones de formación y perfeccionamiento organizadas anualmente por las *Direcciones Generales de Enseñanzas Medias y Formación Profesional.* Las principales materias tratadas son:

— herramientas de diagnóstico;
— contribución de la psicología de la educación a la orientación pedagógica;
— organización y puesta en marcha de un Departamento de Orientación;
— valoración de la orientación en Galicia, etc.

El Gobierno de Galicia controla y sigue las actividades, y ofrece una evaluación de la orientación a través de informes, inspecciones periódicas de los Departamentos de Orientación y encuentros trimestrales con los consejeros de orientación sectoriales.

3.6. *Servicios de orientación en Cataluña*

En Cataluña, la orientación para el sector público procede de la Generalitat de Catalunya (Gobierno Autónomo de Cataluña) que le ofrece a través de los departamentos de Educación, Trabajo y Juventud, y de los Ayuntamientos (Rodríguez Moreno, 1984).

1. El Departamento de Educación de la Generalitat dirige los Equipos de Asesoramiento y Orientación Psicopedagógica (*Equips d'Assessorament i Orientació Psicopedagògica, EAP*), creados por Orden de 20 de mayo de 1983 (*DOG* 13/7/83). Operan fuera de los centros de enseñanza primaria y secundaria a través de actividades directas con los tutores y a través de actividades indirectas (formación del profesorado, relaciones con equipos médicos, especialistas en lenguaje, asistentes sociales, etc.). Existen aproximadamente ocho EAP en Cataluña, cada uno con un personal de cinco a siete personas formado por funcionarios, psicólogos, profesores y asistentes sociales. Aunque la Orden que regula los EAP incluye la función de proporcionar a los estudiantes orientación pedagógica, personal y profesional, la orientación profesional está poco desarrollada y sigue pautas convencionales, limitándose en exceso a labores de información profesional. El desequilibrio en el número de consejeros de orientación por usuario los hace ineficaces y dificulta la introducción de innovaciones metodológicas.

El Servicio de Programas Escuela/Trabajo (*Servei de Programes Escola/Treball*) organiza programas de prácticas que alternan los estudios y el trabajo, principalmente dirigidos a estudiantes que iniciarán el segundo ciclo de formación profesional. Estos programas se basan en acuerdos entre los centros y empresas, el Departamento de Seguridad Social o las organizaciones gremiales, y se asemejan al «sistema dual» de formación alemán. La realización de las prácticas de trabajo está garantizada al utilizarse un *Cuaderno de Seguimiento* o a través de la evaluación que realiza el monitor, tanto técnica como sobre el aprendizaje de la experiencia laboral. Este servicio genera los Planes de Transición al Trabajo (*Plans de Transició al teball, PTT*), cuyo objetivo de actuación geográfica es más sectorial o de barrio en las grandes ciudades. Están dirigidos a jóvenes que se encuentran en la transición hacia la vida profesional con problemas para colocarse. Los instrumentos y actividades de orientación se están introduciendo progresivamente, aunque todavía está lejos el día en que la orientación y los consejeros de orientación estén institucionalizados. Existe un PTT por comarca o distrito, y uno por barrio en las grandes ciudades. Entre sus actividades se pueden citar las siguientes:

a) tests individuales de opción múltiple;
b) entrevistas;
c) observaciones directas;
d) instrucción básica;
e) información ocupacional;
f) visitas a empresas, etc.

Usan técnicas muy parecidas a las que sugiere el programa PETRA. Actualmente se ayuda a 400 jóvenes de once municipios. El 80% de los jóvenes que participaron en los cursos de los PTT de 1990/91 encontraron un puesto de trabajo. El

Gobierno catalán y los ayuntamientos colaboran con el INEM y con los sindicatos para ofrecer estos recursos.

Digno de mención especial es el Programa de Información y Orientación para los Estudiantes (*Programa d'Información i Orientació als Estudiants*) (véase Generalitat de Catalunya, 1992), establecido a través de la Orden de 3 de diciembre de 1990 (*DOG,* 19/12/90), que también está bajo la responsabilidad del Departamento de la Presidencia de la Generalitat (*Departament de Presidència*) y que goza de un gran prestigio en la Comunidad. El programa fomenta cierto número de actividades que incluyen:

— la orientación telefónica;
— la organización de la Feria de la Enseñanza;
— un autobús de información sobre las carreras;
— reuniones con tutores de los centros;
— centros de información;
— conferencias;
— demostraciones;
— sesiones de trabajo;
— actividades sobre los medios de comunicación, etc. (Company y Rodríguez, 1989).

Al igual que otras comunidades, Cataluña viene organizando programas de actividades tutoriales en centros de enseñanza secundaria desde 1989 (Orden de 5 de mayo de 1989, *DOG,* 24/5/89) y ha proporcionado ayuda para su establecimiento (Resolución de 9 de abril de 1992, *DOG,* 27/4/92). Las actividades tutoriales significan (art. 3.1.): proporcionar a los estudiantes una orientación pedagógica, académica y profesional de acuerdo con sus aptitudes, necesidades e intereses. Estas fomentan las actividades relativas a la información profesional y la coordinación de los recursos sectoriales, y proporcionan líneas maestras de actuación. Debe hacerse hincapié en el hecho de que la orientación es un trabajo realizado por profesores/tutores y no por consejeros de orientación profesional, hecho éste que provoca que exista un cierto nivel de descontento entre los consejeros con respecto a las políticas de orientación que practica esta Comunidad.

En 1989, el Departamento de Juventud estableció el Programa de Orientación Profesional Autoaplicada (*Programa d'Orientació Professional Autoaplicat, POPA*), junto con el Departamento de Métodos de Investigación del Departamento de Educación de la Universidad de Barcelona y de acuerdo con las teorías de J.L. Holland y de Harrington-O'Shea sobre los jóvenes desempleados o en búsqueda de su primer empleo.

Cataluña también cuenta con el Instituto Catalán de Nuevas Profesiones (*Institut Català de Noves Professions, INCANOP*), que trabaja sobre las necesidades profesionales del futuro. El Instituto desarrolla interesantes actividades, tales como la publicación de nuevas monografías, el control y seguimiento de los programas innovadores, y el establecimiento de acuerdos con diferentes instituciones y organismos públicos y privados.

2. La Dirección General de Empleo del Departamento Catalán de Trabajo patrocina una serie de actividades, entre las que cabe destacar:

a) Centros de Información Profesional (*Centres d'Informació Professional, CIP*) en seis capitales de provincia y ciudades industriales, con equipamiento audiovisual e informático para el acceso directo e individual del usuario que desea aprender cómo buscar un empleo; y

b) Orientación Profesional Individual en más de cuarenta oficinas especializadas en orientación, localizadas por toda Cataluña. El Consejo de Orientación se rige por la Orden de 21 de junio de 1988 (*DOG*, 4/7/88) para los jóvenes y adultos que asisten a cursos de formación profesional. La mitad de su presupuesto procede del Fondo Social Europeo (Agulló, 1992).

A veces, algunos Centros de Recursos (*Centres de Recursos*) del Departamento de Educación ofrecen información profesional y orientación. La atención a los adultos es responsabilidad del Departamento de Bienestar Social (*Departament de Benestar Social*) y del Instituto Catalán de la Mujer (*Institut Català de la Dona*), pero las actividades relativas a la orientación con tales grupos son muy limitadas o inexistentes.

3. Los Ayuntamientos catalanes son un verdadero modelo de iniciativas de orientación para jóvenes y adultos desempleados. A través del Departamento de Promoción Económica y Empleo, y dentro de la estructura del Plan Activo de Barcelona, el Ayuntamiento de Barcelona ha creado un programa que promueve la inserción profesional. El programa proporciona un medio de diagnosis para que los usuarios enviados por el INEM se clasifiquen conforme a su cualificación profesional. Se les enseña cómo llevar a cabo un *Módulo de Activación Ocupacional*, en 15 horas, para introducirles en el mercado de trabajo. Las unidades didácticas incluidas en el módulo son:

a) factores personales implicados en la situación laboral de cada uno;
b) factores psicosociales;
c) elementos de toma de decisiones y listas de actividades; y,
d) creación del Programa Personal de Actuación (*Programa Personal d'Actuació, PPA*).

El Servicio de Ocupación (*Servei d'Ocupació*) del Ayuntamiento de Barcelona ofrece un Programa de Inserción profesional para los Colectivos con Dificultades Especiales (*Programa d'Inserció Laboral per a Col.lectius amb Dificultats Especials*), que proporciona una nueva visión de la orientación caracterizada por:

1. la presencia de la orientación durante toda la etapa educativa y profesional del individuo;
2. la integración de la orientación en la información, asesoramiento y procesos educativos;
3. la consideración que se le da a las distintas prioridades individuales; y,
4. la promoción de los recursos disponibles por cada usuario.

Este nuevo enfoque define la orientación como una intervención de apoyo en los procesos de transición dirigida a aquellas personas que, individual o colectivamente, tienen dificultades en su paso por el mundo escolar, la formación y el trabajo (Ajuntament de Barcelona, 1992).

Las actividades del Servicio de Ocupación incluyen: el asesoramiento sobre diagnóstico, la posibilidad para el usuario de recurrir al Servicio de Ocupación, Seguimiento y Apoyo. Estas actividades, así como su relación con programas, servicios, organizaciones o instituciones que trabajan con jóvenes y adultos que buscan empleo, las lleva a cabo personal de orientación profesional. A este respecto, cabe mencionar que las políticas de orientación a nivel municipal apoyan el uso de consejeros de orientación cualificados, a diferencia de lo que ocurre con la Generalitat, tal como se ha expuesto anteriormente.

Desde 1987, el Ayuntamiento de Barcelona también ha organizado Servicios de Información y Orientación Profesional en los Centros Municipales de Información y Asesoramiento para Jóvenes (*Centres Municipals d'Informació i Asseossorament per a Joves, CIAJ*), así como sesiones de información y orientación profesional en los centros de enseñanza secundaria de la ciudad. Durante todo el día se presta atención tanto a cada persona como al grupo. También proporcionan asistencia a profesionales (de los centros de enseñanza, oficinas, centros de información) y hacen uso del Sistema Informatizado de Orientación Profesional (*Sistema Informatitzat d'Orientació profesional, SITOP*), que se ha adaptado a partir del sistema canadiense, CHOICES. Otros gobiernos municipales del cinturón industrial de Barcelona han seguido estas iniciativas y han empezado a incluir la orientación en los Nuevos Módulos de formación profesional de la LOGSE, que se espera que entren en vigor en un futuro próximo.[3]

4. La orientación de adultos

En sentido estricto, de acuerdo con un documento de CEDEFOP (1990a, p. 6) que describe las actividades de orientación para adultos en toda la CE, la orientación profesional para adultos es prácticamente inexistente dentro del ámbito nacional español. Las únicas actividades que existen en España están distribuidas, teóricamente, entre los servicios proporcionados por las autoridades educativas, centros de educación continua, la administración laboral y varias autoridades locales y/o regionales (MEC, 1986).

A pesar de esto, en Europa existen informes paradójicamente extensos sobre la orientación para adultos en España. Estos informes no reflejan, sin embargo, la situación real ni consignan el hecho de que hay una gran diferencia entre la existencia de disposiciones legales (muy pocas) y la orientación de adultos suministrada (ninguna). Las referencias que se hicieron en una serie de diferentes informes de ámbito europeo tienden a confundir la orientación profesional y la formación profesional, la formación ocupacional, la información ocupacional, la inserción profesional, los programas de transición a la vida profesional, etc. Debería señalarse también que estos informes (p.ej., CEDEFOP, 1989) se refieren a las actividades de orientación para adultos como parte de los servicios que deberían ofrecerse en la formación profesional convencional dirigida solamente a los jóvenes. Decimos que estos servicios «deberían» ofrecerse porque no existen consejeros de orientación profesional en los centros de formación profesional auspiciados por las autoridades educativas.

Esta situación confunde a los investigadores al hacerles creer que los servicios de orientación profesional para adultos existen en España, cuando en realidad no existen, salvo bajo la forma de actividades limitadas mezcladas con los

3. Información aportada por la consejera de orientación Fina Rifà, del Ayuntamiento de Badalona (Barcelona).

programas de formación ocupacional que se establecen a corto plazo y cuya organización depende de las Comunidades Autónomas. En otras ocasiones, las actividades se patrocinan a iniciativa privada para un grupo muy limitado de personas, realizándose para alcanzar determinados objetivos empresariales (Sánchez, 1992). Por lo tanto, los informes anteriormente mencionados están indocumentados y lejos de ser precisos, y sus incoherencias y falsas informaciones se reproducen y extienden a través de informes de síntesis y boletines de información. En muchos casos, las referencias legales, bibliográficas e institucionales son inexactas e incompletas, imposibilitando la labor de comprobación y de contrastación cruzada de datos, dado que se dificulta en demasía el descubrimiento y la localización de los servicios y/o disposiciones citadas. La única verdad que consta en los informes es que no se ha legislado ni organizado la orientación profesional de adultos en los centros de formación profesional y no existen planes para hacerlo. Prueba de esta carencia es el párrafo que explica que en España (aunque no se da el nombre del país; se refiere simplemente a «un país del sur de la CE») «l'orientation professionnelle des adultes ne joue jusqu'ici qu'un rôle mineur malgré l'importance du chômage»[4] (CEDEFOP, 1990c, p. 3).

Las Unidades Centrales PETRA están empezando a establecer las actividades relativas a los programas PETRA, bajo los auspicios del Ministerio de Trabajo y Seguridad Social y del Ministerio de Educación y Ciencia. Aparte de que los programas están implantándose, de su distribución por zonas en el país y de los planes para conseguir sus objetivos primordiales, se dispone de poca información sobre ellos, a pesar de que la colaboración entre el INEM y el MEC (Enseñanza Compensatoria) promete la obtención de resultados prácticos. Los programas PETRA vinculan entre sí a los gobiernos municipales, instituciones privadas reconocidas, Institutos de Ciencias de la Educación y a algunas fundaciones. El objetivo principal de las Unidades Centrales de PETRA es coordinar las experiencias, métodos e iniciativas que se llevan a cabo en España, incluyendo aquellas relativas al intercambio de datos y a los programas de formación de consejeros. Sin embargo, están enfocadas más hacia la formación ocupacional y hacia la formación para la transición a la vida profesional que hacia la orientación.

5. La orientación en la Universidad y en otros organismos

La orientación para alumnos universitarios no está institucionalizada en España, salvo en lo relativo a las sencillas actividades orientadoras que ofrecen los COIE (Díaz Allué, 1989). A parte de ésta, la única orientación que se puede obtener en la Universidad es la que suministran los centros de información y las oficinas de empleo dirigidas por los propios estudiantes, que trabajan en ellos como voluntarios o a cambio de unos salarios o de una ayuda financiera muy reducidos. Han tenido lugar varios intentos para convencer a las autoridades académicas de las ventajas que ofrecen los servicios de orientación en la Universidad, pero, hasta la fecha, no se han obtenido resultados (Rodríguez Moreno, 1988b). La Universidad Nacional de Educación a Distancia (UNED) y la Universidad de Barcelona han

4. La orientación profesional para adultos sólo ha desempeñado hasta la fecha un papel irrelevante, a pesar de la importancia del desempleo.

realizado ciertos esfuerzos para empezar a proporcionar servicios relacionados con la orientación al comienzo, durante y al final de los estudios universitarios. La Universidad de Barcelona ha establecido un Sistema de Orientación Universitaria (SOU), para nuevos alumnos y organiza algunas sesiones de euroorientación en colaboración con el Patronato Catalán Pro-Europa (Patronat Català Pro-Europa). La Universidad Politécnica de Barcelona está en vías de establecer unos servicios informatizados sobre información académica y ocupacional para estudiantes de primer curso.

La formación destinada a las personas que suministran orientación la controlan los Departamentos de Educación y de Psicología de las universidades españolas (especialmente los de la UNED, la Universidad Complutense de Madrid y las Universidades Central y Autónoma de Barcelona) (véase UNED, 1983, 1988; Universidad del País Vasco, 1988; Departament de Pedagogia i Didàctica, 1991). Se pueden empezar los estudios sobre orientación en el último curso del primer ciclo universitario. Existen cursos especializados sobre psicología de la educación, psicología del trabajo y de las organizaciones, y de orientación pedagógica y profesional. Con la reforma de los estudios universitarios actualmente en marcha, estos cursos serán ofrecidos como parte del nuevo título de psicopedagogía. Se están creando nuevos planes de estudios y se están regulando los requisitos de entrada, créditos y técnicas de evaluación.

A través de toda España existen gabinetes privados que ofrecen actividades similares en algunos aspectos a la orientación, tales como la consultoría y el suministro de recomendaciones a ministerios y a departamentos de las comunidades autónomas, particularmente en cuanto a reorganización del personal. También existe una serie de servicios de anuncios clasificados que conectan la oferta y la demanda del mercado de trabajo. Psicólogos y pedagogos titulados en Psicología Escolar y Orientación, así como miembros de las asociaciones profesionales afines, han establecido algunos gabinetes privados de orientación. Cuando los clientes son adultos, los objetivos de estos gabinetes consisten en:

a) promover las capacidades y aptitudes de aquellos que reciben la orientación;
b) indicar qué caminos seguir en el mercado de trabajo; y,
c) ayudarles a colocarse.

Sus clientes tienen entre 16 y 65 años, aunque la mayoría son jóvenes de 16 a 25 años y mujeres de 30 a 35 años. El método que utilizan los gabinetes privados, a parte del asesoramiento, consiste en hacer pasar tests de opción múltiple, redactar informes y realizar una labor de seguimiento.

Cuando trabajan en centros de enseñanza, intentan conectar la formación con el mercado de trabajo y calmar la ansiedad y el malestar de los estudiantes al buscar su primer empleo. La atención se centra en los últimos años de la enseñanza secundaria, organizándose normalmente en módulos. Los gabinetes privados tienden a contactar con los colegios profesionales, con entes oficiales y no oficiales, así como con empresas para obtener datos sobre distintas ocupaciones, incluyendo las más recientes (Escull, 1992). Un importante gabinete privado es el *Instituto Calasancio de Ciencias de la Educación (ICCE)* de Madrid, así como su cadena de centros de información y de orientación escolar y profesional, dirigidos por la Orden de los Escolapios, que se encuentran en los colegios que tienen en toda España. Cuentan con sus propios paquetes de tests psicotécnicos y con un sistema informatizado de tratamiento de datos y para crear diagnósticos psicopedagógicos.

Otras empresas privadas o asociaciones que trabajan en el campo de la orientación escolar a nivel nacional son las siguientes: COSPA, EOS, ICE de la Universidad de Navarra y la red ICE de los Grupos de Promoción Escolar del Opus Dei. Estos centros también ofrecen cursos especiales de formación para tutores. Su mercado potencial está constituido por los centros privados de enseñanza primaria y secundaria.

En España existe cierto número de gabinetes voluntarios. Son fundamentalmente servicios sociales, no gubernamentales, sin ánimo de lucro y asociaciones estudiantiles. El Servicio de Información y Promoción de las Actividades Juveniles (*Servei d'Información i Promoció d'Activitats Juvenils, SIPAJ*) de Barcelona facilita información sobre muchas actividades y servicios de la ciudad para jóvenes que desean recibir apoyo y ayuda respecto a asuntos personales, familiares y militares, entre otros, y para aquellos que atraviesan un período crítico. El SIPAJ ha publicado recientemente un programa que explica cómo establecer un servicio de orientación. Dentro del plan FIP, la Asociación no gubernamental para la Prevención del Alcoholismo, Otras Toxicomanías y para la Reinserción Social (*Associació no governamental per a la Prevenció de l'Alcoholisme, Altres Toxicomanies i per a la Reinserció Social, APAT*) ofreció en 1990 un plan de formación y perfeccionamiento para profesionales, que contenía el bosquejo de un proyecto para la orientación profesional de drogodependientes en escuelas taller, centros de asistencia diurna, etc., con el propósito de ayudarles a adquirir la capacitación y los recursos necesarios para conseguir un empleo y reinsertarse social y profesionalmente. Actualmente existen en España muchas *Asociaciones Universitarias de Voluntarios* que enseñan cómo llevar a cabo actividades relativas a los proyectos profesionales. No tienen carácter político ni religioso y las dirigen sin ánimo de lucro los propios estudiantes, y se dedican a complementar la formación académica con prácticas en empresas españolas o con becas de trabajo en empresas extranjeras. Se centran en los campos económico, de negocios, de estudios técnicos y de ciencias experimentales. En Madrid, en la Universidad Complutense y en la Universidad Politécnica existen 330 asociaciones de estudiantes; en la Universidad Autónoma de Barcelona existen 49. Aproximadamente el 10 % de ellas están relacionadas de algún modo con el futuro profesional de los estudiantes. Entre las más importantes se encuentran: la *Asociación Internacional para el Intercambio de Estudiantes para la Experiencia Técnica (AIESTE)*; la *Asociación Internacional de Estudiantes de Económicas (AESEC)*; el *Grupo Idea,* de la Escuela Superior de Ingenieros de Madrid; y el *ASEGI,* del Departamento de Ciencias Informáticas de San Sebastián. Algunas de ellas forman parte de la *Confederación Española de Junior-Empresas* (CEJE) y se financian con las cuotas de sus miembros y a través del patrocinio de un ente público o privado (*El País*, de 15 de diciembre de 1992, suplemento de educación, p. 3). A parte de éstos, existen otros muchos ejemplos, entre los que deben mencionarse los centros de empleo *Mujeres Jóvenes* debido a su extensa proliferación.

Las asociaciones profesionales para la orientación con que se cuenta en España son: la *Asociación Española para la Orientación Escolar y Profesional (AEOEP)*, ubicada en Madrid y con subsede en Valencia y en las Islas Canarias; y, la Asociación Catalana de Orientación Escolar y Profesional (*Associació Catalana d'Orientació Escolar i Professional, ACOEP*), sita en Barcelona. Ambas organizaciones son miembros de la IAEVG. La primera publica la *Revista de Orientación Escolar y Vocacional (ROEV)*, y la segunda, que es más pequeña, *el Boletín de la ACOEP.*

Tabla de los principales servicios de orientación en España

Servicio	Servicios de Orientación Educativa y Vocacional (SOEV).
Financiación	Ministerio de Educación y Ciencia; en algunas provincias, delegaciones provinciales del Ministerio, bajo la supervisión del Servicio Nacional de Inspección Educativa. Los sueldos son responsabilidad del Ministerio.
Población objetivo	Alumnos de escuelas de enseñanza primaria, de 6 a 14 años (LGE). Alumnos de centros de enseñanza primaria, de 6 a 12 años (LOGSE).
Estrategia y métodos	Orientación educativa y profesional a alumnos. Asesoramiento sobre el papel de tutor del profesor. Información a las familias. Asesoramiento individual y de grupo. Publicación de folletos. Métodos psicométricos.
Personal y formación	Profesores formados en los últimos años de carrera. Licenciatura en Psicología o en Ciencias de la Educación. Educación permanente y formación en institutos de enseñanza.

Servicio	Equipos Multidisciplinares (EM)
Financiación	Ministerio de Educación y Ciencia; algunos Ayuntamientos
Población objetivo	Niños, adolescentes y jóvenes con minusvalías.
Estrategia y métodos	Evaluación de necesidades específicas. Creación de programas de desarrollo individual. Trabajo con las familias. Trabajo con organismos sociales. Vínculos con la industria.
Personal y formación	Profesores formados durante los últimos años de carrera. Licenciatura en Psicología o en Ciencias de la Educación. Educación permanente y formación en institutos de enseñanza.

Servicio	**Departamentos de Orientación (DO) de centros de enseñanza primaria y secundaria.**
Financiación	Ministerio de Educación y Ciencia; Dirección General de Renovación Educativa (LOGSE).
Población objetivo	Alumnos de enseñanza primaria, de 6 a 12 años, y de enseñanza secundaria obligatoria, de 12 a 16 años.
Estrategia y métodos	Orientación educativa y profesional. Colaboración y asesoramiento a tutores. Detección de dificultades de aprendizaje. Colaboración con otros departamentos de los centros. Asesoramiento sobre aspectos psicopedagógicos al Comité de Coordinación Educativa. Aportación de información educativa y ocupacional a los estudiantes y a sus familias. Orientación de grupo o trabajo de tutoría realizado con los jóvenes y sus familias. Información profesional. Estrategias sobre enseñanza de carreras (principio). Documentos escritos y medios.
Personal y formación	Por oposición sobre psicopedagogía. El personal debe estar compuesto de profesores de centros de enseñanza primaria y secundaria, y poseer un título universitario. El centro debe tener un director y un coordinador de los profesores del centro y de los tutores.

Servicio	**Equipos Interdisciplinarios de Sector (EIS).**
Financiación	Ministerio de Educación y Ciencia; Dirección General de Renovación Educativa (LOGSE).
Población objetivo	Jóvenes, sobre todo de centros de enseñanza secundaria. Tutores de los centros de enseñanza; organismos locales. Minusválidos (LOGSE).
Estrategia y métodos	Equipos generales: orientación durante la enseñanza obligatoria. Equipos de Atención Temprana: educación infantil. Equipos específicos: varias minusvalías. Prevención y desarrollo; investigación e innovación; asesoramiento y formación.
Personal y formación	El personal y los salarios están todavía en fase experimental.

Servicio	**Plan de Educación Permanente de Adultas (PEPA).**
Financiación	Ministerio de Educación y Ciencia; Ministerio de Asuntos Sociales y Ministerio de Trabajo y Seguridad Social; parte del tercer programa de Acción Comunitaria para la igualdad de oportunidades de las mujeres; Servicios de Educación Permanente de adultos.
Población objetivo	Mujeres.
Estrategia y métodos	Orientación para penetrar en el mercado de trabajo. Formación Profesional e información ocupacional. Acciones de integración de las mujeres en el mercado de trabajo. Publicación de materiales diversos y de revistas especializadas.
Personal y formación	Los salarios proceden de los diversos ministerios que participan en la formación de los monitores. El Instituto de la Mujer es el primer responsable.

Servicio	**Oficinas de Empleo del Instituto Nacional de Empleo (INEM).**
Financiación	Ministerio de Trabajo y Seguridad Social.
Población objetivo	Trabajadores españoles inscritos en busca de empleo y extranjeros que trabajan legalmente en España.
Estrategia y métodos	Colocación, Formación Profesional y perfeccionamiento, subsidio de desempleo y orientación profesional relativa a cuatro áreas: colocación, autoempleo, formación y oferta de empleo.
Personal y formación	El personal de las oficinas está formado por funcionarios. La formación corre a cargo de licenciados en Psicología y en Ciencias de la Educación. En cada oficina del INEM hay un consejero. El Ministerio de Trabajo paga los salarios del personal.

Servicio	Programas de Inserción Laboral.
Financiación	Ministerio de Trabajo y Seguridad Social en colaboración con empresas locales, conforme a acuerdos celebrados con los gobiernos o autoridades regionales o locales, con departamentos universitarios y con organismos no gubernamentales. Los presupuestos provienen del Ministerio de Trabajo y Seguridad Social y del FSE
Población objetiva	Jóvenes en busca de su primer trabajo, adultos (hombres y mujeres) que buscan un nuevo empleo y que se están reorientando a sí mismos. Profesores y monitores de Escuelas Taller y Casas de Oficios.
Estrategia y métodos	Creación de nuevos puestos de trabajo. Mejora de la calidad de la vida activa. Facilitación de la colocación laboral y la creación de actividades laborales.
Personal y formación	Responsables ante varios organismos en términos de organización. Por lo general, equipos de tres o cuatro profesionales dirigidos por un funcionario de ámbito regional o nacional.

Servicio	Centros de Orientación e Información de Empleos (COIE).
Financiación	Ministerio de Trabajo y Seguridad Social, Instituto Nacional de Empleo y Universidades. Los presupuestos dependen del INEM y del Ministerio de Educación y Ciencia.
Población objetivo	Licenciados universitarios, de 21 a 25 años o mayores, en busca de su primer empleo.
Estrategia y métodos	Información, asesoramiento individual; colaboración entre la Universidad y la Empresa.
Personal y formación	Profesores universitarios. Funcionarios del Ministerio de Educación y Ciencia. Auxiliares administrativos.

Servicio	Diversas comunidades autónomas españolas con autoridad en materia educativa: Valencia (Servicios Psicopedagógicos Escolares, SPE); Canarias (Equipos psicopedagógicos, EP); Andalucía (Equipos de Promoción y Orientación Educativa, EPOE); País Vasco (Centros de Orientación Pedagógica, PAT); Galicia, Equipos Psicopedagógicos de Apoyo, EPSA); Cataluña, Equipos de Asesoramiento y Orientación Psicopedagógica, (EAP)
Financiación	Servicios responsables ante diversos departamentos de las comunidades autónomas. Por lo general, controlados por la Dirección General de Renovación Educativa y por supervisores educativos.
Población objetivo	Diversidad de acciones que dependen de las necesidades de los gobiernos autónomos. Por lo general, orientación educativa y profesional; atención a los minusválidos y a las personas con necesidades especiales; desde 1985, atención especial prestada a la transición de la escuela al trabajo. Elaboración y creación de materiales específicos. Diseminación e intercambios entre las comunidades autónomas. Colaboración con las administraciones locales.
Estrategia y métodos	Los consejeros son, por lo general, funcionarios de los Gobiernos autonómicos. Personal reducido (3 o 4 profesionales por equipo). Los salarios son los mismos que para los profesores.

La formación de los orientadores en España

Depende exclusivamente de las universidades. La capacitación constituye la obtención dèl título de licenciado en Ciencias de la Educación, especialidad de Orientación Educativa. Los currículos universitarios vigentes son los de 1977, pero en 1987-88 deberán estar acabados ya los nuevos currículos en las universidades españolas. Se han hecho propuestas novedosas para la creación de estos currículos (Rodríguez Moreno, 1985; a y b, Rodríguez Espinar, 1985, Seminarios sobre Formación de Orientadores, UNED, enero 1988 y San Sebastián, marzo 1988), optimizados cara al futuro.

Conclusiones

El repaso somero al panorama orientador en España nos muestra tres cosas: 1) Que este país dispone de una antigua tradición en materia de orientación, pues ésta se originó ya a principios de siglo; 2) Que la guerra civil de 1936-1939 barrió con todos los proyectos y realizaciones conseguidos hasta entonces; y 3) Que, desde los años setenta, asistimos al deseo de reinstaurar la orientación tanto educativa como profesional en el ámbito escolar y sociolaboral.

Desde 1973 va apoderándose de las autoridades educativas y de los profesionales de las Ciencias de la Educación y de la Psicología la inquietud renovada por la orientación. Inquietud muy arraigada en los profesores de las universidades que ven cómo ciertas acciones urgentes y prioritarias quedan sin cubrir en edades como la adolescencia y la juventud. A causa de la pobreza de realizaciones concretas dependientes del Ministerio de Educación y Ciencia, el Ministerio de Trabajo y Seguridad Social inicia una política favorecedora de la orientación que atiende a los jóvenes entre 14 y 25 años, ya sea en busca de su primer empleo ya sea con necesidades de reorientación, y crea supraestructuras que, aunque empezaron con mucho ímpetu, actualmente se han devaluado. Ambos ministerios, pues, ofrecen cierto espectro de servicios paralelos o comparables de orientación.

En definitiva y brevemente, podría afirmarse que:

a) En España existe un interés claro por parte de los sectores profesionales de arraigar la orientación y de instaurarla en los centros educativos y laborales. No ocurre lo mismo por parte de las autoridades educativas.
b) El país cuenta con un gran abanico de normativas y disposiciones legales sobre orientación, aunque muy pocas de ellas son llevadas a la práctica real y creados los puestos de trabajo para las plantillas. Esta precariedad viene agravada por el hecho de que, ya sea por motivos económicos ya sea por motivos presupuestarios de prioridades políticas, los legisladores responsabilizan de la orientación a profesores de las materias y tutores, y no a orientadores profesionalizados y capacitados en las universidades. Es decir, se está dando la contradictoria situación de que los títulos de Licenciado en Orientación no son efectivos para orientar y que el profesor de bachillerato o de *EGB* parece estar avalado por la Administración para orientar.
c) A pesar del flujo de disposiciones legales —autonómicas y estatales—, las plantillas son escasísimas y no pueden, en modo alguno, compararse con ningún otro país de la *CE*.
d) Se consideran prioritarias las intervenciones cercanas a la educación especial y al fracaso escolar, más que las de orientación a jóvenes normales, aunque la crisis laboral y el desempleo han fustigado la creación coyuntural de diversos programas y planes para la juventud.
e) En las corporaciones locales y municipales los presupuestos no están específicamente destinados a los orientadores, sino que se contrata personal heterogéneo y no especializado en orientación, además de que se gasta mucho más dinero en propaganda que en personal.

Referencias y bibliografía

AEOEP, *La Reforma Educativa: Un reto para la orientación,* Actas de las V Jornadas Nacionales de Orientación Educativa de la Asociación Española para la Orientación Escolar y Profesional, 27-30 noviembre, 1989, Valencia, 1990.

Ajuntament de Barcelona, *Projecte d'Intervenció. Servei d'Ocupació, Itineraris d'Inserció Laboral de col.lectius amb especials dificultats,* Barcelona, 1992.

ALONSO, J. y LÓPEZ, M., *Los COIE de las Universidades madrileñas,* Fundación Universidad/ Empresa, Madrid, 1983.

ARRIZABALAGA, A., «Claves para la inserción profesional», *Herramientas,* Año III, 1991, Vol. I, pp. 36-41.

AZNAR, P., *Análisis y prospectiva de la Orientación Educativa,* Ed. Rubio Esteban, Centro de Publicaciones Universitarias, S. A., Valencia, 1982.

BENAVENT OLTRA, J.A. «La orientación educativa ante la Reforma de la Educación Primaria», en Actas a las *V Jornadas Nacionales de orientación Educativa de la Asociación Españo-la de Orientación Escolar y Profesional,* Sección Valenciana de la AEOEP, Valencia, 1989, pp. 41-56.

BENAVENT OLTRA, J.A., *La orientación en la transición del mundo educativo al laboral:* Los COIES. Documento para las VII Jornadas Nacionales de Orientación Escolar y Profesional, UNED, Madrid, 6-8 noviembre, 1991.

BREWER, J.M., *History of Vocational Guidance: Origins and early development,* Harper, New York, 1942.

COMPANY, F. y RODRIGUEZ, M.L., «Programe d'Information et d'Orientation Scolaire et Professionnelle du Département d'Enseignement de la Generalitat de Catalunya (Espagne)», comunicación al VII Congrés Mondiale d'orientation (Annecy, 320-26 sept, 1987). En *Bulletin de l'Association des Conseillers d'Orientation de France,* 52/1, N.°, 322, 1989, pp. 836-840.

Consejo Social de la Universidad Politécnica de Valencia, *El Centro de Orientación, Información y Empleo,* Memoria de actividades, Universidad Politécnica, Valencia, 1991.

DIAZ ALLUE, M.T., *La orientación universitaria ante la problemática académica y profesional del estudiante,* Narcea, Madrid, 1989.

DIAZ ALLUE, M.T., *Problemática de la inserción profesional del universitario,* en Actas de las V Jornadas Nacionales de Orientación Educativa de la Asociación Española para la Orientación Escolar y Profesional, 27-30 noviembre 1989, Valencia, 1990.

DIEZ HOCHLEITNER, R., *et al., Educación y Trabajo en la Reforma Educativa Española,* UNES-COIE, París.

EPOE, *Orientación Educativa y Equipos Psicopedagógicos en el Estado de las Autonomías,* Delegación Provincial del MEC, Cádiz, 1988.

FORNS, M., RODRIGUEZ, M.L. y TORRAS, M., «L'orientation Scolaire et professionnelle en Espagne», *L'Orientation Scolaire et Professionnelle,* Vol. 19, N.° 3, 1990, pp. 221-235.

FOSSATI, R., *Instituto Universitario de Orientación Educativa para la relación Universidad/Empresa.* Documento para las VII Jornadas de la AEOEP, Madrid, 6-8 noviembre, 1991.

FOSSATI, R. y BENAVENT, J.A., «Un modelo de institucionalizaciones de los servicios pedagógicos basado en la dinámica de sistemas para la provincia de Valencia», *Revista de Orientación Educativa y Vocacional,* 2, 2, 1991, 159-167.

GARCIA YAGÜE, J., Posibilidades y límites de la orientación escolar en España, *Patio de Escuelas,* 1978.

LAZARO, A., «Proyección institucional de la orientación escolar. Experiencias de los SOEb en Castilla-León», en Varios, *Cuatro Estudios sobre educación,* Ed. Simancas, Valladolid, 1983.

LAZARO, A., *La orientación educativa en la enseñanza secundaria obligatoria,* en Actas a las V Jornadas de la Asociación Española para la Orientación Escolar y Profesional, 27-30 noviembre, 1989, Valencia, 1990, pp. 71-80.

Ministerio de Educación y Ciencia, *Informe sobre el estado y situación del sistema educativo, curso 1990-1991,* MEC, Consejo Escolar del Estado, Madrid, 1992.

Ministerio de Educación y Ciencia, *Orientación y Tutoría,* MEC, Secretaría de Estado de Educación, Madrid, 1992, (pp. 5-47.2).

Ministerio de Educación y Ciencia, *Interdidac 91,* MEC, Madrid, 1991, pp. 40-41 y 61-69.

Ministerio de Educación y Ciencia, *Centros de Integración, Equipos psicopedagógicos, Centros de Educación Especial y Equipos Multidisciplinares,* Secretaría General Técnica. Documento guía informativo, Madrid, 1991.

Ministerio de Educación y Ciencia, *Proyecto de Reforma de la Formación Profesional y Tecnología,* MEC, Madrid, 1987.

Ministerio de Trabajo y Seguridad Social, *Guía Laboral,* INEM, Madrid, 1991.

RODRIGUEZ DOCAVO, J.A. y PECES, M.L., *Consideraciones sobre la oferta empresarial a titulados universitarios*, INEM, Servicio de Orientación Profesional, Madrid, 1989. (Documento de Trabajo.)

RODRIGUEZ MORENO, M.L., *L'orientació escolar i professional ahir i avui a la Universitat de Barcelona*, in Poroceedings of the I Simpòsium sobre «Història de la Universitat de Barcelona", Rectorado/PPU, Barcelona, 1990, pp. 191-203.

RODRIGUEZ MORENO, M.L., «¿Hacia dónde va la orientación profesional?» y «Para saber más»: Compendio de bibliografía comentada y relación de trabajos e instituciones de interés para el orientador, en España, *Cuadernos de Pedagogía*, Monographic, N.° 174, octubre, 1989, pp. 8-10 y 37-41.

RODRIGUEZ MORENO, M.L., *Expectatives des universitaires espagnols en matière d'orientation éducative et professionnelle*, Communication to the III Colloque Éuropéen sur l'Orientation Universitarire, FEDORA, Athens-Delfos, 1-6 octubre, 1988.

RODRIGUEZ MORENO, M.L., *Fonaments i prospectives de l'orientació professional a Catalunya*, Laertes, Barcelona, 1987 (pp. 1-76).

RODRIGUEZ MORENO, M.L., «Problemática y tendencias actuales en la formación de orientadores», en Actas del *I Congreso de Orientación Escolar y Profesional ante la Reforma de las enseñanzas Medias y el Empleo Juvenil*, mayo 1984, Madrid, MEC/INEM, 1985, pp. 326-345.

RODRIGUEZ MORENO, M.L., «Guidance and Counseling in Catalonia (Spain): An example that may serve as a stimulation for Educational and Vocational Counseling in Developing countries», *International Journal for the Advancement of Counseling*, 1, 7, 1984, pp. 31-40.

RODRIGUEZ MORENO, M.L., «Defensa de los Servicios de Orientación en las Enseñanzas Básicas», *Revista del Instituto Calsancio de Ciencias de la Educación*, 14, 96, 1978, 629-647.

RODRIGUEZ MORENO, M.L., BENAVENT, J.A., FOSSATI, R. y TORT, L., *Educational and Vocational Guidance Services in Spain*, Office for Official Publications of the Communities, Luxembourg, 1993.

RODRIGUEZ MORENO, M.L. y BORRELL, N., *Informe sobre las funciones, capacidades, competencias y currículum del Orientador Escolar y Profesional*, Elabora ted for the General Directorate of Educational Renovation of the Ministery of Education and Science, Madrid, 1989.

RODRIGUEZ MORENO, M.L. y DE LA TORRE, S., «Resultados del cuestionario sobre servicios de información y orientación académica y profesional en las universidades españolas», en Actas del *I Simposio sobre orientación Académica y profesional en la Universidad (FEDORA)*, Barcelona; 6-7 abril, 1989.

RODRIGUEZ MORENO, M.L. y MONTANE, J., *Dictamen sobre l'Orientació Escolar i Professional a Barcelona*, Ajuntament de Barcelona, Barcelona, abril 1989, 81 pp.

SANZ, R., *Evaluación de Programas de Orientación*, Pirámide, Madrid, 1990.

SOBRADO, L., *Intervención Psicopedagógica y Orientación Educativa*, PPU, Barcelona, 1990.

SOBRADO, L., *Los Equipos de Orientación Educativa y Profesional en Galicia. Organización y competencias.* Comunicación al II Seminario Iberoamericano de Orientación Escolar y Profesional, Tenerife, mayo 1992.

WATTS, A.G., GUICHARD, J., PLANT, P. y RODRIGUEZ M.L., *Los servicios de orientación académica y profesional en la comunidad europea*, Oficina de Publicaciones Oficiales de las Comunidades Europeas, Luxemburgo.

ZARAGOZA, J., «El Instituto Municipal de Educación de Valencia», *Revista de Psicología General y Aplicada*, 38, 3, 1983, pp. 215-226.

Anexos

Manuales de consultas generales

ADRADOS, I., *La orientación del niño: dinámica, problemas y soluciones de casos*, Kapelusz, Buenos Aires, 1973.
BECK, C.E., *Orientación educacional: sus fundamentos filosóficos*, El Ateneo, Buenos Aires, 1973.
BOY, A.V., y PINE, G.I., *El consejero escolar. Un nuevo concepto*, Narcea, Madrid, 1976.
DREVILLON, J., *Orientación escolar y profesional*, Laia, Barcelona, 1974.
GAL, R., *La orientación escolar*, Kapelusz, Buenos Aires, 1948.
GORDILLO, M.V., *La orientación en el proceso educativo*, Eúnsa, Pamplona, 1973.
HILL, G., *Orientación escolar y vocacional*, Pax, Máxico, 1973.
ITURBE, T., y DE NARDO, A.R., *Orientación educativa del niño*, Narcea, Madrid, 1981.
JONES, A.J., *Principios de orientación y asistencia personal al alumno*, Eudeba, Buenos Aires, 1964.
JOHNSTON, E.G. *El maestro y la orientación del niño*, Paidós, Buenos Aires, 1967.
LAZARO, A. y ASENSI, J., *Manual de Orientación escolar y tutoría*, Narcea, Madrid, 1987 (con profusión bibliográfica castellana).
KNAPP, R., *Orientación del escolar*, Morata, Madrid, 1970
KOWITZ, G., *La orientación escolar en la enseñanza moderna*, Troquel, Buenos Aires, 1964.
MARTINEZ, J.M.ª, *El educador y su función orientadora*, San Pío X, Madrid, 1980.
MILLER, F.W., *Principios y servicios de orientación escolar*, Magisterio Español, Madrid, 1971.
MOSER, L. y MOSER, R., *Asesoramiento y orientación*, Paidós, Buenos Aires, 1966.
NERICI, I., *Introducción a la orientación escolar*, Kapelusz, Buenos Aires, 1976.
NEWSOME, A. y otros, *La práctica de la orientación escolar*, Oikos-Tau, Barcelona, 1982.
REUCHLIN, M., *La orientación escolar y profesional*, Oikos-Tau, Barcelona, 1972.
RODRIGUEZ, M.ª L. y otros, *Orientación profesional y acción tutorial en las Enseñanzas Medias*, Narcea, Madrid, 1989.
RODRIGUEZ, M.ª L., *Teorías y proceso de la orientación educativa*, Publicaciones Promociones Universitarias, Cooperativa Sant Jordi, Universidad de Barcelona, 1986.
RODRIGUEZ, M.ª L., y GIL, R.N., *Modelos de intervención en orientación educativa y vocacional*, Promociones Publicaciones Universitarias, Cooperativa Sant Jordi, Universidad de Barcelona, 1983.
ROEBER, E.C., *El consejero escolar*, Troquel, Buenos Aires, 1971.
SHERTZER, R. y STONE, S., *Manual para el asesoramiento psicológico*, Paidós, Buenos Aires, 1969.
STRANG, R. y MORRIS, G., *La orientación escolar*, Paidós, Buenos Aires, 1971.
TRAXLER, W., *La escuela y las técnicas de conducción*, Troquel, Buenos Aires, 1965.
TYLER, L.E., *La función del orientador*, Trillas, México, 1972.
WEINBERG, C., *Orientación educacional. Sus fundamentos sociales*, Paidós, Buenos Aires, 1972.

Obras que fundamentan el concepto y los principios de la orientación

ALVAREZ ROJO, V., *Orientación Educativa y acción orientadora,* Editorial EOS, Madrid, 1994.
CAILLY, P., *Orientación escolar y profesional de los niños,* Oikos-Tau, Barcelona, 1977.
ELKIND, D., *Niños y adolescentes,* Oikos-Tau, Barcelona, 1978.
FORNS, M.ª y RODRIGUEZ M.ª L., *Reflexiones en torno a la Orientación educativa,* Oikos-Tau, Barcelona, 1977.
GORDON, I., *El maestro y su función orientadora,* Uteha, México, 1970.
IRWIN, M., y BUSHNELL, M., *La observación del niño,* Narcea, Madrid, 1984.
RODRIGUEZ, S. *et al., Teoría y práctica de la orientación educativa,* PPU, Barcelona, 1993.
RODRIGUEZ, M.ª L., «La orientación escolar y profesional hoy y sus perspectivas a corto plazo», *Revista de Ciencias de la Educación,* 1977, *89.*
ROGERS, C.R., *Psicoterapia centrada en el cliente,* Paidós, Buenos Aires, 1958.
SOBRADO, L., *Intervención psicopedagógica y orientación educativa,* PPU, Barcelona, 1991.

Libros sobre orientación personal, consejo y sus técnicas

ALLPORT, G., *La personalidad, su configuración y desarrollo,* Herder, Barcelona, 1977.
ARFOUILLOUX, J.C., *La entrevista con el niño,* Morata, Madrid, 1977.
BAILARD, V. y STRANG, R., *Entrevistas entre padres y maestros,* Magisterio Español, 1969.
BLOCHER, D.H. y BIGGS, D.A., *La psicología del counseling en medios comunitarios,* Herder, Barcelona, 1986.
BORDIN, E.S., *Asesoría psicológica,* Trillas, México, 1975.
DYER, W.W. y VRIEND, J., *Técnicas efectivas de asesoramiento psicológico,* Grijalbo, Barcelona, 1980.
HERRERO, E., *El transfert en el diálogo educativo,* ICCE, Madrid, 1974.
JIMENEZ, F. y PINZON, H., *Técnicas psicológicas de asesoramiento y ayuda interpersonal,* Narcea, Madrid, 1981.
KRUMBOLTZ, J.D. y THORENSEN, C.E., *Métodos de Consejo Psicológico,* Desclée de Brouwer, Bilbao, 1982.
LERNER, M., *Introducción a la psicoterapia de Rogers,* Nueva Visión, Buenos Aires, 1974.
MARROQUIN, M., *La relación de ayuda en Robert R. Carkhuff,* Mensajero, Bilbao, 1982.
L'ECUYER, R., *El concepto de sí mismo,* Oikos-Tau, Barelona, 1985.
LLOPIS, J., *La orientación del adolescente y la Guidance of Youth norteamericana,* Herder, Barcelona, 1965.
PATTERSON, C.H., *Teorías del counseling y psicoterapia,* Desclée de Brouwer, Bilbao, 1978.
POSTIC, M., *La relación educativa,* Narcea, Madrid, 1981.
REPETTO, E., *Fundamentos de la Orientación. La empatía en el proceso orientador,* Morata, Madrid, 1977.
REPETTO, E., *La personalización en la relación orientadora,* Miñón, Valladolid, 1977.
RODRIGUEZ, M.ª L., *Teorías y proceso de la orientación,* Publicaciones Promociones Universitarias, Cooperativa Sant Jordi, Universidad de Barcelona, 1986. (Capítulo sobre la entrevista y su técnica.)
ROGERS, C., *El proceso de convertirse en persona: mi técnica terapéutica,* Paidós, Buenos Aires, 1961.
ROGERS, C., *Psicoterapia y relaciones humanas: teoría y práctica de la terapia no directiva,* Alfaguara, Madrid, 1971, 2 vols.
ROGERS, C., *Psicoterapia centrada en el cliente,* Paidós, Buenos Aires, 1977.
ROGERS, C., *Orientación psicológica y psicoterapia,* Narcea, Madrid, 1978.

Obras sobre orientación en el ámbito escolar

a) Orientación general a los alumnos

AULA PRACTICA, *Cómo fomentar los valores individuales,* CEAC, Barcelona, 1984.
BAQUERO, G., *La problemática de la adolescencia. Métodos y técnicas de orientación,* Pax, Bogotá, 1965.

BELLIDO, C., *Problemática en la comunicación padres/hijos adolescentes,* Narcea, Madrid, 1983.
BERNARDO, J.L., *La práctica de la orientación educativa,* Magisterio Español, Madrid, 1973.
DETJEN, E.M., *Orientación educacional en la enseñanza primaria,* Kapelusz, Buenos Aires, 1959.
DREVILLON, J., *Prácticas educativas y desarrollo del pensamiento operativo,* Pirámide, Madrid, 1963.
FORNS, M. y RODRIGUEZ, M.ª L., «La orientación educativa en la segunda etapa de EGB», *Bordón,* 1963, 35, *249,* 427-438.
GUILLHAM, H.L., *Cómo ayudar a los niños a aceptarse a sí mismos y aceptar a los demás,* Paidós Ibérica, Barcelona, 1982.
HANSEN, J.C. y otros, *Asesoramiento de grupos,* El Manual Moderno, México, 1981.
HATCH, R.N. y COSTAR, F., *Actividades de orientación en la escuela primaria,* Limusa, México, 1974.
KOPP, O.W., *Orientaciones para maestros de enseñanza primaria,* Limusa, México, 1970.
PASCUAL, A., *El diálogo clarificador de valores en la orientación educativa,* Narcea, IEPS, Madrid, 1980.
RODRIGUEZ, M.ª L., «Defensa de los servicios de orientación en las enseñanzas básicas», *Revista de Ciencias de la Educación,* 1973, 96.
SCHIEFELE, H., *Motivación del aprendizaje y aprendizaje de motivos,* Oriens, Madrid, 1980.

b) *Orientación a profesores y tutores*

ARNAIZ, P. y otros, *Eines per l'acció tutorial,* CEAC, Bacelona, 1985.
ARTIGOT, M., *La tutoría,* ICE de la Universidad Complutense, Madrid, 1977.
ARTIGOT, M., *La tutoría en la segunda etapa de EGB,* Instituto de Ciencias de la Educación, Salamanca, 1974.
ASENSI, J., «Las funciones del tutor y sus relaciones con el departamento de orientación en un centro de EGB», *Bordón,* 1978, *222,* número monográfico de orientación.
BAILARD, V. y STRANG, R., *Entrevista entre padres y maestros,* Magisterio Español, Madrid, 1969.
BLACKBURN, K., *La función tutorial,* Narcea, Madrid, 1978.
BRUNET, J.J. y NEGRO, J.L., *Tutoría con adolescentes,* Editorial San Pío X, Madrid, 1982.
BUTTON, L., *Acción tutorial con grupos,* Anaya, Madrid, 1978.
DINKMEYER, D.C. y CARLSON, J., *El consultor psicopedagógico en la escuela,* Guadalupe, Buenos Aires, 1976.
DRAPELA, V.J., *The counselor as Consultant and Supervisor,* Ch.C. Thomas, Pb., Springfield, 1983.
GONZALEZ, J.L., *Un modelo teórico en acción tutorial en la Universidad,* Eunsa, Pamplona, 1973.
GONZALEZ, J.L., *Experiencias de acción tutorial,* Eunsa, Pamplona, 1975.
GORDON, I.J., *El maestro y su función orientadora,* Uteha, México, 1967.
JOHNSTON, E.G., *El maestro y la orientación del niño,* Paidós, Buenos Aires, 1973.
LAZARO, A. y ASENSI, J., *Manual de Orientación Escolar y tutoría,* Narcea, Madrid, 1987.
MORA, J.A., *Acción tutorial y Orientación Educativa,* Narcea, Madrid, 1983.
RODRIGUEZ, M.ª L. y otros, *Orientación profesional y acción tutorial en las enseñanzas medias,* Narcea, Madrid, 1989.
ROMAN, J.M.ª y PASTOR, E., *La tutoría,* CEAC, Barcelona, 1979.
SANCHEZ, S., *La tutoría en los centros docentes,* Escuela Española, Madrid, 1982.
STUBBS, M. y DELAMONT, S., *Las relaciones profesor-alumno,* Oikos-Tau, Barcelona, 1978.

c) *Orientación a la familia*

ACKERMAN, N.W., *Diagnóstico y tratamiento en las relaciones familiares,* Hormé, Buenos Aires, 1977.
ALVAREZ, F., *Padres y profesores. La orientación de los padres en un centro de EGB,* Escuela Española, 1983.
BELLIDO, C., *Problemática en la educación padres-hijos adolescentes,* Narcea, Madrid, 1983. (Esta editorial tiene toda una colección de obritas dirigidas a la educación e información de padres.)
BERTRAN QUERA, M., *Escuela de padres,* Counseling, Barcelona, 1981.
CAMPANELLA, T.C., *Como aconsejar a los padres de niños excepcionales,* Guadalupe, Buenos Aires, 1969. (Niños retrasados mentalmente.)
FABRE, N., *La educación familiar y sus problemas. Análisis psicológicos y orientaciones pedagógicas,* Fax-Morova, Madrid, 1968.

GORDON, T., *P.E.T. Padres eficaz y técnicamente preparados*, Diana, México, 1979.
LYNCH, J. y PIMLOTT, J., *Padres y profesores*, Anaya, Madrid, 1970.
OLIVEROS, F., *¿Qué es un orientador familiar?*, Eúnsa, Pamplona, 1976.
PULPILLO, A.J., *La participación de los padres en la escuela. (Estudio pedagógico y legal)*, Escuela Española, Madrid, 1982.
RIOS, J.A. y PERARNAU, M.ª A., *Fracaso escolar y vida familiar*, Marsiega, Madrid, 1973.
SOTO ORTEGA, F., *Actitudes familiares: cuándo son problemas y cómo cambiarlos*, Narcea, Madrid, 1982.
STRANG, R., *Cómo informar a los padres*, Paidós, Buenos Aires, 1965.
VELLA, Ch.G., *Los centros de orientación familiar*, Universidad Pontificia de Salamanca, Instituto Superior de Estudios y Orientación Familiar, Salamanca, 1983.

d) *Orientación del aprendizaje e integrada en el currículum*

ALVAREZ, M., BISQUERRA, R., FERNANDEZ, R. y RODRIGUEZ, S., *Métodos de estudio*, Martínez-Roca, Barcelona, 1988 (en prensa)
BARFIELD, R.H., *Alteraciones del aprendizaje*, Médica Panamericana, Buenos Aires, 1978.
BROWN, W.F., *Manual del estudiante asesor*, Trillas, México, 1975.
BUISAN, C. (Coord.), *Siluetas, un método de reeducación psicopedagógico global*, PPV, Barcelona, 1986.
BURTON, W.H., *Orientación del aprendizaje*, Magisterio Español, Madrid, 1970, dos vols.
GEARHEART, B.R., *La enseñanza en niños con trastornos del aprendizaje*, Médica Panamericana, Buenos Aires, 1978.
HALLAHAN, D.P. y KAUFFMAN, J.M., *Las dificultades del aprendizaje*, Anaya, Madrid, 1976.
MUNSTERBERG, E., *Niños con dificultades del aprendizaje*, Guadalupe, Buenos Aires, 1976.
RIART, J., *Las técnicas de tiempo de estudio personal. Guía de estudio para estudiantes de 13 a 16 años*, Oikos-Tau, Barcelona, 1984.
RODRIGUEZ, M.ª L., «La dimensión instructiva de la orientación: el orientador como facilitador de los procesos de aprendizaje». *Educar, 8* (1985), 15-32.
RODRIGUEZ, M.ª L. y otros, *Orientación Profesional y acción tutorial en las enseñanzas medias*, Narcea, Madrid, 1989, (abundante bibliografía en capítulos 1 y 2 y Anexos).
RODRIGUEZ, M.ª L., *Teorías y proceso de la Orientación*, Promociones Publicaciones Universitarias, Cooperativa Sant Jordi, Universidad de Barcelona, 1986, cap. 13 y 14.
RODRIGUEZ, M.L. *et al.*, *Educación para la carrera y diseño curricular*, Servei de Publicacions de la Universitat de Barcelona, Barcelona, 1995.

Obras sobre orientación e información profesional

ALVAREZ, M. y FERNANDEZ, R., *Programa de Orientación de estudios y vocacional al término de la escolaridad obligatoria*, PPU, Barcelona, Cooperativa Sant Jordi, 1987.
BISQUERRA, R., *Servicios y actividades de Información Profesional*, PPU, Barcelona, 1983.
CASTAÑO, C., *Psicología y Orientación Vocacional*, Marova, Madrid, 1983.
CORNEJO, T., *Guía para encontrar un trabajo, un empleo o una ocupación*, Oikos-Tau, Barcelona, 1988.
CRITES, J.O., *Psicología vocacional*, Paidós, Buenos Aires, 1974.
HAYES, J. y HOPSON, B., *Orientación vocacional en la enseñanza media*, Oikos-Tau, Barcelona, 1982.
OSIPOW, S.H. (Ed.), *Teorías sobre elecciones de carreras*, México, Trillas, 1976. Original, 1968.
RIVAS, M.L. *et al.*, *Educación para la carrera y diseño curricular*, Servei de Publicacions de la Universidad de Barcelona, Barcelona, 1995.
RODRIGUEZ, M.ª L., *El mundo del trabajo y las funciones del orientador*, Barcanova, Barcelona, 1992.
RODRIGUEZ, M.ª L., *L'orientació vocacional a l'escola*, Eumo, Escola Universitaria de Mestres d'Osona, Vic, 1986.
RODRIGUEZ, M.ª L., *Com educar i orientar professionalment a l'escola*, CEAC, Barcelona, 1986.
RODRIGUEZ, M.ª L., *Fonaments i prospectives de l'orientació professional a Catalunya*, Laertes, Barcelona, 1977.
RODRIGUEZ, M.ª L. y GRAS, M., *Modelos de orientación profesional en el aula*, Oikos-Tau, Barcelona, 1986.

RODRIGUEZ, M.ª L. y otros, *Orientación profesional y acción tutorial en las enseñanzas medias*, Narcea, Madrid, 1989 (Con mucha bibliografía sobre todo extranjera y novedosa, incluyendo la educación para la carrera y modelos prácticos.)
TOLBERT, E.L., *Técnicas de asesoramiento en orientación profesional*, Oikos-Tau, Barcelona, 1982.

Fuentes de utilidad para recopilar bibliografía específica sobre orientación

Fuentes de fuentes (libros, repertorios, boletines bibliográficos, etc.)

Repertorios

Anaya: Indice bibliográfico de Ciencias de la Educación. Suscribirse a: Anaya, Centro de Investigación, Servicio de Documentación; c/ Josefa Valcárcel 27, 28027-Madrid.
American Personnel and Guidance Association, *Counseling with the handicapped*, Professional Information Services, Washington, D.C., 1975.
American Psychological Association, *Thésaurus of Psychological Index Terms*, APA, Washington, D.C., 1988. ISBN: 0912704-67-5.
Bulletin du Centre Suisse de Documentation en Matière d'Enseignement et d'Éducation. 15 route des Morillons. 1218 Le Grand-Saconnex/GE, SUIZA. Bibliografía sobre Educación y Orientación.
Commision of European Communities, *Higher Education in the European Community*. A directory of courses and institution in 12 countries. Kogan Page Ltd. 120 Pentonveille Road. London N1 93N.
ERIC, Document Reproduction Service, EDRS; P.O. Box 190 Arlington, Virginia 22210, USA.
Guidance Centre, *Canadian Careers Bibliography*, University of Toronto, Toronto 1988,.
Ministerio de Educación y Ciencia/INEM, *Guía Europea del orientador profesional*, Madrid, 1992; 579 pp.
National Book League, *Counselling and Guidance. Annotated List*, NBI, London, 1988.
News check. From the Careers and Occupational Information Centre. Pedir la inclusión en el listado de envíos a: COIC Room W1 107, Moorfoot. Sheffield S1 4PQ (Great Britain).
OFFER, M.S., *Careers Education and Guidance on Microcomputer Introduction*, Education Department Winchester, 1989, HCS/CO8 MO/AO.
Psychological Abstracts: *Psychological Abstracts*, ISSN 0033-2887; 1400N Uhle Stree, Arlington, VA 22201, USA.
Sociological Abstracts: ISSN 0038-0202, P.O. Box 2206, San Diego, CA 92122-0206, USA.

Listados y boletines bibliográficos

Agence National pour le Dévelopepment de l'Education Permanente (1988), *L'Oeil sur...* (Selección bimensual de documentos de actualidad.)
Career Education, Selected Bibliography on Career Education, C.: Division of Career Education, United States Department of Education (Washington, D.C. 20202), Washington, D.C., 1983.
CEDEFOP. *Orientation professionnelle pour jeunes et adultes. Bibliographie selectionnée*, CEDEFOP, Berlín, 1987.
Comunidad Europea-Programa de Acción, *Transición de los jóvenes a la Enseñanza de la vida adulta y activa.* Oficina de información del Programa PETRA, Bruselas, 1990. Catálogo y colección de publicaciones intermitentes, continuas y de distribución gratuita, para informar sobre las acciones de los programas de transición y sus realizaciones prácticas en todos los países comprometidos.
DONOSO, T. y RODRIGUEZ, M.L. «Para saber más», *Cuadernos de Pedagogía*, 174, 37-41.
DUNN, J.A. *et al.*, *Career Education: A Curriculum Design and Instructional Objectives Catalog:* The American Institute for Research in the Behavioral Sciences, Palo Alto, Ca., 1973. Banco de ideas y sugerencias para el desarrollo de la *career education* en los currículos escolares. (Escribir a AIR, Post Office, Box 1113, Palo Alto, California 94302.)
ERIC, *Update on Career Assessment Instruments.* The National Center for Research in Vocational Education,. Columbus, Ohio, 1983. Serie de Bibliografías.

Euro informacions. Boletín de noticias y bibliografía sobre las actividades educativas en Europa. Distribución gratuita. Escribir a: Josefina Cambra, Rambla de Cataluña, 8, 080007-Barcelona.
European Community-Action Programme, *L'experience du travail. Bibliographie selective,* Bruselas, 1985. Listados de publicaciones —generales, materiales pedagógicos, informes— y de centros y realizaciones que tratan de las experiencias laborales (*work experiences*) como instrumento para la orientación en la transición; de formación profesional, formación de formadores y fuentes de información. Utilísimo, puesto al día y gratuito. (Doc. 01 WD 85 FR.)
IME, *Catàleg col.lectiu de revistes d'educació*, Ajuntament de Barcelona, Institut Municipal d'Educació, Barcelona, 1988.
KAPES, J.T. y MASTIE, M.M., Eds., *A Counselor's Guide to Career Instruments,* National Vocational Guidance Association, Falls Church, Va., 1994[3]. Repertorio comentado y criticado de instrumentos para la evaluación y diagnóstico en orientación vocacional. Pedidos a AACD, 5999 Stevenson Av. Alexandria, VA., 22304, USA.
MONTANE CAPDEVILA, J. y RODRIGUEZ MORENO, M.L., Bibliografía básica para orientadores educativos, *Educar,* 8, 1985, 125-130. Compendio, ordenado por tópicos más bien clásicos, para facilitar la búsqueda bibliográfica de documentos y libros de orientación.
NICEC, *Register of Research and Development in Careers Guidance 1983-84,* CRAC, Hertford, 1985.
OIT, *Publicaciones y documentos del Servicio de Políticas de Formación*, Oficina Internacional del Trabajo, Ginebra, 1990. Escribir a ILO, CH-1211 Genève 22, Suiza. Gratuito.
QUETEL, R.Y., *Bibliographie annotée de publications sur les origines et la nature des inegalités en matière d'éducation,* UNESCO, París, 1985. ED-86WS71.

Actas de Congresos, Seminarios, Simposios, etc.

Association Internationale d'Orientation Scolaire et Professionnelle, *Ponencias y Comunicaciones al IX Congreso Mundial sobre «Young persons in transition from school to work»*, celebrado del 2 al 7 de septiembre en Königstein/Taunus 34 (2 vols.), 1981.
Association International d'Orientation Scolaire et Professionnelle, *World Seminar on Employment Counseling,* 15-19 septiembre 1980, Otawa, 1981. (Textos de las sesiones plenarias.)
Colloque Mondial sur le Counselling d'Emploi. *Presentations*. Emploi et Immigration Canada, Otawa, Canadá, 1981.
I Congreso de Orientación Escolar y Profesional, *La Orientación Escolar ante la Reforma de las Enseñanzas Medias y el Empleo Juvenil,* Madrid, 1985.
XII Congrés Mondial de l'Orientation. *L'Insertion Sociale et Professionnelle des Jeunes: Contributions de l'Orientation.* Issy-les-Moulineaux: ACOF/AIOSP, V. 52, n.° 322-1, Marzo, 1989. 2 vols., 680 pp.
V Jornadas Nacionales de Orientación Educativa, *La Reforma Educativa: Un reto para la Orientación.* Valencia, 27-30, nov. 1989: Asociación Española para la Orientación Escolar y Profesional. El MEC, 1990.
VI Jornadas Nacionales de Orientación Escolar y profesional. Año 1990. *La orientación profesional ante la Unidad Europea*, Delegación Territorial de Canarias, AEOEP, 1991.
VII Jornadas Nacionales de Orientación Escolar y Profesional (1993), Actas «La Orientación en el Sistema Educativo y en el mundo laboral», Madrid, AEOEP, 1991, 6-8 nor. 510 pp.
III Jornadas de Orientación Educativa (1984), *La orientación ante las dificultades del Aprendizaje,* Valencia: Asociación Española para la Orientación Escolar y Profesional.
II Jornadas de Orientación Escolar y Profesional. Actas (1982), *Orientación para la Educación y el Empleo.* Valencia: Asociación Española para la Orientación Escolar y Profesional.
V Seminario Iberoamericano de orientación (1993) Actas sobre el *Compromiso de la orientación escolar y profesional con los cambios de la sociedad,* AEOEP/AIOSP, Tenerife 13-16 mayo 1992.

Números monográficos de revistas

Bordón. Revista de orientación pedagógica, XXX, n.° 222, marzo-abril, 1978.
Bulletin of the International Bureau of Education, V. 61, n.os 242-243, 1.° y 2.° trimestres, 1987. *Educational and Vocational Guidance.*
Crònica d'Ensenyament, n.° 23, febrero-marzo, 1990. (Departament d'Ensenyament. Generalitat de Catalunya): *No fugis d'estudi.*
Cuadernos de Pedagogía, n.° 174, octubre, 1989: *Orientar al alumno*.
International Review of Applied Psychology, V. 32, n.° 3, julio, 1983: *The transition from school to working life.*

Le Monde de l'Education, n.° 170, abril, 1990: *Conseils de classe: rien ne va plus. L'orientation réorientée.*
Patio de Escuelas, V. 2, julio-diciembre, 1978.
Perspectiva Escolar, n.° 55, mayo, 1981. Monográfico sobre *De l'escola al món del treball.*
Perspectiva Escolar, n.° 106, junio, 1986. Monográfico sobre *Orientació Professional.*
Perspectivas. Revista trimestral de Educación, V. XVIII, n.° 4, 1988 (68) *Cuaderno: La orientación escolar y vocacional. (I) Situación, métodos, técnicas.*
Perspectivas. Revista trimestral de Educación, V. XIX, n.° 1, 1989 (69). *Cuadernos: La orientación escolar y vocacional. (II) Del reto al sistema: algunos casos.*
Papeles del Psicólogo, V. 2, n.os 39-40, junio-agosto, 1989. Auténtico manifiesto del Colegio Oficial de Psicólogos españoles acerca del ámbito que debe cubrir la psicología en lo que se refiere a la orientación.
Revista de Educación, n.os 270, mayo-agosto, 1982. Monográfico sobre *La orientación escolar y profesional.*
Vida Escolar, n.os 183-184, nov.-dic., 1976. Un clásico en el campo de la orientación escolar, propone también algunas sugerencias y modelos entrecruzados con la profesional. Sigue siendo vigente en muchos aspectos. Bibliografía excelente y cuidada.

Glosarios y Thésaurus

AIOSP, *Glossaire sur Information et Orientation Scolaire et Professionnelle. Insertion Professionnelle*, 1987. ISSN: 0251-2513. Secretaria de la AIOSP o bien a la secretaria de la AEOEP, Dra. Elvira Repetto, C/Senda del Rey s/n, despacho 216, 28040-Madrid.
Bureau International du Travail, *Glossaire de la formation professionnelle. Termes d'usage courant*, BIT, Ginebra, 1987.
CEDEFOP, *Thésaurus de la formation professionnelle*, 1988. ISBN: 92-825-8049-0; N.° cat.: HX-50-87-607-FR-C.

Asociaciones dedicadas a la orientación

Asociación Española para la Orientación Escolar y Profesional (Sección Valencia), Aptdo. de Correos, 626, 46080-Valencia.
Asociación Española para la Orientación Escolar y Profesional (Delegación territorial de Canarias). Aptdo. de Correos 10723, 38080 S/C Tenerife.
Associació Catalana d'Orientació Escolar i Professional. C/ Baldiri i Reixac s/n, 3.°, D., 08028 Barcelona.
Associação Portuguesa de Orientadores Escolares e Profissionais. Aptdo. 3065, 1302 Lisboa Codex. Portugal.
Association Internationale d'Information Scolaire Universitaire et Professionnelle, Paris, Rue de l'Estrapade. 75005.
Association Internationale pour L'Orientation Scolaire et Professionnelle. Tesorero: A. van der Burgh, Soesterbergsestraat 109, 3768 EC Soest. Países Bajos; encargado de las publicaciones B. Jenscke: Friedrichstrasse 34-37 a. D-1000 Berlín 61.
FEDORA (Fórum Européen de l'Orientation Académique). P.O. Box. 55, B-1348 Louvain-la-Neuve. Bélgica.
IRTAC. Kaisaniemenkatu 13 A. SF-00100 Helsinki.
NICEC (National Institute for Careers Education and Counseling). Sheraton House, Castle Park, Cambridge CB3 0 AX.
Presidencia AEOEP. C/ Senda del Rey s/n. UNED, despacho 216. 28040 Madrid.

Revistas

a) Españolas

Bordón, Revista de Orientación Pedagógica. Suscripción: Sociedad Española de Pedagogía; C/ Vitruvio, 8. 28006 Madrid. ESPAÑA.
Educar. ISSN: 0211-819X. Suscripción: EDUCAR, Universitat Autònoma de Barcelona. Servei de Publicacions, Edifici Rectorat. Barcelona. ESPAÑA.

Profesiones y Empresas. Suscripción: Gran Vía, 38, 9.° pta. 1. 28013 Madrid.
Revista de Ciencias de la Educación. ISSN: 0210-9581. Suscripción: ICCE. C/Eraso, 3. 28028. Madrid. ESPAÑA.
Revista de Educación. ISSN: 0034-8082. Suscripción: Servicio de Publicaciones del Ministerio de Educación y Ciencia, Ciudad Universitaria. 28003 Madrid. ESPAÑA.
Revista de Psicología General y Aplicada. ISSN: 0373-2002. Suscripción: Josefa Varcárcel, 27, 28027 Madrid. ESPAÑA.
Revista de Orientación Escolar y Vocacional, AEOEP, Madrid, Apartado 8355, 28080 Madrid.
Butlletí de l'Associació Catalana d'Orientació Escolar i Professional, Barcelona: ACOEP, Baldiri i Reixac s/n, 3.°, D, 08028 Barcelona.
Revista de educación, Servicio de Publicaciones del Ministerio de Educación y Ciencia, 28003 Madrid.
Revista de psicología general y aplicada, c/Huarte de San Juan, 1, 28003 Madrid.

b) Extranjeras

BRITISH JOURNAL OF GUIDANCE AND COUNSELING, Hobsons Press, Bateman Street, Cambridge, CB2 1LZ, Gran Bretaña.
BULLETIN DE L'ASSOCIATION INTERNATIONAL D'ORIENTATION SCOLAIRE ET PROFESSIONNELLE, ISSN: 0251-2513: Suscripción: Dr. Bernhard Jenschke, Landesarbeitsamt Berlín, Friedrichstrabe 34, D-1000. Berlín 61.
BULLETIN DE PSYCHOLOGIE ET D'ORIENTATION, Avenue de Ternieren, 296, Bte. 8, 1150, Bruselas.
CAREER DEVELOPMENT QUARTERLY, ISSN: 0889-4019: Suscripción: AACD, 5999 Stevenson Avenue, Alexandría, Va 22304. USA.
CEDEFOP *Flash.* Centro Europeo para el Desarrollo de la Formación Profesional. Suscripción: Bundesallee 22, D-1000. Berlín 15.
COUNSELOR EDUCATION AND SUPERVISION, AACD, 5999 Stevenson Avenue, Alexandria, VA, 22304, USA.
ELEMENTARY SCHOOL GUIDANCE AND COUNSELING, ISSN: 0013-5976: Suscripción: AACD, 5999 Stevenson Avenue, Alexandría, Virginia 22304. USA.
INTERNATIONAL JOURNAL FOR THE ADVANCEMENT OF COUNSELING, Martinus Nijhoff Publishers, PO Box 566, 250 ICN, The Hague, Holanda.
JOURNAL OF COUNSELING AND DEVELOPMENT. ISSN: 0748-9633. Suscripción: AACD, 5999 Stevenson Avenue, Alexandría, Virginia. 22304, USA.
JOURNAL OF OCCUPATIONAL PSYCHOLOGY. ISSN: 0305-8107. Suscripción: St. Andrews House. 48 Princess Road East, Leicester LE1 7DR. UK.
L'ORIENTATION SCOLAIRE ET PROFESSIONNELLE, 41, rue Gay-Lussac, 75005 París.
MEASUREMENT AND EVALUATION IN GUIDANCE, AACD, 5999 Stevenson Avenue, Alexandria, VA. 22304, USA.
ORIENTATION ET FORMATION PROFESSIONNELLES (Bilingüe). Suscripción: Association Suisse pour l'Orientation Scolaire et Professionnelle (ASOSP). Eidmattstrasse, 51. 8032. Zürich.
REVUE CANADIENNE DE COUNSELING, Societé Canadienne d'Orientation et de Consultation, P.O. Box 13059, Kanata, Ontario K2K 1 × 3, Canadá.
THE SCHOOL GUIDANCE WORKER, Guidance Center, Faculty of Education, University of Toronto, 1000 Yonge Street, Toronto, Ontario, Canadá M4W 2k8.